FUNDAÇÃO EDITORA DA UNESP

PRESIDENTE DO CONSELHO CURADOR
Mário Sérgio Vasconcelos

DIRETOR-PRESIDENTE
Jézio Hernani Bomfim Gutierre

SUPERINTENDENTE ADMINISTRATIVO E FINANCEIRO
William de Souza Agostinho

CONSELHO EDITORIAL ACADÊMICO
Danilo Rothberg
João Luís Cardoso Tápias Ceccantini
Luiz Fernando Ayerbe
Marcelo Takeshi Yamashita
Maria Cristina Pereira Lima
Milton Terumitsu Sogabe
Newton La Scala Júnior
Pedro Angelo Pagni
Renata Junqueira de Souza
Rosa Maria Feiteiro Cavalari

EDITORES-ADJUNTOS
Anderson Nobara
Leandro Rodrigues

DOMENICO LOSURDO

um mundo sem guerras

A IDEIA DE PAZ
DAS PROMESSAS DO PASSADO
ÀS TRAGÉDIAS DO PRESENTE

© 2016 Carocci Editore, Roma
© 2018 Editora Unesp

Título original em italiano:
Un mondo senza guerre: l'idea di pace dalle promesse del passato alle tragedie del presente

Direito de publicação reservados à:
Fundação Editora da Unesp (FEU)
Praça da Sé, 108
01001-900 – São Paulo – SP
Tel.: (0xx11) 3242-7171
Fax: (0xx11) 3242-7172
www.editoraunesp.com.br
www.livrariaunesp.com.br
feu@editora.unesp.br

Dados Internacionais de Catalogação na Publicação (CIP) de acordo com ISBD

L881m

Losurdo, Domenico
    Um mundo sem guerras: a ideia de paz das promessas do passado às tragédias do presente / Domenico Losurdo; tradução de Ivan Esperança Rocha. São Paulo: Editora Unesp, 2018.

    Inclui bibliografia e índice.
    Tradução de: *Un mondo senza guerre: l'idea di pace dalle promesse del passato alle tragedie del presente*
    ISBN: 978-85-393-0745-6

    1. História. 2. Guerras. 3. Sociedade. 4. Política. 5. Sociologia. I. Rocha, Ivan Esperança. II. Título.

2018-833   CDD 900
                                                                           CDU 9

Elaborado por Vagner Rodolfo da Silva – CRB-8/9410

Índice para catálogo sistemático:
1. História: 900
2. História: 9

Editora afiliada:

Asociación de Editoriales Universitarias de América Latina y el Caribe

Associação Brasileira de Editoras Universitárias

Contribuíram para este texto, com observações críticas, sugestões, indicação de erros de impressão, Stefano G. Azzarà, Paolo Ercolani, Giorgio Grimaldi (que também editou a bibliografia) e Aldo Trotta.
A todos os meus agradecimentos.

Sumário

PREFÁCIO
A ideia de um mundo sem guerra em cinco momentos de reviravoltas da história contemporânea   9

CAPÍTULO 1
Kant, a Revolução Francesa e a "paz perpétua"   15

CAPÍTULO 2
Fichte, a paz e a exportação da revolução   53

CAPÍTULO 3
Pax napoleônica e guerras de libertação nacional   97

CAPÍTULO 4
A paz perpétua da revolução à Santa Aliança   155

CAPÍTULO 5
Comércio, indústria e paz?   175

CAPÍTULO 6
Como pôr fim à guerra: Lenin e Wilson   211

CAPÍTULO 7
1789 e 1917: Duas revoluções comparadas   231

CAPÍTULO 8
Wilson e a passagem da *pax* britânica à *pax* americana   261

CAPÍTULO 9
O "xerife internacional" e a paz   283

CAPÍTULO 10
Democracia universal e "paz definitiva"?   305

CAPÍTULO 11
Uma nova grande guerra em nome da democracia?   331

CAPÍTULO 12
Como lutar hoje por um mundo sem guerras   365

CONCLUSÃO
"Paz perpétua" e a tumultuada marcha da universalidade   399

Referências   409
Índice onomástico   427

PREFÁCIO
A ideia de um mundo sem guerra em cinco momentos de reviravoltas da história contemporânea

Entre fins dos anos 1980 e inícios dos anos 1990, parecia viável a ideia de um mundo sem guerras: a Guerra Fria tinha terminado com a dissolução da União Soviética e do "campo socialista" e com o triunfo do Ocidente e de seu país-guia. Ainda seria possível eclodir conflitos graves e devastadores de dimensão internacional? Caracterizada, em seus momentos mais significativos e decisivos, por profundas contradições, lacerações, guerras e conflagrações, "a história mundial", dizia Hegel (1969-1979, v.12, p.42), "não era o espaço da felicidade". Porém, a vitória indiscutível dos princípios liberais e democráticos, encarnados pelo Ocidente, parecia ter posto um fim em tudo isso: 1989 foi considerado como o início de um mundo novo marcado pela paz e finalmente capaz de garantir um momento de serenidade e felicidade livre dos medos e das angústias do passado. Ainda se podia falar de uma história mundial? Nesse mesmo ano, o filósofo norte-americano Francis Fukuyama anunciava o "fim da história", uma ideia reforçada pelo fato de ser defendida por um funcionário do Departamento de Estado.

Havia, sim, uma pequena nuvem que se formava no horizonte: fervilhavam os preparativos diplomáticos e militares para a intervenção armada no Oriente próximo, mas não se podia falar de uma guerra. Buscava-se restabelecer a legalidade internacional, pondo fim à invasão do Kuwait efetuada pelo Iraque de Saddam Hussein. Tratava-se, na verdade, de uma operação de polícia internacional, sancionada pelo Conselho de Segurança da Organização das Nações Unidas (ONU). Entrava em cena a "Nova Ordem Mundial", e ninguém podia deixar de submeter-se à lei e ao jugo da lei, que deviam ser respeitados em qualquer parte do mundo, sem exceções. Começava a se configurar um tipo de Estado mundial, aliás (segundo Fukuyama) um "Estado universal homogêneo", impondo sua autoridade sem respeitar fronteiras estatais e nacionais. E isso já era um sinal da dissipação do flagelo da guerra, que por definição é considerado como um conflito armado entre Estados soberanos, isto é, entre entidades que, pelo menos do ponto de vista da ideologia dominante, em 1989 e nos anos seguintes, pareciam perder sua força.

Um ilustre sociólogo italiano explicava qual era o destino que a parte mais avançada da humanidade, "no Norte do planeta", reservava para a guerra: "Estamos expelindo-a da nossa cultura como fizemos com os sacrifícios humanos, os processos contra as bruxas, os canibais" (Alberoni, 1990). À luz de tudo isso, a expedição contra o Iraque de Saddam Hussein, mais que uma operação política internacional, foi a expressão de uma pedagogia da paz, vigorosa sim, mas benéfica para aqueles que a viveram na pele.

Decorridas pouco mais de duas décadas, após uma série de guerras, com centenas de milhares de mortos, milhões de feridos e milhões de refugiados, o Oriente próximo se tornou um amontoado de ruínas e um foco de novas conflagrações. E se trata de apenas um dos focos; outros talvez ainda mais perigosos emergem em outras partes do mundo, como na Europa oriental e na Ásia. Multiplicam-se artigos, ensaios e livros que tratam de uma guerra em ampla escala ou até mesmo de uma nova guerra mundial, inclusive nuclear. Como explicar essa substituição tão rápida do sonho da paz perpétua pelo pesadelo de um holocausto nuclear? Antes de tentar responder a essa questão, convém discutir um problema anterior: esta é a primeira vez que a humanidade sonha com a paz perpétua e experimenta uma

PREFÁCIO

brusca e dolorosa reviravolta, ou esse ideal e seus constantes desencantos possuem uma longa história que precisa ser desvendada?

O que aqui se pretende não é analisar posicionamentos individuais de cada autor, fascinados pela possibilidade de um mundo livre do flagelo e do perigo da guerra, mas sim discutir sobre os momentos históricos em que tal ideal inspirou, além de ilustres personalidades, importantes setores da opinião pública e, às vezes, um grande número de homens e mulheres, tornando-se, assim, uma força política real. No fundo, deparamo-nos com cinco momentos de profundas mudanças da história contemporânea. O primeiro começa em 1789 com as promessas e expectativas criadas pela Revolução Francesa (que teria provocado, com a queda do Antigo Regime, o fim não apenas das tradicionais guerras dinásticas e de gabinete, mas também do próprio flagelo das guerras) e termina com as incessantes guerras de conquista da era napoleônica.

O segundo momento de mudança tem uma menor importância: durante um breve período de tempo, a Santa Aliança se apodera ou tenta se apoderar da bandeira da paz perpétua para justificar e legitimar as intervenções militares, as guerras por ela provocadas contra os países propensos à revolução, mesmo que derrotados, e portanto culpados por colocarem em xeque a Restauração e a ordem estabelecidas pelo Congresso de Viena após a derrota de Napoleão. O terceiro momento de mudança foi marcado pelo desenvolvimento do comércio mundial e da sociedade industrial moderna que cria a ilusão de que a nova realidade econômica e social substituiu o espírito de conquista pela guerra: é uma ilusão que fecha os olhos aos massacres provocados pelo expansionismo colonial, que continua em plena atividade e que só definha após a carnificina da Primeira Guerra Mundial. O quarto momento de mudança inicia-se pela Revolução Russa em outubro de 1917, desencadeada na esteira das lutas contra a guerra e que buscou o fim da tríade capitalismo-colonialismo-imperialismo como uma possibilidade de se alcançar a paz perpétua, e se encerra com os conflitos sangrentos e as verdadeiras guerras que dilaceram o próprio "campo socialista". Finalmente, o quinto momento de mudança: após ter assistido a uma longa e heterogênea efervescência ideológica, inicia-se de fato com a intervenção dos Estados Unidos na Primeira Guerra Mundial, decidida pelo presidente Woodrow Wilson em nome da "paz definitiva" (que envolvia a derrota do despotismo representado particularmente pela Alemanha de Guilherme II) e que culmina com o triunfo do Ocidente e de seu líder na Guerra Fria e com a eclosão da "revolução conservadora".

A partir desse momento, a difusão global das instituições liberais e democráticas e do livre mercado torna-se a grande responsável pelo triunfo definitivo da paz. No entanto, é uma pretensão que perde sua credibilidade com a realização de "operações políticas internacionais" e de uma série de "guerras humanitárias" e com o recrudescimento de conflitos que voltam a provocar o perigo de guerras tão sangrentas como as provocadas no século XX.

Trata-se de cinco momentos de mudanças centrados, de alguma forma, em cinco países específicos: a França revolucionária, que surge após a queda do Antigo Regime; a Áustria, ou seja, o Império de Habsburgo, que lidera politicamente a Santa Aliança (cuja ideologia recebe uma importante contribuição do conjunto da cultura alemã); a Grã-Bretanha, protagonista da Revolução Industrial e da organização de um grande império; a Rússia soviética, que inspira um movimento revolucionário de caráter global; os Estados Unidos com sua revolução (ou contrarrevolução) neoconservadora que, após o triunfo alcançado na Guerra Fria, querem implantar no mundo uma *pax* imperial norte-americana. Esses cinco momentos de mudanças, que se inserem numa sequência nem sempre linear, com possíveis sobreposições e entrechoques, precisam ser reconstruídos para se fazer um balanço que permita compreender as ilusões e desilusões do passado e para analisar os crescentes perigos de guerra do presente.

São cinco momentos que geralmente se iniciam com promessas exaltadas e atraentes e terminam com cinco fracassos catastróficos? Essa seria uma conclusão precipitada e unilateral, pois tende a nivelar processos políticos e sociais muito distintos, complexos e contraditórios. É apenas no final da exposição que será possível fazer um balanço equilibrado. No entanto, podem-se antecipar dois resultados da pesquisa. Quem considera o ideal de um mundo sem guerras como um sonho sereno e feliz, isento de conflitos políticos e sociais, precisa mudar de opinião. A história grande e terrível do período contemporâneo é também a história de choques entre diferentes projetos e ideais de paz perpétua. Em vez de serem sinônimos de harmonia e concórdia, geralmente resultam de grandes crises históricas e, por sua vez, provocam, na maioria das vezes, fortes confrontos ideológicos, políticos e sociais, e, por vezes, profundos e devastadores conflitos.

Há um segundo resultado talvez mais alarmante. A linha que separa defensores e críticos do ideal de um mundo sem guerras não se identifica com a linha que separa pacifistas e belicistas ou as "almas cândidas" dos cínicos que praticam a *Realpolitik*. É possível que os primeiros sejam mais belicistas e cínicos que os segundos. Em outras palavras, a realização da paz perpétua, permanente ou definitiva não está atrelada naturalmente a ideais nobres; frequentemente é permeada por forças interessadas em praticar ou legitimar uma política de dominação, de opressão e até mesmo uma violência genocida. Como a guerra tratada por Karl von Clausewitz (1978, p.38), também a paz ou a paz perpétua ou definitiva é a "continuidade da política por outros meios", e talvez até a continuação da guerra com outros meios.

Estamos diante de batalhas ideológicas e políticas e de conflitos sanguinários que marcam a história do ideal de um mundo sem guerras. Meu livro tratará da reconstrução da gênese e do desenvolvimento dessa trama e de sua análise nos planos político e filosófico. Considero essas reconstrução e análise urgentes diante das ameaçadoras nuvens de novas tempestades bélicas que emergem no horizonte.

CAPÍTULO 1
Kant, a Revolução Francesa e a "paz perpétua"

O ideal da paz e fronteiras da *res publica* cristã

Contrariando as atuais representações, o ideal de um mundo livre definitiva e totalmente do flagelo e do perigo da guerra não nos remete a tempos remotos. Pode-se dizer que ele emerge das lutas que precedem e acompanham a eclosão da Revolução Francesa. Eram anos em que o discurso tradicional que condenava a guerra e invocava a paz – isso sim possui uma longa história – agregava elementos radicalmente novos: a paz a ser construída devia ter um caráter universal e precisava envolver todo o gênero humano; além disso, em vez de ser uma vaga aspiração que despertava desejos e sonhos, tornava-se um projeto político que não remetia sua realização para um futuro incerto e utópico, mas buscava encarar, em tempos próximos e não muito remotos, o problema da transformação radical das relações político-sociais então vigentes, com o objetivo de extirpar definitivamente – assim se esperava – as raízes da guerra.

Tais raízes existiam no sistema feudal e no absolutismo monárquico, assim como no Antigo Regime como um todo. Referindo-se às guerras de gabinete de seu tempo, Voltaire (1961, p.194) declarava que a única forma de acabar com as carnificinas periódicas entre os homens seria punir "aqueles bárbaros sedentários que, do fundo de seus gabinetes, na hora de seu repouso vespertino, ordenam o extermínio de um milhão de pessoas e ainda fazem agradecer solenemente a Deus por isso". Rousseau também tinha a mesma opinião: descrevendo o "déspota", em *O contrato social* (cap. I, 4) chamava a atenção para "as guerras provocadas por sua ambição"; em outro texto, faz uma denúncia mais veemente: "Há um conluio entre guerra e conquista e o avanço do despotismo". Tratava-se de um flagelo que não podia ser explicado pela presumida, inata e imutável malvadez da natureza humana, não remetia ao pecado original, mas sim pela existência de instituições político-sociais que precisavam ser suplantadas.

Tomando de empréstimo as palavras de Rousseau: "Não é mais uma questão de persuadir, mas de obrigar, e não se devem escrever livros, mas convocar tropas"; só assim era possível erradicar o sistema político-social que gerava continuamente guerras e massacres. Em síntese, a união cosmopolita entre os diversos povos e países podia ser construída "apenas com revoluções" (Rousseau, 1959-1969, v.3, p.593-5, 600). Surgia assim a terceira novidade radical do discurso sobre guerra e paz: não era apenas a paz perpétua que abandonava o reino dos desejos e sonhos em prol de um projeto político, mas a própria concretização de tal projeto deixava de ser pensava pela mediação de monarcas mais ou menos iluminados, passando-se a vinculá-la a uma sublevação popular que erradicasse o despotismo imposto e exercido pelo comando dos monarcas.

A revolução antifeudal e antiabsolutista, aqui caracterizada como um verdadeiro antídoto contra a guerra, eclodiria dali a poucos anos. Na onda do entusiasmo por ela provocado, não só na França, mas também fora de suas fronteiras, difundiu-se a esperança de que a derrubada do Antigo Regime em escala internacional conseguiria erradicar definitivamente o flagelo da guerra. De Paris, após apenas um mês da tomada da Bastilha, Honoré Gabriel Riqueti, conde de Mirabeau, anunciava que, em seguida à conquista da "liberdade geral", desapareceriam também as "invejas insensatas que atormentavam as nações" e despontaria a "fraternidade universal" (in Buchez; Roux, 1834, v.2, p.274-5). Pouco depois, precisamente em 12 de outubro de 1790, um emigrante de origem alemã e defensor incondicional da revolução, Anacharsis Cloots, escrevia que o abade de Saint-Pierre deveria escolher "a boa cidade de Paris" como sede da organização que iria concretizar a "paz perpétua" (*paix perpétuelle*) que ele tanto prezava. "É comum guerras loucas" serem desencadeadas por "princípios" e por cortes feudais entediadas, mas na "nova ordem das coisas" que marca a França emersa da revolução não havia mais lugar nem para os "crimes feudais", nem para o tédio: era inebriante o "grande espetáculo" de liberdade e paz que um país regenerado oferecia "ao universo" (Cloots, 1979, p.73-4). Após terem responsabilizado o despotismo, a ambição e a sede de dominação das cortes feudais pelas incessantes guerras que até aquele momento havim dilacerado a humanidade, numerosos outros protagonistas da revolução aguardavam a concretização do "sonho filantrópico do abade de Saint-Pierre" (Saitta, 1948, p.119).

Para ser mais claro, mais que um sonho, o que estava emergindo da reviravolta acontecida na França era um projeto político realista que – como Cloots (1979, p.202) destacou em 4 de agosto de 1791 – não devia ser relegado "às regiões das quimeras e dos sonhos, aos domínios do abade de Saint-Pierre", mas ser difundido a todos para que a "paz perpétua" se tornasse uma realidade concreta. Um mês depois, a nova Constituição proclamava solenemente: "A nação francesa renuncia a começar qualquer guerra para fins de conquista e nunca usará a força contra a liberdade de um povo qualquer" (in Saitta, 1952, p.93); se esse esforço fosse feito por todos, seriam estancadas as fontes da guerra. Além da "liberdade" e da "igualdade", os protagonistas da queda do Antigo Regime prometiam também a "fraternidade"; mais que anseio de um determinado país, "liberdade, igualdade e fraternidade" podiam ser concretizadas em nível internacional na relação entre os Estados e as nações.

O início da guerra (em 20 de abril de 1792) com as potências do Antigo Regime não inviabilizava essa perspectiva. Poucos meses depois, Cloots (1979, p.378) lançava duas palavras de ordem eloquentes. A primeira fazia um apelo a uma luta extrema em defesa da revolução ("Viver livres ou morrer!"); a segunda exprimia uma esperança exaltante: "Guerra breve, paz perpétua!". Sim, "após a última guerra dos tiranos virá a paz do gênero humano". Isto era possível: "Voltemos nosso olhar e estendamos nossos braços a essa grande obra!".

A paz perpétua que se vislumbrava no horizonte teria envolvida toda a humanidade, concluindo um processo há muito iniciado. Inspirado em Johann Gutenberg, o inventor da imprensa com tipos móveis e celebrado como o protagonista do primeiro passo em direção à unificação do gênero humano, Cloots (1979, p.391-4) evocava o fim das "fronteiras" estatais e nacionais, o advento da "nação única" que envolveria a "totalidade dos homens" na "fraternidade comum", a instauração da "soberania indivisível da espécie humana", que encontraria sua expressão em uma "Assembleia legislativa cosmopolita". Havia ainda um acréscimo muito significativo: a unidade do esforço pela paz perpétua não excluiria "os indivíduos que habitam fora da Europa"; ela colocaria fim às tradicionais "excomunhões fanáticas" que atingiam os povos vitimados pela sujeição do colonialismo, ou seja, pelo preconceito eurocêntrico.

Já fica clara a novidade da perspectiva e da visão emeras da derrota do Antigo Regime na França. É inútil querer encontrá-las antes desse momento de reviravolta. Elas também não se encontram em um autor como Erasmo de Rotterdam, cuja obra também é perpassada por um ininterrupto e apaixonado apelo à paz. Se lermos seu texto mais significativo a esse respeito, *O lamento pela paz* (*Querela pacis*), logo compreenderemos que a condenação da paz é pronunciada com o olhar voltado, sobretudo, para a *res publica christiana*: "Refiro-me, naturalmente, às guerras combatidas por todo lado por cristãos contra cristãos. Tenho um outro sentimento a respeito daquelas que rechaçam, com zelo verdadeiro e devoto, a violência dos bárbaros e que, com o risco da própria vida, protegem a paz pública".

Se o próprio Erasmo enfatiza que o ideal seria converter os "bárbaros" (ou seja, os "turcos"), em vez de enfrentá-los no campo de batalha, fica claro que não se exclui a guerra contra eles, mas também que ela assume um caráter de guerra santa, a ser conduzida com "zelo devoto" (*pio studio*). Sim, é preciso fazer o possível para garantir a paz em qualquer parte do mundo, mas, se o recurso às armas fosse considerado "um mal fatal da alma humana, incapaz de evitar o combate, por que não voltar essa sina contra os turcos?" (Erasmo de Rotterdam, 1990, p.65-77).

É Platão que ajuda a esclarecer definitivamente a atitude do grande humanista. O filósofo grego, que não é um pacifista, distingue o *pólemos*, a guerra propriamente dita e conduzida contra os bárbaros estranhos à comunidade pan-helênica, da *stásis*, um tipo de guerra civil perversa que lança helenos contra helenos, gregos contra gregos; era preciso fazer de tudo para evitar a *stásis*, mas quando ela ocorre é necessário limitá-la ao máximo, evitando que termine com a escravização e o aniquilamento do inimigo vencido, como geralmente acontece quando os envolvidos no combate e na derrota são os bárbaros (*A república*, 469c-471b). A comunidade pan-helênica de Platão se torna a *res publica christiana* em Erasmo, que traduz *pólemos* com *bellum* e *stásis* com *seditio*, e é a *seditio*, o duelo fratricida entre os cristãos, que constitui o principal alvo da polêmica que perpassa *O lamento da paz* (Erasmo de Rotterdam, 1990, p.54-5).

Tais considerações se aplicam também aos *quakers*. Apesar de seus méritos, eles condenam o recurso às armas com o olhar voltado em primeiro lugar, e até exclusivamente, para o Ocidente cristão, como fica explícito particularmente no ensaio de 1693, no qual William Penn (1953) convida a implantar a "a paz na Europa", como uma maneira também de rechaçar a ameaça dos turcos. O que confirma isso, e torna mais evidente um distanciamento do universalismo, é a legitimação da escravidão, uma instituição que, significativamente, será considerada por Rousseau como uma continuação do estado de guerra. Pois bem, Penn "comprou e possuiu escravos"; nas primeiras décadas do século XVIII, "um governo da Pensilvânia, de maioria *quaker*, promulgou duras leis sobre os escravos" (Davis, 1971, p.349).

Façamos, enfim, uma referência ao abade de Saint-Pierre. Ele escreve e publica o seu *Progetto* com o propósito de erradicar definitivamente a guerra no mesmo momento em que o tratado de Utrecht permite que a Inglaterra assuma o monopólio do tráfico negreiro, e a paz perpétua é nele evocada inclusive em nome da segurança e da liberdade do "comércio tanto da América como do Mediterrâneo". Esses "dois comércios" que "representam mais da metade da renda da Inglaterra e Holanda" (Saint-Pierre, 1986, p.17) incluem a compra e venda de escravos. Pode-se dizer tudo, menos que Saint-Pierre questione a escravidão. Entretanto, o seu "sonho filantrópico", que vimos ser reverenciado por alguns dos protagonistas da Revolução Francesa, não vai além das fronteiras da Europa, ou seja dos Estados "cristãos":[1] quem assina o tratado que abole para sempre a guerra são exatamente as potências cristãs, que assim ganham melhores condições de enfrentar a ameaça dos "turcos", dos "corsários da África" e dos "tártaros", e que, ao rechaçarem as eventuais agressões do mundo dos bárbaros, ganham também "a oportunidade para desenvolver o gênio e os talentos militares".[2] Na verdade, a visão de Saint-Pierre reproduz a ideologia que permeia as relações internacionais das potências europeias da época. O tratado anglo-espanhol de Utrecht de julho de 1713 compromete as partes envolvidas a se empenhar por uma "paz perpétua cristã e geral". De forma semelhante, outros tratados da época declaram a vontade de garantir à "cristandade (se humanamente possível) uma tranquilidade duradoura", evitando derramamento de "sangue cristão" (Grewe, 1988, p.334-5).

Vejamos agora aquilo que acontece durante a Revolução Francesa. Em primeiro lugar, mesmo entre lutas inócuas, oscilações e contradições internas presentes na vertente abolicionista, o ideal da

---

[1] É o que emerge do jogo dos títulos e subtítulos. *Projet pour rendre la paix perpétuelle en Europe* é o título geral da obra, mas também dos dois primeiros volumes (Utrecht 1713); o título do terceiro volume (Utrecht 1717) é: *Projet pour rendre la paix perpétuelle entre les souverains chrétiens* (cf. Saint-Pierre, 1986, p.7ss, 429ss).

[2] Isso, pelo menos segundo as sínteses feitas por Rousseau (1959-1969, v.3, p.585-6). É no volume de 1717 que a união dos Estados cristãos assume claramente a forma de uma aliança militar contra os turcos (cf. Saitta, 1948, p.72).

paz perpétua é entremeado desde o início com as discussões sobre a escravidão. Em 6 de outubro de 1790, Cloots (1979, p.75), de Paris, lança-se contra esse "comércio lucrativo" ou "atividade (*négoce*) abominável" que é o tráfico de escravos, uma instituição não muito diferente dos "sacrifícios bárbaros ao Deus Moloch", que vigorava na antiga Cartago. Em segundo lugar, em relação à Grécia dominada pelo Império Otomano, Cloots (1979, p.249) escreve, em fevereiro de 1792, que é preciso "garantir os Direitos do homem e do cidadão aos gregos vencidos e aos turcos vencedores"; a "família universal" não tolera exceções e "a liberdade, não obstante o que Montesquieu diz sobre ela [inclinado a considerar justificável ou tolerável a escravidão nas regiões quentes], é uma planta que consegue adaptar-se em qualquer lugar". O mesmo vale para a paz: superadas as "antigas rivalidades", ela tende envolver as mais diferentes nações da "grande sociedade" mundial.

A gênese da "paz perpétua"

Como explicar que o ideal universal de paz perpétua emerge pela primeira vez com a Revolução Francesa? As revoluções que a precederam, mesmo quando imaginaram um mundo livre da violência bélica, imaginaram-na apenas em relação à *res publica christiana*, ou seja, a Europa considerada sede exclusiva ou privilegiada da civilização. A República das Províncias Unidas, a Holanda, que em fins do século XVI havia surgido da revolução contra a Espanha de Filipe II, tinha se tornado rapidamente uma grande potência colonial, que marcava sua presença comercial e militar na Ásia e na América, e das Índias Orientais às Índias Ocidentais. E tudo isso graças a guerras coloniais muitas vezes horripilantes. Nas palavras de *O capital*, de Karl Marx, "onde os holandeses colocavam os pés, surgiam a devastação e o despovoamento. Banjuwangi, província de Java, contava em 1750 com mais de 80 mil habitantes, em 1811 havia apenas 8 mil" (MEW, v.23, p.779-80). A primeira e a segunda revolução inglesa promoveram o ulterior desenvolvimento do império colonial britânico, reforçado na Europa com guerras e massacres de grandes proporções: geralmente celebrada como pacífica, a dita Revolução Gloriosa de 1688-1689, pelo menos em relação à Irlanda, "foi uma reconquista racial e religiosa das mais brutais" (Trevelyan, 1976, p.13, nota), e isso acarretou uma guerra colonial selvagem.

São muito eloquentes os processos políticos e ideológicos que aconteceram durante a revolta dos colonos ingleses na América que desembocou na fundação dos Estados Unidos. Sim, George Washington declarou que esperava uma definitiva transformação das "espadas" em "arados", mas isso não evitou que evocasse um duro acerto de contas com aqueles "animais selvagens da floresta" que eram os peles-vermelhas (cf. "Washington, o comércio e os 'animais selvagens'"). Eles foram, de fato, os defensores mais intransigentes dessa luta (ou guerra) que inspirou a sublevação contra o governo de Londres, considerado culpado de querer pôr limites à marcha expansionista dos colonos (e às suas guerras coloniais). Com uma linguagem tonitruante, disse Theodore Roosevelt (1901, p.246-7), no início do século XX:

> O principal fator que causou a revolução, e mais tarde a guerra de 1812, foi a incapacidade da metrópole de compreender que os homens livres, que avançavam na conquista do continente, deviam ser encorajados naquela época [...]. A expansão dos duros, aventureiros homens da fronteira, era para os estadistas de Londres causa de ansiedade mais do que de orgulho, e o famoso *Quebec Act*, de 1774, foi em parte arquitetado com o objetivo de manter permanentemente a leste dos montes Allegheny as colônias de língua inglesa e conservar o grandioso e belo vale do rio Ohio como área de caça para os selvagens.

A conquista da independência se impunha não apenas para ampliar e acelerar a expropriação (e a deportação e exterminação) dos nativos, mas também para criar uma concorrência imperial direta com a própria Grã-Bretanha. Quase três décadas antes da conquista da independência, em uma carta de 12 de outubro de 1755, John Adams, futuro segundo presidente dos Estados Unidos, evocou a reviravolta que o "destino" tinha reservado para os colonos ingleses que chegaram do outro lado do Atlântico: ele tinha transferido "a grande sede do império para a América", e, "naquela altura, toda a força da Europa reunida não iria nos submeter" (in Bairati, 1975, p.31).

No momento da promulgação da Constituição Federal, de forma semelhante se expressou Alexander Hamilton (cf. "A eliminação do antagonismo entre 'as duas mais antigas democracias'"). Pouco mais de vinte anos mais tarde, em uma carta a James Madison, de 27 de abril de 1809, Thomas Jefferson convocou o novo Estado a erguer um imenso "Império da liberdade", o maior e mais glorioso "desde a Criação até hoje": o primeiro passo a ser dado era a anexação do Canadá, "que poderia acontecer em uma próxima guerra" contra a pátria-mãe (in Smith, 1995, v.3, p.1586). A guerra aqui eclodiu, de fato, dois anos depois, ainda que com resultados pífios do ponto de vista da república norte-americana.

Inclinadas como foram a promover o expansionismo colonial ou diretamente estimuladas por ele, as revoluções aqui analisadas consideravam como um fato indiscutível, além da guerra, a dominação colonial e a própria escravidão colonial. A Holanda emersa da revolução antiespanhola deteve "o predomínio" sobre "o comércio de escravos" até a metade do século XVII (Hill, 1977, p.175). Para Grotius (1913, livro III, cap. VIII, parte 1; livro III, cap. XIV, parte 9), que interpretou de certa forma essa revolução, era indiscutível o direito que os vencedores tinham de escravizar não apenas indivíduos, mas também povos inteiros: referia-se, obviamente, aos povos das colônias e não às "nações" em que não havia a prática de escravizar os inimigos vencidos. Como corolário de seu ciclo revolucionário (inclui a "Revolução Puritana" e a "Revolução Gloriosa"), com o tratado de Utrecht de 1713 a Grã-Bretanha subtraía da Espanha o *asiento*, ou seja, o monopólio do tráfico negreiro. Enfim, o Estado surgido das sublevações dos colonos norte-americanos contra o governo de Londres consagrou na sua Constituição a instituição da escravidão, mesmo que tenha usado uma linguagem elíptica e reticente.

O caso da França foi bem diverso. Em primeiro lugar, no âmbito da classe política que conquistou o poder em 1789, os proprietários de escravos e de terras subtraídos às populações coloniais não tinham o peso político e ideológico de que gozavam no âmbito das sociedades emersas da revolução antiespanhola dos Países Baixos, da Revolução Gloriosa e, sobretudo, da Guerra de Independência dos Estados Unidos.

Nas primeiras décadas de vida dos Estados Unidos, o cargo de presidente foi assumido quase sempre por proprietários de escravos e de grandes extensões de terra, obviamente pouco inclinados à abolição da escravidão ou à desaceleração da expansão em detrimento dos nativos: proprietário de escravos (mesmo com certo mal-estar interior), George Washington investiu "um grande capital líquido [...] nas terras do Oeste", contando com sua "valorização" graças ao "avanço da 'fronteira'" (Beard, 1959, p.123).

Além disso, a França chegou à revolução após ter sofrido a dura derrota da Guerra dos Sete Anos (1756-1763) e ter perdido com isso quase todo o seu império. Isso conferiu à crítica do colonialismo, da escravidão e da guerra amplitude e radicalismo, que não se encontram nos mundos holandês, inglês e norte-americano, naturalmente por causa de uma vitória largamente inspirada no expansionismo colonial. Com tais pressupostos, é compreensível o radicalismo que caracterizou o anticolonialismo em Paris: aos olhos de Jean-Paul Marat, São Domingos, onde havia eclodido a revolução dos escravos negros, tinha o direito de separar-se da França, mesmo da França revolucionária, para tornar-se um Estado independente e governado não pelos colonos brancos e escravistas, mas por escravos e ex-escravos negros que constituíam a maioria da população (Césaire, 1961, p.175-6). E não é de admirar que a convenção jacobina tenha aceitado e convalidado os resultados da revolução de São Domingos, com a consequente abolição da escravidão nas colônias francesas. Em última análise, ao contrário do que ocorreu nas revoluções que a tinham precedido, na Revolução Francesa, ou melhor, nas suas correntes mais radicais, o ideal da paz perpétua tendeu a consolidar-se com a condenação da escravidão, do colonialismo e das guerras coloniais.

Tudo isso explica o panorama temporal e espacial desses processos ideológicos e políticos. Por trás deles estava o debate sobre a natureza dos habitantes do Novo Mundo surgido após a descoberta e conquista da América: em 1537, Paulo III declarou que os sacramentos deviam ser negados aos colonos que, desconhecendo a humanidade dos índios, os reduziu à escravidão. Isso provocou furiosas reações por parte dos colonos, mas, em finais do século XVIII, o abolicionismo exerceu, tanto na cultura iluminista como na cristã, um peso considerável e crescente. Esse era também o momento de uma ampliação progressiva do mercado mundial e da comunicação entre os diversos continentes: como veremos na conclusão deste livro, começaram a surgir "história universal" e a consciência do homem como "ser genérico", membro do gênero humano universal.

Houve, assim, a difusão de categorias e princípios que buscavam envolver toda a humanidade. É nesse contexto que a guerra deixava de ser uma catástrofe natural, como os terremotos e as inundações, tornando-se um problema; e tendia a ser um problema não apenas a guerra no âmbito da *res publica christiana*, mas também a guerra como tal. Nessa conjuntura emergiu o ideal de uma humanidade não mais dilacerada pela instituição da escravidão e da guerra (geralmente adotada como princípio de legitimação da escravidão imposta aos vencidos). Esses eram os anos em que Cesare Beccaria contestava o direito de o Estado infligir a pena de morte mesmo ao pior dos cidadãos. Que direito tinha, então, o Estado de infligi-la em massa aos inimigos externos, se eles também eram membros da comunidade humana universal, sem poupar inclusive seus soldados e seus cidadãos?

A paz perpétua, da conservação à revolução

Agora podemos compreender melhor o abismo que separa duas visões da paz perpétua aparentemente semelhantes e que assim são consideradas ainda hoje: a defendida por Saint-Pierre não vislumbra a ideia de universalidade que, ao contrário, constitui o centro da nova visão surgida em 1789.

A essa consideração filosófica podemos acrescentar uma outra estritamente política: Saint-Pierre é um conservador declarado. O seu *Progetto* de paz perpétua prevê claramente o seguinte: "A sociedade europeia não terá qualquer ingerência no governo de qualquer Estado, a não ser para conservar sua forma fundamental e para garantir um rápido apoio aos príncipes nas monarquias e aos magistrados nas repúblicas, contra sedições e rebeliões" (Saint-Pierre, 1986, p.161-4). Assim, o tratado que sanciona a paz perpétua tem também a responsabilidade de assegurar a estabilidade interna, ou seja, de "preservar infalivelmente" os Estados signatários "de qualquer sedição, de qualquer revolta e, sobretudo, de qualquer guerra civil", um mal considerado "mais terrível" e "mais funesto" que as guerras entre Estados. O objetivo da paz perpétua exige sufocar guerras revolucionárias e revoluções e condenar à morte os seus responsáveis, ou seja, "os sediciosos" e "os rebeldes". Nesse panorama se insere a clara condenação da primeira revolução inglesa (ibidem, p.40-1, 143, 164-5).

Não há dúvida: a visão da paz perpétua defendida por Saint-Pierre se contrapõe àquela que emerge da Revolução Francesa. Com Rousseau, que enfatiza a necessidade de ações revolucionárias para eliminar as raízes da guerra, e com os protagonistas da queda do Antigo Regime, que esperam com isso lançar as bases da construção da autêntica fraternidade entre as nações, a invocação da paz perpétua se transforma de palavra de ordem com característica conservadora em palavra de ordem da revolução. Em fevereiro de 1792, consciente da antítese entre as duas visões, Cloots (1979, p.249) acusa Saint-Pierre de defender um "Congresso [internacional] bizarro e ridículo, mais vinculado à guerra que à paz". De fato, os argumentos expostos no projeto tornam-se depois o cavalo de batalha dos que invocam a guerra contra os sediciosos e rebeldes que conquistaram e usurparam o poder em Paris; e mais tarde tais argumentos continuarão a ser utilizados pela Santa Aliança para teorizar e praticar um tipo de intervenção de um poder policial internacional nos países da *res publica christiana* ameaçados pela revolução.

Com exceção da sujeição e do comércio negreiro, Saint-Pierre é um conservador também no que se refere às relações internacionais e às relações entre "a sociedade europeia" e o mundo colonial. O ideal da paz perpétua surgido com a Revolução Francesa se vincula a um processo ideológico que, além do Antigo Regime, coloca em discussão também a sujeição colonial e a escravidão negra. É o que se espelha particularmente na *História das duas Índias*, de Raynal. Com relação à descoberta-conquista do Novo Mundo, a edição de 1781, que contou com o acréscimo da colaboração de Diderot, não só condenava com veemência o extermínio dos ameríndios e a deportação e escravização dos negros, mas também evocava uma sublevação geral dos escravos, liderada por um Espártaco negro. Este exigiria a substituição do "Código Negro", que tinha sido promulgado em 1685 por Luís XIV e que regulamentava a escravidão negra, por um "código branco" que responsabilizasse os escravistas pelas injustiças por eles cometidas (Raynal, 1981, p.143, 257, 202-3).

Mais polêmica é a atitude de Rousseau. Publicado em 1762, *O contrato social* (capítulos 1 e 4) denuncia a instituição da escravidão como uma continuidade do estado de guerra contra o povo dominado. A partir do silêncio que se observa em relação ao Código Negro, chegou-se à conclusão que ele se refere mais à escravidão política própria do despotismo monárquico que à escravidão colonial (Sala-Molins, 1988, p.237-54). É um argumento que merece atenção. No entanto, deve-se notar que, nos capítulos de *O contrato social* aqui citados, além da escravidão, condena-se também o "direito de conquista" e, em contraposição a tudo isso, reivindica-se a liberdade não apenas do indivíduo, mas também do "povo dominado". Observa-se, ainda, que, quando um indivíduo quisesse se vender a um senhor e "alienar-se a si próprio, não poderia fazê-lo com seus filhos". Pelo menos nesse caso, somos levados a pensar mais na escravidão hereditária (e colonial) que naquela política. É significativa também a história da riqueza de Rousseau. Um seu contemporâneo, Simon N. H. Linguet, defensor declarado da escravidão propriamente dita, crítica o autor de *O contrato social* por ter condenado a escravidão (propriamente dita) por causa da falta de realismo político característica dos "corações compassivos" (Losurdo, 2002, cap. 13, parte 1). Do lado oposto, pode-se notar que a leitura de Rousseau promove na França uma postura abolicionista; logo após algumas semanas da tomada da Bastilha, Aubert de Vitry, um autor nem um pouco radical que homenageia já no título de seu livro o filósofo genebrês, ao pronunciar-se sobre a emancipação dos escravos, faz uma veemente crítica ao "colono cruel" que oprime e aflige o "negro infeliz" (in Barny, 1988, p.21-3). Em relação à escravidão, vale a pena ainda apresentar a observação feita por um eminente historiador da França no contexto da revolução: "As ideias de Rousseau tiveram grande ressonância. Os seus discípulos, no entanto, superaram o mestre" (Godechot, 1962, p.21).

Para além das posições assumidas pelos autores, há dois pontos claros: em primeiro lugar, antes ainda da épica abolição da escravidão nas colônias (como resultado de um duro e contraditório confronto político), em 26 de agosto de 1792, a Convenção Nacional concede a cidadania honorária francesa, entre outros, a William Wilberforce e Thomas Clarkson, dois líderes do movimento abolicionista britânico. Em segundo lugar, quem manifestou descrédito ou hostilidade em relação ao colonialismo não foi apenas Maximilien de Robespierre, mas também um expoente moderado como Pierre-Samuel Du Pont de Nemours. Apesar de algumas variantes, ambos recorrem ao lema "Que pereçam as colônias se isso nos custar a honra e a liberdade" (Dockès, 1989, p.85, nota). Em conclusão: durante o desenvolvimento da Revolução Francesa (e já no seu processo de preparação ideológica), além da crítica ao colonialismo e à escravidão colonial, emerge uma ideia de paz perpétua que, além do plano interno do Antigo Regime, torna-se uma discussão no plano internacional sobre dominação e escravidão colonial. Trata-se de uma trama muito clara que assume uma forma radical em um autor como Cloots, mas que caracteriza a Revolução Francesa como um todo.

Antes da Revolução Francesa: os méritos da guerra segundo Kant

A revolução de 1789 e a paz perpétua, considerada como uma palavra de ordem da Revolução Francesa, tiveram uma forte influência sobre Kant. Quando publica, em 1795, o seu famoso ensaio (*À paz perpétua*), ele se situava diante de um amplo debate que já durava anos e que confiava a responsabilidade da erradicação definitiva da guerra ao novo ordenamento político que ia se constituindo. Trata-se de um debate internacional. Assim se expressou Thomas Paine, entre 1791-1792, que nesse período se movimentava entre o Velho e o Novo Mundo e que é influenciado, sobretudo, pelas agitações que aconteciam em Paris:

> Todos os governos monárquicos são militares. A guerra é a sua profissão; e o saque e a rendição, seu objetivo. Enquanto durarem tais governos, não haverá paz segura sequer por um dia. O que é a história de todas as monarquias senão um panorama repugnante da miséria humana intercalado de tréguas de poucos anos? Esgotados pela guerra e exauridos pela carnificina de homens, tais governos se sentam para descansar e chamam de paz o seu repouso. (Paine, 1995b, p.550)

Na realidade, apenas uma revolução que acabe com o Antigo Regime pode aplainar a estrada para a "paz universal" (*universal peace*). Por sorte, na França, é a "nação" e não o monarca que pode declarar guerra: "Se isso acontecesse em todos os países, não ouviríamos mais falar em guerras" (ibidem, p.475).

A confirmação da influência decisiva da Revolução Francesa sobre o ideal de paz perpétua defendido por Kant é própria da evolução intelectual do grande filósofo. Se abrirmos *Conjecturas sobre a origem da história*, publicadas em 1796, defrontar-nos-emos com uma declaração surpreendente e em claro conflito com a imagem estereotipada de Kant atualmente muito difundida: "O perigo da guerra é a única coisa que serve para temperar o despotismo". Para não sucumbir no confronto, para ganhar o apoio de seu povo ou de seus súditos, os governantes são obrigados a fazer concessões e acabam concedendo um mínimo de liberdade.

Aqui podemos nos referir à dinâmica da primeira revolução inglesa, em que Carlos I é obrigado pelas imperiosas necessidades financeiras impostas pela guerra a convocar o Parlamento e a fazer um compromisso (provisório) com este. Foi a guerra que forçou a criação de um espaço à liberdade. Não é isso, no entanto, o que acontece na China imperial, onde, apesar de não haver inimigos poderosos a temer, "não existe mais qualquer sinal de liberdade". E esta é a conclusão de Kant:

> No nível de civilização a que chegou o gênero humano, a guerra é um meio indispensável para aperfeiçoá-la, e a paz permanente (*immerwährender Friede*) nos será salutar apenas quando a nossa civilização (Deus sabe quando) tiver chegado à sua perfeição, sendo então dela uma consequência. (KGS, v.8, p.121)

Vale a pena notar que aparece ainda a expressão "paz perpétua" (*ewiger Friede*) que será o título do famoso ensaio de 1795; fala-se, eventualmente, de "paz permanente" e sobre ela não se tece juízo exclusivamente positivo.

Na verdade, cinco anos antes da eclosão da Revolução Francesa, a obra de Kant, *Ideia de uma história universal*, evocando claramente Saint-Pierre e Rousseau, traz a ideia de uma "grande Liga dos Povos" que exerça o papel de tribunal internacional, colocando fim à "liberdade bárbara" dos Estados Unidos que permeia suas relações recíprocas. No entanto, Kant acrescenta que o tão esperado "sistema cosmopolita de segurança pública estatal [...] não é isento de qualquer perigo, pois isso poderia levar a um adormecimento das energias da humanidade". Além da guerra propriamente dita, o perigo da guerra tem também uma função positiva. Na realidade, na Sétima Proposição, que estou examinando, nunca ocorre a expressão "paz perpétua" nem "paz permanente": em vez disso, fala-se de condições de "tranquilidade e segurança" ou de "equilíbrio" na relação entre os Estados. Além disso, as próprias guerras são consideradas como um instrumento objetivo para atingir o almejado novo Estado internacional:

> Todas as guerras são, portanto, outras tentativas (não a partir das intenções dos homens, mas do propósito da natureza) de estabelecer novas relações entre os Estados e de criar, mediante a destruição ou pelo

menos desmembramento de velhos corpos, novos corpos que, por sua vez, não conseguem se manter em si mesmos ou junto dos outros e por isso sofrerão novas revoluções análogas. (KGS, v.8, p.24-5)

O processo que conduz à instauração, se não da paz perpétua, pelo menos de uma ordem internacional mais segura e garantida, só pode ser pensado no bojo de uma série de guerras e revoluções. Durante um longo período histórico, foi reconhecido o mérito objetivo que as perturbações violentas tiveram na aceleração de um desenvolvimento histórico positivo.

Nesse contexto, é preciso inserir também "o desmembramento dos velhos corpos" estatais. É o caso da Polônia, cuja primeira divisão, realizada alguns anos antes por Frederico II, mas com a participação ativa da Prússia, não parece ter sido questionada por Kant. Isso não deve causar surpresas: a contemplação de uma ordem cosmopolita que supera a individualidade exclusiva de cada Estado tende a se entrelaçar com o desconhecimento da questão nacional; de tal forma que, como vimos, "todas as guerras" são inseridas no mesmo plano e paradoxalmente se reconhece certo mérito objetivo em todas elas.

Foi a Revolução Francesa que determinou essa mudança, mas não imediatamente. Publicada em 1790, não obstante apoiar (numa frase acrescentada no último momento) a "total transformação" política assumida no além-Reno por um "grande povo" empenhado em oferecer a cada cidadão a dignidade de "fim" em si (§65, nota), a *Crítica da faculdade do juízo* continua a interpretar o fenômeno da guerra como um "grande desígnio da sabedoria suprema" que procura estimular "a liberdade no Estado" e "desenvolver até seu mais alto grau todos os talentos postos a serviço da civilização". E tudo isso porque, por meio da guerra, "se afasta cada vez mais a esperança de tranquilidade na felicidade pública" (§83). Fica evidente uma continuidade em relação às *Conjecturas sobre a origem da história*.

Reconhece-se não apenas o mérito da contribuição da guerra para o progresso político e moral da humanidade, mas se torna também, na *Crítica da faculdade do juízo*, objeto de certo gozo estético.

Até a guerra, quando é conduzida com ordem e com o sagrado respeito dos direitos civis, traz em si algo de sublime e torna o caráter do povo que a conduz dessa forma tão mais sublime quanto mais numerosos tiverem sido os perigos a que se submeteu e que corajosamente superou; numa longa paz, no entanto, há o predomínio do simples espírito mercantil e a submissão do caráter e da mentalidade de um povo. (§28)

Sem levar em consideração o conteúdo histórico concreto e o significado político e social de cada guerra, a *Crítica da faculdade do juízo* (§83) continua a colocar no mesmo plano guerras "em que Estados são divididos ou dissolvidos em Estados menores" (como as revoluções ou guerras de independência que levaram, por exemplo, à formação da Holanda e dos Estados Unidos) e guerras em que "um Estado agrega outros menores, tendendo a formar um maior" (e novamente voltamos a nos lembrar da infeliz Polônia).

Kant e a Alemanha como defensores de "paz perpétua"

À *paz perpétua*, que representava o momento de mudança na evolução de Kant, surgiu em um momento particular: a tentativa de derrubar na França o poder nascido com a revolução falhara definitivamente, mas ainda não haviam surgido com clareza as tendências expansionistas do novo regime implantado em Paris. Na Basileia, 1795 foi o ano da paz, acolhido com entusiasmo por uma vasta opinião pública, como demonstrou, por exemplo, o "hino" publicado naquela ocasião no *Berlinische Monatsscrift* (v.25, p.377-9). Ganhou um novo impulso a esperança que vinha florescendo havia alguns anos, em especial na Alemanha, e que atribuía à França revolucionária o mérito de ter lançado as bases de uma paz estável e permanente, de uma paz possivelmente perpétua.

Em uma poesia de 1790, "Eles e não nós" (*Sie, und nicht wir*), Friedrich G. Klopstock tinha exaltado a "liberdade da Gália" nestes termos: "O que não fez ela! Foi por ela acorrentado até o mais terrível dos monstros, a guerra!". Uma outra poesia, composta em 1792,

"A guerra de libertação" (*Der Freiheitskrieg*), denunciou a intervenção contrarrevolucionária das potências feudais contra um povo que, "ao desterrar a Fúria coroada de louros, a guerra de conquista, dotou-se das mais belas leis".

Nesse mesmo ano, um jacobino alemão, Georg C. Wedekind (1963, p.202), pareceu antecipar a tese central do ensaio de Kant:

> A deusa da paz tem uma dileção especial pelos Estados democráticos. Compreenderá facilmente a razão. A guerra em si é sempre um grande mal, cujo peso oprime o soldado, o burguês e o camponês, enquanto o soberano e a nobreza não sofrem dano algum [...]. Quem iniciou a maior parte das guerras foram os soberanos, estimulados pela vaidade, porque esse tipo de gente acredita cobrir-se de honras ao vencer muitas batalhas e engrandecer a pátria.

Um outro jacobino alemão – discípulo de Kant ou pelo menos muito influenciado por sua filosofia – tinha lançado um apelo à revolução na Alemanha, focado na seguinte bandeira: "Os horrores e os lutos das guerras mais insensatas nunca cessarão até que surjam aristocratas capazes de encontrar homens que lutem por eles" (Riedel, 1981, p.395). Por fim, em 1793, Fichte evocou o projeto revolucionário da "paz perpétua", antes de seu mestre (ver "Fichte, filósofo por excelência da 'paz perpétua'" e "A monarquia absoluta como raiz da guerra").

Dois anos mais tarde, Johann G. Herder, em *Pela paz perpétua*, saudou o mundo novo não mais afligido por uma guerra que se vislumbrava no horizonte graças à reviravolta surgida na França. O "espírito de conquista selvagem", caracterizado na Antiguidade por Roma e pelos "bárbaros" e que tinha sobrevivido no mundo moderno nas "orgulhosas monarquias" (do Antigo Regime), parecia dar lugar à fraternidade ou pelo menos a uma relação pacífica entre as diversas nações:

> Que os gabinetes se enganem uns aos outros; que avancem as máquinas políticas e se lancem umas contra as outras para que se destruam

mutuamente. Não é assim que acontece com as pátrias; elas permanecem tranquilas uma ao lado da outra e se protegem reciprocamente como famílias. Luta sangrenta de pátria contra pátria é o pior barbarismo da língua humana. (Herder, 1967a, p.317-9)

Dois anos mais tarde, Herder (1967b, p.268-9) reforçava a esperança de que até a palavra "guerra" pudesse ser odiada por todos, permitindo avançar na direção da realização da "paz perpétua" (*Ewiger Friede*).

Nesse contexto histórico, é preciso situar *À paz perpétua*, a expressão mais madura do grande debate ocorrido a partir de 1789. Ao expressar a esperança e confiança de que o mundo pudesse ser libertado do flagelo da guerra, o ensaio de Kant constituía ao mesmo tempo uma defesa da França revolucionária, identificada e celebrada, mesmo com uma linguagem alusiva e elíptica que a censura e a delicada situação concreta exigiam, como o antídoto para tal flagelo. O "primeiro artigo definitivo para a paz perpétua" soa assim: "A Constituição de cada Estado deve ser republicana". Essa afirmação era acompanhada de uma série de atenuações que fazia a Constituição republicana coincidir com o "sistema representativo" (KGS, v.8, p.349, 351-2). O poder dominante era assim garantido: para se tornar "republicana", a Prússia não precisava derrubar a dinastia dos Hohenzollern; bastava criar uma Constituição e um Parlamento ou uma Câmara eleita de baixo. No entanto, no momento em que Kant conectava a Constituição republicana com a causa da paz, o principal país da Europa com orientação republicana era aquele que, no além-Reno, havia se libertado do despotismo monárquico e do Antigo Regime por meio de uma grande revolução. Ao desbancá-lo – proclamava a *Chronique de Paris* de 22 de abril de 1790 –, a França garantiu sua "paz e tranquilidade" e se livrou para sempre "da guerra ministerial, da guerra por capricho, por intrigas e por ambição" (in Cloots, 1979, p.21).

Esse tema foi retomado e reelaborado cinco anos mais tarde por Kant no ensaio *À paz perpétua*:

Em uma Constituição em que o súdito não é cidadão e que, portanto, não é republicana, a guerra se torna a coisa mais fácil do mundo, porque o soberano não é membro do Estado, mas seu proprietário, e não precisa abrir mão, por causa da guerra, de seus banquetes, de suas caçadas, de seus passeios pelo campo, de suas festas na corte etc., e, portanto, pode declarar a guerra como se tratasse de um entretenimento, por qualquer motivo.

Mas que interesse um autêntico Estado republicano teria em provocar uma guerra se a decisão é dos cidadãos? Por que eles iriam atrair sobre si os horrores da guerra, ou seja, "combater pessoalmente, bancar seu custo, sofrer privações para reparar as ruínas que a guerra traz consigo, e além disso assumir a responsabilidade das dívidas?" (KGS, v.8, p.351). Três anos mais tarde, o *Conflito das faculdades* utilizou uma linguagem mais dura e mais militante: eram os "poderosos" (*die Herrscher*) que envolviam "nas suas disputas" súditos que nada tinham a ver com elas, "opondo-os uns aos outros num massacre recíproco" (ibidem, v.7, p.89). O fenômeno da guerra estava profundamente vinculado a uma ordem política, era decidido sem riscos por monarcas absolutistas, e era a população que sofria suas consequências. É essa ordem que a Revolução Francesa queria destruir.

Além disso, a revolução acabou de uma vez por todas com a teoria e a prática do Estado patrimonial (e feudal), e eram, de fato, tal teoria e tal prática que, ao considerarem e tratarem o Estado como uma espécie de *patrimonium*, estimulavam a ambição e o desejo de ampliá-lo indefinidamente, como o fez, por exemplo, ao estabelecer "vínculos familiares" e dinásticos e, eventualmente, impondo-os com a força das armas, ou seja, provocando guerras de sucessão (KGS, v.8, p.344).

Enfim, talvez fossem utilizadas para acabar com os "exércitos permanentes", caracterizados pela figura do *miles perpetuus*, do soldado profissional. A respeito disso – destaca o filósofo – "é bem diferente o exercício voluntário e periódico dos cidadãos recrutados para defender a si e a pátria das agressões externas" (ibidem, p.345). Quem provocava a guerra não era a nação em armas, mas os corpos de profissionais armados ou organizados de forma permanente e separada da nação. Fica novamente evidente o choque entre as potências feudais e a França revolucionária; eram adotadas corretamente as novidades introduzidas pela revolução no plano militar, ainda que continuassem presentes elementos de exaltação e transfiguração idealistas. No entanto, o significado político concreto de tal postura emergia claramente de sua consonância com a publicidade revolucionária da época. Já em 1789-1790, nas suas *Cartas de Paris*, um autor que mantinha correspondência com Kant, Joachim H. Campe (1977, p.13), anunciava com entusiasmo o fim da "onipotência militar": agora, depois das mudanças que acabaram de ocorrer, o "soldado" obedecia à "voz do cidadão", empenhado no seu trabalho pacífico e, portanto, avesso a aventuras militares arriscadas. Por sua vez, o jacobino Friedrich Cotta (1963, p.247) destacou que na França o Exército estava a serviço da defesa da paz, mas não estruturado para a agressão: "O recrutamento é voluntário, e, depois do serviço militar, o soldado deve ser licenciado sem custos", retornando a sua costumeira e pacífica ocupação. Assim, na nova sociedade, parecia não haver mais lugar para um Exército organizado como corpo separado, adestrado para a guerra e interessado de alguma forma por ela.

Os países com Constituição republicana e que não possuíam um Exército permanente – explicava o "segundo artigo definitivo" do ensaio de Kant – não teriam tido grande dificuldade para renunciar à sua "liberdade selvagem" ou "liberdade sem lei", própria dos "selvagens", mas também das relações internacionais tradicionais, para unir-se em uma federação ou "liga da paz", que se ampliasse progressivamente, pondo fim não a uma única guerra, mas "a todas as guerras para sempre" (KGS, v.8, p.354-7). Assim, difundia-se e reforçava-se "o universo da hospitalidade": os cidadãos de um Estado em visita a outro não se envolveriam em qualquer forma de conquista e dominação, e por sua vez seriam tratados não como inimigos, mas como hóspedes; as relações de coexistência pacífica e de amizade entre os diversos Estados se transformariam progressivamente em "relações jurídicas". Tudo isso aproximaria "cada vez mais o gênero humano de uma Constituição cosmopolita", com a passagem da tradicional anarquia característica das relações entre os Estados para um governo da lei inclusive no plano internacional (ibidem, p.357-9).

Logo depois da publicação do ensaio (*À paz perpétua*), em 3 de janeiro de 1796, o *Moniteur*, órgão do governo francês, manifestou sua satisfação ao ver, "a seiscentas milhas de Paris, um filósofo professar generosamente o republicanismo não da França, mas do mundo inteiro". E foi a partir desse momento que Kant passou a gozar de uma ampla difusão no país que tinha derrubado o Antigo Regime e que prometia erradicar a guerra (Philonenko, 1975-1981, v.2, p.264-5).

Junto com a França, o primeiro capítulo da história do ideal da paz perpétua teve como protagonista a Alemanha, onde o ideal surgido com a revolução do além-Reno teve uma sensível ressonância: foi assumido com uma especial intensidade e deu lugar a reflexões mais profundas, como ficou testemunhado pela elaboração teórica de três filósofos de grande relevo, Herder, Kant e Fichte. Sim, diversamente do que se poderia pensar a respeito do estereótipo de origem novecentista (que trata a história da Alemanha voltada para uma teleologia do Terceiro Reich), entre os séculos XVIII e XIX, a Alemanha, privada de uma unidade nacional e desvinculada tanto da corrida das grandes potências pela hegemonia na Europa como do expansionismo colonial, foi o país que mais que qualquer outro se entusiasmou pelo ideal revolucionário da paz perpétua.

Kant *contra* Saint-Pierre (e o princípio da intervenção)

Como vimos, Cloots criticou, em fevereiro de 1792, o *Progetto* de Saint-Pierre que estimulava mais a guerra que a paz. Naqueles anos, o embate entre a França revolucionária e os seus inimigos girava justamente em torno do direito de intervenção arrogado pelas potências contrarrevolucionárias e que tinha sido defendido por Saint-Pierre. Após ter sido preso, em Varennes, em 22 de junho de 1791, Luís XVI, quando tentava fugir da França para estimular e organizar com as potências do Antigo Regime a derrubada do governo constitucional e revolucionário instaurado em Paris, em 25 de agosto daquele mesmo ano, Leopoldo II, imperador da Áustria, e Frederico Guilherme II, rei da Prússia, assinaram em Pillnitz uma declaração que ameaçava enviar uma expedição punitiva contra o país que se rebelou contra o legítimo soberano e, indiretamente, contra a própria *res publica christiana*. A situação que se criou tornou-se "objeto de interesse para todos os soberanos da Europa" e não podia ser mais tolerada (Furet; Richet, 1980, p.173). Tinham desaparecido as fronteiras nacionais e estatais. E elas continuaram a ser ignoradas no manifesto de 1º de agosto de 1792, com o qual o duque de Brunswick, ao dar início à invasão, prenunciava medidas drásticas, de caráter individual e coletivo, contra todos que se opusessem aos exércitos invasores.

Rechaçando tal ameaça, a Constituição francesa de 1793 proclamou: "O povo francês [...] não interfere no governo das outras nações e não permite que outras nações interfiram na sua" (in Saitta, 1952, p.129). Em resposta à reivindicação do princípio do respeito à soberania estatal, os responsáveis pela intervenção disseram que, com seu estranho comportamento, os revolucionários franceses se situavam fora da legalidade e da comunidade internacional e não podiam impedir a legítima reação de todos que se sentiram ultrajados e ameaçados. Assim argumentou Edmund Burke (1826, p.123-4, 145), o expoente mais ilustre e mais brilhante da contrarrevolução: os dirigentes da nova França foram por ele condenados como "ateus bárbaros e assassinos", como indivíduos que, por "ferocidade, arrogância, espírito de rebeldia, e seu costume de desafiar todas as leis humanas e divina", deviam ser considerados simplesmente como "selvagens ferozes". Assiste-se, assim, à tendência já presente em Saint-Pierre: os sediciosos, os rebeldes, os revolucionários e, sobretudo, os jacobinos são considerados selvagens estranhos à *res publica christiana*; os bárbaros inseridos na comunidade civil não eram melhores que os bárbaros fora dela.

Alguns anos mais tarde, o tradutor de Burke em língua alemã (e futuro conselheiro e colaborador de Metternich, o arquiteto da Santa Aliança e defensor da contrarrevolução e da Restauração) sintetizou nestes termos os argumentos a favor da intervenção: não era lícito absolutizar "o princípio segundo o qual nenhum Estado tem o direito de intervir nas ações internas de um outro Estado". Um país que defendia a teoria da "eliminação de todas as relações jurídicas" não podia contar com a neutralidade e a inércia da comunidade internacional; não se podia pretender que os Estados se mantivessem passivos diante de uma legislação de certo país onde tivesse sido proclamado lícito o "assassinato" e "o roubo à mão armada" (Gentz, 1836-1838, p.195-8). Isso valia sobretudo para a Europa, para o "sistema de Estados europeus":

> Por causa da posição geográfica, dos múltiplos vínculos, da proximidade de costumes, das leis, das necessidades, dos modos de vida e cultura, todos os Estados desta região do mundo formam uma liga (*Bund*) que por algumas razões foi definida como república europeia. Os diversos elementos que constituem essa liga de povos (*Völkerbund*) fazem parte de uma comunidade tão próxima e indissolúvel que nenhuma mudança significativa que ocorre no âmbito de um deles pode ser tratada com indiferença pelos outros. (ibidem, p.195)

Na situação que foi criada, o princípio da independência de cada Estado não tinha mais sentido ou devia ser drasticamente repensado. Diante de uma revolução como a que aconteceu na França, que modificava radicalmente a ordem político-social, "insulta[va] publicamente as ideias religiosas e menosprezava tudo o que é sagrado para os homens", não era mais possível ou permitido que os outros Estados nada fizessem; a intervenção não era apenas legítima, mas uma obrigação (ibidem, p.198-9).

Com essa argumentação, Gentz evocava certamente Saint-Pierre. E, ao se posicionar rapidamente contra o princípio da intervenção, indiretamente, Kant replicava também Saint-Pierre, que não por acaso acabou, mais tarde, influenciando o ideal da paz perpétua propugnado pela Santa Aliança. De certa forma, o embate ideológico e político que emergiu logo após a eclosão da Revolução Francesa foi marcado pelo confronto de dois modos antagônicos de rejeitar o ideal da paz perpétua.

Kant não hesitou. Já em 1793, ao publicar *A religião nos limites da simples razão*, condenou a "liga das nações formada para não deixar desaparecer o despotismo de nenhum Estado" (KGS, v.6, p.34, nota). Era clara a referência à coligação antifrancesa: toda a Europa do Antigo Regime se uniu na luta para derrubar o sistema da França revolucionária; tratou-se de uma liga que podia suscitar o apoio de Saint-Pierre, mas que provocou desdém em Kant. Este, dois anos mais tarde, não apenas reiterou a condenação da intervenção das potências contrarrevolucionárias na França, mas também tornou essa condenação e o princípio do respeito da soberania estatal pré-requisitos do seu projeto de paz perpétua. No segundo "artigo preliminar", o ensaio de 1795 enfatizou que o Estado era uma "pessoa moral", ou seja, "uma sociedade de homens que não pode ser comandada e manipulada por ninguém de fora dela". E no quinto "artigo preliminar" reafirmou: "Nenhum Estado deve usar a força para intrometer-se na Constituição e no governo de um outro Estado" (KGS, v.8, p.344, 346). Firme foi seu posicionamento em favor da França revolucionária e da Constituição de 1793.

Mas será que podia ficar impune o "exemplo abominável" que a "facção jacobina" dava "aos outros povos"? Foi assim que Christoph M. Wieland (1879, p.360) e a propaganda revolucionária sintetizaram o principal argumento dos defensores da intervenção, criticando-o e zombando dele. De fato, diante da notícia da prisão de Luís XVI em Varennes, o rei da Prússia exclamou: "Que exemplo horroroso!" (in Soboul, 1966, p.216); ele devia ser preso e eliminado a qualquer custo, sem deixar-se limitar por fronteiras estatais e nacionais.

Sobre a paz perpétua, Kant faz uma contestação articulada dessa questão: "O mau exemplo que uma pessoa livre dá a outros (como *scandalum acceptum*) não é prejudicial", não é um ato de violência, não é uma agressão. Portanto, a intervenção militar das potências contrarrevolucionárias não tinha legitimidade. O filósofo ainda acrescenta de forma irônica: "tal escândalo pode, na verdade, servir de advertência, por exemplo, a respeito dos grandes males que um povo atrai sobre si quando faz uso de uma liberdade desenfreada"

(KGS, v.8, p.346). A propaganda reacionária não insistiu em apresentar um panorama sombrio dos desastres e castigos divinos que o povo francês teria seguramente atraído sobre si por causa de seu comportamento rebelde e blasfemo? Pois bem, na verdade, já não era tratado como um espetáculo escandaloso, mas altamente instrutivo e edificante que as potências da coligação contrarrevolucionária não queriam sufocar, mas deixar se desenvolver livremente para que servisse de alerta para seus valorosos súditos. É preciso chamar a atenção sobre um ponto essencial: no ensaio de 1795, a celebração do ideal da paz perpétua não tinha qualquer implicação com a adesão à tese segundo a qual deveria ser considerado superado o princípio da soberania estatal; aliás, a defesa de tal princípio era um aspecto essencial da luta pela defesa da paz.

Por sua vez, as potências que, esbravejando contra o que estava acontecendo na França, arrogavam-se o direito de intervir davam provas de grande hipocrisia. Tomando como exemplo (de forma alusiva) a Grã-Bretanha, que liderava a coligação, Kant denunciava com palavras ferinas "a conduta inóspita dos Estados civis, sobretudo dos Estados comerciais (*handeltreibend*) do nosso continente". Sim, "ficamos horrorizados vendo a injustiça que eles cometem quando visitam terras e povos estrangeiros (que para eles significa uma ação de conquista)". É claro que a acusação era feita sobretudo à grande potência comercial e colonial da época. O que se confirma quando se retoma o que aconteceu "na Índia Oriental (Industão)": ali, o pretexto comercial tinha aberto o caminho para a invasão militar, para a "dominação dos indígenas" e para a "incitação dos diversos Estados do país a entrar em guerras cada vez mais longas", com consequências catastróficas. A "conduta inóspita" dos "Estados comerciais" tinha chegado ao ponto de escravizar populações inteiras. Aliás, "as ilhas da cana-de-açúcar" tinham se tornado "sede da mais cruel escravidão que se possa imaginar". E tudo isso causado por "Estados que ostentam uma grande religiosidade"! Eles tinham se recusado a seguir o exemplo dado pela França republicana com a abolição da escravidão em São Domingos e, "ao cometerem injustiças com a mesma facilidade com que beberiam um copo d'água, querem se passar por exemplos raros de observância do direito"! (KGS, v.8, p.358-60). Os "Estado comerciais" criticados eram ao mesmo tempo os Estados coloniais: o tráfico escravo foi um capítulo essencial, e particularmente lucrativo, do comércio mundial da época.

"Paz perpétua" ou "monarquia universal"?

Mas será que a condenação do princípio da intervenção não acaba prolongando a tradicional anarquia das relações internacionais, frustrando e eliminando a credibilidade de qualquer projeto de paz perpétua? Em sua resposta a esse argumento da campanha contrar-revolucionária, Kant aprofunda sua reflexão sobre o processo que poderia ou deveria levar à eliminação do flagelo da guerra. Em 1790, após ter destacado que "o escopo final" da natureza (e do processo histórico) é a realização de uma "totalidade cosmopolita", a *Crítica da faculdade do juízo* (§83) se apressa em esclarecer um ponto essencial; tal totalidade não é um resultado da imposição pelo mais forte, mas sim "um sistema de todos os Estados que estão expostos ao perigo de arruinarem-se mutuamente" e de guerrearem entre si, e que a partir de um plano comum chegam a um acordo para pôr fim a tal situação (KGS, v.5, p.432-3).

Três anos mais tarde, *Sobre a expressão corrente* lança luzes sobre o perigo contra o qual é preciso se proteger: para pôr fim à "violência generalizada" das relações internacionais e aos "males que derivam das contínuas guerras, utilizadas pelos Estados para enfraquecerem-se mutuamente e para se subjugarem", é necessária uma "Constituição cosmopolita", ou seja, uma "paz universal", que precisa ser sinônimo de "condição jurídica que caracterize uma federação fundada no *direito internacional de comum definição*". Todavia, se tivessem o significado de "comunidade cosmopolita sob um único soberano", a "Constituição cosmopolita" e a "paz universal" comportariam "o mais horrendo despotismo" (KGS, v.8, p.310-1). Estamos diante de uma enfurecida cruzada contra a França revolucionária em nome do restabelecimento da ordem, da tranquilidade internacional, enfim, da paz; no entanto, aos olhos do filósofo, se a coligação antifrancesa conseguisse ter sucesso, haveria o triunfo não mais da ordem e da legalidade internacional, mas sim "do mais horrendo despotismo". A superação do anarquismo nas relações internacionais pode e deve acontecer por meio da garantia da dignidade de todos os Estados. Sem isso, a "paz permanente" (discutida nas *Conjecturas* ou a "paz universal" discutida em *Sobre a expressão corrente*) – é interessante notar que ainda não se fala de "paz perpétua" – torna-se apenas um sinônimo de prepotência e opressão.

Em 1795, quando aparece *À paz perpétua*, a situação internacional está mais segura: foi desbancada a liga dos países que acusavam a França revolucionária de responsável por todo tipo de infâmia e que estavam decididos a submetê-la às suas vontades com a força das armas. Não obstante, Kant diz que é necessário reforçar a tese que tanto preza: não há dúvidas de que o fato de existir um grande número de "Estados vizinhos e independentes entre si" e de "povos soberanos (isto é, povos orientados por leis de igualdade)" não deixa de incluir o perigo de tensões, conflitos e guerras; mas isso não se supera com uma "fusão" realizada por uma potência que nos planos militar e político "se imponha às outras e se transforme em monarquia universal". Sim, "é exatamente esta a aspiração de todo Estado (e de seu soberano), ou seja, construir uma paz durável (*dauernder Friednszustand*) dominando, se possível, o mundo inteiro". No entanto, se isso ocorresse, essa "monarquia universal" e essa "paz durável" incluiriam um "despotismo desalmado". Estaríamos diante de um "despotismo" que se transformaria não apenas em um "verdadeiro túmulo da liberdade", mas que produziria a estagnação cultural e econômica. A falta de liberdade e a ausência de competição entre os povos não deixam de produzir o "enfraquecimento de todas as energias".

Além disso, a aspiração à "monarquia universal" está destinada ao fracasso: "A natureza separa sabiamente os povos"; e para isso contribui a "diversidade de línguas e religiões"; a tentativa de unificar o mundo sob o signo do despotismo internacional se defrontaria com a resistência dos povos, produzindo no máximo a "anarquia" (KGS, v.8, p.367-9). Como a "paz permanente" e a "paz universal", contra a qual se manifestam tanto as *Conjecturas* quanto *Sobre a expressão corrente*, a "condição de paz duradoura", questionada em *À paz perpétua*, equivale a uma ordem internacional baseada na unidade e na ordem impostas pela lei do mais forte, e, exatamente por isso, de caráter despótico e frágil.

Ao contrário, a autêntica paz perpétua inclui a multiplicidade e a permanência dos Estados, dos povos, das culturas e dos centros de poder. Assim, não deve ser considerada apenas como a antítese da monarquia universal, nem pode ser confundida com a "república universal" ou com um único "Estado de povos" (*civitas gentium*) de dimensão mundial. Não, a multiplicidade é inevitável e benéfica: para evitar a guerra deve haver "um pacto dos povos", uma "liga da paz (*foedus pacificum*)", uma "federação livre" dos povos, "uma liga permanente e cada vez mais ampla" de povos, a progressiva defesa da "ideia federativa, que deve se estender gradualmente a todos os Estados e que deve conduzir à paz perpétua" (ibidem, p.356-7).

A partir da reflexão sobre a resistência criada pela França saída da grande mudança de 1789 à coligação contrarrevolucionária, usando as palavras de ordem "pátria em perigo" e "nação em armas", Kant manifestou uma nova percepção da questão nacional e, exatamente por isso, foi capaz de pensar uma universalidade que leve em consideração as peculiaridade e identidades nacionais. Apesar de ser considerada como a antítese da "monarquia universal", a "paz perpétua" não é a "república universal" sonhada por Cloots.

No banco dos réus: o Antigo Regime ou capitalismo e colonialismo?

Após ter apontado como responsáveis pelo flagelo da guerra o despotismo monárquico e as cortes feudais, *À paz perpétua* conclui denunciando os "Estados comerciais" (e coloniais) como responsáveis pelas guerras coloniais e pela escravização de povos inteiros. Três anos mais tarde, deixando de lado uma linguagem alusiva, *Antropologia de um ponto de vista pragmático* indica a Grã-Bretanha como a encarnação do "espírito comercial" (KGS, v.7, p.315 e nota). Ainda em 1798, em *O conflito das faculdades*, retomando a denúncia da escravidão e do "tráfico negreiro", Kant volta a se referir de forma explícita ao país que de Londres inspira, promove e financia as guerras contra a França revolucionária (ibidem, p.90).

Aqui emerge um problema ineludível: se as raízes da guerra se encontram no Antigo Regime, como explicar o papel da Grã-Bretanha, que tinha abandonado tal regime? Kant parece oscilar: de um lado, reconhece a função potencialmente pacificadora desempenhada pelo comércio internacional que – como observa em *À paz perpétua* – une, com um vínculo de interesses materiais comuns, os países envolvidos na troca de mercadorias (KGS, v.8, p.368); de outro lado, denuncia os "países comerciais" como protagonistas das guerra coloniais e como encarnação privilegiada da tendência (presente também em outros países) a dominar o mundo. É inegável que, além do Antigo Regime, a denúncia da política de guerra se volta também para a Grã-Bretanha, que aliás tende a se tornar, progressivamente, o foco principal dessa polêmica.

Continuemos a ler *À paz perpétua*. O quarto "artigo preliminar" adverte: "Não se devem contrair dívidas públicas para promover uma ação no exterior". O foco da acusação é "a engenhosa invenção feita neste século por um povo dedicado ao comércio (*handeltreibend*)": é clara e inequívoca a alusão à Grã-Bretanha, que foi, aos olhos do filósofo alemão, a verdadeira encarnação do "espírito comercial". O que aqui se condena é um sistema que cria "o aumento indefinido das dívidas", que não se sabe quando poderão ser pagas. O Estado que recorre a tais práticas adquire "uma perigosa força financeira, um tesouro acumulado para a guerra, e num tal volume que supera o tesouro de todos os outros Estados juntos". Isso é "um estímulo à guerra", da qual faz uso um país que já possui poder militar e, portanto, como acontece em tais circunstâncias, que está propenso a valer-se dela e a colocá-la em prática. Tudo isso constitui "um grave obstáculo para a paz perpétua", e se deve dizer que a "inevitável falência final" do Estado devedor acaba mais cedo ou mais tarde a provocar a ruína dos Estados credores, com duras e pesadas consequências para a ordem internacional no seu todo (ibidem, p.345-6).

Também nesse caso, *À paz perpétua* retoma e reelabora um tema da imprensa francófila e revolucionária. Três anos mais tarde, em 1798, encontramos esse assunto, por exemplo, no jovem Joseph Görres (1928, v.1, p.157), que nesse momento exerce posições jacobinas: aos seus olhos, a Grã-Bretanha está destinada a sucumbir ou já "sucumbe ao volume de sua dívida pública", no entanto, graças aos enormes recursos financeiros acumulados, pode financiar um exército após o outro e alimentar uma incessante guerra contra a França.

É uma acusação que identifica e aponta a Grã-Bretanha como o país que mais avançou na subordinação da economia e das contas públicas às exigências bélicas, criando o que hoje pode ser definido como uma economia de guerra. Essa é uma análise interessante; além disso, não se refere ao Antigo Regime nem a uma prática de velha data. *À paz perpétua* reconhece que nos deparamos com uma "invenção" recente, e com uma invenção criada por um país que se situa numa posição hegemônica no mundo do comércio (inclusive do comércio de escravos), no mundo do crédito e das finanças: em vez de um sistema feudal, somos levados a pensar no sistema capitalista-colonialista que está surgindo e se fortalecendo.

Depois da paz de Basileia, ficou cada vez mais evidente que o país que encabeçou a coligação contra a França foi a Grã-Bretanha. O julgamento de Kant sobre ela torna-se cada vez mais ríspido. Eis de que forma uma nota posterior à *À paz perpétua*, e publicada só depois da morte do filósofo, expressa-se a respeito do primeiro-ministro britânico:

> [William] Pitt [o Jovem], que chega a pretender que nos Estados vizinhos tudo permaneça de acordo com a velha ordem ou seja recolocado no antigo binário sempre que dele se desviar, é odiado como um inimigo do gênero humano, enquanto os nomes dos que, na França, asseguram a nova ordem, os únicos dignos de um lugar eterno, sejam recordados e colocados um dia no templo da fama. (KSG, v.19, p.605)

Por inspirar e dirigir a coligação antifrancesa e por assumir a liderança da cruzada empenhada em conter e sepultar a Constituição republicana da França, que para Kant é o fundamento da paz, o país que encarna o "espírito comercial" (e colonial) é apontado por ele como o principal foco de guerra. Na verdade – observa em *Antropologia de um ponto de vista pragmático* –, dado que o "espírito nobiliárquico" e também o "espírito comercial" podem tornar os povos "insociáveis", criando obstáculos para a compreensão e a amizade entre eles, há um despertar da mesma lógica exclusivista característica do "espírito nobiliárquico": de fato, a Grã-Bretanha tem um olhar de desdém para os outros povos e chega, inclusive, ao ponto de não considerar os estrangeiros como pessoas (KGS, v. 7, p.314-5 e nota).

É uma análise de grande interesse, que antecipa a crítica à visão harmonizadora que procura apresentar o desenvolvimento do comércio como sinônimo de paz. No entanto, agora, torna-se evidente a contradição de fundo que passa a caracterizar o discurso de Kant sobre a paz perpétua: se, por um lado, ele considera a "Constituição republicana" – entendida como sinônimo de "regime representativo" – um antídoto para a guerra, acaba, por outro, voltando sua atenção cada vez mais para o país que se tornou pioneiro na criação de um "regime representativo" e que por isso deve ser considerado "republicano". Uma resposta a essa objeção pode ser encontrada, em 1798, em *O conflito das faculdades*: "O que é um rei absoluto? É aquele que quando proclama 'deve haver guerra', a guerra acontece [...]. Ora, o monarca britânico fez numerosas guerras sem pedir o consentimento do povo. Portanto, ele é um rei absoluto" (KGS, v.7, p.90, nota).

Dessa forma, a denúncia da Grã-Bretanha pode se aproximar da tese segundo a qual as raízes da guerra devem ser buscadas no despotismo monárquico (e no Antigo Regime). Trata-se, no entanto, de uma operação pouco convincente. O próprio Kant reconhece que na Grã-Bretanha a prática do despotismo monárquico se opõe claramente à "Constituição", à norma ou teoria da "monarquia limitada pela lei", mesmo se logo depois ele acrescenta que essa norma ou teoria se torna inócua porque o "rei britânico", graças à influência que exerce e à "corrupção" dos parlamentares, "consegue garantir o consenso dos representantes do povo"; sim, "uma propaganda mentirosa engana o povo" e o faz acreditar que é livre, "enquanto seus representantes, corruptos, o submetem secretamente a uma monarquia absoluta".

Essa descrição da Grã-Bretanha do fim do século XVIII pode até estar correta, entretanto coloca-nos diante de uma realidade muito diversa daquela do Antigo Regime e das monarquias absolutas tradicionais. O rei deve buscar o "consenso" continuamente; o seu poder e o seu papel são limitados, ainda mais que, como reconhece o mesmo filósofo empenhado em apresentar um panorama sombrio da realidade política e constitucional do país que é inimigo implacável da França revolucionária, na Grã-Bretanha são os "representantes" cooptados e corruptos que protagonizam a instauração, indireta e sub-reptícia, de uma ordem que pode ser tachada, basicamente, de "monarquia absoluta", mas que possui novas e inéditas características (KGS, v.7, p.89-90, nota).

Entretanto, levando em consideração o testemunho de uma conversa privada de Kant, este teria reconhecido que a política externa de Londres não tinha o apoio apenas dos grupos dirigentes: "Os ingleses são, basicamente, a nação mais depravada [...]. O mundo inteiro se torna sua Inglaterra. Os outros países e homens são considerados apenas um apêndice, um acessório" (in Abegg, 1976, p.186). Um chauvinismo coletivo acompanhava a expansão comercial, colonial e imperial da Grã-Bretanha; a participação do povo e dos organismos representativos das decisões políticas não podia ser entendida como sinônimo de promoção da causa da paz.

A ideia kantiana de paz perpétua ontem e hoje

O problema analisado apenas no contexto da Grã-Bretanha acaba emergindo também em relação ao país que com a revolução tinha criado uma autêntica "Constituição republicana": na *Antropologia* (publicada em 1778, ou seja, quatro anos após o golpe de Estado que derrubou Robespierre e o poder jacobino), Kant pode contrapor o "contagioso espírito de liberdade" que distinguia os franceses (KGS, v.7, p.313) da "insociabilidade" (e tendência belicosa) da Grã-Bretanha marcada pelo "espírito comercial" (e colonial). Mas será que a França ressurgida do Termidor podia estar realmente imune a tal "espírito"? Tratava-se do país que buscava colocar contra a Grã-Bretanha o próprio bloco econômico por ela formado e que impôs à República Cisalpina da Itália um tratado que eliminava totalmente sua "autonomia comercial e industrial", obrigando a escancarar as portas para os produtos de origem francesa (Furet; Richet, 1980, p.505, 529). O "espírito comercial" estava entrelaçado com o colonial: é o que demonstram as expedições de Napoleão ao Egito e as febris tentativas de organizar uma expedição ao outro lado do Atlântico, para reconquistar São Domingos e reintroduzir ali a escravidão negra.

Para fazer um balanço do pensamento de Kant sobre a paz e a guerra, poder-se-ia dizer em síntese: a ideia da erradicação da guerra possibilitada pela relação de respeito recíproco entre Estados independentes, soberanos e iguais assume progressivamente uma configuração jurídica e o alerta contra uma possível transformação da agonizante paz perpétua em uma monarquia universal que é sinônimo do pior despotismo possível. Tudo isso pode ser considerado como uma antecipação dos tempos em que vive o filósofo e que talvez revela o seu potencial crítico plenamente apenas nos nossos dias, quando é preciso fazer uma clara distinção entre autênticos projetos de paz duradoura e ambições mal camufladas do despotismo mundial. No entanto, a tese segundo a qual o fim das guerras de gabinete representaria o fim do fenômeno da guerra como tal já estava ultrapassada no próprio momento em que Kant a formulou. Os dois protagonistas do interminável teste de força que ele presenciava, e que se prolongou até 1814, eram dois países (a Grã-Bretanha e a França) que já não tinham qualquer relação com o Antigo Regime. Quem saiu vitorioso foi o país que se distinguiu durante um século como a potência comercial, colonial e imperial hegemônica na Europa com abrangência mundial.

Observando de perto o fenômeno das guerras comerciais e coloniais, Kant percebeu de certa forma que a reviravolta histórica que ocorreu nesse período, mas nem por isso deixou de se inteirar da visão que acompanhou a queda do Antigo Regime na França, uma visão que já era cara a Voltaire e Rousseau, segundo a qual o flagelo da guerra tinha suas raízes na ambição de um poder monárquico absoluto e decadente. É também por isso que o grande filósofo relutava em perder a esperança que depositava no país que protagonizou a queda do Antigo Regime e que era símbolo da causa da paz perpétua. No entanto, após o Termidor, o expansionismo da França foi denunciado na Alemanha por uma opinião pública cada vez mais ampla. Como vimos, Klopstock compartilhou a ilusão que recebeu sua formulação clássica com Kant. No entanto, já antes da publicação do ensaio *À paz perpétua*, o poeta expressava a sua desilusão, em um poema cujo título já denunciava "A guerra de conquista" (*Der Eroberungskrieg*) originada no além-Reno: "Pobre de nós! Os mesmos que domaram a fera emprisionam sua mais sagrada lei, desencadeando guerras de conquista"; a "maldição" mais terrível foi então invocada sobre aqueles que se tornaram "culpados da mais alta traição contra a humanidade".

O desencanto se difundiu. No verão de 1796, de Viena, o historiador Johannes von Müller (1952, p.40) escreveu para Herder:

> Sempre fui a favor da liberdade, mas é esta a liberdade que um povo insolente e voraz difunde no país? *Defendi com mais força ainda a paz*; e se eu tivesse tido a desventura de iniciar esta guerra, eu já a teria concluído em três ocasiões: mas não tem sentido falar do passado na atual situação de perigo, que exige esforços sem os quais só se espera desonra e ruína, dado que estamos tratando certamente com inimigos, de quem não se pode esperar nem o respeito à decência.

Como se pode notar na passagem que destaquei em itálico, o que suscitou indignação foi sobretudo o falimento da prometida paz perpétua em uma guerra de conquista e de rapina que se tornou cada vez mais descarada. As ideias defendidas pela Revolução Francesa passaram a ter na Alemanha adeptos e credibilidade cada vez mais reduzidos. Na passagem de século, Gentz, muito empenhado em sustentar as razões da Grã-Bretanha e das coligações antifrancesas, observou: "A autoridade de um grande homem" – com clara alusão a Kant – Contribuiu para uma ampla difusão na Alemanha da ideia de que "a guerra teria seu fim quando todos os Estados tivessem uma Constituição". Pois bem: "Eu me propus a discutir este sistema", mas depois – acrescentou exaltante o brilhante defensor da reação – "refletindo melhor me convenci que seria um esforço inútil". Não havia mais necessidade de refutar o ideal da paz perpétua: os fatos falavam por si (Gentz, 1953, p.495, nota).

Estamos em 1800. O futuro conselheiro e colaborador de Metternich considerava que havia se tornado redundante e supérflua a refutação do ensaio de Kant. Do lado oposto, o maior discípulo do filósofo, Fichte, realizou naquele mesmo ano uma espécie de retomada: não havia dúvidas de que o flagelo da guerra só podia ser extirpado com a Constituição republicana e que, naquele momento, devia ser difundida largamente mesmo com o uso das armas. No entanto, essa visão caracteriza apenas a fase intermediária da tumultuada e instrutiva evolução de Johann G. Fichte, que precisa ser analisada desde seu início e de forma crítica.

CAPÍTULO 2

Fichte, a paz e a exportação da revolução

Fichte, filósofo por excelência da "paz perpétua"

Kant vive a revolução de 1789 e a esperança de paz perpétua que dela emana apenas na última fase de sua evolução, quando já havia se tornado um filósofo famoso e reverenciado. Nessa época, Kant tinha mais de 65 anos de idade. Em razão do enfraquecimento da faculdades cognitivas, que se manifesta a partir de 1798, ele não consegue realmente acompanhar as lutas incessantes presentes no além-Reno e nem refletir sobre o ideal da paz perpétua à luz dessas lutas. Bem diferente, mais por razões biográficas, é o caso de Fichte. Este está, em 1793, com pouco mais de 30 anos, no momento em que ocorre a expedição punitiva contra o país responsável pela derrubada do Antigo Regime, e chama a atenção do público alemão com um discurso vibrante em defesa da França revolucionária e do ideal da paz perpétua que, segundo o jovem filósofo, é por ela encarnado.

Dada a estreita ligação que Fichte (1967, v.1, p.449-50) estabelece entre política e filosofia, e entre o seu pensamento, que interpreta o homem como um "ente autônomo", e a revolução que na França "dá ao homem a libertação das correntes externas", ele não cessa de analisar e interpretar cada uma das etapas do ciclo histórico iniciado em 1789, estimulado pela promessa da erradicação definitiva da guerra. É por isso que a reflexão política e filosófica sobre o tema da paz e da guerra marca o pensamento de Fichte em todo o arco de sua evolução. Ele defende e segue o ideal da paz perpétua nas mais diversas situações políticas, quando a França, protagonista da derrubada do Antigo Regime, é invadida pelas potências contrar-revolucionárias e, após rechaçar os invasores, invade e ocupa com Napoleão toda a Europa continental, começando pela Alemanha, suscitando movimentos de resistência e de revide contra esse expansionismo. Fichte medita sobre a forma de erradicar definitivamente o flagelo da guerra, quando o país que aos seus olhos encarna a palavra de ordem da paz perpétua se defronta com potências ainda fortemente feudais como a Áustria e a Prússia, mas que, quando enfrenta a Grã-Bretanha, após ter superado o Antigo Regime, busca o domínio do comércio mundial e dá um novo impulso à sua expansão colonial.

Situado entre Kant, que só vive as promessas de paz perpétua brotadas da Revolução Francesa quando já tinha uma idade avançada, e Hegel, que chega à maturidade filosófica e política quando tais promessas começam a esmaecer, Fichte ocupa uma posição única na história do pensamento e da reflexão sobre o tema da paz e da guerra: ele se forma nos anos em que a influência da Revolução Francesa e dos ideais por ela proclamados atinge seu ápice. É compreensível que ela deixe no jovem filósofo uma marca alastrante e incancelável. Trata-se de uma marca muito viva nos anos em que, após ter tomado uma dura consciência do caráter intrinsicamente expansionista e colonialista da França napoleônica, o filósofo defende uma luta contra ela tanto em nome da paz perpétua quanto a favor da independência da Alemanha. Analisar a evolução de Fichte significa se inteirar de todo o percurso do primeiro capítulo da história do ideal da paz perpétua. Estamos diante de um filósofo que, diante das prementes mudanças da situação objetiva, é obrigado a avaliar (e reavaliar rapidamente) a ideia de paz perpétua nas suas mais diversas configurações e com os seus dilemas e dramas mais atuais. E se trata de dilemas e dramas que, por vezes, parecem antecipar aqueles do século XX e do nosso tempo, e aos quais devemos dar grande atenção. Enfim, o período da evolução filosófica de Fichte coincide amplamente com os 25 anos que separam a eclosão da Revolução Francesa da queda de Napoleão. Nessas guerras, ele pode experienciar as antagônicas ideologias que as permeavam. Quando começam as hostilidades, percebe-se na Prússia que, entre outros elementos, busca-se transfigurar a guerra em chave espiritualista e pedagógica, como parte essencial do processo de formação do homem. A resposta de Fichte é rápida e fustigante:

> Sim, a guerra educa, diz; e é verdade que ela nos inspira sentimentos e atos heroicos, fazendo-nos desprezar o perigo e a morte, a não dar muito valor aos bens expostos ao saque a cada dia, estimulando-nos a ter uma simpatia mais profunda por todos os que têm um sentimento humano, dado que os perigos e as dores comuns os aproximam mais de nós; mas não considerem tudo isso como um elogio à sua sanguinária sede de guerra, como uma oração que a humanidade agonizante faz para que continue a dilacerá-la com sangrentas guerras entre vocês. A guerra exalta o heroísmo somente naquelas almas que já trazem em si essa força; nas almas ignóbeis, ela só estimula o desejo de rapina e de opressão dos fracos e dos inermes; ela produz tanto heróis quanto ladrões covardes, e quais dos dois se destacam? (FBB, p.90-1)

Mas Fichte também conhece a ideologia da guerra própria da França, que, além querer defender a independência nacional, inclui a busca de uma ordem superior e a defesa da liberdade e da paz. Ele defende inicialmente essa ideologia, que durante algum tempo tem um fundamento concreto, mas que depois se torna uma clara legitimação do expansionismo e, assim, acaba sendo contestada por Fichte. Trata-se de duas ideologias que marcaram profundamente a história contemporânea. Se a primeira inspira a Alemanha, sobretudo entre 1914 e 1918 (cf. Losurdo, 1991, cap. 1), a segunda, depois de ter sido invocada pela Entente naquele mesmo período, continua desfortunadamente a alimentar as guerras atuais. Como vimos, Fichte contestou imediatamente a primeira; ele irá refutar a segunda, como veremos, ao final de uma difícil e sofrida evolução, mas muito mais interessante e instrutiva.

É também como crítico das duas ideologias da guerra com prolongada e funesta vitalidade que Fichte pode ser considerado o filósofo por excelência da paz perpétua. Não existe um autor que tenha defendido mais apaixonadamente o ideal da paz perpétua que ele, nem que tenha presenciado com tanta dor a sua derrocada (com Napoleão) e que com tal veemência tenha percebido a necessidade de repensar tal ideal para recuperar sua credibilidade e atualidade.

A monarquia absoluta como raiz da guerra

Nas suas primeiras considerações sobre a Revolução Francesa e, especialmente em *Contribuições para retificar o juízo do público sobre a Revolução Francesa* (com a primeira edição em 1793), Fichte identifica no despotismo monárquico o principal obstáculo para a realização da "paz perpétua" (*ewiger Friede*) (FBB, p.95). Sim, "a tendência de todas as monarquias é, internamente, o poder absoluto e, externamente, a monarquia universal"; "essa contínua tendência ao crescimento interno e externo constitui uma grande desgraça para os povos". Portanto, a "monarquia absoluta" é sinônimo de insegurança geral e de generalização do perigo de guerra e da preparação para a guerra: "Fechemos a fonte, e com isso eliminaremos totalmente o nosso mal. Quando ninguém mais quiser nos agredir, não precisaremos mais de nos armar; aí então as terríveis guerras, e mais ainda as terríveis preparações para a guerra [...], não serão mais necessárias" (ibidem, p.94-6). Na verdade, ao contrário dos monarcas e de suas cortes, os povos não têm qualquer interesse pela guerra. Aliás – declara Fichte voltando-se para os príncipes – "estou profundamente desgostoso com suas guerras". É preciso levar isto em consideração:

> Vocês acreditam que o artesão ou o camponês alemão têm interesse em que o artesão ou o camponês lorenense ou alsaciano encontrem nos

manuais de geografia a sua cidade ou seu povoado doravante no capítulo do império germânico, e que abandonariam o seu cinzel ou o seu arado para atingir esse objetivo? Não, quem provocará essa guerra será o monarca que, depois da destruição do equilíbrio, tornar-se-á mais poderoso. (ibidem, p.95)

Dado que os povos não compartilham absolutamente "a sanguinária sede de guerra" dos déspotas, é necessário que o poder destes seja eliminado para se possa edificar um mundo livre do flagelo da guerra (ibidem, p.90, 95).

Assim, Fichte faz uma firme rejeição da tese segundo a qual seria possível garantir a paz por meio do "equilíbrio" (*Gleichgewicht*) das forças envolvidas:

> Vimos em nossos tempos alianças de grandes potências, que repartiram entre si países inteiros, justamente com o objetivo de manter o equilíbrio. Mas o equilíbrio também poderia ter sido mantido se nenhuma delas nada tivesse pegado. Por que fizeram a primeira e não a segunda escolha? (ibidem, p.94)

Longe de garantir a paz, a teoria do equilíbrio serve apenas para justificar novas expansões territoriais e novas guerras. Isso fica demonstrado ou confirmado pelo exemplo da Polônia a que Fichte claramente alude: no ano da publicação de *Contribuições*, vê consumar-se a segunda divisão do infeliz país.

No entanto, quem constitui uma ameaça ao equilíbrio são os mesmos que proclamam a sua intocabilidade. Polemizando entre si, os monarcas criticam-se mutuamente pela ruptura do equilíbrio e, portanto, pela alteração do estado de paz: de fato, sem querer, acabam atribuindo ao despotismo monárquico como tal a verdadeira causa da guerra. Por sua vez, o filósofo, em vez de preocupar-se com a identificação de cada uma das responsabilidades individuais, analisa o problema de um ponto de vista mais elevado e de uma perspectiva mais ampla. E assim pode dirigir-se aos envolvidos na contenda nos seguintes termos:

Vocês podem ter razão quando se contentam em ser os conservadores desse equilíbrio, até que consigam ter as forças necessárias para se tornarem aquilo que preferem ser: os seus perturbadores; e que possam se contentar em impedir que outros destruam o equilíbrio [que lhes dá vantagens] para que possam um dia vocês mesmos destruí-lo [com vantagens a seu favor].

É um dado de fato que a conclamada busca incessante do equilíbrio não impediu absolutamente as guerras; e assim, "a completa destruição do equilíbrio na Europa não poderia jamais ter sido tão danosa para os povos quanto foi até agora a sua infeliz conservação". É impossível esperar a salvação "dos profundos mistérios" e das intrigas da vida e da política de corte, ou seja, do "profundo abismo" que é o "mistério do equilíbrio europeu" (ibidem, p.93-5).

Em outras palavras, não tem sentido atrelar as esperanças de paz ao suposto senso de moderação, e, na diplomacia secreta das cortes e dos gabinetes, não se pode confiar nos que mandam os "filhos do povo" para o combate "para que na batalha selvagem se digladiem com homens que nunca os ofenderam" (FZD, p.6), naqueles que, para poderem atiçar mais facilmente suas guerras, produziram um milagroso "orgulho nacional sem nação" (FBB, p.97). Na Alemanha, não há nação, não há comunidade de cidadãos: em cada Estado e estadozinho, cidadania e direito de cidadania são negados pelo déspota de plantão que, no entanto, faz todo o esforço para alimentar um chauvinismo insensato que fomenta a guerra. Assim, sugere-se, implicitamente, que a paz, aliás a paz perpétua, só pode resultar de uma ação revolucionária vinda de baixo, que modifique as instituições políticas existentes, o que, em última análise, significa derrubar o regime baseado no despotismo monárquico.

A paz perpétua, de utopia a programa político

Com a eclosão da Revolução Francesa, a "paz perpétua" deixou de ser situada "na região das quimeras e dos sonhos, nos domínios do abade de Saint-Pierre": é o que diz Cloots na França já no verão de 1791. Na Alemanha, após a publicação do ensaio de Kant, Johann B. Erhard respondeu rapidamente a seu mestre: "Li a sua *Paz perpétua* com muita alegria, mas senti muita dor diante da avaliação de outros; há quem a assemelhe ao projeto de paz de Saint-Pierre" (KGS, v.12, p.51). De forma semelhante argumentou um ano mais tarde o jovem Friedrich Schlegel, naquele momento um admirador do país que tinha tido o mérito de derrubar o Antigo Regime: Kant ilustrou brilhantemente a "tendência pacífica" própria dos Estados republicanos. Vislumbrava-se com clareza o caminho que conduzia à instauração da paz perpétua: ela passava pela difusão universal do "republicanismo" e "pela fraternidade de todos os republicanos" e de todos os povos. Não se tratava de uma "quimera de visionários sonhadores", mas de um objetivo que já podia ser concretamente atingível (Schlegel, 1924, p.44).

Esse é um tema que voltamos a encontrar em Fichte. Após a publicação do ensaio do mestre, ele publicou, em 1796, uma recensão em que não se limitou a reafirmar as teses do estreito nexo entre Antigo Regime e flagelo da guerra. Naquele momento, o ponto mais importante era outro: era um grave erro ler *À paz perpétua* como expressão de um "desejo piedoso" ou de um "belo sonho". Não – declarou Fichte com uma clara alusão crítica à tradição utópica anterior –, não se tratava de um livro destinado a "entreter prazerosamente por alguns momentos os espíritos filantrópicos"; referia-se, sim, a uma ideia que, precisa ser "realizada" (FEF, p.427-8). Naquele mesmo ano, ao publicar *Fundamento do direito natural*, Fichte reforçou a ideia de que longe de se assemelhar à "classe" de escritos do "abade Saint-Pierre ou de Rousseau" (numa ligeira aproximação), o ensaio de Kant enunciava "uma tarefa necessária da razão" e indicava um objetivo destinado a ser concretizado, num processo que já tinha sido iniciado (FGN, p.12, nota).

Por causa da estreita relação entre a ideia de paz perpétua e as esperanças suscitadas pela Revolução Francesa, os admiradores do velho filósofo e da nova França se recusavam desdenhosamente a inseri-lo na tradição utopista. Independentemente, inclusive, da diferente orientação política, os ensaios de Saint-Pierre e de Kant se diferenciam de forma clara pelo fato de se vincularem a dois tipos diversos de gênero literário: por um lado, a utopia como fuga dos problemas e dos dramas do presente, por outro, o manifesto ou o projeto político.

Aos olhos de Fichte, a passagem de um gênero literário para outro era pautada pela mudança radical ocorrida nas condições históricas objetivas. "Qualquer Constituição contrária ao direito" (*rechtswidrig*) produz "insegurança geral", mas após a Revolução Francesa foi possível construir uma "Constituição estatal pautada pelo direito" (*rechtmässig*), uma "boa Constituição estatal". Uma vez conseguido esse objetivo, a "paz perpétua" tinha seu livre curso. De fato, "um Estado que é injusto internamente precisa realizar necessariamente a rapina dos vizinhos"; mas, em relação a uma Constituição republicana, não se podia pensar – destacava Fichte parafraseando Kant – que "os cidadãos decidissem atrair sobre si os flagelos da guerra que um monarca, sem nada a perder, desencadeia tão facilmente sobre eles". Eis por que "antes da realização do primeiro objetivo não tem sentido pensar na realização do segundo", ou seja, antes da instauração da Constituição republicana, o discurso sobre a paz perpétua era apenas uma utopia. O ensaio de Kant tinha voltado as costas para esse gênero literário exatamente porque, partindo da experiência da Revolução Francesa, chamava a atenção para o papel central e preliminar da transformação política; enquanto a tradicional literatura utopista, exatamente por não se situar (e não poder situar-se) no plano político, apresentava-se como literatura de fuga (FEF, p.429-36).

Em 1800, quando publica *A missão do homem*, Fichte se expressa com uma clareza ainda maior: a guerra oprime fortemente "povos escravos que são impulsionados por seus senhores a realizar uma rapina que não lhes traz qualquer benefício". O panorama muda radicalmente após a realização da revolução antiabsolutista e antifeudal:

> Que toda uma nação decida, motivada pela rapina, invadir com a guerra um país vizinho, é impossível, porque, em um Estado no qual

todos são iguais, a rapina não seria uma presa de alguns indivíduos, mas deveria ser dividida em partes iguais com todos; mas a parte destinada a um único indivíduo não compensaria jamais a fadiga da guerra. Uma guerra de rapina só é possível e compreensível onde a vantagem envolve apenas poucos opressores, e a desvantagem, a fadiga, as despesas recaem sobre o inumerável exército de escravos.

O problema da instauração da paz só se torna, em última análise, o problema da reconstrução de uma comunidade política submetida ao governo da lei, ao problema da eliminação da ordem feudal e da edificação de uma nova e avançada ordem política. "Quando se cria dentro de um Estado uma Constituição fundada sobre o direito", presume-se "necessariamente" o "respeito do direito nas relações externas dos povos entre si e a paz universal (*allgemeiner Friede*) dos Estados". O "verdadeiro Estado", que emerge da queda do Antigo Regime, assegura relações ordenadas e pacíficas entre os seus cidadãos e elimina com isso "a possibilidade de uma guerra externa, pelo menos com os verdadeiros Estados" (FBM, p.274-6). A exclusão da lei do mais forte e a implantação do governo da lei dentro de cada país produzem o mesmo resultado também em escala internacional.

No entanto, será que não continuará a haver contradições e conflitos entre os "verdadeiros Estados"? Fichte não tem dúvidas a esse respeito: entre eles não existe e não pode existir "qualquer hierarquia que possa ser ofendida, qual orgulho que possa ser ferido" (ibidem, p.274). Em outras palavras, estabelecer relações de igualdade e de respeito recíproco entre os cidadãos dentro de cada Estado exige estabelecer também relações de igualdade e de respeito recíproco entre os diversos Estados (no sentido enfático da palavra), com a consequente eliminação dos costumeiros motivos e focos de tensão. E é por isso que na nova ordem vinda à luz e sedimentada no além-Reno não é difícil constatar o início do processo de realização da paz perpétua.

O início da guerra entre a França revolucionária e as potências feudais constituem, aos olhos de Fichte, uma outra confirmação da tese que considera o Antigo Regime como a raiz da guerra. O prefácio de *Contribuições* já condena "a intervenção não solicitada" por parte das potências inimigas que pretendem ingerir-se nos assuntos internos de outro país (FBB, p.39). De forma mais densa, o problema é discutido, em 1796, em *Fundamento do direito natural*: apesar das aparências (em 20 de abril de 1792, a França foi cooptada pelos girondinos e manobrada pela corte que tinha declarado a guerra), são os inimigos da nova ordem que se revelam e se confirmam como inimigos da paz; por serem "independentes e autônomos", os Estados precisam se comprometer com um "reconhecimento recíproco" não obstante suas "constituições internas". Negar o reconhecimento de um Estado significa colocar em discussão a sua independência e, portanto, "constitui um motivo válido para a guerra" (FGN, p.372-3). Ao rejeitar o princípio da ingerência e da intervenção defendido pela coligação contrarrevolucionária, Fichte mantém a postura firme de Kant. Ao se recusarem a reconhecer a nova França, os seus inimigos assumiram toda a responsabilidade pelo conflito; o avanço da causa da paz exige a sua derrota.

Quem assumiu a responsabilidade de banir a guerra para sempre foi a "Liga dos Povos", a quem devia ser conferida a tarefa e o poder de impedir e punir possíveis ações de um Estado agressor. Mas será que tal Liga constitui realmente uma garantia de justiça e de respeito do direito internacional? Sim – diz Fichte – dentro de qualquer ordem jurídica, de caráter nacional ou supranacional,

> [...] deve existir sempre um juiz supremo que, por ser sempre limitado, pode cometer erros ou ter má vontade. Então, o problema é encontrar um deles que não nos inspire esse temor, e este é, no que se refere à relação entre cidadãos, a nação, e a citada Liga dos Povos, no que se refere às relações entre Estados.

Quem garante o governo da lei no plano interno é a "nação", o conjunto dos cidadãos que assumem o lugar dos súditos submetidos ao arbítrio monárquico e feudal, e no plano internacional é a Liga dos Povos, que elabora uma ordem em que não há mais lugar para a submissão determinada pelo mais forte; a relação de igualdade e de convivência pacífica entre os cidadãos de uma nação (entendida no sentido forte e revolucionário da palavra) acaba promovendo uma relação de igualdade e de convivência pacífica entre as diversas nações. Certamente, tanto no plano interno quanto no internacional, não se pode excluir a possibilidade de se defrontar com um malfeitor ou agressor; mas a Liga está sempre atenta a isso. No entanto, surge uma questão: uma possível intervenção militar da Liga contra o agressor também não é um ato de guerra? Não – responde o filósofo –, ela objetiva a "manutenção da paz" e contribui concretamente para a realização de tal objetivo e, consequentemente, para a instauração da "paz perpétua" (FGN, p.379, 382).

A exportação da revolução e a erradicação da guerra

Continua sem solução um problema macroscópico: a Liga regulamenta a relação entre os "verdadeiros Estados", mas como regulamentar a relação entre estes e o circunstante e imenso oceano de Estados que condenam ou ignoram os princípios republicanos e revolucionários? Dito de outra forma: é possível eliminar definitivamente as raízes da guerra se o "verdadeiro Estado" permanece isolado, se as novas instituições ficam restritas à França, a um único país ou a um número muito limitado de países? Mesmo que injusta, a intervenção arbitrária das potências feudais – observa Fichte em 1793 – contribui objetivamente para que a Revolução Francesa faça sentir as suas "consequências políticas" também nos "Estados vizinhos" (FBB, p.39). Em outras palavras, a guerra desencadeada para sufocar o surgimento de novas instituições políticas faz com que, num efeito bumerangue, elas se estendam aos países limítrofes da França e aos próprios países agressores. O internacionalismo legitimador e contrarrevolucionário, a quem as potências do Antigo Regime recorreram desde o início, poderia acabar promovendo a internacionalização do processo revolucionário. Nesse momento, o que é previsto e almejado por Fichte é uma dialética meramente objetiva, dado que, por ora, a França se limita a defender sua própria independência.

Três anos mais tarde, em 1796, quando surge *Fundamento do direito natural*, o panorama político e militar passou por profundas mudanças: o Exército francês destruiu o cerco, passou para o contra--ataque e obrigou a Prússia a assinar a paz de Basileia e ocupou a Bélgica. É possível conciliar a anexação desse país com a teoria que cria uma estreita ligação entre a ambição expansionista e o despotismo monárquico-feudal, entre o flagelo da guerra e o Antigo Regime? Ao condenar a intervenção nos assuntos internos de um outro país, o *Fundamento do direito natural* faz uma exceção sobre a qual precisamos nos debruçar: como comportar-se diante de um país, ou melhor, de um território, envolvido não apenas em guerra civil, mas também em uma verdadeira anarquia, dado que não há qualquer autoridade capaz de exercitar efetivamente o poder? Nesse caso, o Estado limítrofe tem o direito de intervir para obrigar o vizinho turbulento e imprevisível a criar uma Constituição. A razão é simples: um país ou um território que, por causa das condições anárquicas nele vigentes, não tem condições de garantir o respeito dos direitos dos Estados circunvizinhos e de seus habitantes não pode pretender evitar a intervenção daqueles que são atingidos ou que correm o risco de serem atingidos por tal turbulência anarquista. Mas assim não entraria pela janela o que se quis tirar pela porta? Quando se abre uma exceção, não há o risco de colocar em discussão o princípio da não ingerência nos assuntos internos de outros países? Não – responde Fichte –, não há perigo de criar pretextos para "potências sedentas de conquistas"; para que possa evitar intervenções externas é suficiente que um país seja governado por uma autoridade de fato. E aqui o filósofo faz um importante acréscimo:

> Os republicanos franceses venceram as potências aliadas uma após a outra, enquanto duvidavam se tinham um governo e se perguntavam com quem deveriam negociar a paz. Bastaria que perguntassem à primeira fonte de informação que contataram, àqueles que tinham vencido e que de fato eram os que comandavam a batalha. Talvez os mesmos que tinham dado a ordem de derrotar os republicanos franceses poderiam ter dado a ordem de deixá-los em paz. Depois de repetidas derrotas,

[as potências aliadas] perceberam final e felizmente essa saída e descobriram que os franceses também podiam ter um governo. (FGN, p.373)

Portanto, o problema não é questionar a legitimidade de um ou de outro governo, mas ver se num determinado país existe de fato uma autoridade que exerça o poder. Muito presente desde o início na França que derrotou o Antigo Regime, tal autoridade inexistia na Bélgica anexada pela França.

No entanto, esta não para de expandir: depois da Bélgica, foi a vez da Renânia. Fichte não faz objeções: nesses anos, como se pode notar na sua correspondência, ele queria conseguir o "título" de "cidadão francês", aliás já se sente cidadão da "Grande Nação" e tende a atribuir a ela uma missão universal que envolve "toda a humanidade", uma missão graças à qual o país que tinha emergido da revolução democrática deveria ser capaz de "atrair todas as nações e conquistar todos os espíritos". A referida conquista parece ter um caráter ideológico e espiritual; no entanto, o filósofo se declara "admirador da liberdade política e da nação que promete *difundi-la*". Trata-se, claramente, de um entusiasmo pela "grande república" – em que todos os cidadãos "compartilham da liberdade política" e gozam de direitos iguais, em que não há ninguém que nasce "senhor" ou "escravo" (Fichte, 1967, v.1, p.450, 593-4), ou seja, onde foram eliminados os servos e o despotismo monárquico – um entusiasmo pela França revolucionária que tende a levar à legitimação da exportação da revolução.

Mesmo com diferentes modalidades, tal tendência se manifestou também em outras personalidades. Em 1799, um discípulo de Kant enviou de Wurtzburgo uma carta ao mestre. Ela fazia referência às "duras requisições" feitas na Alemanha pelas tropas francesas, ao seu comportamento opressivo, sobretudo no campo, ocasionando uma sublevação em massa dos camponeses. Dessa forma, eram os próprios franceses que punham "limites às suas vitórias", sem se importarem com a simpatia da opinião pública. O autor apresentava claras reservas e críticas em sua carta. Mas acrescentava que, analisando a situação atual "de um ponto de vista cosmopolita", os sofrimentos impostos à Alemanha eram ínfimos em relação à causa do progresso da humanidade: "O caminho percorrido pela natureza conduz constantemente ao cumprimento de seu sábio objetivo, e se agora milhares são infelizes, um dia milhões se tornarão felizes", depois que a "paz perpétua" for realizada (KGS, v.12, p.101-2). Apesar de não apresentar uma contribuição direta para a concretização da "ordem cosmopolita" preconizada por Kant, e, portanto, para a erradicação da guerra, a ocupação francesa da Renânia e as perseguições por ela geradas eram algo insignificante.

No ano seguinte, em 1800, Fichte publica *A missão do homem* e dá um importante passo à frente. O ponto de partida de seu raciocínio é claro: a paz perpétua será garantida definitivamente quando o "verdadeiro Estado" deixar seu isolamento em escala internacional, quando todos os Estados tradicionais se transformarem em "verdadeiros Estados". Como se dará essa transformação? Primeiramente, pode-se pensar numa revolução interna. Nesse momento, o Antigo Regime parece ter superado a crise provocada pela Revolução Francesa, parece se ter estabilizado, sem correr mais perigo de perturbações. No entanto, é exatamente essa segurança que pode provocar sua ruína. "No interior daqueles estranhos amálgamas construídos pelo acaso, e que costumam ser chamados de Estados" (FGN, p.173); mas que não são "verdadeiros Estados" baseados na razão e no direito, o movimento revolucionário refluiu; à tradicional falta de liberdade se somaram novas formas de repressão que, dado o clima de generalizada desconfiança e resignação, não provocaram nenhuma revolta. Porém:

> Pelo fato de continuar a existir e receber um apoio universal, a prepotência acaba assumindo uma espécie de forma estável. Ao usufruírem de forma incontestada dos privilégios extorquidos, as classes dominantes não têm nada mais a fazer que estendê-los e dar uma forma mais estável a essa extensão. Levados por sua insaciabilidade, eles continuarão a estendê-los de geração em geração e nunca dirão: agora chega; até que a opressão chegue ao seu apogeu tornando-se totalmente insuportável, fazendo que os oprimidos encontrem no seu desespero a força que já não

podia emanar da coragem de que tinham sido privados há séculos. Eles não toleraram mais ninguém que não se contentasse em ser igual a todos os outros. E para evitar violências mútuas e uma nova opressão, todos assumiram as mesmas obrigações. (FBM, p.273)

Em outras palavras, acabaram derrubando o Antigo Regime. Continuava a esperança de que a revolução se estendesse para além das fronteiras da França. E foi por causa do recrudescimento da opressão, infligida por setores parasitas que já se consideravam protegidos, que acabou acontecendo uma nova crise revolucionária quando surgiu um ou vários novos e verdadeiros governos, dando-se um importante passo para a realização da "paz perpétua".

Além desse cenário (da expansão da área republicana provocada por novas revoluções vindas de baixo), Fichte vislumbra um outro bem diverso:

> Nenhum Estado livre pode suportar racionalmente formas de governo em que os chefes obtêm vantagens com a submissão dos povos vizinhos e cuja existência constitui uma ameaça constante à paz destes. A preocupação com a própria segurança obriga todos os Estados livres a transformar também todos os outros Estados limítrofes em Estados livres, e assim difundir, em torno de si e por seu próprio bem, o reino da civilização entre os selvagens e o reino da liberdade entre os povos escravos. Em pouco tempo, os povos assim formados ou libertados se encontrarão com seus vizinhos ainda bárbaros ou escravos que se encontram na mesma situação em que, pouco antes, se encontravam com eles os povos já livres, e se sentirão obrigados a fazer com os povos ainda não libertados o mesmo que aconteceu com eles. E assim, com o surgimento de apenas alguns Estados verdadeiramente livres, o reino da civilização e da liberdade, e com ele também o da paz universal (*allgemeiner Frieden*), acabará necessariamente envolvendo todo o globo terrestre. (FBM, p.275)

Diante desse segundo cenário, as raízes da guerra acabarão sendo definitivamente eliminadas após sucessivas ondas de exportação da revolução, que imporão o fim do despotismo e do regime feudal nos Estados livres que não tenham desmoronado após convulsões internas. O resultado será, então, o advento de um "reino da civilização e da liberdade" e também da "paz universal". Esta envolverá toda a humanidade que se tornará um "corpo único" (cf. "A sombra do 18 Brumário no país da paz perpétua").

Para a realização de tal objetivo, o princípio da não intervenção vai sendo eliminado progressivamente: a Bélgica tomada pela anarquia e o conjunto dos Estados que ainda não possuem novas instituições se encontram no estado natural em relação ao "verdadeiro Estado" que é a França. Ele já tinha observado em *Fundamento do direito natural*: "Quem não se encontra em nenhum Estado pode ser obrigado pelo primeiro Estado que o acolhe a submeter-se ou afastar-se". Então Fichte acrescenta: "Em virtude desse princípio, todos os homens que vivem na superfície terrestre acabarão por se vincularem a um único Estado" (FGN, p.369). Os habitantes da Bélgica anárquica não se encontravam em "nenhum estado", ora nessa mesma situação se encontram de alguma forma os que estão inseridos naqueles "estranhos amálgamas construídos pelo acaso, e que costumam ser chamados de Estados" (ibidem, p.173); os países que ainda sofrem sob o jugo do despotismo e apresentam como um conglomerado de indivíduos sem um vínculo jurídico real entre si. Solenemente condenado no momento em que o país protagonista da revolução era dirigido pelas potências do Antigo Regime, o princípio da intervenção foi celebrado e transfigurado como instrumento de realização da "paz universal", no momento em que a França tinha passado para a contraofensiva, espalhando-se pela Europa.

Enquanto para Fichte se chega à paz perpétua por meio de uma série de revoluções vindas de baixo e de revoluções pelo alto e pelo exterior, na Alemanha (na Renânia ocupada pelos franceses) um outro expoente do partido francófilo atribui sobretudo, ou exclusivamente, à exportação da revolução o papel de eliminar as raízes da guerra. Já antes de *A missão do homem*, precisamente em 1798, Joseph Görres – é dele que se trata – publica um texto com um título eloquente, *A paz universal, um ideal* (*Der allgemeine Friede, ein Ideal*), e com uma dedicação com um significado inequívoco ("À nação francesa, um alemão republicano"). E esta é a tese central:

A relação de uma nação livre com um déspota estrangeiro é idêntica àquela das cidades nascentes da Idade Média com os cavaleiros-bandidos do mesmo período. Como aquelas cidades tinham o direito de obrigar tais bandidos a submeter-se como cidadãos às suas mesmas leis, para que a partir daquele momento deixassem de ser tratados como desregrados homens de natureza (*Naturmenschen*) e não impedissem mais seu desenvolvimento, da mesma forma a nação francesa tem o direito de obrigar os déspotas vencidos a subordinar sua vontade à da nação e esta a leis estabelecidas de forma compartilhada, de forma a introduzir uma forma livre de governo em todos os Estados despóticos vencidos.

Concluindo: "Um Estado legalmente organizado" tem o direito de submeter os "bárbaros que o circundam". Não é preciso esperar uma agressão ou uma provocação por parte deles: a sua simples existência desregrada e voltada para a "satisfação de suas vontades bestiais" já é uma ameaça (Görres, 1979, p.140, 147). A Grande Nação, que avança progressivamente, defrontou-se sempre com outros "homens de natureza desregrada" e "bárbaros" a serem disciplinados; originado em Paris, o universalismo dos direitos do homem e da paz perpétua acabou atingindo todos os cantos do mundo.

Com o fim das relações de força nos planos militar e político, o "internacionalismo" legitimador e contrarrevolucionário dá lugar ao "internacionalismo" revolucionário: inimigos implacáveis um do outro, eles têm em comum o menosprezo pelas fronteiras estatais e nacionais e pela tendência agressiva e expansionista.

"República universal" e paz perpétua: Cloots e Fichte

Em relação especialmente às páginas de *A missão do homem* dedicadas ao problema da paz e da guerra, um prestigioso intelectual do tempo, Friedrich H. Jacobi, vê sua obra ser traduzida em uma língua "rubro-gálica", ou seja, "rubro-francesa" (*rothwälsch*). Em uma carta a Friedrich Schiller, o editor Christian G. Korner observa que *O Estado comercial fechado* lembra o "Terror de Robespierre" (in Fuchs, 1980, p.292, 423-4). Também aos olhos de Constant (1969, p.155), o autor do segundo livro aqui citado é um daqueles intelectuais que, "se chegassem ao poder, reproduziriam Robespierre, mesmo com as melhores intenções deste mundo".

Em consonâncias com tais ideias, seria interessante ver na cabeça de Fichte uma espécie de boina frígia, como aquela usada e exibida pelos jacobinos, e também seria bom verificar a similaridade entre as posições do filósofo alemão e as de Robespierre. Mas será que é essa a realidade? O universalismo enfático e ingênuo, que procura atrair rapidamente o mundo inteiro para os princípios proclamados em Paris, envolve, em um breve momento de entusiasmo, personalidades e correntes muito diversas entre si. Em 26 de novembro de 1792, o girondino Brissot proclama: "Não ficaremos tranquilos até que a Europa, toda a Europa, esteja em chamas". Ainda mais desvairada é a fantasia do montanhês Chaumette: "O território que divide Paris de São Petersburgo e de Moscou não tardará a ser afrancesado, municipalizado e jacobinizado" (in Furet; Richet, 1980, p.219). Deve-se notar, no entanto, que, nessas declarações inspiradas por um entusiasmo desmedido e, de certa forma, exaltado, não há uma distinção clara entre revolução de baixo e revolução pelo alto e de fora (e, na verdade, nem mesmo entre projeto político e sonho).

Se quisermos encontrar na França uma teoria semelhante àquela de *A missão do homem* (evocação de revoluções de baixo e ao mesmo tempo legitimação da exportação da revolução para assegurar e acelerar o surgimento da única ordem capaz de garantir a paz perpétua), devemos citar Anacharsis Cloots, cuja existência foi interrompida, em 24 de março de 1794, por sua condenação à morte provocada exatamente pelo terror jacobino. Deparamo-nos com ele em vários momentos. Precisamos agora fazer uma análise mais detalhada de suas posições.

Como para Fichte, também para Cloots, a guerra é o pior dos males, e suas raízes devem ser procuradas no Antigo Regime e no despotismo monárquico. Nesse sentido, um monarca absoluto é considerado "um devorador de homens". Ele encabeça um regime fundamentado na opressão e na exploração de grandes massas e que, para sobreviver, precisa disseminar a discórdia e a dilaceração entre as suas vítimas predestinadas: "Os defensores da aristocracia têm suas boas razões para isolar as populações humanas, eles sabem que massas desunidas se enfrentam sanguinariamente em favor dos reis e em prejuízo das leis". Não há dúvida:

> [...] o meio mais seguro para retardar a libertação do gênero humano seria atiçar os antigos ódios nacionais. Um homem desprezará, matará seu próximo pelo fato de seus berços de origem serem separados por um rio, um canal, uma montanha! Eis para onde as ideias estreitas da aristocracia conduzem os povos divididos. (Cloots, 1979, p.214, 381, 198)

Assim, fica fácil entender a intervenção das potências do Antigo Regime contra a França da nova ordem, que promete acabar com os ciúmes e os ódios nacionais e garantir a paz perpétua. Mas essa intervenção acabará apenas provocando uma onda revolucionária sem precedentes. É uma onda que já surge com clareza após a declaração de Pillnitz. Para iniciar um movimento revolucionário, os povos não esperam que se concretize a ameaça feita pelo imperador Leopoldo II e por Frederico Guilherme II da Prússia:

> A multiplicidade de sublevações parciais anuncia aos tiranos uma insurreição geral [...]. Em um ano, mais de cem crateras são abertas sob os pés dos reis. O que é preciso para concluir que o primeiro dado contra a França lançaria todos os tronos na garganta de um imenso vulcão? [...] O movimento ocorrido em Brabante, na Holanda, na Alemanha, na Suíça, na Savoia, na Itália sufoca a voz estridente e moribunda dos inimigos da França. (ibidem, p.221)

Até aqui vimos o revolucionário franco-alemão confiante na iniciativa de baixo: "A revolução da França envolverá o mundo inteiro, porque ela elimina todos os abusos, todos os males, todos os preconceitos". É por isso que a sua força de atração é irresistível: "A revolução da França é o início das revoluções do mundo", "todos os homens irão querer pertencer à república universal" (ibidem, p.388, 266, 493).

Todavia, como em Fichte e antes dele ainda, percebe-se a tentação de exportar a revolução. Desde quando foi iniciada, no princípio da guerra, quando lança a palavra de ordem que já conhecemos – "Guerra breve, paz perpétua!" –, Cloots faz uma exortação muito eloquente: "Não baixemos as armas até que todos os tronos sejam transformados em altares da pátria". É uma conduta que se impõe mesmo por razões de segurança nacional: "Até quando tivermos do nosso lado exércitos e fortalezas, a nossa existência será precária e passaremos por violentas tempestades". A sabedoria política exige que não se perca de vista uma circunstância essencial: "Uma república rodeada de grandes potências rivais não é livre, a menos que se diga que um pássaro é livre na sua gaiola" (ibidem, p.378, 266, 488).

Mais que a segurança nacional, o que impulsiona a exportação da revolução é um universalismo profunda e sinceramente sentido, mesmo que seja ingênuo e primitivo. Faltam as considerações (na verdade pouco convincentes), que podemos encontrar em um filósofo como Fichte, sobre o estado de natureza em que se encontram os países do Antigo Regime. Cloots se limita a empunhar a bandeira de um universalismo que não tolera distinções, obstáculos e limites: quem leva realmente a sério os direitos do homem não pode "permitir o gemido" dos povos oprimidos (ibidem, p.445). Estamos diante de uma causa absolutamente indivisível: "Desprezemos as supostas pessoas de bem, que não sabem que a liberdade de cada indivíduo é parte integrante da liberdade universal! A escravidão no nosso globo de um único ser humano é golpe aplicado na independência de todos" (in Labbé, 1999, p.278). Os apelos à cautela podem ser expressão apenas de uma sórdida moral ou de pusilanimidade.

Além das visões políticas e das relações de força, esse universalismo exaltado despreza também o respeito tradicionalmente conferido às fronteiras nacionais e estatais. Em 31 de julho de 1792 – nesse momento, a guerra em curso não é para a França uma marcha triunfal –, Cloots (1979, p.375) não só se pronuncia em favor da "guerra ofensiva", mas também usa palavras ferinas contra aqueles que se opõem a ela, sem poupar ninguém:

> Não sairemos da atual crise se não levarmos as nossas armas libertadoras para os povos vizinhos. Levaremos a cabo a nossa revolução graças [apenas] à guerra ofensiva; e, portanto, é com ela que se deveria iniciar, digam o que quiserem os seguidores de La Fayette e de Robespierre.

E em 16 de abril do ano seguinte: "Os arautos dos Direitos do Homem entram em contradição consigo mesmos, quando usam um conceito falso e prejudicial de república francesa". É preciso ter bem em mente um ponto essencial: "A Convenção Nacional não esquecerá que somos os mandatários do gênero humano; a nossa missão não se limita aos departamentos da França; os nossos poderes são referendados por toda a natureza" (ibidem, p.443, 476).

Em Fichte, a "paz universal", atingida graças ao entrelaçamento de revolução e de exportação da revolução, inclui a unificação da humanidade em uma única organização. É um tema sobre o qual Cloots insiste de forma mais enfática ainda. Ele está convencido de ter descoberto o segredo que permite superar de uma vez por todas a tragédia das dilacerações e dos ódios nacionais e, portanto, da guerra:

> O gênero humano, destruído, ofuscado, arruinado, assemelha-se a uma arena de gladiadores. É um espetáculo que absorve milhões de torneses[1] ou de esterlinas: é lucrativo e recreativo para um pequeno grupo de sibaritas que se arriscam e se divertem às custas de um povo esmagado pelos impostos [...]. A dilaceração dos povos gera a guerra. Trata-se, portanto, de encontrar uma forma de governo baseado em um princípio que nos assegure a paz perpétua. Eu a encontrei!

---

1 Moeda de prata europeia (N.T.).

Com a eliminação de "todas as barreiras", com a criação da "república universal" e da "nação única, indivisível" e a "transformação do mundo inteiro em uma grande família", a realização da "paz perpétua" estaria garantida (ibidem, p.498, 488-9). Mas, se a "sociedade das nações será sempre belicosa", uma vez superadas as barreiras nacionais e estatais, "a sociedade dos indivíduos será sempre pacífica". O futuro já está determinado: "O universo será formado por um único Estado, o Estado dos indivíduos unidos, o império inalterável da Grande Fraternidade, a república universal". O seu lema será: "Viva o gênero humano!" (ibidem, p.501, 396, 349).

Após ter derrubado o Antigo Regime, uma natural fonte de guerras, "o gênero humano libertado imitará um dia a natureza, que não inclui estrangeiros; e a sabedoria reinará nos dois hemisférios, em uma República dos Indivíduos Unidos", dirigida por uma "Assembleia legislativa cosmopolita". Pode parecer que se trate de um objetivo fantasioso; na realidade, o que estimula sua realização é uma aspiração humana, difusa e incontrolável: "Os franceses não querem ser borgonheses, os europeus não querem ser franceses, os cosmopolitas não querem ser europeus. Pois bem, a república universal colocará o mundo inteiro de acordo" (ibidem, p.484, 394, 443). Deter-se aquém do "corpo único" da humanidade inteira, nas palavras de Fichte, ou aquém da "República dos Indivíduos Unidos", nas palavras de Cloots, é para ambos sinônimo de angústia provincial ou pior.

Exportação da revolução, girondinos e jacobinos

Se Cloots e Fichte se incluem entre aqueles que mais se empenharam na defesa da ideia de exportação da revolução, Robespierre é aquele que de forma enfática e enérgica contradiz e refuta tal plataforma política. Para sermos exatos, antes ainda de rechaçar a possibilidade de exportação da revolução por meio da guerra, no final de 1791, entrando em conflito com os girondinos, opõe-se à declaração de guerra à Áustria e à Prússia, que alguns meses antes, em Pillnit, tinham ameaçado intervir contra a França revolucionária. Não obstante a provocação e a violação do princípio de não intervenção e de respeito à soberania estatal, ele assim alerta os membros da Assembleia nacional:

> Se vocês forem os primeiros a violar o território deles, irritarão até mesmo os povos da Alemanha [...], junto aos quais as crueldades cometidas pelos generais do Palatinado [isto é, as sistemáticas devastações causadas pelos generais de Luís XVI] deixaram marcas mais profundas que aquelas produzidas por alguns opúsculos proibidos.

A entrada das tropas francesas apresentou um ótimo pretexto para as cortes e os ambientes reacionários "evocarem os direitos e a segurança e despertarem antigos preconceitos e inveterados ódios" nacionais (Robespierre, 1950-1967, v.8, p.61).

É cáustica a ironia do dirigente jacobino contra os que não sabem se querem "a república ou a conflagração universal" (ibidem, v.10, p.267); ele diz, com transparência, que não se podia esquecer que "ninguém ama os missionários armados" e que seria uma loucura achar que os povos dos países invadidos acolheriam os generais do exército invasor como "missionários da Constituição" (ibidem, v.8, p.81). De qualquer forma, Paris não é "a capital do globo" e o ponto de partida para a "conquista do mundo" (ibidem, v.10, p.361); não tem sentido a "mania de tornar feliz e livre uma nação contra a sua vontade". Ao contrário, "todos os reis poderiam ser abandonados ou morrer impunes sobre seus tronos ensanguentados se tivessem respeitado a independência do povo francês". A Europa – enfatiza ainda o discurso de 8 de Termidor – não será subjugada com "proezas guerreiras", mas deve ser influenciada e atraída pela "sabedoria das nossas leis" (ibidem, v.10, p.230, 568). Naturalmente, Robespierre também cometeu deslizes, mas sua postura fundamental rejeita terminantemente a teoria da exportação da revolução.

O líder jacobino reage contra o fato de Cloots ter sido superficialmente comparado a La Fayette e aos círculos moderados, assemelhando aos contrarrevolucionários "o pregador intempestivo da república una e universal" (ibidem, v.10, p.275). Apesar de em ambos essa acusação mútua de traição à revolução ser infundada, há uma clara percepção de que Robespierre revela uma visão muito mais madura da universalidade e do universalismo. Também ele espera que aconteça a libertação do mundo inteiro, no entanto não esconde seu menosprezo por aqueles que recomendam e promovem a exportação da revolução, mas rebaixam a universalidade a uma opressiva homologação.

Na França, a teoria da exportação da revolução começa a se firmar depois da derrota dos jacobinos. Quando a Constituição de 1793 se pronuncia contra toda as formas de ingerência nos assuntos internos de um outro país, acrescenta que o "povo francês é o amigo e o aliado natural dos povos livres" (artigo 118): trata-se de uma formulação que no máximo pode abrir as portas para uma política de hegemonia em relação aos países e povos já "livres", mas que não autoriza absolutamente o Exército francês a "libertar" com a força os povos ainda oprimidos pelo "despotismo". No entanto, na própria convenção já se ouvem indicações à contribuição da nova França para a causa da paz perpétua, ainda que se negue a abrir mão da guerra de agressão ou da promoção de novas relações internacionais baseadas na cooperação e na amizade entre os países, mas defendendo a exportação da revolução e a "ajuda internacional" (na linguagem do século XX) aos povos ainda oprimidos pelo despotismo, que é identificado e denunciado como a verdadeira causa das guerras fratricidas entre as nações.

É sobretudo o projeto girondino de Constituição que apresenta um claro viés expansionista e hegemônico. Ele é rejeitado pela convenção jacobina, mas convém examiná-lo também para se ter uma ideia a respeito tanto das tendências de fundo que ganham espaço na nova França (burguesa) quanto das argumentações utilizadas para defender tais tendências. Emerge com clareza a ideologia que coloca a serviço de uma política expansionista os mesmos ideais revolucionários ainda vivamente presentes. Todo o título XIII do projeto girondino trata das "relações da república francesa com as nações estrangeiras e das suas relações externas". Após ter declarado (artigo 1º) que "a república francesa utiliza as armas apenas para garantir sua liberdade, a conservação de seu território e a defesa dos seus aliados", essa seção do projeto girondino de Constituição deixa aberta a porta para as anexações no artigo 2º:

> [A França] renuncia solenemente a reunir no próprio território regiões estrangeiras; isso pode ocorrer apenas com o voto livre da maioria de seus habitantes, e só no caso em que as regiões que solicitarem essa reunião não estejam incorporadas e unidas a uma outra nação, em virtude de um pacto social, expresso em uma Constituição anterior e livremente aceita.

Dado que naquele momento está circundada pela Europa feudal, ou seja, por países dominados pelo despotismo, a França revolucionária fica facilmente autorizada a anexar inúmeras regiões: a ideia do "pacto social" como instrumento de luta contra a opressão monárquica se transforma num instrumento do ressuscitado expansionismo francês.

Entretanto, se certas regiões, arrancadas ou a serem arrancadas de um país feudal, aspiram a unir-se à França revolucionária, isso pode ser eficazmente estimulado, já que nos países ocupados, segundo o artigo 3º, os generais "não poderão, sob nenhum pretexto e em caso algum, proteger com a autoridade com a qual são investidos a manutenção das práticas contrárias à liberdade e à igualdade naturais e à soberania dos povos". Além disso, o artigo 4º declara que, "nas suas relações com as nações estrangeiras, a república francesa respeitará [apenas] as instituições garantidas pelo consenso expresso ou tácito do povo em geral" (in Saitta, 1952, p.142). Em outras palavras, o exército de ocupação se vê no direito de desbancar as velhas regras e os velhos governantes, impondo um governo "revolucionário" amigo da França, que se apressa então, em nome da vontade popular, a pedir a anexação ao país primogênito da revolução. O universalismo exaltado pode ser facilmente se transformar em expansionismo ou em apoio ao expansionismo.

Universalismo exaltado e expansionismo

Trata-se de uma dialética que se manifesta com muita clareza em Cloots. Por um lado, ele quer ser o "profeta da regeneração universal" e o "orador do gênero humano", sempre "fiel à nação universal" e à "soberania do gênero humano", por outro, após identificar imediatamente o país protagonista da revolução com a causa do universalismo, acaba legitimando o expansionismo, as anexações e, inclusive, os saques da França como contribuições para a marcha em direção da universalidade e da paz universal:

> Desde o início da guerra o nosso território se ampliou notavelmente [...]. Conquistamos celeiros imensos; estendemos o solo da liberdade [...]. Se a próxima campanha acrescentar ao nosso território um número igual de arpentos ao da campanha anterior, todos os tesouros da Europa e dos trópicos virão até nós, não a nós franceses, mas a nós homens, e existirão sempre homens [...]. Auguremos que não se apague o fogo que nos estimula na propagação dos direitos do homem. (Cloots, 1979, p.302, 339, 387, 461-3)

Os habitantes dos territórios incorporados à França têm de estar felizes e entusiasmados, dado que, graças à anexação decidida pelo governo de Paris, eles puderam se unir à autêntica e universal humanidade. Dirigindo-se aos povos que, aos olhos de Cloots, apressam-se em ser libertados do despotismo, ele exclama: "Vocês serão logo franceses, isto é, membros da grande família humana". A França, ou melhor, a "república universal dos franceses" e o núcleo que cresce progressivamente e que acabará abraçando "um bilhão de irmãos", ou seja, todas as populações do globo; "aos franceses, aos universais" (*aux Français, aux Universels*) cabe reconhecer o papel de protagonistas da total regeneração do mundo. A transfiguração do país que teve o mérito de derrubar o Antigo Regime chega enfim ao seu ápice: "A França é o berço de povo-deus que jamais morrerá" (ibidem, p.201, 393, 484, 461). O universalismo não só se transforma no expansionismo, mas num expansionismo exaltado que identifica o povo francês com a humanidade, com a universalidade e até com a divindade. E se trata de um expansionismo que, graças à pretensão de ser a própria encarnação da universalidade, considera-se legitimado para eliminar com punhos de ferro qualquer resistência que crie obstáculos para sua marcha. A partir do pressuposto de que a humanidade deve finalmente conseguir sua unidade graças à derrubada generalizada do Antigo Regime e o posterior generalizado reconhecimento dos direitos do homem proclamados pela Revolução Francesa, no "orador do gênero humano" se sucedem declarações ameaçadoras e enfaticamente universalistas:

> A soberania se identifica essencialmente com todo o gênero humano: ela é una, indivisível, imprescritível, imutável, inalienável, eterna, *ilimitada, absoluta, sem limites e onipotente*; consequentemente, não podem existir dois povos soberanos [...]. Um rei que se obstina a conservar a sua coroa e um povo que se obstina a isolar-se são como rebeldes que precisam ser domados ou nômades que, graças à chama dos direitos do homem, devem ser reconduzidos ao seio da Assembleia, da associação universal [...]. *O gênero humano não deve encontrar resistência de nenhum lugar* [...]. *Uma porção do gênero humano não poderia se isolar sem ser rebelde e o privilégio de que se vangloria é um crime de lesa-democracia* [...]. Confessemos que não podemos tolerar que um povo adote formas aristocráticas, formas que firam os princípios; ou seja, confessemos que é preciso opor-nos à dilaceração da sociedade humana, da nação única cujos poderes são exercitados provisoriamente pela França. (ibidem, p.476-7, 479, 489)

As passagens que destaquei em itálico evidenciam de que forma o conclamado universalismo desemboca na teorização de uma (ainda que provisória) ditadura planetária da França, e de uma ditadura planetária que a qualquer sinal de resistência responde com punhos de ferro, ou seja, com a guerra: a paz perpétua se transformou no seu contrário. É esse o universalismo?

Vem-nos à mente a admoestação de Kant: perde-se de vista a multiplicidade dos Estados e das nações, e, pelo fato de que "a natureza sabiamente separa os povos" (diversos pela língua e pela cultura), o ideal da paz perpétua e do universalismo desemboca em uma "monarquia universal" nos moldes do "mais horrível despotismo", de um "despotismo sem alma" (cf. "'Paz perpétua' ou 'monarquia universal'"?). Usando uma linguagem hegeliana, podemos dizer que Kant tem uma visão mais dialética: nele a universalidade não exclui a particularidade, aliás, tem respeito por ela; e isso para que a paz perpétua e o universalismo não se transformem no seu contrário.

Mutatis mutandis, considerações semelhantes podem ser feitas sobre Robespierre. Graças talvez à leitura do filósofo que lhe é tão caro (e que recomenda para a regeneração da "nação" polonesa uma educação pautada pelo respeito de sua história, de sua língua e de sua cultura) (Rousseau, 1959-1969, v.3, p.954-66), mas sobretudo em virtude da sua experiência política, o líder jacobino compreende bem que o sentimento nacional, de um lado, favorece o povo francês preocupado em resistir contra o invasor e, de outro, cria obstáculos para o impulso expansionista.

Os fiéis ao ensinamento de Robespierre e à sua visão amadurecida sobre o internacionalismo e o universalismo são, na Itália e Alemanha, aqueles jacobinos que, apesar de terem saudado com entusiasmo a revolução e a luta da nova França contra a invasão das potências contrarrevolucionárias, recusam-se em considerar o expansionismo do país que surgiu da destruição do Antigo Regime como uma contribuição para a causa da revolução e da paz. Por ocasião da campanha da Itália, em 1796, Filippo G. Buonarroti, revolucionário italiano que conseguiu a cidadania francesa, assim alerta Bonaparte: "Não devemos permitir que a indisciplina do Exército e sobretudo a bárbara cobiça dos administradores militares, ao semearem desolação entre os países conquistados na Itália, transformem o amor aos povos em ódio e fortaleçam ainda mais as cadeias que gostaríamos de quebrar" (in Furet; Richet, 1980, p.479). Essa é uma linguagem que lembra a que foi utilizada por Robespierre na polêmica com os girondinos promotores da guerra e da exportação da revolução. Semelhante é a postura, na Alemanha, de Andreas G. F. Rebmann. Em 1797, ele faz uma autocrítica por ter sido durante "algum tempo um caloroso apóstolo das fronteiras do Reno", ou seja, um protagonista da anexação da margem esquerda do Reno à França. Foi um grave erro: é preciso acabar com a ilusão ou mistificação de que "a anexação de algumas províncias por parte da república francesa" tenha lhe servido para estimular "o desmantelamento da tirania e o domínio das leis na Europa", para impulsionar as transformações políticas e "tornar os povos da Alemanha felizes". Não, a França pós-Termidor se comporta como um país conquistador, não respeita mais as promessas de paz do início (Scheel, 1980, p.366-9). Apesar de suas aparências ideológicas, a falta de respeito para com as identidades e peculiaridades nacionais é a negação do autêntico internacionalismo. Não é por acaso que Rebmann odeia Cloots (Labbé, 1999, p.476-7).

A sombra do 18 Brumário no país da paz perpétua

Mesmo em Fichte, a teoria da exportação da revolução entra em crise já no momento em que é formulada ou logo depois: não sobrevive às mudanças da França. Que credibilidade pode ter a pretensão de encarnar a causa da Constituição republicana e, por conseguinte, da paz perpétua proposta por um país que saiu de um golpe de Estado, aquele de 18 de Brumário (9 de novembro) de 1799, que suprimiu os órgãos representativos e deu poder a três cônsules, entre os quais começa a emergir e a se impor cada vez mais a figura de Napoleão Bonaparte? Será que é a um general vitorioso e ambicioso que se deve confiar a exportação das instituições democráticas chamadas a eliminar para sempre as raízes da guerra?

Os acontecimentos de Paris constituem um duro golpe para Fichte como revolucionário e filósofo. Ele tinha saudado a Constituição francesa e a Constituição do ano III (1795), que previam uma "Suprema Corte de Justiça" com a responsabilidade de julgar os membros do Diretório e, portanto, do Executivo, como uma contribuição fundamental para a estabilização da república francesa (Saitta, 1952, p.176). Graças à introdução desse "eforado" – comenta um ano depois o filósofo, em sua publicação *Fundamento do direito natural* –, foram tomadas precauções ou promovida a desarticulação de eventuais tentativas de abuso de poder, tornando supérfluo o recurso à insurreição. A nova ordem surgida com a destruição do Antigo Regime ganha sua definitiva consolidação e sua plena legitimação e pode exercer uma forte influência no plano internacional. Mas ao contrário...

Apesar de discutir em alguns momentos a exportação da revolução, o autor de *A missão do homem* não esconde sua perplexidade: "Uma Constituição política (*bürgerlich Verfassung*) como deve ser, como é exigida pela razão, o pensador sabe descrevê-la facilmente, mesmo se até agora ainda não a tenha encontrado presente em nenhum lugar" (FBM, p.276). Não há país em que sua realidade política corresponda totalmente ao ideal cultivado pelo filósofo. Pelo menos no plano da política interna, trata-se de um primeiro e cauteloso distanciamento da França. O país parece estar envolvido em muitas desordens que diminuem o entusiasmo suscitado pela revolução e reforçam a perplexidade diante de seu desenvolvimento e suas dúvidas sobre seu êxito final. Tal estado de espírito encontra um eco claro no texto de Fichte: "Até no interior do Estado, onde os homens parecem estar unidos pela igualdade perante a lei, ainda existem muita violência e astúcia, que reinam sob o venerado nome da lei". Além disso, é muito difícil se orientar em meio aos conflitos que não cessam de crescer na França:

> Até os bons combatem quase sempre entre si, por causa de mal-entendidos e erros, por desconfiança, por um velado amor próprio, e combatem frequentemente com uma violência que cresce à medida que cada um tenta impor aquilo que considera melhor; e assim destroem numa luta recíproca a força que, unida, poderia equilibrar aquela do mal. (FBM, p.269-70)

As incessantes contradições que dilaceram as forças revolucionárias angustiam profundamente o filósofo, tanto mais em um momento em que "os maus, que estão numa eterna luta entre si, fazem um acordo de paz logo que o bem se aproxima, para vencê-lo com a reunião das forças da corrupção". Logo depois que foi formada a segunda coalizão das potências antirrevolucionária, os exércitos franceses começaram a encontrar dificuldades, como demonstra, por exemplo, o resultado desastroso da aventura de Napoleão no Egito. É uma situação que deveria aconselhar ou impor à França a unidade das forças revolucionárias, que estão apresentando um espetáculo deprimente: "Um critica o outro" por diferentes motivos "e apenas o Onisciente poderia saber se um dos dois tem razão nessa disputa e qual deles". Fichte não esconde o seu desapontamento diante dos antagonismos que, sem qualquer razão, dilaceram o mesmo partido que prometeu a paz perpétua. Cada uma das partes em luta "exorta os bons a unir suas forças à sua para atingir seus objetivos, e, quando há recusa, ela será considerada uma traição à boa causa; enquanto os outros, por sua vez, terão a mesma pretensão e o acusarão da mesma traição ao se recusar" (ibidem, p.270). Diante de tudo isso, o filósofo acredita que um dia haverá uma ordem (sistema?) que eliminará não apenas a resistência ativa dos que representam o mal, das forças ligadas ao Antigo Regime, mas também "a luta dos bons entre si, até mesmo a luta pelo bem" (ibidem, p.277).

No entanto, apesar de tudo, aos olhos de Fichte, no plano universal, a França continua a representar a causa da liberdade, do progresso e da paz. Sobre o que se fundamenta tal convicção? Primeiramente, é preciso dizer que não está ausente o elemento autobiográfico. Depois da polêmica sobre o ateísmo de que é acusado, o filósofo é obrigado a abandonar o ensino na Universidade de Jena e ir para Berlim se dedicar ao ensino privado. Há uma clara referência a esse problema em *A missão do homem*, que denuncia as manobras para manter as "grandes massas" na ignorância para assim "escravizá-las eternamente", além das manobras para "arruinar todos os que ousassem iluminá-las e aperfeiçoá-las" (ibidem, p.269). Mesmo diante da evolução dos fatos inquietantes e de difícil compreensão, a França continua a ser o país que se livrou do Antigo Regime e com isso o obscurantismo clerical e o absolutismo monárquico, inimigos mortais do livre pensamento e da paz.

Contra as dificuldades mais prolongadas e mais graves do que se previa encontradas pela nova ordem não se pode reagir juntando-se às forças da reação e nem abandonando o terreno da história e da política para se refugiar no mundo interior ou na busca de um modelo estético que não tenha sido contaminado pela vulgaridade atribuída ao presente. Quando se analisa a história – declara *A missão do homem* fazendo alusão a uma polêmica de Fichte com um dos expoentes mais ilustres da cultura alemã do tempo –, não é preciso se perguntar "se a educação estética e a cultura intelectual da Antiguidade concentradas em algumas poucas questões não superaram gradualmente as do mundo moderno!" (FBM, p.271). Foi Friedrich Schiller quem escreveu, em 1795, na quinta e sexta de suas *Cartas sobre a educação estética*: "O fenômeno da humanidade grega era indiscutivelmente um *maximum*, que não podia nem se manter naquele patamar nem ir além dele". A celebração da Grécia clássica caminhava *pari passu* com a denúncia da "danosa orientação do caráter de nosso tempo", do "espírito do tempo" que oscilava "entre a perversão e a rudeza, a antinatureza e a natureza selvagem, entre a superstição e a incredulidade moral" (Schiller, 1970, p.23, 16), e que, na verdade caminhava *pari passu* com a condenação ou a radical desvalorização do mundo surgido com a Revolução Francesa e, portanto, com a eliminação dos entusiasmos por ela provocados ou o desdém para com eles.

Segundo Fichte, trata-se de uma postura totalmente equivocada:

> Pergunte à história em que momento a educação existente foi tão difundida e compartilhada com um número tão grande de indivíduos; sem dúvida veremos que, do início da história até os nossos dias, os poucos pontos luminosos da cultura irradiaram de seu centro atingindo um indivíduo após outro e um povo após o outro; e veremos também que essa progressiva difusão da cultura continua sob os nossos olhos.

Esse progresso em crescimento, demonstrado pela introdução na França da obrigação escolar e da difusão em grande escala de uma cultura mais laica, que em todos os níveis faz valer a razão e refuta o princípio da autoridade, é o pressuposto de outros progressos no plano qualitativo. Tanto mais se observa o conjunto, como é justo que se faça, numa perspectiva cosmopolita, quando temos como objetivo a marcha de toda a humanidade: "Uma nação deve esperar pela outra, uma parte do mundo deve esperar pela outra no caminho comum, e cada uma deve considerar como sacrifício pela Liga comum – da qual depende sua existência – os seus séculos de aparente *stásis* ou regressão" (FBM, p.272-3). O *impasse* que parece ter surgido após o grande entusiasmo criado pela revolução é aparente: o país que foi protagonista da mudança está, na verdade, num compasso de espera pelas outras nações; a difusão da nova cultura e das novas instituições políticas em escala internacional constitui o pressuposto fundamental para um novo e decisivo progresso da França e da humanidade e para o avanço e o final triunfo da causa da paz perpétua. É preciso não perder de vista "a grande totalidade da humanidade" e o seu objetivo final: "A missão da nossa espécie é a de se unir em um corpo único, que veja as suas partes familiarizadas umas com as outras e que cheguem ao mesmo nível de cultura" (ibidem, p.271-2). Apesar das dúvidas, das perplexidades e das angústias que surgiram sobre o êxito da revolução eclodida no além-Reno, ainda há esperança que ela leve à unificação da humanidade finalmente pacificada.

"Fronteiras naturais", coexistência pacífica e paz perpétua

Se aos olhos de Fichte permanece imutável o fio condutor do processo histórico, desapareceu a tentação da exportação da revolução como instrumento para acelerar o triunfo da ordem política que porá um fim à guerra. De tal discurso, não sem ambiguidades e dúvidas desde o momento de sua formulação, não se encontram mais traços em *O Estado comercial fechado*, apesar de este ter sido publicado no fim do ano de 1800 e, portanto, apenas poucos meses após *A missão do homem* (que surgiu entre o final de 1799 e o início do ano seguinte). Isso não quer dizer que o ideal da paz perpétua tenha sido mudado. Ao contrário, o novo livro termina com uma descrição da futura humanidade, finalmente unificada e pacificada:

Os jornais não trarão mais relatos de guerras e batalhas, de tratados de paz ou de alianças; tudo desapareceu do mundo. Trarão apenas notícias dos progressos da ciência, de novas descobertas, do desenvolvimento da legislação, da ordem pública; e cada Estado se apressa em introduzir e aproveitar as descobertas dos outros. (FGH, p.513)

Só que agora a discussão do problema da erradicação da guerra é bem diferente em relação ao passado. A ênfase não é colocada mais na necessidade de transformações revolucionárias nas instituições políticas de cada Estado, ou seja, na necessidade em última análise de derrubar o regime feudal em escala mundial (mediante revoluções de baixo e exportação da revolução). Diversamente, agora se esperam ou se invocam um compromisso e um tipo coexistência pacífica entre países com variados regimes políticos e sociais. Nesse meio tempo, a situação internacional mudou radicalmente. Não é mais possível iludir-se com a possibilidade de uma rápida expansão das instituições republicanas na Europa. O incêndio revolucionário foi apagado e não pode ser facilmente reacendido com a ajuda do governo de Paris. A paz pode ser garantida não mais graças à expansão da nova ordem, mas sim mediante a sua coexistência com a velha ordem. Trata-se de um objetivo bem mais modesto em relação àquele alimentado anteriormente, mas também ele não é fácil de ser atingido.

Segundo Fichte, a coexistência entre países com diferentes regimes sociopolíticos pode ser duradoura e tranquila apenas quando se permite que cada um deles atinja suas "fronteiras naturais". É preciso tomar ciência dessa realidade:

> Algumas partes da superfície terrestre, juntamente com seus habitantes, são claramente destinadas pela natureza a criar conjuntos políticos. A sua extensão é separada do resto da terra por grandes rios, mares, montanhas inacessíveis [...]. É a essas sugestões da natureza sobre o que deveria permanecer unido ou ser separado que se alude quando na política recente se fala das fronteiras naturais dos Estados. É uma questão que precisa receber muito mais importância e seriedade do que ocorre normalmente. (ibidem, p.480)

A menção à "política recente" indica que não se trata de uma reflexão filosófica abstrata. Estamos também diante de uma clara opção política. Após eliminar uma ambição de longa data, reforçada antes da invasão e do avanço das potências contrarrevolucionárias e depois de sua derrota, a França anexou a margem esquerda do Reno, atingindo finalmente a fronteira indicada, aliás predestinada pela geografia e pela "natureza". Fichte apoia sem reservas essa reivindicação, ainda que tenha renunciado à ilusão ou à tentação de exportar a revolução, mas sem ter rompido ainda com o expansionismo da Grande Nação. Na passagem de um século para o outro, a coligação antifrancesa se dissolveu e a república emergida da destruição do Antigo Regime pôde respirar: não é essa a ocasião para reconhecer como legítimas e naturais as fronteiras existentes e pôr fim à guerra e a toda rivalidade entre as nações?

A intervenção de Fichte se situa no contexto de um debate iniciado alguns anos antes, com o lançamento de uma espécie de manifesto do partido francófilo na Alemanha. Görres (1979, p.157,169, 171, 124) escreve, em 1789, que considera "importante o arredondamento geométrico dos Estados em prol da tranquilidade desses países". Aliás: "Condiz com o desenvolvimento da humanidade e com o desígnio da natureza o fato de um Estado se restringir ou se estender até chegar às fronteiras naturais". Portanto, para realizar a "paz perpétua", o grande ideal brilhantemente defendido por Kant contra "as objeções mesquinhas de empiristas medrosos", é preciso invocar "a grande lei física das fronteiras naturais".

Fichte é também da opinião que se deve considerar a aspiração da França em chegar até o Reno não como expressão do expansionismo, mas como um objetivo plenamente legítimo e também importante para a causa da paz na Europa e no mundo:

> Foi sempre um privilégio dos filósofos lamentar-se diante das guerras. O autor não a ama mais que os outros, mas acredita ter chegado à conclusão de que são inevitáveis dada a atual situação e considera que é inútil condenar o que é inevitável. Se se quer abolir a guerra, é preciso abolir a causa das guerras. Cada Estado deve obter aquilo a que aspira receber mediante

a guerra e que é uma aspiração razoável: suas fronteiras naturais. Depois disso, não pode pretender receber mais nada de qualquer outro Estado, porque passa a possuir aquilo que procurava. E ninguém pode pretender nada dele, pois não se estendeu para além de suas fronteiras naturais e não penetrou nas fronteiras de um outro. (FGH, p.482)

A conquista das "fronteiras naturais" é a chave finalmente encontrada que permite escancarar as portas da paz perpétua e concretizar um ideal certamente nobre, mas que até aquele momento era muito vago e abstrato. Até quando não seja realizada a nova configuração política da Europa, a guerra será inevitável:

> Os governos perceberão que lhes falta algo, mesmo sem compreenderem claramente do que se trata. Falarão da necessidade de ampliar suas propriedades; garantirão que não podem abrir mão de tal província fértil, de certas minas ou salinas necessárias para seus outros territórios, e com isso sempre tenderão, confusamente, a adquirir suas fronteiras naturais. Todos serão levados pela ganância da conquista, cega ou indefinida, ou clara e bem definida, e assim se encontrarão permanentemente em Estado de guerra, indireta ou direta, já declarada ou apenas em fase de preparação. (ibidem, p.481)

Tudo isso poderá ser sanado quando as fronteiras de fato coincidirem com as fronteiras naturais. Com isso se poderá promover uma política de desarmamento geral: "Os cidadãos não podem e não devem ser mais oprimidos por aquele mar de tributos exigidos pelos grandes exércitos permanentes e pelos contínuos preparativos de guerra" (ibidem, p.483). Como já se nota nos primeiros escritos de Fichte, os exércitos permanentes são considerados como um dos principais obstáculos para se chegar à paz perpétua: só que agora a causa do recurso à figura do *miles perpetuus* (contra a qual Kant já alertava) é identificada não mais na ordem monárquico-feudal como tal, mas sim na desordem e nas tensões vigentes em nível internacional, ou seja, na ausência de fronteiras estáveis, seguras e "naturais", entre os Estados.

O capitalismo-colonialismo como causa de guerra

Definir o Reno como "fronteira natural" talvez pudesse promover a paz entre a Alemanha e a França, mas de que forma seria possível chegar a um acordo entre esta última e a Grã-Bretanha? O conflito continuou a crescer. Se o governo de Paris afirmava sua hegemonia sobre a Europa continental, aquele de Londres retirava da França e de seus aliados todas as suas colônias:

> Do Antigo Império colonial francês até a República, continuava agora apenas Guadalupe. A aliança com a França foi paga com preço caro pela Espanha, com a perda de Trinidad e da Holanda, a quem os ingleses tiraram suas melhores possessões: a Guiana, a colônia do Cabo e o Ceilão. (Furet; Richet, 1980, p.513)

Para Fichte, o país que protagonizava um expansionismo insaciável não reconhecia qualquer fronteira natural e qualquer limite à sua vontade de conquista e de dominação. Por sua vez, sem sequer fazer uso direto do recurso às armas, a Grã-Bretanha conduzia um novo tipo de guerra, mas nem por isso menos devastador:

> A vitória inglesa na guerra colonial teve duas consequências no plano econômico: provocou a redução das matérias-primas (sobretudo do algodão) e dos produtos de grande consumo, como açúcar e o café, e privou as indústrias francesas do mercado das ilhas. (ibidem, p.513)

Tratava-se de uma guerra comercial que atingia ou tinha como alvo a própria população civil e que suscitava uma indignação generalizada. Em Paris, Paul Barras, membro do Diretório, esbravejou: "O gigantesco pirata oprime os oceanos" (ibidem, p.504). Por sua vez, Cloots (1979, p.483, 488) destacou: "O comércio é a principal causa das discórdias humanas". Será apenas com o advento da "república universal" (promovida pela França revolucionária) que acontecerá uma verdadeira mudança: "O comércio de um país não deve nunca buscar a ruína de um outro país". Esses eram temas que reverberaram também na Alemanha, onde o partido francófilo denunciava, pela boca de Görres (1979, p.147), "o projeto de redução de recursos alimentares" do povo francês conduzido por Pitt, o primeiro-ministro britânico.

Agora conseguimos compreender melhor *O Estado comercial fechado*. Este defendia, sim, o fim da guerra como tal, mas em primeiramente a guerra comercial. Para que a política das "fronteiras naturais" pudesse desabrochar com seu pleno potencial de paz, era necessário considerar também sua dimensão comercial e marítima. Aliás, tal política constituía uma garantia real de paz por representar a condição indispensável exatamente para construir o "Estado comercial fechado".

De acordo com Fichte (FGH, p.482-4): "Um Estado que está para se fechar como Estado comercial deve, antes, obter suas fronteiras naturais", mesmo porque precisa de "um amplo território que contenha um sistema completo e definido da produção necessária". Sim, "fechamento do território e fechamento do tráfego comercial se entrelaçam e se exigem reciprocamente". Se, por um lado, um Estado com sólidas "fronteiras naturais" e ao mesmo tempo autossuficiente no plano econômico e que não deseja se expandir no exterior no plano comercial vê garantida sua própria segurança, por outro, não consegue mais "exercer uma forte influência externa". "Um tal Estado deve (*muss*) dar e pode dar aos seus vizinhos a garantia de que, daquele momento em diante, não se estenderá mais de nenhum modo", nem procurará fazer isso. Trata-se de uma garantia verdadeira: "O Estado comercial fechado não pode tirar a mínima vantagem da expansão além de suas fronteiras naturais, dado que toda a sua Constituição é elaborada na medida da sua extensão".

Sim, nenhum dos Estados existentes parece querer dar provas da "moderação" necessária (ibidem, p.469). Não é preciso idealizar nem mesmo o país protagonista da grande revolução. Também ele revela uma inegável tendência a ampliar suas fronteiras, mas, aos olhos de Fichte, esta é estimulada não por um desejo insaciável de conquista, e sim pela preocupação de garantir a própria segurança nacional. Nesse sentido, a política das fronteiras naturais apresentada pela França tem objetivos "limitados" e, quando é conduzida de forma correta e equilibrada, torna-se uma segurança para os países vizinhos e pode ser considerada uma futura garantia para a tranquilidade e a paz que pode levar à Europa e ao mundo.

O caso da Grã-Bretanha é diverso e oposto:

> Um Estado que segue o habitual sistema comercial e aspira a exercer um predomínio no comércio mundial conserva um interesse permanente em se estender para além das próprias fronteiras naturais, de modo a desenvolver o seu comércio e, por meio deste, a sua riqueza; utilizando-a depois para novas conquistas e assim por diante [...]. A ganância desse tipo de Estado não conhece limites. Os vizinhos não podem confiar na sua palavra, dado que ele não tem interesse em mantê-la. (ibidem, p.483)

Podemos criar uma conexão entre essa passagem e a proclamação do Diretório que, de Paris, em 26 de outubro de 1797, assim acusa o governo de Londres: "Aquele gabinete deve desejar a guerra, porque a guerra o enriquece" (in Soboul, 1966, p.525). E essa é a opinião também de Fichte:

> Os interesses comerciais contrastantes são frequentemente a verdadeira causa das guerras às quais se atribui outro pretexto. Assim se compram continentes inteiros para combater – assim se assegura – contra os princípios políticos de um povo, enquanto na realidade a guerra é conduzida contra o seu comércio, em detrimento daqueles mesmos que são comprados. (FGH, p.468)

Para dizer com palavras claras: a Grã-Bretanha paga a mercenários em todas as partes do mundo, numa guerra que, teoricamente, busca sufocar a Revolução Francesa, mas que na verdade se propõe a consolidar em nível mundial o próprio predomínio comercial, que acaba estrangulando os próprios países de onde provêm os mercenários. É essa lógica que embasa "doutrinas políticas que não poderiam ser mais aventureiras", como aquela, provocatória, relativa ao "domínio dos mares" reivindicado e praticado pelo governo de Londres; ao contrário, deveria ficar claro que os mares, com exceção da faixa imediatamente próxima à costa, e a partir da qual o continente poderia ser atingido por um tiro de canhão, "sem dúvida deveriam ser livres como o ar e a luz" (ibidem, p.468).

Fichte intervém, ainda, em um debate muito vivo na Alemanha e na Europa, sobretudo após a anexação do Bélgica, graças à qual a França ficou mais próxima da Mancha, tornando evidente quem eram os verdadeiros adversários da guerra em curso: a França de Napoleão e a Grã-Bretanha de Pitt, e esta última, mais que com a sua frota, pode contar com os exércitos terrestres recrutados graças à aliança com as velhas cortes feudais. Para Schiller – a poesia em questão, *O início do novo século* (*Der Antritt des neuen Jahrhunderts*), é contemporânea de *O Estado comercial fechado* –, tratava-se de um embate entre dois gigantes igualmente sedentos de dominação e, na mesma medida, responsáveis pela guerra: "duas poderosas nações" disputavam entre si o "domínio exclusivo do mundo", não hesitando em "engolir a liberdade de todos os países". A Grã-Bretanha com suas frotas comerciais estendia avidamente seus "tentáculos" para dominar o mar, para subjugar o "reino da livre Anfitrite". Mas a França não se saía bem e, como Brenno, jogava sobre a balança o peso de sua espada para obter ouro de todas as províncias conquistadas. A conclusão de Schiller é clara e consternada: a "paz" e a "liberdade" só conseguiram encontrar "refúgio" nos "espaços silenciosos" do "coração", no "reino dos sonhos". As promessas de liberdade e de paz perpétua feita pela revolução se revelaram uma ilusão.

A retirada intimista não se coaduna com Fichte, que se recusa a colocar no mesmo plano os dois protagonistas do gigantesco conflito de dimensões mundiais. Nesse momento, o poeta, que se deu conta do expansionismo insaciável de Napoleão e do tratamento semicolonial que ele dava aos países que iam sendo conquistados, revela-se mais lúcido que o filósofo, que, apesar de suas reconsiderações e dúvidas, continua a ver a França como o país da paz perpétua. No entanto, não se pode perder de vista a outra face da moeda. É a própria obstinação com que continua a cultivar e seguir o ideal da paz perpétua que leva Fichte a pensar sobre as novas e raras formas que a guerra pode assumir.

Continuemos a ler o requisitório que *O Estado comercial fechado* pronuncia contra a Grã-Bretanha e a sua incessante expansão colonial: uma vez ocupado, o novo território é integrado economicamente à "pátria-mãe", na qual qual se cria um "sistema de produção completo" (FGH, p.502-3). Estamos diante de um Estado comercial aberto, mas que precisa importar matérias-primas e exportar (com alto custo) produtos acabados. É isto que constitui o ponto de partida para uma memorável denúncia de todo o sistema colonialista mundial:

> A Europa tem uma grande vantagem comercial sobre os outros continentes: apropria-se de forças e produtos externos sem oferecer qualquer equivalência de suas forças e de seus produtos. Além disso, cada Estado europeu, por mais desfavorável que seja sua balança comercial em relação aos Estados europeus, aproveita essa exploração coletiva do resto do mundo e não perde a esperança de melhorar a balança comercial em seu benefício e de ter lucros ainda maiores [...]. É preciso mostrar que é impossível que relações como as que a Europa tem com o resto do mundo, e que não se baseiam nem na lei nem na equidade, possam durar por um longo tempo, mas essa é uma demonstração que vai além dos limites do meu projeto atual. Entretanto, mesmo que eu tivesse feito essa demonstração, poder-me-iam fazer a seguinte ressalva: "Até agora, essas relações continuam a existir, continuam a sujeição das colônias à pátria-mãe e o tráfico de escravos, e nossa geração não verá o fim de tudo isso. Deixe-nos lucrar com isso enquanto for possível". [...] Confesso que não tenho uma resposta para isso. (ibidem, p.392-3)

As guerras de conquista efetuadas pela Europa desembocam na "exploração" de povos inteiros e em uma opressão que chega até a escravização, em si mesma uma forma de guerra (Fichte não se esqueceu da lição de Rousseau).

A dura crítica que *O Estado comercial fechado* faz ao colonialismo e ao tráfico de escravos não escapa à atenção de Adam Müller, conservador e pró-britânico, que responde com um ataque de inusitada violência: nas suas visões fantasiosas, Fichte trata das relações que podem civilizar pouco a pouco os selvagens, no entanto a sua eloquente defesa da presumida liberdade dos povos coloniais contribui apenas para perpetuar o seu embrutecimento (in Léon, 1922-1927, v.2, p.118, nota). Não há dúvidas: condenar em 1800 o sistema colonial e a "exploração coletiva do resto do mundo" praticada por toda a Europa é uma tomada de posição radical e avançada para a época.

Muda também a perspectiva de leitura do tema da paz: para compreender realmente o fenômeno e o flagelo da guerra, o olhar não pode mais se restringir à Europa. Tanto mais que a conquista e o saque das colônias acabam por influenciar forte e negativamente as próprias relações entre os países europeus. Ainda nos *Princípios gerais do tempo presente*, publicados em 1806, Fichte continua a condenar duramente, a esse propósito, a Grã-Bretanha, mesmo sem citá-la explicitamente:

> Um Estado que se apodera do comércio mundial assegura a posse exclusiva das mercadorias procuradas universalmente e do meio de troca universalmente válido, o dinheiro, fixa, portanto, os preços e assim obriga a república cristã inteira a pagar os juros de uma dívida nacional contraída com o mesmo objetivo. Então, quando o habitante de um Estado que fica a mil milhas de distância paga a conta do seu sustento cotidiano, percebe-se que utilizou a metade ou três quartos do seu trabalho diário para aquele Estado estrangeiro. (FGZ, p.205)

A troca desigual imposta às colônias permite ao Estado, que tem à sua disposição um grande império colonial, financiar as guerras contra outros países europeus e golpear suas economias, mesmo sem fazer recurso às armas.

Em Fichte a referência ao ideal da paz perpétua continua a ser uma constante. Agora, no entanto, quem é considerado o principal inimigo da causa da paz perpétua não são mais o Antigo Regime e o absolutismo, mas sim o país capitalista mais desenvolvido que está à frente do expansionismo comercial e colonial. Não é mais um único país que chama a atenção sobre a relação entre o expansionismo colonial e o desenvolvimento da rivalidade entre as grandes potências europeias (e mundiais); agora o filósofo tende a acusar todo o sistema capitalista-colonialista-imperialista. Trata-se de um terreno totalmente novo que vai além dos motivos da crítica ao colonialismo e ao "espírito comercial" que vimos em Kant.

CAPÍTULO 3
Pax napoleônica e guerras de libertação nacional

Paz perpétua ou *pax* napoleônica?

Paradoxalmente, a radical mudança de opinião de Fichte sobre o papel (já claramente expansionista) da França atingiu sua maturidade no momento em que o triunfo de Napoleão parecia concretizar o sonho de unificar a humanidade em um "corpo único". Enfraquecida após a eclosão de uma guerra sem fim, a esperança de paz perpétua difundida com a revolução voltava a ganhar credibilidade e difusão na nova situação. Porém, tal ideal assumia um significado muito diferente daquele dos anos que se seguiram à destruição do Antigo Regime na França: bem longe de exprimir a espera ou a esperança de um mundo novo, tornou-se agora o refúgio para todos os que tinham se cansado das incessantes levantes e de uma guerra interminável e que, ao mesmo tempo, estavam deslumbrados com as lancinantes vitórias de Napoleão.

Nos primeiros anos do século XIX, parecia que todos precisavam se inclinar diante da incontestável hegemonia militar e política da França; no horizonte parecia surgir, se não um único Estado mundial, pelo menos uma Europa fortemente unificada sob a direção do governo de Paris. Estava surgindo uma nova ordem internacional que marcava um forte enfraquecimento das fronteiras nacionais e dos conflitos entre Estados e o desaparecimento, em última análise, do flagelo da guerra. E era assim que argumentava na Alemanha um jovem, mas já célebre, filósofo: por um lado, em 1802, ele exprimia toda a sua admiração pela "força quase divina de um conquistador" que estava realizando a "transformação do mundo"; por outro, cerca de dois anos antes, rendia homenagem ao ideal, que já estaria a caminho, da realização da "federação universal povos", do "Estado universal" e de um "areópago universal dos povos" que frearia "qualquer Estado rebelde", eliminando todas as contendas entre Estados e, portanto, assegurando a paz perpétua (Schelling, 1856-1861, v.5, p.260; v.3, p.587, 604).

Esses temas, que eram também habilmente difundidos pela propaganda napoleônica, foram bem acolhidos sobretudo na Alemanha, amplamente ocupada pelo Exército francês, e elaborados de várias formas por intelectuais, filósofos e poetas, de alto ou altíssimo nível. Após as pazes de Lunéville e Amiens em 1801 e 1802, o velho poeta prussiano Johann W. L. Gleim, que tinha cantado as glórias guerreiras de Frederico II, compôs uma poesia dedicada "a Napoleão, o sublime", em que este foi repetidamente celebrado como aquele que teria posto fim à "guerra perpétua" e concretizado a "paz perpétua" (in Kleßmann, 1976, p.13). Quem se manifestou dessa forma não foi apenas um poeta da corte; a celebração de Napoleão como "conciliador" e "príncipe da festa" (*Fürst des Fests*), a festa da paz (*Friedensfeier*), como aquele cuja obra aplacou "a milenar tempestade [...], vencida pelos sons de paz", foi feita também por Friedrich Hölderlin (1978, v.1, p.365-6). Ainda em julho de 1812, enquanto o Exército francês atravessava o rio Neman e marchava no coração da Rússia, Goethe rendia homenagem a Napoleão nestes termos: "Aquele que tudo pode querer quer também a paz" (in Mehring, 1960-1966, v.9, p.42).

E assim, a propaganda francesa e uma ampla opinião pública alemã transformavam o (genial) protagonista de uma guerra após outra em uma espécie de (singular) discípulo do Kant teórico da paz perpétua. É compreensível a desolação que se instaurou no partido de oposição. Em 1809, Heinrich F. K. von Stein, o homem de Estado que, na perspectiva da libertação nacional, propunha, após a derrota, a renovação antifeudal da Prússia, observava contrariado e quase incrédulo: "os sequazes de Napoleão [...] aguardam a paz perpétua da monarquia universal que será fundada por ele" (Stein, 1929, p.115). Naquele mesmo ano, Ernst Moritz Arndt, grande estimulador do movimento de resistência contra a ocupação militar francesa, exprimia todo o seu menosprezo para com o presumível ou pretendido "criador da paz perpétua" que seria o *condottiero* francês. Segundo seus admiradores, ele era chamado a realizar os "planos de paz perpétua" mediante a edificação de um "Estado universal da fraternidade e da humanidade" e a instituição de um "forte poder central" que governaria e unificaria o gênero humano (in Spies, 1981, p.82, 103-4). Os seguidores do imperador francês estavam animados por convicção fanática:

> Somente quando existirem sobre a Terra apenas um Estado, uma Igreja e um único esplendor da felicidade e da luz, é que iniciará a paz perpétua, e os netos rirão das tolices e dos jogos sangrentos de seus remotos antepassados, mas compreenderão o estado de necessidade que os impedia de viver na paz e na felicidade.

Diante de tal visão, que fechava os olhos para a realidade das incessantes guerras de conquista desencadeadas por Napoleão, o patriota alemão replicava: "Maldito seja o fundador de despotismos e de monarquias universais", que oprimiam os povos e que certamente não teriam bloqueado para sempre a sua aspiração à independência e à liberdade (Arndt, 1953a, p.129-31, 141). Mas aos olhos dos membros do partido pró-Napoleão era o patriotismo que deveria ser acusado como sinônimo de obstáculo à realização da paz universal e perpétua. Os seus argumentos foram assim sintetizados criticamente por Friedrich D. E. Schleiermacher na pregação que ele fez em 24 de agosto de 1806: "Um fervoroso amor à pátria é apenas um estado de espírito limitado" que sela as ligações com "aquilo que tão asperamente divide os homens e semeia sempre nova discórdia (*Unfrieden*) sobre a terra" (in Kluckhohn, 1935, p.255).

Se também não faltavam as vozes críticas, quem atacava o plano ideológico e militar era o partido pró-Napoleão, que tachava todas as formas de resistência ao império de veleidades, além de retrógradas, localizadas e chauvinistas. Era uma situação que exigia uma grande mudança. Vimos o historiador Johannes von Müller condenar, em 1796, com palavras ferinas, as guerras de rapina da nova França. Dez anos depois, ele recebeu uma carta com o seguinte teor: "Quando se fala de Bonaparte, nenhuma combinação pode parecer muito audaz; estão a caminho uma nova e inaudita dieta europeia, um novo imperador europeu. Estamos mais próximos da paz perpétua de Kant [...] talvez mais do que acreditamos" (in Kleßmann, 1976, p.71). O destinatário de tal carta não ficou absolutamente escandalizado com essa postura. Escrevendo um ano depois a Caroline von Herder, exprimiu sua satisfação com a reviravolta acontecida na Europa continental: "É evidente que se caminha para a paz, para uma longa paz" (Müller, 1952, p.205).

A paz perpétua tinha se tornado a *pax* napoleônica, e como grande antagonista dessa paz acabou se levantando Fichte, que entre 1807 e 1808, em seus *Discursos à nação alemã*, conclamou a luta contra a ocupação militar francesa, apesar de continuar a defender o ideal da paz perpétua que tinha emergido da revolução eclodida no país que depois, desgraçadamente, tinha produzido Napoleão. É preciso acrescentar que Fichte não chegou a essa mudança de forma tranquila.

Da Grande Nação à "república cristã dos povos"

Entre o consumado desencanto em relação à França sempre mais expansionista e o apelo às armas contra ela, insere-se um breve período de reconsideração ampla e sofrida, cujo documento mais importante é uma série de aulas dadas no semestre invernal de 1804-1805 e publicado, com muitas mudanças, um ano depois como *Princípios gerais do tempo presente* (*Grundzüge des gegenwärtigen*

Zeitalters). Não se podem mais nutrir ilusões sobre o país que, após derrubar o Antigo Regime, prometeu eliminar de uma vez por todas as raízes da guerra. Mas nem por isso se abandona o ideal da paz perpétua: "só a verdadeira paz", com o fim dos conflitos sangrentos e da "insegurança geral e sua consequente e constante preparação para a guerra", só "a paz perpétua fará florescer as artes como nós a entendemos" (FGZ, p.165). Sobre um ponto a retração teórica e política é inegável: não há mais lugar para a denúncia do colonialismo; o olhar se volta agora exclusivamente para a Europa. Já *O Estado comercial fechado* fazia referência à "grande república europeia" (FGH, p.391), mas são sobretudo os *Princípios gerais do tempo presente* que formulam com clareza o problema: de que forma pode-se pôr fim às incessantes guerras que dilaceram e devastam a "república cristã dos povos" (FGZ, p.205)? É aqui que se deve promover e realizar a paz; o que suscita escândalo são as guerras intestinas dentro de tal comunidade, desencadeadas por uma ou outra potência. A plena identificação anterior com a França que surgiu com a revolução de 1789 já não existe.

Aos olhos de Fichte, não há mais um país que encarne a universalidade e tenha credibilidade para representar o valor universal da paz perpétua (e de uma Constituição idônea para sua realização): é a "cultura unilateral" que estimula periodicamente um Estado não apenas a absolutizar o próprio ponto de vista, mas também a pensar que "os habitantes de outros Estados se sentiriam muito felizes em se tornar seus cidadãos" (ibidem, p.201). Não se trata de colocar no banco dos réus uma determinada nação: mesmo que se tratasse apenas de "espíritos puros e perfeitos", está na ordem natural das coisas que cada nação deve procurar "difundir o mais possível o que existe de bom em si própria", como se quisesse até "incorporar todo o gênero humano", mesmo se isso provocar, obviamente, graves conflitos (FMS, p.423). É preciso tomar consciência da realidade:

> Até quando a humanidade ainda se desenvolver unilateralmente em diversos Estados, é de se esperar que cada Estado irá considerar sua própria cultura como a única verdadeira e justa, e os outros Estados

serão considerados até mesmo como incivilizados (*Unkultur*) e os seus habitantes como bárbaros, e, portanto, sentir-se-á chamado a submetê--los. (FGZ, p.181)

A pretensão da França de exportar a revolução ou as instituições políticas que dela surgiram é expressão não de universalismo ou internacionalismo, mas de unilateralismo, isto é, de provincialismo. Quem fez uma discussão sobre os elementos aqui criticados foi, entre outros, o próprio Fichte, mas que ainda não desenvolve uma verdadeira reflexão autocrítica.

Continua firme a ideia de que promover a paz na Europa (sobre a qual, nesse momento, o filósofo pensa bem mais que sobre a "humanidade" de que fala a passagem citada) significa rebater e desmistificar a propaganda, a ideologia da guerra que nesse momento é promovida sobretudo por Paris. Como os antigos romanos, também os novos romanos – é assim que naqueles anos os franceses são rebatizados por uma ampla propaganda – vangloriam-se dos resultados de que, graças ao seu domínio, "todo o mundo civilizado" teria se beneficiado:

> Liberdade civil, aquisição de direitos por parte de todos os homens livres, sentença baseada na lei, administração financeira segundo princípios e uma real preocupação com as condições dos governantes, costumes mais benevolentes e mais humanos, respeito aos costumes, às religiões e ao modo de pensar de todos os povos. (FGZ, p.184)

Mas será que o expansionismo dos antigos e dos novos romanos é realmente expressão de um autêntico universalismo?

Para compreender a resposta de Fichte, é preciso ter em mente a fundamental distinção que ele faz entre "liberdade civil" (*bürgerliche Freiheit*) e "liberdade política" (*politische Freiheit*). A primeira é a igualdade perante a lei, que permite ao indivíduo se movimentar livremente em suas atividades e na esfera privada, sem precisar temer o arbítrio do poder; trata-se da liberdade do *bourgeois*. A segunda, ao contrário, é a liberdade do *citoyen*, a possibilidade de participação de cada cidadão na vida pública e no exercício do poder; esta, portanto, fundamenta-se em uma "Constituição" no âmbito da qual cada indivíduo é ao mesmo tempo "um pleno cidadão e um pleno súdito", e em que, além disso, "todo cidadão faz parte da mesma forma e na medida do corpo soberano". A mera igualdade perante a lei, que também é essencial, pode ser garantida também pelas instituições que, por sua vez, excluem a grande maioria dos cidadãos de usufruir do que é "mais nobre e precioso", isto é, de usufruir da liberdade política propriamente dita. O poder pode até mesmo se concentrar nas mãos de uma só pessoa, fazendo com que os cidadãos sejam tratados como simples súditos (desaparece a figura do súdito-soberano que é o protagonista do Estado autêntico), pior ainda, o simples "meio", sem nunca poder se tornar um "fim em si mesmo". Bem, não é a liberdade política, mas nem mesmo a civil ou jurídica, que, após ter dado seus primeiros passos na Antiguidade e, em particular, no mundo romano, continua a caracterizar o tempo presente (ibidem, p.152-9), liberdade que viu Napoleão se tornar imperador (e déspota) da França (e da Europa continental).

Na realidade, dado que no âmbito de tal império "apenas um" é o detentor da "liberdade política" (ibidem, p.155), podem-se suscitar dúvidas também sobre a presença da "liberdade civil". Já no antigo Império Romano, as relações sociais eram "regulamentadas pelo direito" apenas "na forma"; os antigos romanos "eram hábeis na legislação civil e na administração estatal nos planos interno e externo, com uma visão ampla de todas as formas possíveis de burlar a lei" (ibidem, p.184, 180). Será que é distinta a situação dos novos romanos? Para responder corretamente a tal questão, é preciso levar em consideração o contexto da política internacional. Voltemo-nos antes ao passado:

> Após terem rechaçado a pressão do inimigo com suas vitórias, os grandes começaram também a precisar da guerra: para sobressair e se elevar acima da multidão; para recompor seus tesouros gastos em festas destinadas a distrair o povo; para desviar o olhar dos cidadãos das

incessantes maquinações da aristocracia, voltando-se para os acontecimentos externos, para as paradas triunfais e para os reis prisioneiros; continuavam a fazer guerra porque apenas a guerra externa poderia garantir a paz interna. (ibidem, p.183)

A nova Roma avança de forma semelhante. Promovendo uma política de conquistas e distribuindo entre os seus familiares e correligionários os territórios conquistados e os saques das suas vitórias, Napoleão não acabou produzindo uma nova aristocracia? O Império Romano (como o napoleônico) esmagou (e esmaga) sem hesitação a liberdade política, mas não foi (e não é) capaz de garantir nem mesmo uma real igualdade perante a lei, comprometida tanto pelo despotismo como pela clara desigualdade que foi instituída entre nação que oprime e as nações oprimidas.

Segundo os *Princípios gerais do tempo presente*, foi por meio do cristianismo (e da queda do Império Romano) que surge uma nova época na história da liberdade, "um tempo totalmente novo" (ibidem, p.185). O ano 1 na história da liberdade não coincide mais com a fim da monarquia, como acontece em sua juvenil *Reivindicação da liberdade de pensamento* que foi publicada no início de 1793, às vésperas da proclamação na França do novo calendário republicano, e que traz na folha de rosto, além da data, os dizeres: "No último ano do antigo obscurantismo"! Ora, é ao cristianismo que é atribuído o mérito de ter proclamado "a igualdade originária dos homens" como um princípio que deve reger "todas as relações entre os homens". E tudo isso – destaca Fichte – não no reino dos céus, mas sobre a Terra; estamos diante de um princípio que constitui o pressuposto da realização plena da liberdade em todos os níveis. Nesse sentido, "o papel mundial do cristianismo [...] ainda não se encerrou", assim como ainda não se encerrou "o papel mundial da Reforma" Protestante (FGZ, p.220-1, 186). E mais uma vez, com a evocação de Lutero, torna-se evidente o distanciamento da França napoleônica, onde nesse ínterim foi restabelecido o lugar do poder da hierarquia católica, em um processo que foi marcado pelo fim da "liberdade política" e pelo declínio da própria "liberdade civil".

Difundindo-se sobre as ruínas do antigo Império Romano, a nova religião passava a ter uma influência positiva também nas relações internacionais:

> Cada Estado cristão pôde se desenvolver com um considerável grau de liberdade segundo o seu caráter individual [...]. Como cristão, cada Estado tem o direito de se manter na condição em que se encontra; tem, assim, uma soberania totalmente independente, e nenhum outro Estado cristão [...] pode pretender se intrometer nos seus negócios internos. Todos os Estados cristãos se encontram em situação de reconhecimento recíproco e de paz originária, digo *originária* no sentido de que nenhuma guerra pode ser iniciada sobre a existência, mas apenas sobre as determinações casuais da existência. Mediante esse princípio, é absolutamente proibida a guerra de extermínio entre Estados cristãos. Não é assim entre os Estados não cristãos. (ibidem, p.195)

Pelo menos no que se refere às relações internacionais vigentes no âmbito da *res publica christiana*, o surgimento do cristianismo significou o desenvolvimento, por um lado, da liberdade, por outro, da paz ou pelo menos da contenção da guerra: poderiam surgir conflitos de natureza limitada, mas eles não colocavam em jogo a "existência" ou a "soberania" de um "Estado cristão", como aconteceu com o imperador Napoleão, que, ao seu bel-prazer, fez e desfez a geografia política da Europa.

Infelizmente, está surgindo uma nova "tendência à monarquia universal". Ao publicar *À paz perpétua*, Kant alertou: não se podia absolutamente confundir tal ideal com a "monarquia universal". Fichte parece atento a essa lição quando diz: "Como antes, no Império Romano pagão, novamente a tolerância religiosa e o respeito dos costumes de cada povo se tornaram um excelente meio para fazer e consolidar conquistas". Manifestando tolerância apenas para os aspectos da cultura e dos costumes que não colocam em discussão a existência e a eficiência do domínio, "Estados superpoderosos" manifestam livremente a sua "grande rapacidade" e se fortalecem "mediante casamentos, testamentos e conquistas". É Napoleão que, nesse momento, saqueia as obras de arte dos países ocupados e amplia exageradamente o seu império graças não apenas às campanhas militares vitoriosas, mas também a uma sagaz política matrimonial e familiar. Essa expansão – acrescenta Fichte – não acontece "nos territórios incivilizados, o que confere à coisa um outro aspecto, mas no campo cristão" (FGZ, p.201-2).

Paz para os povos civilizados, guerra aos bárbaros!

Em *Princípios gerais do tempo presente*, o discurso sobre a paz e a guerra é totalmente fundado sobre a contraposição entre "Estados cristãos" e "Estados não cristãos", ou seja, entre "campo cristão" e "territórios incivilizados": a condenação da política de guerra e de expansão e a denúncia da traição da promessa de paz perpétua são pronunciadas com o olhar voltado exclusivamente para a comunidade cristã e civilizada. A tese cara ao primeiro Fichte, segundo a qual se reconhecia ao "verdadeiro Estado" o direito de intervenção em relação aos territórios e povos que viviam no Estado natural, foi profundamente reinterpretada. Quem tem o direito de exportar a revolução e a civilização superior não é mais a França, que já tinha perdido sua aura de "verdadeiro Estado", mas sim a Europa civilizada, em cujo território não existem comunidades que vivem no Estado natural. O "reino da civilização" (*Reich der Kultur*), mesmo que esteja dividido em "Estados particulares", constitui sempre uma unidade em relação "àquele do barbarismo" (ibidem, p.165). E é o "reino da civilização", e não mais o suposto "verdadeiro Estado", que é chamado a exportar a revolução, que nesse caso é revolução civilizadora. A partir daí se verifica em Fichte uma profunda mudança de postura, como indica uma passagem que convém citar por extenso e analisar:

> Já em relação ao escopo de sua própria manutenção, o Estado se encontra em guerra natural contra o barbarismo que o circunda, e é obrigado a fazer de tudo para desmantelá-la, o que é possível, de forma duradoura, apenas se ele submeter os selvagens à ordem e às leis, ou seja,

se ele os civilizar. De tal forma, mesmo sem pensar em ninguém senão em si próprio, o Estado realiza o escopo final do gênero humano. Esta guerra natural *(natürlicher Krieg)* de todos os Estados contra o barbarismo que os circunda é muito significativa para a história, por ser quase a única portadora de um princípio vital e progressivo [...]. Mesmo quando o reino universal da civilização se tornar tão potente sem mais nada a temer do barbarismo estrangeiro, do qual talvez seja separado por mares de grandes extensões, ele irá em busca dos selvagens que não podem mais atingi-lo; e fará isso estimulado por suas exigências internas, para apropriar-se dos produtos de seus países ou de território que eles não utilizam, e para submetê-los, seja diretamente, mediante a escravidão, seja indiretamente, mediante um comércio privilegiado. Por mais injustos que possam parecer em si tais escopos, é, no entanto, graças a eles que é dado um gradual impulso ao plano mundial em seu traço fundamental, a difusão universal da civilização; e esta, segundo as mesmas regras, avançará incessantemente, até que toda a espécie que habita o nosso globo seja fundida numa única república de povos civilizados. (ibidem, p.162-3)

Apenas cinco anos se passaram, mas não poderia ser mais radical a mudança ocorrida em relação a *O Estado comercial fechado*! O comércio desigual, o "comércio privilegiado" é agora justificado sem reservas, juntamente com a expropriação dos bárbaros; tudo isso é um instrumento para a difusão da civilização, e também para a escravidão, sendo esta considerada legítima e benéfica. E como motor do progresso surge agora o colonialismo, o expansionismo colonial. Permanece o objetivo da unificação de "toda a espécie" humana em uma república universal, o objetivo da paz perpétua; agora, no entanto, sua realização passa por meio de uma série, possivelmente muito longa, de "guerras naturais" contra o barbarismo, efetuadas pelos países civilizados. Estes últimos são chamados por sua vez a agir de forma concorde e equiparados a membros do "reino universal da civilização". É um programa que poderia ser sintetizado com a palavra de ordem que dá o título a este item: "Paz para os povos civilizados, guerra aos bárbaros!". Ou seja: "Paz na metrópole capitalista, guerra nas colônias!". Fichte retoma claramente as posições do abade de Saint-Pierre, as quais a revolução na França e a filosofia de Kant na Alemanha tinham colocado em discussão.

Salta particularmente aos olhos a mudança relativa à instituição da escravidão. Como explicá-la? No texto de 1800 (*O Estado comercial fechado*), percebia-se ainda o eco do entusiasmo com que Kant, autor do ensaio *À paz perpétua*, e a cultura europeia mais avançada tinham saudado a abolição da escravidão nas colônias, sancionada alguns anos antes pela convenção jacobina. Dois anos depois, a situação internacional passou por uma profunda mudança. Com a paz de Amiens de 1801, a Grã-Bretanha restituiu a Napoleão várias propriedades, e este aproveitou a trégua tanto para reorganizar todo o império colonial francês sobre a base do trabalho escravo, como para enviar a São Domingos, no Haiti, um poderoso exército, na tentativa de restabelecer a dominação colonial e a escravidão negra. Tal tentativa foi rechaçada pela épica resistência dos negros durante uma guerra que acabou tendo um tom racial e práticas de extermínio em ambas as partes, mas primeiramente por parte do exército napoleônico, que em um livro recente é acusado de ter programado o genocídio dos negros (Ribbe, 2005). Todavia, boa parte da cultura europeia e ocidental do tempo acusava de selvagens ou canibais apenas as vítimas predestinadas da expedição colonialista e escravocrata, ou seja, exclusivamente os negros. Na Grã-Bretanha, mesmo uma personalidade (Henry Brougham) que, até aquele momento, tinha demonstrado simpatia ou compaixão pelos "negros infelizes" conclamou as potências coloniais europeias a se unir para pôr fim aos "horrores da forma com que os negros conduziam a guerra" e para combater "o inimigo comum da sociedade civilizada" (in Geggus, 1982, p.139). Essa visão está fortemente presente em *Princípios gerais do tempo presente*. Agora, aos olhos de Fichte, quem realiza a expansão colonial e mantém nas colônias a instituição da escravidão não é apenas a Grã-Bretanha, mas todo o mundo "civilizado", e este se apresenta como algo profundamente homogêneo nos comportamentos e nos valores que manifesta.

Se relermos, à luz das considerações que acabaram de ser apresentadas, a condenação que os *Princípios gerais do tempo presente* ainda fazem da hegemonia marítima e comercial da Grã-Bretanha, descobriremos que ela pode ser considerada uma substancial novidade em relação a *O Estado comercial fechado*, e que é estimulada apenas pelos custos envolvidos em tal política para "toda a república cristã". Do lado oposto, em razão da grande homogeneidade que caracteriza o "reino da civilização", torna-se cada vez mais insustentável a pretensão da França de representar a nova ordem e o progresso como tais, ou seja, de ser a mandatária da humanidade. Quando Fichte, ao polemizar contra as pretensões universalistas do império napoleônico, faz uma enérgica reafirmação do direito de todos os Estados à independência, abandonando a forte, mas breve, denúncia contida em *O Estado comercial fechado*, ele pensa somente e apenas na Europa. Condena Napoleão não tanto pelo expansionismo e pelo belicismo característico de sua política, mas pelo fato de lançar-se contra países e povos europeus que fazem parte do "reino da civilização".

A atitude do imperador francês se torna mais insensata ainda – como observa, em 1807, no ensaio sobre Maquiavel – pelo fato de existirem "na Europa, como em outras partes do mundo, bárbaros em número suficiente que, de alguma forma, cedo ou tarde, deverão ser obrigados a fazer parte do reino da civilização". Como foram eliminadas as prepotências e agressões do lado oposto, a Europa pode se configurar como a "pátria comum" de todos os europeus finalmente unidos e pacificados; a guerra contra os bárbaros, entretanto, continua, aliás, constitui para a "juventude europeia" uma oportunidade útil para se fortalecer (FMS, p.42-6). E novamente somos levados a pensar em Saint-Pierre, que vimos também aconselhar os Estados "cristãos" a se poupar e se respeitar mutuamente, procurando entre os bárbaros "as oportunidades para cultivar o gênio e os talentos militares" (cf. "O ideal da paz e fronteiras da *res publica* cristã"). Ora, também em Fichte a aspiração à paz e mesmo à paz perpétua na Europa se entrelaçam tranquilamente com a aceitação das guerras coloniais, as quais se tornam para a juventude europeia um momento de formação da personalidade, segundo uma ideologia da guerra do filósofo fortemente condenada anteriormente.

A guerra, das colônias à metrópole

Contudo, a tentativa de assegurar a paz no "campo cristão" e autenticamente civilizado, restringindo o expansionismo napoleônico e a guerra em geral aos territórios "incivilizados", isto é, ao mundo colonial, foi obrigada a registrar uma clamorosa derrota. É a Europa, mormente, que a França quer conquistar e submeter a uma dominação neocolonial, e é, sobretudo, a Alemanha que se torna alvo da nova ofensiva. Está praticamente encerrada a fase histórica inaugurada em 1793 com a paz estipulada em Basileia entre a França e a Prússia. Os dois Estados eram considerados como aliados naturais por uma ampla opinião pública, aproximados como eram pela filosofia das Luzes desabrochada em Paris, mas também em Berlim (na corte de Frederico II). E tal visão foi reforçada pela atitude concreta da Prússia, que, depois de ter-se retirado da coligação das potências contrarrevolucionárias, manteve-se à parte dela e ainda apoiou a anexação francesa dos territórios à esquerda do Reno. Talvez tivesse esperado não tanto receber a gratidão do governo de Paris, mas pelo menos ser poupada. E em vez disso... Em outubro de 1805, depois de tomar de supressa e desbaratar o Exército austríaco em Ulm, Napoleão não hesitou em atravessar o território da Prússia e violar grosseiramente a sua neutralidade. Ficou claro que também Berlim estava à mercê do imperador francês, cujo espírito expansionista não conhecia nenhum limite: não havia concessão política ou territorial que pudesse contê-lo.

A rápida sucessão dos acontecimentos ridiculariza a esperança de poder *criar* uma ordem pacífica, pelo menos no âmbito da *res publica christiana*. Fichte não pode fechar os olhos a isto: também na Europa, "os Estados menos poderosos são agora obrigados a pensar em sua preservação", a assumir uma tarefa que só pode ser resolvida com um esforço adequado no plano material (FGZ, p.203-4). Como conseguir tal objetivo? O enfoque de Fichte não é do tipo militarista. É certo que na política internacional não se pode prescindir de uma avaliação realista das relações de forças. O país ameaçado pela agressão e pela dominação é chamado a se fortalecer, mas não "mediante conquistas externas" e "territoriais", mas sim graças à "extensão do domínio humano sobre a natureza", ou seja, ao desenvolvimento das forças produtivas, ao crescimento da economia. Trata-se de tornar o próprio território "mais fértil" e, consequentemente, "mais populoso", atraindo também imigrantes que venham de outros países. É necessário, além disso, "ocupar-se da manutenção e da ampliação da espécie humana, facilitando o casamento e a procriação, a assistência sanitária etc.", o que na linguagem atual significa construir o Estado social mínimo. No conjunto, "essa é a primeira conquista pacífica que permitiu ao Estado menos potente prosperar na Europa cristã" (ibidem, p.204, 206-7). O Estado "menos potente" de que acabamos de falar só pode ser a Prússia: é nesses anos que ela atinge o grande desenvolvimento econômico e demográfico que Stein, o protagonista das reformas antifeudais e do movimento antinapoleônico, tenta consolidar e acelerar (Ritter, 1981, p.124).

Além das reformas econômicas, são exigidas também corajosas reformas políticas. "Na atual situação internacional" — Fichte não se cansa de alertar para os perigos que o inestancável expansionismo napoleônico trazia para a Prússia –, torna-se absolutamente indispensável um "nivelamento dos direitos de todos que até então ainda não tinha acontecido em nenhuma parte do mundo, bem como uma gradativa superação da desigualdade jurídica que subsiste na Europa cristã como resíduo da Constituição feudal". Para poder utilizar todas as forças disponíveis, o Estado menos potente, que até agora tinha a possibilidade de colocar em campo apenas "a força de seus cidadãos menos favorecidos", deve, ao contrário, poder contar também com seus "grupos e camadas favorecidos". Portanto, é necessária "a supressão gradual de todos os privilégios" (*Begünstigungen*), a criação da igualdade de todos, de modo que o Estado veja finalmente reconhecido o "direito de utilizar para os seus objetivos o excedente inteiro de todas as forças dos seus cidadãos sem exceção". Dirigindo-se à nobreza que não queria renunciar aos seus privilégios, o filósofo declara: "Quem é verdadeiramente livre e nobre retribui os privilégios de bom grado, como um sacrifício no altar da pátria; quem, no entanto, precisa ser obrigado a isso demonstra que não é digno de possuir o depósito a ele confiado" (FGZ, p.205, 207-9). Estamos claramente diante de um apelo a uma revolução antifeudal, mesmo que seja conduzida de cima. Só que agora a destruição do Antigo Regime não é mais a garantia da paz, como nos escritos juvenis, e sim o pressuposto para a necessidade de reforçar o aparato militar para poder resistir à ameaça expansionista.

Fichte nutre a esperança de que, uma vez libertada dos resíduos feudais, a Prússia possa se elevar no plano político a um nível superior ao da França, onde, nesse ínterim, apesar de destruição do regime feudal tornada possível pela conquista da "liberdade civil", desapareceram quaisquer traços de "liberdade política":

> Os europeus cristãos constituem essencialmente um único povo, reconhecem a Europa comum como a única verdadeira pátria e, de um extremo ao outro da Europa, procuram e se sentem atraídos mais ou menos pela mesma coisa. Eles desejam liberdade pessoal, direito e leis que sejam iguais para todos e que todos sejam protegidos sem distinções e preferências; procuram a oportunidade para ganhar o seu sustento com a diligência e o trabalho; buscam a liberdade religiosa nas suas diversas confissões; querem a liberdade de pensar segundo os seus princípios religiosos e científicos, de se expressar, portanto, em voz alta e de julgar segundo esses princípios. Lá onde faltar qualquer uma dessas coisas, eles distanciam-se; se apresentam, de outro modo, onde essas coisas são garantidas. (ibidem, p.204-5)

Tornando-se protagonista de uma grande revolução antifeudal, a Prússia poderia assumir a função de modelo antes atribuía à França e atrair preciosos recursos humanos. Mas e se a Prússia também perder essa oportunidade e fracassar? A resposta que o filósofo dá a essa indagação é célebre, mas convém citá-la aqui integralmente:

> Pergunto-me também: qual é a pátria do europeu cristão verdadeiramente culto? Em geral é a Europa, e em particular, em cada época, é aquele Estado europeu que se encontra no vértice da civilização (*Kultur*). O Estado que erra de modo grave acabará caindo e, portanto,

deixará de estar no vértice da civilização, mas, devido ao próprio fato de cair e dever cair, outros se elevam; entre estes estará apenas um, no patamar em que aquele se encontrava. Permanecem também os filhos da terra, que reconhecem a sua pátria em um pedaço de terra, na montanha, e que são os cidadãos do Estado decaído: estes conservam aquilo que desejavam e que os torna felizes. O espírito solar será irresistivelmente atraído e se voltará para onde resplandecem a luz e o direito. E nesse sentimento cosmopolita podemos olhar com toda tranquilidade, para nós mesmos e para os nossos descendentes, até o fim dos dias, para as ações e os destinos dos Estados. (ibidem, p.212)

Fichte não se refere certamente ao além-Reno como uma possível alternativa à Prússia. Com Napoleão, a ruptura já foi consumada; o período em que, sobretudo na França, era possível ver resplendecer "luz e direito" já passou. Ao contrário, a Prússia é indiretamente criticada por promover uma política muito hesitante em relação ao expansionismo napoleônico e pela sua incerteza de empunhar finalmente a bandeira da revolução antifeudal e da libertação da dominação neocolonial imposta à Alemanha. Se a Prússia hesita em posicionar-se à frente dessa luta, outros Estados poderão substituí-la. Não é ao acaso que, no momento da eclosão da guerra franco-prussiana (que se encerrou com o triunfo de Napoleão em Jena), Fichte se oferece como voluntário, vestido como uma espécie de "capelão militar leigo" (*weltlicher Staatsredner*), para acompanhar o exército envolvido na luta contra Napoleão (FAB, p.507). Essa oferta foi gentilmente, mas de forma firme, rejeitada pelas autoridades do governo (Fichte, 1967, v.2, p.421). Contudo, como conclusão de uma evolução sofrida, marcada por contradições, o filósofo, voltado constantemente à França surgida da destruição do Antigo Regime, nunca deixou de refletir sobre o ideal da paz perpétua, amadurecendo a convicção de que tal causa deve ser defendida primeiramente contra o exército de invasão e ocupação proveniente de Paris.

Reflexão sobre a paz perpétua à luz de Maquiavel

Nesse momento, Fichte é obrigado a reavaliar o desenvolvimento dos acontecimentos a partir de 1789, deve, portanto, repensar o mesmo ideal da paz perpétua ao qual a Revolução Francesa parecia ter conferido atualidade e até mesmo maturidade histórica e política. Por que as coisas tomaram um rumo totalmente diverso do que o Estado tinha previsto e desejado? No esforço de dar uma resposta a essa inquietante questão, o filósofo se aproxima de Maquiavel. O que "esse esplêndido espírito" pode e deve ensinar (FMS, p.408)?

Primeiramente, é preciso distinguir entre relações interestaduais e relações interindividuais vigentes em cada Estado. Ao atrelar, em última análise, as primeiras às segundas, Fichte acreditou ter de contestar aqueles que demonstravam ceticismo em relação à esperança de uma erradicação definitiva do flagelo da guerra a partir da destruição generalizada do despotismo monárquico e do Antigo Regime. Em 1800, *A missão do homem* assim apresentou a forma de se assegurar a paz pelo menos entre os "verdadeiros Estados": estabeleça-se em cada Estado uma Constituição política que assegure a convivência pacífica baseada na liberdade e igualdade de todos os cidadãos e no respeito mútuo, uma Constituição que não permita "qualquer possibilidade de ganho que não provenha da diligência e da laboriosidade dentro da lei", uma Constituição preocupada em não deixar surgir "no cidadão qualquer pensamento de injustiça, de rapina e de violência" e que vete e puna a ingerência "nas atividades internas de um Estado estrangeiro"; de que forma, então, poderia eclodir uma guerra de agressão e de rapina entre esses dois "verdadeiros Estados"?

É verdade que não estão excluídos incidentes isolados, mas que podem ser facilmente resolvidos:

> Não é verdade que existem necessária e continuamente relações imediatas entre os Estados que possam levar a um conflito: o que costuma existir são relações entre os cidadãos de um Estado e de outro; um Estado pode ser ofendido apenas na pessoa de um dos seus cidadãos,

mas essa ofensa é reparada localmente, e assim o Estado ofendido é apaziguado. (FBM, p.174)

Tudo parece claro. Mas a leitura de Maquiavel alerta contra a confusão entre duas esferas políticas sem qualquer proximidade. Em ambas, apesar de todos esforços pedagógicos que podem ter sido feitos, continuam a se manifestar as paixões do homem, até mesmo as que não possuem qualquer traço de nobreza (o egoísmo, a rapacidade, o desejo de domínio, a agressividade etc.), porém com resultados bem diversos entre si. As relações internas de cada comunidade política nacional podem ser definidas de forma muito simples: "o Estado como instituto coercitivo pressupõe a guerra de todos contra todos. O seu escopo consiste em produzir, aparentemente, a paz e impedir, mesmo quando continuar existindo um eterno ódio no coração de todos contra todos e um desejo de mútua agressão, que esse ódio e esse desejo cheguem às vias de fato" (FMS, p.421). O monopólio da violência legítima (para usar a linguagem de Max Weber) permite a cada Estado assegurar a tranquilidade, a ordem e a paz internas. Mas como enfrentar o perigo do *bellum omnium contra omnes* potencialmente sempre à espreita no plano internacional?

Facilmente desprezada nos momentos de entusiasmo revolucionário, a lição de Maquiavel é dolorosamente confirmada pelas "ricas experiências dos três séculos" de história transcorridos desde a morte do grande autor florentino – observa Fichte com uma reflexão que não é isenta de sinais de autocrítica e que leva em consideração, sobretudo, os últimos quinze anos da história europeia, isto é, o surgimento e desaparecimento da expectativa de paz perpétua desabrochada com a Revolução Francesa e a manifestação do devastador expansionismo napoleônico. O país que em suas relações internacionais se esquece do papel das paixões sem qualquer nobreza acaba por se tornar uma "presa". É inevitável que entre os Estados subsista uma

> [...] relação de contínua belicosidade (*Kriegslust*), que pode converter-se em conflito, mesmo sem pressupor qualquer maldade em alguns deles,

pelo fato que estes nunca são regidos por um direito estável e indiscutível, como acontece entre cidadãos de um Estado bem delimitado e ordenado. (FMS, p.422)

Sim, é possível delimitar com precisão "as fronteiras do território", que, no entanto, mesmo quando são reconhecidas internacionalmente, continuam inseguras. Um inimigo potencial pode ameaçá-las invadindo diretamente um país vizinho, cercando-o ou simplesmente o tornando mais vulnerável nos planos militar e econômico, graças à anexação ou a uma ampla dominação de países, regiões ou áreas contíguas ou circundantes. Não se poderá também confiar nas promessas e nos compromissos assumidos pelo adversário se não forem baseados numa "garantia" material e se não existirem relações de força que deem credibilidade a eles (ibidem, p.422-4).

Deve-se lembrar que, em *O Estado comercial fechado*, Fichte tinha considerado sem valor as "garantias" oferecidas por um Estado, como a Grã-Bretanha, estruturalmente interessado na expansão comercial e colonial, enquanto se podia dar credibilidade a um Estado com uma economia autossuficiente que, possuindo fronteiras naturais delimitadas, não procuraria ir além delas. Na realidade, Napoleão não tinha se limitado ao Reno. Compreende-se, portanto, o ceticismo então demonstrado pelo filósofo acerca da permanente credibilidade dos compromissos internacionais assumidos por um ou outro Estado.

Diante dessa situação tão intrincada e prenhe de perigos, não faz muito sentido evocar uma moral que não leve em consideração a fundamental diferença que existe entre as relações interindividuais, de um lado, e as interestaduais, de outro. Ao contrário do Estado, obrigado a sempre considerar as relações de força no nível internacional e a evitar que, ao se fortalecerem perigosamente, seus vizinhos possam lhe trazer problemas, o "homem privado" pode dizer: "Tenho o suficiente, não quero mais nada; ele não corre o risco, com tal modéstia, de perder o que possui, dado que poderá encontrar um juiz, no caso de alguém querer atacar suas velhas posses". O Estado, diferentemente, "não encontra nenhum juiz a quem expor seus problemas, caso suas velhas posses sejam atacadas".

Portanto, "o príncipe está ligado às leis gerais da moral na sua vida privada, assim como também o mais humilde dos seus súditos"; ao contrário, a lógica das relações internacionais "o eleva acima dos mandamentos da moral individual, em uma ordem ética superior, cujo conteúdo material é expresso nas palavras: *Salus et decus populi suprema lex esto*. E isso se torna mais verdadeiro ainda após a destruição do Antigo Regime: enquanto se alastrava o expansionismo napoleônico, os principelhos alemães, ainda ligados a uma concepção feudal e patrimonial do Estado, preocupavam-se exclusivamente com sua existência "privada", sem pensar na defesa da independência do Estado, sem se preocupar com o destino do povo que governavam. Mas "os povos" – alega Fichte – "não são uma propriedade do príncipe, que poderia considerar um assunto privado sua independência, sua dignidade, seu destino no conjunto do gênero humano". O príncipe não pode comportar-se como "o proprietário de um rebanho" que deve responder apenas a si mesmo sobre as perdas do seu patrimônio ocasionadas por sua negligência (ibidem, p.424-8). A continuidade do mundo feudal na Alemanha facilitou o triunfo da *pax* napoleônica, que, porém, não deve ser absolutamente confundida com a paz perpétua, sendo, contrariamente, sinônimo de monarquia universal marcada pelo despotismo, pela prepotência e pelo privilégio. Deve ficar claro que, contrariamente às ilusões do passado, a destruição do Antigo Regime não é sinônimo de erradicação da guerra. A incerteza continua a imperar, e mais do que nunca, nas relações entre Estados. É preciso ter cautela. Mas esta não leva a um aumento da tensão internacional? A resposta de Fichte é clara: não é verdade que, com a desconfiança recíproca dos Estados, "as guerras nunca teriam fim na Europa". Pode-se dizer o contrário:

> Acontecerá que uma espada manterá firme a outra, para que ninguém queira iniciar uma guerra da qual não se possa tirar vantagens [...]. Seguirá um longo período de paz que poderá ser interrompido apenas

por acontecimentos casuais, como revoluções, controvérsias de sucessões etc. (ibidem, p.425-6)

A revolução (a destruição do regime feudal), que nos escritos juvenis era celebrada também como capaz de fazer avançar o processo de realização da paz perpétua, era vista agora como um fator objetivo de tensão internacional e é colocada ao lado das guerras de sucessão, das guerras típicas do Antigo Regime, evocadas, sempre nos escritos juvenis, a fim de demonstrar o vínculo indissolúvel entre ordem feudal e flagelo da guerra. Mesmo que sua avaliação sobre a revolução não possa ser considerada um juízo de valor, mas uma simples constatação de fato, a mudança não é menos significativa. Assim conclui Fichte: "Mais da metade das guerras até agora efetuadas nasceram de grandes erros políticos dos agredidos, que garantiram a esperança de sucesso ao agressor" (ibidem, p.425-6). Rompendo com suas posições anteriores, o filósofo acaba por encontrar no equilíbrio uma possível garantia de paz.

Mesmo desmascarando a *pax* napoleônica, nem por isso o último Fichte é levado a crer no pacifismo dos Estados que a combatem e também não compartilha a postura assumida pela maior parte dos patriotas alemães do período (para não falar dos defensores declarados da reação), segundo a qual a França como um todo teria natureza eterna e incuravelmente belicista e expansionista. Na realidade, trata-se de uma dialética objetiva das relações internacionais que não poupa nenhum país:

> Nessas lutas incessantes da república cristã, os Estados fracos buscam inicialmente o equilíbrio (*Gleichgewicht*), logo depois a supremacia (*Gehermacht*), enquanto outros, que antes avançavam audazmente em direção da monarquia universal, agora lutam apenas para a manutenção do equilíbrio. (FGZ, p.103-4)

Trata-se de um sintético balanço histórico do período que vai de 1789 a 1806, da eclosão da Revolução Francesa à incessante expansão do império napoleônico. E a França revolucionária que, agredida pelas potências contrarrevolucionárias, buscou primeiramente o equilíbrio e depois a supremacia, primeiro conteve os agressores, para depois proceder a uma política de conquistas territoriais; de outro lado estão os agressores de ontem, sobretudo a Áustria e a Prússia, que, após ter pretendido ditar regras à França, lutam desesperadamente pelo equilíbrio.

Mas será que tudo se reduz a um alternar-se insensato de uma dominação e de uma hegemonia para outra? Não, apesar de radical evolução, Fichte não perdeu a esperança de que possa ser construída uma ordem pacífica estável: "Por meio dessas mudanças, a natureza tende ao equilíbrio (*Gleichgewicht*) e o estabelece justamente pelo fato de que os homens tendem à supremacia (*Übergewicht*)". Ou seja: "Um Estado que se sente seguro e incontestável na sua supremacia se torna facilmente imprudente e, circundado por vizinhos que procuram se destacar, perde a sua supremacia e tem, talvez, a necessidade de sofrer perdas dolorosas para reconquistar a sensatez" (ibidem, p.103-4, 111). Talvez obrigado também pela resistência de seus vizinhos, o país protagonista da revolução de 1789 poderia curar-se da embriaguez expansionista e chauvinista do período napoleônico e redescobrir a necessidade de estabelecer relações de igualdade e de recíproco respeito entre Estados soberanos. Essa é a condição, tanto para Fichte como para Kant, para avançar na direção de uma federação dos povos e da paz perpétua: um objetivo que nada tem a ver com a monarquia universal, sendo, longe disso, a sua antítese.

Maquiavel mestre da suspeita nas relações internacionais

Trata-se, no entanto, de esperanças que podem ser realimentadas com uma única condição: deve-se parar de dar crédito às palavras de ordem em nome da paz que ornamentam e facilitam a marcha expansionista da França napoleônica (como de outros países); é preciso olhar com desconfiança ou escárnio para nobres ideais que são exibidos e utilizados para legitimar guerras que claramente têm cunho de conquista ou que se situam dentro de projeto hegemônico.

A segunda lição, ainda mais importante, e que Fichte aprende de Maquiavel, interpretado por ele como mestre da suspeita nas relações internacionais, é a que exige descobrir e criticar motivações geralmente alardeadas por cada Estado para definir os seus objetivos de política externa.

A partir daí, o filósofo denuncia a credulidade e passividade testemunhadas pelas cortes alemãs. Elas ostentaram uma espécie de filosofia das Luzes, mas se tratava de uma filosofia "plana, doentia e miserável" que, celebrando "humanidade, liberalidade e popularidade" (*Humanität, Liberaistät und Popularität*), ridicularizava e extinguia qualquer "entusiasmo" pela luta em defesa da independência da Alemanha. De fato, agora, a reflexão de Fichte se torna também claramente autocrítica – tendo contribuído para essa catástrofe também certa versão do ideal da "paz perpétua" que "difundiu sua influência desgastante bastante visível também nas cortes e nos gabinetes" (FMS, p.427-8).

Sem levar em conta Maquiavel ou ignorando a sua lição, acreditou-se em palavras de ordem e em promessas enganosas, sem qualquer credibilidade:

> Bem, é verdade que mesmo quando alguém é surpreendido em flagrante fazendo o contrário, não duvida em proclamar solenemente seu amor pela paz e sua aversão à expansão. Mas nada muda. Em parte, é preciso falar assim e ocultar o próprio objetivo, caso se queira alcançá-lo – daí a conhecida máxima faça guerra para obter a paz poder ser invertida: proponha a paz para poder ter uma guerra vantajosa. Em parte, tais garantias de paz podem ser feitas, às vezes, com toda a seriedade (não está dito que alguém tem um bom conhecimento de si mesmo); de qualquer forma, basta que se apresente uma boa ocasião de expansão, que logo são esquecidos os bons propósitos anteriores. (FGZ, p.103-4)

Apesar das aparências, Fichte não renega o ideal da paz perpétua, como demonstra o texto de 1812 que será examinado em seguida. Nesses anos, são os ideólogos do império napoleônico e os defensores da rendição que promovem a palavra de ordem da paz, chegando até mesmo a celebrar o expansionismo insaciável e a renovada monarquia universal que parecem surgir no horizonte como instrumentos benéficos para a erradicação definitiva da guerra. Mas nem por isso se devem ignorar as mudanças de opinião do filósofo. No escrito sobre Maquiavel, observa que, ao contrário do homem privado, o homem de Estado, após ter provocado a ruína do seu país por causa de sua ingenuidade, por ter fechado os olhos para a evolução das relações de força em nível internacional, não pode simplesmente declarar: "Acreditei na humanidade, na fidelidade e na sinceridade" (FMS, p.427-8). O realismo político é parte integrante da ética da responsabilidade que caracteriza o autêntico estadista. Se se esquece disso – poderíamos dizer invertendo um célebre ditado de Bernard de Mandeville –, as virtudes privadas se transformam em vícios públicos. Pois bem, quando Fichte faz esse tipo de argumentação, dir-se-ia que está fazendo uma autocrítica de seu passado: sim, ele esteve atento às palavras de ordem vindas de Paris como homem privado, mas como homem privado que exerceu certa influência pública.

Além da paz perpétua, continua firme o conjunto das ideias de 1789: é "a partir da Revolução Francesa" que se difundiram "as doutrinas do direito humano e da liberdade e igualdade originárias de todos", doutrinas que continuam a ser "os fundamentos eternos e inalienáveis de qualquer ordem social, que nenhum Estado deve infringir". Deve-se acrescentar, porém, que, isoladas, tais doutrinas não são suficientes "nem para constituir nem para administrar um Estado"; infelizmente, "no fervor da luta", elas foram tratadas com "exacerbação" e absolutizadas, como se na "arte do Estado" pudessem ter uma importância única, claramente superior àquela que possuem (ibidem, p.428). As mesmas considerações valem para a ideia de paz perpétua. Ela não basta apenas para erradicar a guerra, como também pode ser transformada em instrumento de legitimação da política de expansão, opressão e saque levada adiante pelo império napoleônico, contra o qual Fichte se apressa em evocar a resistência e a luta armada.

A mudança radical de Fichte: abandono ou maturidade do universalismo?

Sobre o autor dos *Discursos à nação alemã*, pronunciados em 1807-1808 e publicados em 1808, a história novecentista da Alemanha acabou projetando um rol de fortes incompreensões, anacronismos e distorções históricos. Quem se deixou influenciar por isso foi até mesmo um excepcional intérprete como György Lukács, que se expressa em termos drásticos sobre o último Fichte: a sua filosofia "está intrinsecamente ultrapassada"; já encerrou sua "carreira de autêntico filósofo de importância europeia"; "naufragou", aliás, "naufragou tragicamente", na "insolubilidade das contradições" que marcam e acompanham a sublevação antinapoleônica. Se, no plano filosófico, não tem praticamente mais nada a dizer, no plano mais propriamente político, o autor dos *Discursos à nação alemã* (e dos textos coetâneos) é mais que suspeito: os "aspectos reacionários" do movimento nacional alemão "deixam traços funestos sobre a sua filosofia" (Lukács, 1975, p.20, 626-7, 408).

É uma avaliação não apenas incorreta, mas que pode e deve ser mudada. Se é preciso falar a respeito da evolução do naufrágio de Fichte, ele precisa ser inserido no período que precedeu a reviravolta antinapoleônica, nos escritos ou nas passagens em que apresenta uma tardia justificação e ressignificação, em nome da paz perpétua, do impulso expansionista (e das consequentes guerras) da França napoleônica. Essa não é apenas a minha opinião. Quando, em 1814, ironiza "os escritores sempre a serviço do sistema dominante, chamando-os de verdadeiros lansquenetes" que, após terem repetido incansavelmente a tese de que "a paz era a exigência do mundo", puseram-se a defender as guerras napoleônicas com os mais diferentes argumentos. Quando assim se expressa, Benjamin Constant pensa possivelmente em Fichte. Como comprovam os diários, ele conhece sua obra e critica *O Estado comercial fechado*, mas ignora a reviravolta de seu pensamento (Constant, 1961, p.66; idem, 1969, p.155). De fato, é difícil opor-se à contestação que o liberal francês faz da ideia defendida pelo partido napoleônico e pelo próprio Fichte, segundo a qual a definição das fronteiras naturais e o "arredondamento das fronteiras" constituiriam na realidade uma contribuição para a causa da paz:

> Como se esse princípio, uma vez admitido, não excluísse toda tranquilidade e equidade da Terra. De fato, é sempre no exterior que um governo quer ampliar suas fronteiras: ninguém, que se saiba, jamais sacrificou uma parte de seu território para dar ao restante uma maior regularidade geométrica. (idem, 1961, p.39)

De forma semelhante, o primeiro Fichte criticava a tese que indicava o "equilíbrio" como garantia da paz: por que as grandes potências rivais nunca imaginaram outro "equilíbrio" a não ser a ampliação de seus próprios territórios? (cf. "A monarquia absoluta como raiz da guerra"). Esse é um tema totalmente desprezado pelo filósofo, empenhado frequentemente na justificação do avanço da França pós--Termidor na direção de suas presumidas "fronteiras naturais".

Em uma nota enigmática e inquietante de *O Estado comercial fechado*, Fichte chega a dizer que "um Estado insular" não constitui "um inteiro autônomo"; sendo assim, as ilhas devem ser consideradas como um "apêndice" do continente e, "portanto, por exemplo, as ilhas britânicas pertencem propriamente ao continente da França" (FGH, p.481-2, nota). Seria um apoio aos planos de invasão da Grã-Bretanha cultivados pelo governo de Paris logo após o fim da campanha da Itália? Certo é que Gentz sente a necessidade de dar uma resposta em uma revista (*Historisches Journal*) publicada em Berlim graças a financiamentos britânicos (Haym, 1854, p.343-4). Fichte – ironiza o implacável inimigo da França revolucionária e napoleônica – quer contribuir para a realização da "paz perpétua" não apenas legitimando a conquista das ditas "fronteiras naturais", mas também apresentando a tese segundo a qual "as ilhas britânicas pertencem ao continente da França". Continuam evidentes a "cobiça" e a vontade de assenhorar-se dos bens alheios comprovadas pelos revolucionários "no direito privado" e nas relações internacionais (Gentz, 1953, p.474-5, nota).

Entre as críticas ao autor de *O Estado comercial fechado*, não faltaram ironias. Logo após a publicação do livro, em fins de 1800, levando em consideração que uma exceção à rígida autarquia recomendada vivamente pelo autor tinha sido prevista para a importação de vinho francês, em uma carta a Schiller, um seu interlocutor comentou: a Fichte não agrada o vinho de Brandeburgo! (in Fuchs, 1980, p.413-4).

Alguns anos mais tarde, em 1808, é um escritor democrático radical, como Ludwig Börne (1977, p.120-1), que ironiza a teoria das fronteiras naturais, numa clara alusão a Fichte:

> Para realizar uma paz perpétua é, de qualquer modo, indispensável que todos os Estados sejam arredondados. Se de fato eles se definirem como círculos, as suas periferias se aproximarão num único ponto, tornando difícil qualquer encontro hostil. Mas isso ainda não é suficiente. Para que a condição de paz entre os Estados possa ser perpétua, não pode haver entre eles nenhum ponto do contato; é necessário que estejam completamente separados. E isso será possível apenas se os Estados forem separados uns dos outros, isto é, se cada um se tornar uma ilha.

Esses comentários irônicos e sarcásticos, certamente pronunciados em meio a uma áspera luta política, não carecem de fundamento: são dirigidos a um grande filósofo que a um certo ponto se arrisca em transformar-se em ideólogo da guerra a serviço da França.

Fichte chega tardiamente à compreensão da questão nacional e pronuncia os seus *Discursos* no inverno de 1807-1808. Nesse ínterim, na Alemanha, o sofrimento e o protesto contra as tropas de ocupação se tornaram generalizados. Hegel (1969-1981, v.1, p.128-9), que também sente o fascínio de Napoleão, em 17 de novembro de 1806, faz o seguinte relato de Bamberg, aonde havia chegado vindo de Jena:

> Durante toda a viagem, ouvi muitos discursos elogiosos aos franceses. Por toda parte, livraram as pessoas de precisar utilizar cada dia um pouco de seus grãos, da sua palha, de seu feno e de suas propriedades domésticas, e de precisar repetir sempre o mesmo gesto; a tarefa que

custou a esse povo lento anos e anos, os franceses a realizaram em apenas um dia. E dado que não é bom que o homem fique sem trabalho, eles lhes deixaram a responsabilidade de construir novamente suas casas, tornando-as, agora, mais modernas.

Não se trata apenas de pequenos furtos e de pequenos vexames. Foi o próprio Napoleão, nas vésperas da campanha da Itália, quem estimulou a combatividade do seu exército com um eloquente discurso, em 26 de março de 1796: "Soldados, vocês estão nus, mal nutridos; mas quero conduzi-los às planícies mais férteis do mundo. Ricas províncias, grandes cidades estarão sob seu poder; ali encontrarão honra, glória e riqueza" (in Soboul, 1966, p.499). Foi um discurso que não deixou de estimular um exército constituído por "verdadeiros ladrões", cujas "roubalheiras" e "pilhagens" semeavam o "terror" (Furet; Richet, 1980, p.467-8).

Pelo menos no que se refere às obras de arte, as "roubalheiras" e "pilhagens" não eram absolutamente improvisadas. Em 7 de maio daquele mesmo ano, o Diretório deu instruções precisas ao general Napoleão Bonaparte:

> Cidadão general, o Diretório executivo está convencido de que para você a glória das belas-artes e a do exército que comanda são inseparáveis. A Itália deve às artes a maior parte de sua riqueza e de sua reputação, mas chegou o momento de transferir seu reinado para a França, para consolidar e embelezar o reino da liberdade. O Museu nacional deve reunir todos os mais célebres monumentos artísticos, e você não deixará de enriquecê-lo com aquilo que ele espera das atuais conquistas do Exército da Itália e das que virão no futuro. Essa gloriosa campanha, além de oferecer à República a oportunidade de trazer a paz aos inimigos, deve reparar vandálicas devastações internas somando ao esplendor dos troféus militares o encanto consolador e benéfico da arte. O Diretório executivo o exorta, portanto, a procurar, reunir e trazer para Paris todos os mais preciosos objetos desse gênero, e a dar ordens claras à brilhante execução dessas disposições. (ibidem, p.474)

Estendida à Alemanha, a política de saque semicolonial conduzida pela França napoleônica se torna cada vez mais evidente. Os *Discursos à nação alemã* condenam com palavras de fogo uma política para a qual "os homens, os países e as obras de arte conquistadas são apenas um meio rápido de fazer dinheiro" (FRN, p.469). Porém, é preciso acrescentar que Fichte chega à denúncia do tráfico das obras de arte quando já se encontra a um bom tempo no centro de um caloroso e desgastante debate na opinião pública alemã, com a participação dos mais importantes intelectuais da época, como Friedrich e August Wilhelm Schlegel, Schiller e Goethe (cf. Losurdo, 1997a, cap. 1, §1 e 5, nota 47).

O recurso ao terror tenta conter a difusão dos protestos. Em 26 de agosto de 1806, foi fuzilado, com ordem explícita do imperador, o livreiro Johann Philipp Palm, editor de um opúsculo que denunciou os saques, os estupros, as prepotências do exército de ocupação e conclamou o povo alemão a quebrar "as cadeias do insaciável Napoleão" (Kleßmann, 1976, p.81-94). Três anos depois, Arndt (1953a, p.133) se refere claramente a essa questão ao escrever que os franceses "ampliaram tanto o direito ao fuzilamento e à deportação que a Europa poderá se tornar muito pequena para um verdadeiro homem".

Os *Discursos* são profundamente permeados de alusões à perversa censura: há mais liberdade nos tempos de Maquiavel que no "início do século XIX, mesmo nos países que também se gabavam de possuir a mais ampla liberdade de pensamento" – observa Fichte referindo-se ao império francês e aos países por ele ocupados (FGS, p.261). Se, quando era jovem, o filósofo tinha identificado no papado o modelo perfeito do despotismo (FBB, p.98, 108-9), agora observa amargamente que, nos tempos de Maquiavel, o papado se comportava de forma mais "liberal" que as atuais autoridades vigentes na Alemanha sempre no "início do século XIX", referindo-se, nesse caso, tanto a Napoleão quanto às cortes feudais alemãs que se inclinavam aos seus pés (FGS, p.262).

Quando faz os seus *Discursos*, o filósofo tem bem presente o caso do livreiro e editor fuzilado por ordem das autoridades parisienses. Em uma carta de janeiro de 1808, após ter lamentado a vigilante e traiçoeira censura em vigor, Fichte (1967, v.2, p.500) acrescenta: "Conheço muito bem o risco que corro, sei que o chumbo pode me atingir como atingiu Palm, mas não é isso que temo; para atingir meus objetivos, aceitarei até a morte". É uma angústia compartilhada pela mulher do filósofo que, em uma carta escrita após dezembro do mesmo ano e sempre com referência aos *Discursos*, diz a Charlotte von Schiller, a mulher do poeta: "O livro me custou muita angústia, enquanto pairava sobre mim o tratamento dado ao infeliz Palm" (ibidem, v.2, p.519-20). Respeitadas testemunhas nos deixaram uma viva descrição do clima de medo que pairava sobre a Berlim ocupada, momento em que Fichte participa da divulgação clandestina de textos patrióticos e antinapoleônicos (Léon, 1922-1927, v.2.2, p.56-7). Em conclusão, na Prússia da época, a emancipação nacional está atrelada à questão da liberdade de pensamento e expressão.

Enfim, deve-se frisar que o alvo de acusação de Fichte são as cortes alemãs obrigadas pelo invasor ou estimuladas pela sua venalidade a assumir uma postura que pode ser assim sintetizada: "Combater por um interesse estrangeiro, e apenas para defender a própria Casa; vender soldados; ser um apêndice de um Estado estrangeiro" (FEP, p.571). Após pouco mais de um século, Lenin (1955-1970, v.27, p.90-1; v.22, p.308) interpretaria a cláusula (o compromisso a fornecer "tropas para ajudar o dominar outros povos") como a mais dura e a mais infame das "condições de paz incrivelmente vergonhosas"; é uma cláusula que torna imediatamente visível à Alemanha derrotada em Jena a "servidão" colonial ou semicolonial imposta por Napoleão e pelo "imperialismo napoleônico".

É contra tudo isso que conclama à luta o autor dos *Discursos à nação alemã*. O seu universalismo, após ter alertado sobre a tentação da exportação da revolução que durante um breve espaço de tempo tinha se transformado em uma ideologia de legitimação do expansionismo, ganha agora lucidez e maturidade: para serem autênticos, o universalismo e o ideal da paz perpétua devem saber lutar contra a "monarquia universal" (como dizia Kant e Fichte), ou seja, contra o colonialismo e o imperialismo (na linguagem de Lenin e dos nossos dias).

Quem são os chauvinistas e os defensores da guerra?

É conhecido o leque de acusações contra os animadores e protagonistas do movimento de resistência antinapoleônico, incluso o último Fichte. Lukács (1974, p.43; idem, 1975, p.17) olha com suspeita ou declarada hostilidade para as "chamadas guerras de libertação", para o conjunto dos "movimentos nacionais" alemães, por estarem "embebidos de misticismo reacionário" e de um "tacanho chauvinismo". São acusações muito claras que obrigam a levantar duas questões: quem eram os chauvinistas, os que reivindicavam a independência nacional da Alemanha ou aqueles que defendiam o direito de a França subjugar e saquear a Alemanha e toda Europa? Em relação à segunda acusação, de cunho mais filosófico: era considerado sinônimo de "misticismo reacionário" a reivindicação (de forma ideológica confusa e discutível) de igual dignidade da nação alemã (como a de qualquer outra nação) ou a ressignificação da Grande Nação francesa como a única capaz de redimir a humanidade e a única habilitada para governar (ou para dominar) a Europa e o mundo? É quando surge naturalmente uma terceira questão: quem representava a causa da paz eram aqueles que defendiam a sublevação armada contra uma intolerável opressão nacional ou os que exaltavam uma *pax* napoleônica impregnada, na realidade, de guerras de conquista sem fim?

É verdade, a acusação de xenofilia é o fio condutor dos *Discursos à nação alemã*. Fichte denúncia o *Ausländerei* como uma *Grundseuche*, como uma epidemia que ameaça contagiar e devastar toda a nação alemã (FRN, p.336). Essa postura é sinônimo de chauvinismo e de xenofobia? Na verdade, acabamos de ver o filósofo defender as ideias de 1789 como os "fundamentos eternos e inalienáveis de toda ordem social". A necessidade de aprender com a França (revolucionária) está fora de discussão. O problema é evitar que a necessária assimilação crítica da lição que chega do além-Reno dê lugar a uma xenofilia acrítica, que legitime a submissão neocolonial imposta por um vencedor miticamente ressignificado.

Após a derrota de Jena, a francofilia não deixa de ser suspeita de traição nacional, pois favorece a tentativa dos ocupantes de enfraquecer a resistência do povo oprimido, fazendo-os perder a consciência de sua identidade. Fichte não se cansa de alertar contra essa espécie de colaboracionismo cultural e conclama ao mesmo tempo a respeitar a "peculiaridade" também dos "outros povos". Em outras palavras, trata-se de estabelecer uma relação de igualdade evitando a manifestação do chauvinismo nuns e noutros: a pior coisa seria "renunciar ao nosso modo de existir para nos adequarmos" ao dos ocupantes, cobrir os franceses de "adulações" sem ganhar o seu respeito (FRN, p.470-1, 478). É preciso reconquistar a confiança de um povo vencido e humilhado, inclinado a perder a autoestima e a se abandonar na autofobia por causa da derrota infligida por um país, sem dúvidas, mais avançado nos planos econômico, social e político. Trata-se de romper com uma tradição segundo a qual os alemães, "para serem justos com os povos estrangeiros contemporâneos e a Antiguidade, foram injustos consigo mesmos". E agora existe apenas um caminho para não capitular totalmente diante dos invasores. A "luta com as armas é decisiva; se quisermos, poderá surgir a nova luta dos princípios, dos costumes, do caráter" (ibidem, p.470-1). No momento em que são pronunciados os *Discursos*, não se vislumbra qualquer possibilidade de reconquista no plano militar: é preciso, portanto, criar em torno dos ocupantes um clima de geral isolamento, impedindo que eles possam utilizar sua capacidade de atração para criar uma base de consenso mais ou menos ampla em torno de seu domínio.

A denúncia da xenofilia não é absolutamente sinônimo de chauvinismo, assim como na vertente contrária, o cosmopolitismo promovido pelo partido filonapoleônico também não é sinônimo de uma real adesão à causa da paz e da amizade entre as nações. No século XX, um grande patriota chinês, que tinha vivido durante muito tempo no exterior, onde havia buscado inspiração para derrubar a nefasta dinastia manchu e fundar a primeira república chinesa, e que, portanto, não pode ser suspeito de xenofobia, resume brilhantemente essa situação: "As nações que utilizam o imperialismo para conquistar os outros povos e procuram dessa forma manter a sua posição privilegiada de senhores e soberanos do mundo são partidárias do cosmopolitismo e gostariam que o mundo estivesse de acordo com elas"; portanto, fazem de tudo desacreditar o patriotismo como "mesquinho e antiliberal" (Sun, 2011, p.43-4). O último Fichte alerta contra a idolatria da cultura dos vencedores e conclama o povo vencido e oprimido a não desanimar, mas a renovar a própria identidade, antecipando, assim, um dos problemas centrais das revoluções anticoloniais do século XX.

Não tem sentido repetir a acusação de medo provinciano e xenofobia feita contra o movimento de resistência nacional (e contra Fichte) pelos defensores e ideólogos do império napoleônico. Bem mais fundamentada é a denúncia que os incentivadores e os protagonistas da resistência antinapoleônica (incluso Fichte) fazem da arrogância chauvinista da França da época. Os seus defensores podem muito bem se apresentar como cosmopolitas: na realidade eles defendem um império semelhante ao da Roma antiga, baseado na opressão e no saque dos países paulatinamente submetidos. *A batalha de Armínio (Die Hermannsschlacht)*, escrita por Heinrich von Kleist em 1808, contrapõe aos alemães e aos outros povos os romanos (na realidade, os franceses), incapazes de "entender e respeitar a diversidade de quaisquer povos" e inclinados a considerar-se e comportar-se como uma "raça superior" (vv. 301, 313-4, 301-4).

Cinco anos mais tarde, Arndt (1963, p.104) faz um apelo muito eloquente aos seus compatriotas:

> Sejam diferentes dos romanos [...] que nunca quiseram firmar uma paz sem ganhos territoriais. Restabeleçam a sua grandeza fundada na justiça e na moderação.
>
> Pois, inclusive, os romanos, por mais importantes que tenham sido, decaíram e se tornaram motivo de chacota do mundo, porque não quiseram respeitá-lo. Anunciem esse grande princípio e o ensinem aos seus filhos e netos como o mandamento mais sagrado de sua grandeza e segurança: não queiram jamais conquistar povos estrangeiros, mas jamais tolerem que os privem de uma única aldeia de suas fronteiras.

Fichte, por sua vez, ainda em 1813, por um lado, em uma clara polêmica com o império napoleônico e seus sequazes, destaca que "os povos são individualidades, com talento e papel peculiares" e, por outro declara que "A primeira característica dos melhores alemães é reagir contra a estreiteza de seu país natal" (FEP, p.563, 572). A reivindicação da independência e a defesa da identidade nacional (de uma identidade renovada e capaz de enfrentar os desafios do tempo) nada têm a ver com o chauvinismo ou a mesquinhez provincial.

A partir dessas premissas, é compreensível a defesa da língua nacional do povo vencido e dominado. Esse é um tema que encontramos no autor dos *Discursos à nação alemã*, assim como nos outros protagonistas e intérpretes da resistência antinapoleônica. Quanto a Arndt (1953a, p.132, 134-5): ao condenar a xenofilia, polemiza com os "filósofos" e os intelectuais apologistas da França, mas volta-se com particular rigor contra as "famílias dos príncipes e soberanos", que ficaram "cegos e doentios" e que, ao perderem de vista o significado e a força do povo, tornaram-se "estrangeiros em seu meio". A sua ilimitada imitação de tudo o que chega do além-Reno os levou a "desprezar também a língua do nosso povo".

Ele se refere primeiramente a Frederico II, que gostava de falar e escrever em francês, rodeando-se de intelectuais franceses, sem esconder o seu menosprezo não apenas pela cultura, mas também pela língua alemã, por ele considerada incapaz de produzir poesia e boa literatura. Era uma postura amplamente compartilhada pela nobreza. Seus membros dirigiam-se aos serviçais em alemão, enquanto entre si recorriam exclusivamente ao francês, instituindo assim – observava criticamente Herder – uma barreira insuperável em relação às "classes populares" (cf. Losurdo, 1997a, cap. III, §5). É a mesma observação que faz o grande intelectual revolucionário russo Aleksandr I. Herzen (1994, p.176-7) a propósito da aristocracia de seu país: ela "é mais cosmopolita que a revolução"; bem longe de ter uma base nacional, o seu domínio se embasa na negação da possibilidade de uma base nacional, sobre a "profunda divisão [...] entre as classes civilizadas e os camponeses", entre uma elite muito restrita e a grande maioria da população, considerada com o desdém que se confere a uma raça inferior. Na Alemanha ocupada pelo exército napoleônico, a luta contra a xenofilia e a de resistência nacional eram inseparáveis da luta para derrubar o sistema de classes e até mesmo de castas característico do Antigo Regime.

Antes de analisar esse segundo aspecto, convém deixar claro que, apesar das debilidades e da incongruência de sua plataforma ideológica, o partido contrário à *pax* napoleônica é o que representa a causa da oposição à arrogância chauvinista e, portanto, a causa da compreensão e da paz entre os povos. A atitude do último Fichte que conclama a sublevação contra a ocupação militar impostas pelo Império Napoleônico, mas que continua a professar o ideal da paz perpétua, não deve ser considerada contraditória ou inconsistente. Ao contrário, esse ideal tornou-se mais maduro: a amizade entre os povos e a paz pressupõem uma relação de igualdade; e, naquele momento, quem violava tal princípio era, sobretudo, o império napoleônico.

Fichte e as revoluções anticoloniais do século XX

Contra tal império surge na Prússia um movimento que, junto com a libertação nacional e com o objetivo também de torná-la possível, propõe um programa de transformações revolucionárias que vai além da queda do Antigo Regime. Fichte é um dos expoentes mais respeitados desse movimento. Escrevendo-lhe, Karl von Clausewitz (1967, p.514) enfatiza que, para vencer Napoleão, é necessário intervir de forma corajosa e incisiva na "ordem política" e na "Constituição e educação" vigentes.

A intervenção aqui proposta assume por vezes formas de um radicalismo surpreendente. É o que acontece, por exemplo, com August Neidhardt von Gneisenau, o marechal de campo que é um dos grandes protagonistas desse momento de reflexões e de lutas. Aos seus olhos, a libertação da ocupação napoleônica é mais um problema político-social que militar. É preciso, para usar suas palavras, "atingir ardilosamente o arsenal da revolução" francesa, abolir a servidão da gleba e transformar os súditos em cidadãos: "para isso é necessária uma Constituição que cause inveja aos outros povos", que envolva não apenas a liberdade, mas também a educação e o bem-estar dos cidadãos; "um povo pobre, rude, ignorante e escravo nunca poderá competir com outro rico de recursos e conhecimento". No plano mais especificamente militar, são exigidas medidas que foram assim sintetizadas por um importante historiador: mobilização geral, "escolha dos oficiais e suboficiais realizada pelos próprios insurgentes", amplo poder nas mãos de comissários" enviados pelo centro "a todas as propriedades públicas e privadas", "incorporação de todos os bens dos desertores e traidores e sua distribuição entre as vítimas da guerra". De certa forma, tem razão o historiador que aqui sigo e cito quando escandalizado observa: estamos diante de uma "fantasia revolucionária" e de "desenfreada grandiosidade" (Ritter, 1967, p.94-9). Ela não tem qualquer respeito nem pela propriedade feudal nem pela burguesa.

Na verdade, trata-se, antes de tudo, de medidas de guerra, mas, na onda da guerra, surge uma visão da sociedade que levanta dúvidas. Passemos novamente a palavra a Gneisenau (in Ritter, 1967, p.95):

> A revolução movimentou todas as energias do povo francês, criando a igualdade entre as ordens (*Stände*) e impondo taxas iguais às propriedades, transformou a energia vital do homem e a energia morta dos bens em um capital vigoroso, eliminando assim as antigas relações entre os Estados e o equilíbrio que as embasava. Se os outros Estados quisessem restaurar tal equilíbrio, deveriam reunir e utilizar os mesmos recursos [...]. A base mais segura do poder dos governantes é sem dúvida o povo [...]. Quantas forças incalculáveis adormentadas, sem serem desenvolvidas e utilizadas, no seio de uma nação! No peito de milhares e milhares de homens, habita um gênio cujas asas vibrantes são paralisadas pelas condições de vida. Enquanto um reino agoniza na fraqueza e na desonra, talvez no mais mísero vilarejo um César guia o arado, um Epaminondas [o grande *condottiere* tebano] se alimenta com o duro trabalho de suas mãos.

O que é intolerável não é apenas a divisão em estamentos e em ordens característica do Antigo Regime; a própria divisão em classes da sociedade burguesa, ao condenar a privações e à obscuridade aqueles que poderiam ser grandes líderes, corre o risco de ser nociva ou fatal à nação nos seus momentos de dificuldades.

Engels tem razão em datar o início da revolução burguesa na Alemanha nos anos 1808-1813 (MEW, v.7, p.539), mas tem razão apenas se limitarmos nosso olhar para os resultados efetivamente conseguidos pelo movimento aqui analisado. Porém, se levarmos em consideração o movimento como tal, devemos concluir que suas motivações inspiradoras e sobretudo suas correntes mais radicais o situam para além de um marco propriamente burguês.

O radicalismo de Fichte não desmerece o de Gneisenau. Com uma polêmica dura e ferina, o filósofo se dirige primeiramente à aristocracia, às cortes e à coroa prussiana: no âmbito de uma sociedade ainda feudal, baseada na divisão de castas ou "Estados", "a nobreza demonstrou ser o primeiro Estado da nação somente porque foi a primeira a fugir quando havia perigo e a desertar da causa comum, de atrair a misericórdia do inimigo público com enganos, vilezas e traições" (FRD, p.530). Até nos últimos escritos se pode perceber a indignação moral e política do teórico de uma revolução antifeudal (que assume os traços e tons de uma revolução anticolonial) contra os príncipes e nobres alemães, que na sua "rude e cega rapacidade" não tiveram quaisquer dificuldades em se vender:

> Rastejaram diante do estrangeiro e lhe abriram as portas da pátria; teriam rastejado também diante de Dey da Argélia e teriam beijado a sola de seus pés, de seus filhos naturais ou presumidos e teriam se casado com suas filhas, se com isso pudessem conquistar o cargo desejado ou o título de rei. (FEZ, p.519)

Estamos diante de um estamento de parasitas, que pensa apenas "em comer e beber" e fazer libertinagens; e quando quiseram assumir um tom de distinção, começaram a falar francês; com a instrução e a educação popular pouco se preocuparam, dado que tinham à sua disposição o "instrumento do bastão"; o objetivo supremo da sua arte de governar era extorquir dinheiro a qualquer custo, e até a loteria podia servir para colocar as mãos nos trocados de sua pobre mulher de serviço. São esses os príncipes e os feudatários que, durante a batalha, "abandonaram as bandeiras", rendendo-se ao inimigo antes mesmo de tê-lo efetivamente encontrado (ibidem, p.523-7). Como se vê, se Napoleão é odiado, a classe dirigente do Antigo Regime é odiada e desprezada.

O rei Frederico Guilherme III não é mais bem avaliado aos olhos de Fichte. Em 17 de março de 1813, ele lança um apelo (*Ao meu povo!*): "Grandes sacrifícios deverão ser pedidos a todas as classes [...]. E o devereis fazer com mais disposição pela pátria e por vosso monarca hereditário (*angeborener König*) que por um dominador estrangeiro" (in Spies, 1981, p.255). A resposta do filósofo não poderia ser mais pronta e mais desprezível. É como se o rei da Prússia tivesse assim se dirigido ao seu povo: "Levantai-vos para ser *meus* escravos, e não de um estrangeiro". Pois bem, tal apelo pareceria um insulto, e "quem lhe desse ouvidos seria um demente". Será que se submeter a um monarca hereditário seria uma vantagem? Na realidade, "o princípio da hereditariedade da dominação é o que mais se contrapõe ao direito e à razão". Por que ninguém deveria preferir submeter-se a um nobre alemão rude e prepotente que a "um general francês como [Jean-Baptiste J.] Bernadotte, que pelo menos no passado vivenciou espetáculos entusiasmantes da liberdade" (FEP, p.551, 564, 569)? A referência é a um general de formação revolucionária, e até mesmo jacobina, que tinha participado ativamente nas guerras de Napoleão e graças a quem tinha se tornado regente da Suécia, onde conduziu uma política independente que resultou na participação na sexta (e decisiva) coligação antinapoleônica. Por que Frederico Guilherme III, uma encarnação do Antigo Regime, deveria ser preferido a um monarca como Bernadotte, expressão do mundo novo surgido da Revolução Francesa, por meio de conflitos e de uma sucessão de fatos de todo tipo? Ao concentrar a atenção na França de Napoleão, deve-se dizer que o ódio não deve fazer perder de vista o fato que, em relação à ordem interna, ela é bem diversa dos países ainda dominados pelo Antigo Regime: "Entre o *roi de France* e o *roi des Français* há certamente uma grande diferença" é uma clara alusão ao fato de Napoleão ter-se proclamado imperador dos franceses, com um distância da concepção patrimonialista do Estado (FBN, p.515).

E, assim, o povo não deve dar o próprio sangue para depois ser novamente pisoteado:

> De qualquer forma, o povo deveria ter uma espécie de controle que o impedisse de recair seja na escravidão estrangeira ou na doméstica. Como é possível atingir tal objetivo? Da mesma forma como foram garantidos no passado direitos iguais, mediante tratados firmados. A maneira de garantir a sua manutenção e de fazê-los respeitar não depende imediatamente do armamento, mesmo se este, quando lhe se acrescenta o pensamento, pode tornar possível a aplicação. (FEP, p.552)

Contudo, pensar no retorno ao Antigo Regime é apenas o objetivo mínimo e mais imediato. Em um escrito de 1813, Fichte assim esclarece o programa por ele defendido: "Todo o ensaio que tenho em mente deveria, portanto, conter apenas premissas, das quais apenas se deduza o que agora é preciso calar (*das jetzt nicht zu Sagende*), mas apenas como um último e obrigatório recurso" (ibidem, p.552). Trata-se de promover um processo revolucionário muito ambicioso que, na sua realização, deve ter presente o grau de maturidade política das massas:

> O que quero então? Inflamar o povo fazendo-o vislumbrar a recompensa da sua libertação política? Na realidade, ele não quer ser livre, pois nada entende de liberdade. *Quero fazer tremer o poder* (*die Grossen erschüttern*)? Isso não seria politicamente possível no momento atual. Quero, em vez disso, exortar os homens cultos, os homens que entenderam a ideia de liberdade, para aproveitar da ocasião para garantir pelo menos teoricamente os seus direitos e preparar-nos para o futuro. (ibidem, p.546)

É um texto que nos coloca diante de etapas de um processo revolucionário. A primeira prevê uma libertação nacional que não seja, porém, o retorno ao *status quo* anterior, ao Antigo Regime. Em seguida vem uma segunda etapa, que não pode ser posta precipitadamente em prática antes da conclusão da primeira, mas da qual já devem ter plena consciência os intelectuais mais avançados, os membros da vanguarda do movimento de libertação nacional. Depois deverá ser feito um apelo às massas para que se unam, se o intuito for vencer um inimigo poderoso e com fama de invencível: "Na guerra de povo (*Volkskrieg*), este está disposto a suportar pesos e a fazer sacrifícios unicamente em defesa de seus próprios interesses: isto é, com o objetivo de que acabará por (*muss*) obtê-los, mesmo se no momento isso ainda não tenha acontecido" (ibidem, p.352). A passagem que acabou de ser citada pode ser confrontada com outra, muito célebre, contida em *A sagrada família*, de Marx e Engels: "O que conta não é aquilo que este ou aquele proletário, ou mesmo todo o proletariado, tenha como objetivo por certo tempo. O que conta é o que este é e que coisa será obrigado (*gezwungen sein wird*) historicamente a fazer em conformidade com essa sua forma de ser" (MEW, v.2, p.38). Quer se trate de uma classe social (como no segundo caso) ou da nação (como no primeiro caso), o sujeito social, vítima da exploração e da opressão, que inicialmente é o protagonista em si do processo de emancipação, torna-se depois o protagonista em si e para si de tal processo: o que o estimula a lutar não é mais apenas a condição objetiva, mas também a consciência subjetiva que acabou adquirindo. Antes ainda de Hegel (e de Marx), o último Fichte distingue entre "em si" e "por si": movidas por sua condição material e por seus interesses objetivos, durante a sublevação antinapoleônica, as massas populares acabaram por abraçar um programa de transformações políticas e sociais muito além da independência nacional, que também precisa ser conquistada.

À luz das considerações já feitas, tem uma particular importância o fato que, entre as "novas medidas" decididas pelo governo prussiano após a derrota de Jena, quem recebeu o "apoio mais caloroso" de Fichte foi a "introdução do *Landsturm*", da milícia territorial baseada no armamento popular, de cujos exercícios o filósofo, apesar de suas precárias condições físicas, participa com escrúpulo e paixão. Quando, em 1813, inicia a guerra, ele se oferece como *Feldprediger*, pregador leigo que segue e estimula os combatentes, e pede para ser destinado aos "voluntários" e, primeiramente, aos "estudantes" voluntários.[1] Trata-se apenas de zelo patriótico ou, de outra forma, como é mais provável, o filósofo, em respeito ao seu programa de revolução por etapas, pretende, com o seu compromisso pessoal, contribuir para o encontro por ele tanto almejado entre "armamento" e "pensamento", de forma a permitir a renovação político-social da Alemanha, além da sua libertação nacional? É preciso não esquecer a declaração de que o povo em armas, após tomar consciência de seus reais interesses e de seus direitos, é capaz de impor a passagem da etapa nacional para a etapa mais propriamente político-social do processo revolucionário. Diante desse panorama, a vontade de participar como membro do *Landsturm* do armamento geral do povo e o desejo de falar como *Feldprediger* aos estudantes voluntários se apresentam como expressão de um programa voltado à realização daquela fusão entre povo em armas e consciência teórica necessária para conduzir à vitória a revolução em etapas, que vai além da libertação nacional e que não perde de vista o objetivo da construção de uma sociedade e de uma ordem internacional libertadas da opressão e do dominação colonial e da guerra.

Sobre essa questão, pode-se chegar a uma conclusão. A invocada sublevação em massa faz pensar sobre o tema da *levée en masse* e da nação em armas, que na França revolucionária são conclamadas a rechaçar a invasão estrangeira, e sobre o jacobinismo, que não hesita em submeter drasticamente o direito de propriedade (nobiliário ou burguês) à exigência da mobilização das massas populares. Algo semelhante se pode observar durante a sublevação antinapoleônica na Prússia. Aqui, porém, entra uma nova questão. A fusão entre "armamento" geral do povo e "pensamento" teorizado é invocada por

---

1 A biografia escrita pelo filho de Fichte narra o entusiasmo deste a respeito da entrada do povo na guerra (Fichte, 1862, v.1, p.452); o empenho demonstrado pelo filósofo na participação dos treinos da milícia popular é testemunhado por seus contemporâneos (Schulz, 1923, p.254, 264). Sobre seu oferecimento para participar da guerra como *"Feldprediger"*, cf. Fichte (1967), v.2, p.601; é uma decisão que se inclui no projeto já visto de alistar-se como *"welt Staatsredner"*, alimentado no verão de 1807 (cf. "A guerra, das colônias à metrópole").

Fichte (e por Gneisenau) também com o olhar voltado para uma segunda etapa da revolução, cujos objetivos são político-sociais além de nacionais, e parece colocar em discussão a ordem burguesa de forma mais radical e não apenas em relação às momentâneas exigências da guerra. Então, somos levados a pensar nas grandes revoluções anticoloniais (como as da China, do Vietnã, de Cuba) que se desenvolveram durante o século XX. São as graves dificuldades nele presentes que, com o objetivo de superá-las, estimulam o movimento de libertação nacional a pensar um objetivo ulterior de caráter mais político-social. Sobre a totalidade das mudanças a serem realizadas, estão cientes inicialmente apenas os "homens cultos" (ou seja, a vanguarda revolucionária); mas depois o "pensamento" que eles exprimem e encarnam acaba encontrando-se com o "armamento" da massa do povo, e isso aplaina o caminho para novas perspectivas político-sociais.

Fichte e a Alemanha, da "paz perpétua" à "guerra de povo"

Analisando o discurso de Fichte, defrontamo-nos com uma categoria, "guerra do povo", destinada também a desempenhar um papel de primeiro plano ao longo do século XX. A história que existe por trás disso já desperta um grande interesse. Em busca do ideal da paz perpétua, tanto a Revolução Francesa quanto Kant e Fichte contrapõem a figura do cidadão em armas (sempre pronto a retornar à sua ocupação pacífica, que o alimenta e inspira) à figura do militar profissional, do *miles perpetuus* (para usar a linguagem de Kant). O cidadão em armas se torna primeiramente na França o protagonista da *levée en masse* e da nação em armas, empenhado em rechaçar o ataque das potências do Antigo Regime desencadeado contra o país da revolução e da paz perpétua, e depois se torna na Prússia (e na Alemanha) o protagonista da "guerra do povo" e da revolução anticolonial necessárias para se libertar da França transformada, com Napoleão, em um país devorado pela fúria expansionista e bélica.

Quem deve conter e bloquear essa fúria – destaca Fichte – não pode ser a "guerra dinástica", mas apenas a "guerra de povo", que é a única guerra "verdadeira", a única capaz de vencer um inimigo tão poderosamente armado, treinado e organizado que aparenta ser irresistível: "o povo inteiro combate" unido, e até o fim. Nesse caso, o agressor "não tem nada que conquistar a não ser um território deserto", e, por vezes, inclusive atiçados por seus próprios defensores, chega-se à conclusão de que contra o invasor se pode recorrer à tática da terra arrasada, à "devastação", sem se impressionar muito com os danos materiais; além disso, trata-se de territórios ocupados ou que correm o risco de serem ocupados pelo inimigo, para os quais, em caso de reconquista, se pode e se deve exigir o ressarcimento dos danos (FEP, p.551).

Que fique claro: a guerra de povo não é uma técnica neutra à qual qualquer país ou qualquer exército pode recorrer; não, é a resistência levada a cabo por um povo que combate unido em defesa de sua independência e que acaba prevalecendo sobre forças material e militarmente preponderantes, mas empregadas "para submeter povos independentes": enquanto o primeiro tem tudo a perder em caso de derrota, os agressores têm "pouco a ganhar" e, portanto, começarão a vacilar perante um inimigo decidido a levar até as últimas consequências sua "luta sagrada" pela independência e pela liberdade (FRN, p.391; FAB, p.508).

De fato, o que decide o êxito do combate não é primeiramente a superioridade militar, como se costuma defender. Maquiavel já tinha definido a infantaria como "a coluna vertebral dos exércitos" e considerado que a artilharia era "terrível apenas contra os covardes". Isso vale para o presente e também para Napoleão, que com a utilização sistemática da artilharia e a aplicação da ciência e da técnica no campo militar pretende fundamentar a sua invencibilidade. "A opinião geral atual", – observa Fichte – é que "a guerra a artilharia decide tudo" e, de fato, "as últimas batalhas conduzidas pela Europa, na atual triste situação, foram decididas apenas com esse meio". Todavia, continua válida a opinião do grande florentino que, contra a presumida onipotência da artilharia, conclama a transformar a batalha "em um combate corpo a corpo, em uma peleja", durante o qual prevaleçam as forças morais, aquelas forças que só o povo em luta pela independência pode mobilizar até as últimas consequências (FMS, p.416).

A respeito do ensaio de Maquiavel citado, em uma carta a Fichte, de 1809, Clausewitz declara estar de acordo com as teses por ele defendidas e acrescenta: é necessário que a "justa visão da guerra seja difundida universalmente e se torne patrimônio de todo cidadão". Não é verdade que as novas descobertas técnicas reduzem os homens, durante uma guerra, a "simples máquinas"; na realidade, os fatores morais e políticos continuam a ser os decisivos, o "espírito" (*Geist*) continua a ser mais importante que a "forma", como "demonstra a história de todas as guerras protagonizadas pelos cidadãos" (*bürgerliche Kriege*), sobretudo a "guerra revolucionária francesa" (Clausewitz, 1967, p.521-3). Pode-se ver novamente a passagem da figura do cidadão (*Bürger*) em armas para protagonista da guerra do povo (e da revolução anticolonial).

Trata-se de um tema que constitui, então, o fio condutor de um livro (*Sobre a guerra*) que deve sua importância ao seu contínuo fascínio por ter sabido generalizar a experiência das guerras de libertação nacional na Europa, primeiramente aquela conduzida pela França revolucionária contra a intervenção das potências feudais, depois, sobretudo, aquelas que têm como protagonistas a Prússia e outros países em luta contra o expansionismo da França napoleônica. A tese central é clara: a guerra "conduzida particularmente pelo povo em armas" é "uma verdadeira nova potência"; "a defensiva é uma forma de guerra mais forte que a ofensiva" (Clausewitz, 1978, p.467, 456).

Para além desse ou de outro autor, na Prússia (e na Alemanha) se assiste nesses anos a um espetáculo extraordinário: o país que mais se entusiasmou com a as promessas de paz perpétua provenientes do além-Reno (pensemos em Kant, Klopstock, Fichte, Herder, Friedrich Schlegel e tantos outros autores menores) abraça com fervor a ideia da guerra do povo contra a França expansionista e belicista de Napoleão. Trata-se de um clima espiritual e político que influencia as personalidades mais diversas e mais inesperadas. Em uma carta de janeiro de 1807, Friedrich D. E. Schleiermacher, que aderiu à "paz perpétua" da Santa Aliança nos anos da Restauração, observa que a "arte da guerra" em que os franceses eram mestres podia ser vencida tanto com a "tenacidade" como com a "sábia direção dos movimentos, que necessariamente devem ser organizados em profundidade por trás dos exércitos" (in Jonas; Dilthey, 1860-1863, v.4, p.132).

Não se trata absolutamente de chauvinismo: há uma constante evocação da França, o que significa replicar em terra alemã a batalha de Valmy ocorrida no além-Reno. Arndt declara, em 1809, que "a revolução ensinou primeiramente como é preciso conduzir a guerra": essa lição até agora foi assimilada apenas pelos franceses, enquanto os seus adversários ainda estão imersos, uns mais outros menos, no "velho pedantismo e na inépcia". Apenas a Revolução Francesa ensinou a mobilizar todas as energias humanas e materiais de um povo (Arndt, 1953b, p.82-4). E a ter coragem de aprender com ela. Arndt se dá conta que na mesma Alemanha os conservadores o julgarão como "um perigoso revolucionário" por conta de suas "insurreições e movimentos do povo em massa", de suas "ameaças e revoluções, apelos ao povo e ditaduras" (ibidem, p.96), isto é, por por causa de toda uma série de palavras de ordem que evocam a experiência histórica da *levée en masse* e, até mesmo, do terror jacobino.

No entanto – observa o protagonista da resistência antinapoleônica –, é preciso dar-se conta da importância da revolução de 1789. Da paz de Vestfália até a Revolução Francesa, no contexto de uma geral "mediocridade da vida" e "indiferença e esgotamento dos ânimos", as guerras também podem ser entendidas como "guerras diplomáticas de gabinete", verdadeiras "simulações de guerras". As guerras eram efetuadas "com certo espírito cortês e com um ar de gabinete", como se servissem aos príncipes e aos seus ministros para passar o tempo, enquanto eram obrigados a tomar consciência da seriedade da coisa somente aqueles que a sentiam na pele. Foram apenas as desordens ocorridas na França que deram novamente sentido à "ideia da verdadeira guerra que havia caído em desuso", demonstrando a invencibilidade de um exército mantido por um ideal e a superioridade de uma "violência" entendida como "violência do povo", em relação aos exércitos tradicionais (Arndt, s.d., p.59-60, 62-3).

Traçando o balanço da sublevação do povo espanhol, que, durante muito tempo, mesmo com armas rudimentares, conseguiu enfrentar a maior máquina bélica jamais vista e um exército circundado pela aureola da invencibilidade, Arndt (1953b, p.85) observa:

> Em primeiro lugar, mesmo que a entrada no país a ser subjugado seja muito fácil, é impossível que o agressor consiga mobilizar, com seu poder, as mesmas massas que o agredido; de fato, esse último está próximo ao seu centro, enquanto o primeiro se distancia no momento em que ultrapassa as fronteiras. Tal proximidade do centro equivale para o agredido a um aumento de pelo menos um terço da massa de seu povo. Em segundo lugar, entre povos não degenerados, os estímulos e as motivações a lutar até o fim são mais fortes para o agredido que para o agressor. No caso do agredido, está em jogo o que há de mais importante (isto é, a honra, a reputação, a liberdade, a independência), e isso pode levar à morte homens de espírito nobre. Assim, exacerbação, ódio e desespero elevam necessariamente as forças do agredido a um nível incrível. O agressor, ao contrário, é estimulado pela forte vontade de um irrequieto conquistador, ou por uma antiga rivalidade e ódio entre as duas nações em guerra, ou pelo desejo de rapina: esses estímulos são muito fortes, mas fracos em comparação com os outros. De fato, a luta pela vida e pela morte e as alternadas derrotas enfraquecem os dois primeiros estímulos, enquanto o terceiro, o prazer da rapina, perde o seu aguilhão mediante a observação muito natural que o conquistador, em um país disposto a lutar até a morte, poderá encontrar desertos abandonados pelos homens, mas nenhum tesouro.

Na sua celebração do povo em armas, Arndt contrapõe a milícia territorial à praga dos exércitos permanentes que, com os seus custos elevados, esgotam a população e que, mesmo quando não são formados por mercenários geralmente estrangeiros e estranhos à causa da nação, como acontecia no tempo de Frederico II, constituem sempre "algo separado do povo", um corpo que na maioria das vezes desenvolve um espírito de classe em relação aos civis. Por sua vez, a milícia "é o exército da pátria, pertence totalmente à pátria e ao povo, de tal forma que, após poucas semanas de exercícios, pode voltar para o meio do povo, às atividades e aos trabalhos normais".

E também mais forte que o exército tradicional: ele "é resultado de todas as forças espirituais e físicas de todo o povo"; consegue assim mobilizar uma massa superior, que, apesar de não ser suficientemente treinada, supera essa desvantagem com o seu moral mais elevado. "De fato, o que emerge do sentimento, do amor e do ódio de um povo inteiro deve ter obviamente bem outra essência e substância em relação àquilo que é produto de uma arte sutil de gabinete e de maquinações das cortes ou da diplomacia". Enfim, a milícia territorial não se presta como instrumento de uma guerra injusta e de conquista, como acontece no caso dos exércitos permanentes; nesse sentido, além das vantagens já elencadas, ela "pode se tornar um freio, um obstáculo, um instrumento para domar a tirania, a fúria conquistadora e a violência" (Arndt, s.d., p.64-72, 58).

A guerra de povo se encontra também no centro do célebre drama de Kleist, *A batalha de Armínio*. Os chefes alemães observam atônitos o comportamento de Armínio, protagonista do drama e herói da resistência contra os romanos, que "em vez de enfrentar corajosamente as legiões / as conduz aos seus bosques como se fosse uma brincadeira" (vv. 18-9): é preciso evitar a batalha campal, recorrer à guerrilha e utilizar a tática da terra arrasada; precedendo o avanço das tropas romanas, é necessário transferir toda a população civil e "devastar os campos, abater o rebanho, incendiar as aldeias", sem hesitar em sacrificar os bens materiais para salvar a "liberdade" (vv. 375-81, 387-8). Em outras palavras, trata-se de desencadear contra os invasores a "guerra sem limites" e de "armar todo o povo". Armínio-Kleist sabe que é preciso aprender algo com os romanos-franceses, cujos exércitos se tornaram há muito tempo invencíveis, porque se armaram de "espírito" (vv. 1484, 1829 e 290), e assim bem mais motivados que os servos assalariados, utilizados nas guerras do Antigo Regime.

A paz perpétua: de programa político a utopia?

Como se vê, o apelo à guerra de povo contra o invasor não corta os vínculos com a revolução que prometeu a paz perpétua. Particularmente significativo é o caso de Fichte: o grande teórico da guerra de povo continua, não obstante, a ser fiel ao ideal da paz perpétua, à qual dá grande atenção até o fim. Prova disso é a *Doutrina do direito*, uma aula proferida em 1812 (entre a primavera e o início do outono), isto é, dois anos antes de sua morte.[2] Na primavera daquele ano, Napoleão estava empenhado nos preparativos febris para a invasão da Rússia, que teve início entre 24 e 25 de junho. O filósofo chega a uma triste conclusão: não há conquista que consiga aplacar por muito tempo um expansionismo insaciável, e não há pacto ou armistício que se revele confiável e duradouro. Os *Princípios gerais do tempo presente*, publicados seis anos antes, indicavam, no "equilíbrio" militar entre as grandes potências, o instrumento para assegurar uma paz relativamente estável. Mas a evolução dos acontecimentos no cenário internacional demonstra que se trata de uma ilusão. A bandeira do "equilíbrio de poder" (*Gleichgewicht der Macht*) serviu para camuflar o projeto de agressão. Eis de que forma um Estado procura enganar o outro: "Veja, não posso fazer nada contra você [dado que o suposto "equilíbrio do poder" neutralizaria as ambições agressivas dos adversários]; se ele confia em nós, tranquiliza-se, e nós garantimos nossa vantagem". Na realidade – parece querer dizer Fichte – o simples fato de acreditar na teoria do equilíbrio modifica o equilíbrio em benefício de quem utiliza essa palavra de ordem com segundas intenções.

A alusão envolve mais uma vez Napoleão, cujo comportamento é assim descrito durante as várias etapas que marcaram a sua expansão na Alemanha e na Europa: "Tomo dos outros apenas algumas províncias. Estas, doravante, são minhas e não mais do outro. Agora descansemos e reparemos os danos que esse ganho evidentemente nos trouxe, até que surja novamente uma oportunidade favorável

---

2 É um manuscrito com partes fragmentadas; utilizo aqui a edição contida em Fichte (1980).

para recomeçar" (Fichte, 1980, §20, p.171). Não, não há equilíbrio que se sustente! Submetidas a permanentes mudanças, as reais relações de força não devem nunca ser pedidas de vista. Apenas quando está constantemente presente essa verdade (e o ensinamento de Maquiavel como mestre da suspeita), um Estado pode evitar surpresas muito dolorosas (ibidem, §20).

Mas então como eliminar a anarquia e a lei do mais forte vigentes nas relações internacionais? Em relação ao tema da "paz perpétua", a *Doutrina do direito*, de 1812, retoma parágrafo por parágrafo a *Fundação do direito natural*, de 1796, incluindo mudanças que são pouco perceptíveis quando se faz uma leitura rápida, mas que são de grande relevo. Pode ser útil a tal propósito fazer uma comparação sinótica entre alguns parágrafos da seção que ambos os textos dedicam ao direito internacional (*Völkerrecht*):

Uma vez que essa Liga se estende (*verbreitet*) e abraça (*umfasst*) toda a superfície terrestre, realiza-se (*tritt...ein*) a **paz perpétua** (*ewiger Friede*), a única relação legal entre os Estados; enquanto a guerra, se conduzida por Estados que são juízes de si próprios, pode fazer vencer tanto a ilegalidade quanto o direito. (FGN, §20)	Agora, se pouco a pouco todos os Estados entrassem (*träten*) nessa Liga, surgiria (*entstände*) a paz segura e perpétua (*sicherer und ewiger Friede*) [...]. A paz segura (*sicherer Friede*) é a única relação legal entre os Estados, enquanto a guerra, se conduzida por Estados que são juízes de si próprios, pode fazer vencer tanto a ilegalidade quanto o direito. (Fichte, 1980, §19)

Colocamos entre parênteses os trechos do texto alemão que trazem mudanças essenciais. O ideal da Liga universal das nações e da paz perpétua passou do indicativo para o subjuntivo. A expressão "paz perpétua", que no texto de 1796 estava grafada em negrito, agora não está mais; aliás, tende até mesmo a desaparecer e ser substituída por "paz segura". Estamos claramente diante de um redimensionamento, ou melhor, o ideal ao qual a Revolução Francesa, com a destruição do regime feudal e das guerras de gabinete por ela provocadas, parecia ter dado as pernas para caminhar e chegar à sua concreta realização tende a ser relegado a um futuro remoto e problemático, enquanto, no plano mais propriamente político, o único programa realístico que se apresenta é o da paz mais ou menos segura.

Continuemos com a comparação sinótica:

A Liga precisa tornar funcional a sua sentença. Isso acontece, como fica claro do que foi dito acima, mediante uma guerra para aniquilar o Estado condenado pelo tribunal da Liga. Portanto, a Liga deve estar armada. Poderia surgir a questão se deve ser constituído um exército permanente da Liga ou se, no caso de guerra real, deve ser constituído um exército formado com a contribuição dos Estados federados e encarregado de cumprir a sentença. Visto que é de *se esperar que rara e sucessivamente nunca mais se verifique o caso da guerra, eu acreditaria na segunda solução; de fato, qual o porquê de um exército permanente da Liga que logicamente deveria permanecer na maior parte do tempo em ócio?* (FGN, §18)	A Liga deve pode tornar funcional a sentença; isso acontece mediante uma guerra para destruir o Estado condenado. Portanto, a Liga deve ser armada, e, em caso de guerra, deve ser constituído, com a contribuição dos Estados federados, um exército encarregado de cumprir a sentença. (Fichte, 1980, §18)

O nosso grifo quer colocar em destaque os trechos de 1796 (deixados de lado em 1812), nos quais transparece que a esperança de realização da paz perpétua é tão forte que possui traços de certeza.

Enfim,

A absoluta impossibilidade de uma sentença injusta por parte da Liga dos Povos [...] não é demonstrável: assim como não é demonstrável no direito público a absoluta impossibilidade de uma sentença injusta por parte do POVO REUNIDO. Até quando não aparecer sobre a Terra a razão pura em pessoa para assumir a função de juiz, deve existir pelos menos um juiz supremo que, por ser sempre finito, pode errar ou ter má vontade: a tarefa é, então, encontrar um que não inspire esse temor; e tal juiz é a NAÇÃO, no que se refere às relações entre os cidadãos, e a descrita Liga dos Povos, no que se refere às relações entre os Estados. (FGN, §19)

Mas dirão: basta olhar o mundo real; quem o conhece não recomendará certamente uma tal aliança de Estados. Porque não é absolutamente impossível: 1. que a Liga emita também uma sentença injusta. Tal *impossibilidade não é absolutamente (durchaus) demonstrável*, como também não é a impossibilidade de uma sentença injusta por parte do governo (*Regent*), como vimos acima; 2. que na Liga ditem lei as vozes dos poderosos e se preocupem apenas com o interesse exterior; que as forças da Liga, então, nas mãos dos membros poderosos possam se tornar elas mesmas o meio para submeter os mais fracos, portanto, um verdadeiro braço armado da injustiça, contra o qual não nos resta senão elogiar as atuais relações sem a Liga. (Fichte, 1980, §20, p.167-8)

O nosso grifo evidencia a primeira mudança ocorrida: "A absoluta impossibilidade de uma sentença injusta por parte da Liga dos Povos" agora se tornou claramente uma "impossibilidade"; tal impossibilidade, que antes era "não demonstrável", agora se torna mais absolutamente "demonstrável". Além disso, o perigo de sentenças injustas por parte da Liga, que deveria ser a garantia da paz, é real, aliás, o risco que essa Liga se torne instrumento de abuso é tão forte que é necessário se perguntar se não era preferível o *status quo*. É compreensível que Fichte levante dúvidas sobre a conveniência da Liga em um momento em que a França imperial, após ter criado um poderoso sistema de alianças subalternas, propagandeando a *pax* napoleônica como sinônimo de paz como tal, se servisse das forças aliadas sob sua direção para calar qualquer oposição ou resistência ao projeto de "paz" cultivado em Paris.

Enquanto o filósofo escreve a *Doutrina do direito*, não está em curso a invasão da Rússia com a participação dos Estados vassalos da França? E Napoleão não criou o *Rheinbund*, a Liga ou Confederação do Reno, aparentemente para assegurar à Alemanha paz e tranquilidade, em realidade para mantê-la subjugada ao seu império? A Liga (*Bund*), que, em 1796, era chamada para garantir a paz perpétua, não corria o risco agora de se tornar uma espécie de *Rheinbund* de dimensões europeias ou mundiais? Enfim, desapareceram as referências ao "povo reunido" e à "nação" (para dar destaque, recorremos, nesse caso, a letras maiúsculas): a soberania popular perdeu aquele caráter de garantia no plano interno, e indiretamente no plano internacional, que ainda tinha, em 1796; aqui se sente o peso da dolorosa experiência dos acontecimentos ocorridos naquele momento na França. *Pari passu* com a confiança na viabilidade da paz perpétua, começa a diminuir não a adesão (inabalável) aos ideais da Revolução Francesa, mas a convicção de que a destruição do regime feudal teria levado irreversivelmente à realização de uma ordem finalmente livre do flagelo da guerra.

E então? A condição para que a paz perpétua se concretize é a presença, para além das disputas entre os Estados, de uma real e imparcial "vontade jurídica, munida de poder coercitivo". De que forma se pode chegar a essa ordem? "Pode-se certamente dizer que essa vontade deveria ser instituída na Liga dos Povos. Mas como conseguir isso? É uma tarefa insolúvel [que, portanto, atribuímos] ao divino governo do mundo. Porém, até agora..." (Fichte, 1980, §20, p.171). Até esse momento, resta apenas respeitar o cálculo das relações de força, resta apenas reconhecer *o bellum omnium contra omnes* que preside as relações internacionais. O ideal da paz perpétua se mantém, mas não traz influências consideráveis sobre as ações concretas dos Estados.

Veremos Friedrich Engels constatar, na segunda metade do século XIX, que a paz perpétua prometida pela Revolução Francesa com Napoleão acaba se transformando no seu contrário, isto é, em uma ininterrupta guerra de expansão e conquista (cf. "A falta de ajuste de contas definitiva com o 'napoleonismo'"). Isso foi dolorosamente percebido pelo último Fichte. A mudança em sua trajetória filosófica, que se iniciou com a proclamação confiante e vibrante da transformação do ideal da paz perpétua de utopia em projeto político concreto, conclui-se com uma admissão melancólica e moderada: deixadas para trás as anteriores esperanças enfáticas ou ilusões, a paz perpétua volta a ser uma utopia ou pelo menos um ideal da razão (no sentido kantiano do termo), a ser alcançado com constância e fidelidade, mas cuja plena realização não é realizável ou é remetida a um futuro remoto e problemático.

Paz perpétua e guerra de povo, de Fichte ao século XX

Não obstante o parcial desencanto, ou talvez justamente graças a ele, no último Fichte a reflexão sobre o tema da guerra e da paz tornou-se mais rica e madura; as questões que emergem a tal propósito inevitavelmente encontram agora uma resposta mais articulada. O que torna permanente a guerra aberta ou latente entre os Estados? Por um lado, pesa negativamente a ordem interna, a "imperfeição do direito em cada Estado"; por outro, é preciso não perder de vista a natureza das "relações dos Estados entre si". Dado que todos partem do pressuposto da "injustiça generalizada", do princípio segundo o qual é necessário "reunir a maior força possível para o ataque que necessariamente acontecerá", todos são obrigados a gastar muitos recursos na preparação para a guerra e a espremer, assim, a população em vista de tais preparativos. Consequentemente, para atenuar ou acalmar o descontentamento e o protesto que poderiam surgir, "é preciso dar aos espremidos (*Ausgesogenen*) um meio de se enriquecer, por sua vez, mediante rapinas no exterior: o olhar da nação deve ser desviado da observação das feridas internas e atraído por esplêndidos empreendimentos externos". Assim, o que provoca a situação de guerra permanente entre os Estados é uma combinação de fatores internos e externos (Fichte, 1980, §20, p.168-9).

Qual é o aspecto principal? "Por onde se deveria iniciar a cura?" A resposta de Fichte é: da ordem interna. Nesse sentido, existe uma clara linha de continuidade em relação às esperanças juvenis suscitadas pela Revolução Francesa: são as transformações político-sociais no interior de cada Estado que podem criar as condições para a instauração da paz perpétua. Só que agora, mais que os Estados da velha Europa, o principal foco é a França napoleônica. A principal acusação é feita às guerras coloniais ou neocoloniais, graças às quais ela pode diminuir a tensão social permitindo que participem das "rapinas no exterior" também as massas populares, igualmente deslumbradas com o espetáculo das "esplêndidas" conquistas e dos empreendimentos guerreiros. Nessa altura, a causa da paz é a causa da erradicação de um regime que possui uma estrutural necessidade da expansão colonial ou neocolonial. É esse regime novo e moderno, e não mais o Antigo Regime, que deve ser erradicado. Dado também o panorama radicalmente novo que se criou, Fichte não é mais seduzido pela necessidade da exportação da revolução: "Aspirai primeiramente a se tornar modelo de um Estado justo em si mesmo. Isso, por um lado, é muito forte, mas, por outro, estimulará os Estados vizinhos, ante a vossa felicidade, a se tornar também felizes". As necessárias transformações político-sociais são confiadas em última análise à iniciativa de cada país. Aliás, cada Estado tem interesse e "direito à autoconservação como Estado", portanto como entidade soberana e independente também porque ele tem um "plano de aperfeiçoamento" peculiar que "deve prosseguir sem perturbações". Diversamente, quando são dominados, os Estados "são catapultados em um campo e em um plano totalmente novos" (ibidem, §20, p.169).

Uma vez superado o terreno da hipótese inicial da exportação da revolução, torna-se premente um problema: como colocar fim em regime baseado no expansionismo colonial e neocolonial e identificado como o principal responsável pela guerra? Enquanto, no plano estratégico, reafirma o objetivo da paz perpétua apontado pela Revolução Francesa, de momento, Fichte conclama a guerra de povo. É a guerra que naquele momento se alastra pelos diversos países invadidos pela França napoleônica e atinge talvez a sua forma mais completa em São Domingos. Aqui todo um povo, protagonista da épica revolução com a qual rompeu as cadeias da escravidão, combate de forma desesperada e coletiva, derrotando ao final o poderoso exército cujo comando Napoleão tinha atribuído aos seu cunhado Charles Leclerc, que envia todos os esforços para retomar a submissão colonial e a escravidão negra. Também na Espanha, no Egito, na Rússia e na Alemanha é mais ou menos frequente o recurso a milícias populares ou clandestinas, a emboscadas de guerrilheiros, à tática de terra arrasada que isola e detém o invasor, neutralizando seu grande poder e sua prepotência. Mas é preciso logo esclarecer que a "guerra de povo" encontra a sua expressão teórica sobretudo na Alemanha, no país e no filósofo que mais que qualquer outro cultivou as esperanças e ilusões da paz perpétua surgidas com a Revolução Francesa.

Pode parecer estranha a aproximação entre guerra de povo e paz perpétua, mas não se deve esquecer que o primeiro a recorrer, na Europa, à guerra de povo foi o país que, naquele mesmo momento, empunhava a bandeira da paz perpétua. Pensemos sobretudo em Cloots, que, ao mesmo tempo que conclama todos os cidadãos a desafiar a morte com o objetivo de rechaçar os invasores, lança a palavra de ordem: "Guerra breve, paz perpétua!" (cf. "O ideal da paz e fronteiras da *res publica* cristã"). Tendo por trás essa história e promovendo ao mesmo tempo o ideal da paz perpétua e a palavra de ordem da guerra de povo, o último Fichte lança uma ponte para as revoluções anticoloniais do século XX.

Para sermos exatos, não se trata de um único autor; o discurso aqui se refere a um grande movimento político e ideal, do qual o filósofo foi um especial intérprete. Entre o fim do século XVIII e o início do XIX, dois acontecimentos na Europa inauguram a história contemporânea, e ambos influenciam, de forma diversa, o ideal da paz perpétua: a referência é, claramente, à Revolução Francesa, mas também o movimento antinapoleônico, um movimento objetivamente anticolonial que ocorre no coração da Europa, com seu epicentro político e teórico na Alemanha. Por causa da sombra de suspeita que o século XX, quando prevalece uma visão da história da Alemanha sob o signo de uma grotesca linha de continuidade de Armínio a Hitler, lança sobre o movimento antinapoleônico, os efeitos revolucionários desse último foram amplamente ignorados ou removidos.

Nem mesmo a cultura marxista conseguiu eximir-se dessa visão. Emblemático é o caso de Lukács. Ele considera o Fichte teórico do movimento antinapoleônico um "náufrago" e rotula Kleist, dramaturgo e poeta de tal movimento, como "extremamente reacionário" e niilista. Como exemplo da segunda acusação, evocam-se *a Batalha de Armínio* e o diálogo (ato V, cena IV) que ocorre entre o general romano Publio Quintilio Varo (cercado pelos inimigos, obrigado a se mover em terreno perigoso e desconhecido) e uma mandrágora (*Alraune*), uma espécie de profetiza da antiga mitologia alemã, que sai de repente do bosque: "Varo: De onde venho? / Mandrágora: Do nada, Quintilio Varo!... / V.: Para onde vou? / M.: Para o nada, Quintilio Varo!... /V.: Onde estou? / M.: A dois passos da sepultura, Quintilio Varo, / Justamente entre o nada e o nada!" (vv. 1957-1979, passim). Aos olhos de Lukács (1979, p.22-4), essa mudança expressaria um "radical niilismo" e seria representação da "mortal solidão dos indivíduos, separados uns dos outros por um abismo".

Na realidade, aqui se representa o isolamento dos invasores perante um povo unido, decidido a criar um vazio em torno deles e a rechaçá-los; longe de ser expressão de niilismo, o diálogo em questão e o drama exprimem, juntos, a apaixonada participação na resistência antinapoleônica. O drama de Kleist poderia ser comparado a um texto composto na França durante a luta contra a ocupação nazista. Referimo-nos obviamente a Vercors[3] e à sua obra-prima, *Le silence de la mer* [*O silêncio do mar*]. Também nesse caso, o tema central é constituído pelo isolamento a que o povo submete o invasor, circundado por um silêncio obstinado, impenetrável e para ele totalmente incompreensível, por um silêncio, porém, que nada tem a ver com o "niilismo", menos ainda "radical". É evidente que Napoleão não pode ser comparado a Hitler, mesmo se o segundo gostava de se apresentar como imitador do primeiro; o que pode ser legitimamente comparado são as formas assumidas pela luta de libertação nacional, que, mesmo em circunstâncias muitos diversas entre si, enfrentam um poderoso exército de invasão ou ocupação, condenando-o a uma desesperada desorientação e isolamento.

O significado real do drama de Kleist não escapa de um inimigo declarado e implacável do movimento anticolonialista do século XX, Carl Schmitt. Demonstrando grande lucidez que talvez só o ódio pode dar, ele define *A batalha de Armínio* como "a maior ópera poética de inspiração guerrilheira de todos os tempos", como uma obra de profunda inspiração anticolonialista (não é preciso perder de vista que "o guerrilheiro" é o protagonista das "guerras anticoloniais") (Schmitt, 1981, p.5, 14).

Através de quais canais as insurreições e as guerras antinapoleônicas mobilizaram sua influência no século XX? Além de Kleist, elas encontraram um grande defensor em Leon Tolstoi (nesse caso, com uma particular referência à Rússia). *Guerra e paz* descreve em termos épicos a guerrilha contra o exército napoleônico de invasão, tendencialmente levado ao desespero diante dos incêndios provocados pelos camponeses e de traiçoeiras emboscadas. Trata-se de uma guerra assimétrica entre a mais poderosa máquina militar da época e um povo que sofre ocupação e corre o risco da submissão colonial: "Feliz o povo que, na hora da provação [...], ergue o primeiro porrete

---

[3] Pseudônimo de Jean Bruller (N.T.).

que encontra pela frente"! Faz-nos pensar o fato de que quem realiza uma verdadeira celebração da guerra de povo (característica das revoluções anticoloniais) seja um escritor que, no momento em que compõe o romance, já se torna um defensor da causa da paz e que mais tarde se tornará um profeta da não violência.[4]

A evocação ao mesmo tempo do ideal da paz perpétua e da necessidade imediata da guerra se torna mais explícita nas revoluções anticoloniais do século XX. Aos olhos de Lenin, que não por acaso nutre grande admiração pelo movimento de luta contra a ocupação napoleônica (cf. "Tradição comunista e crítica do 'napoleonismo'"), a Revolução de Outubro é chamada a erradicar de uma vez por todas o flagelo da guerra, graças também à eclosão da guerra de povo contra o dominação colonialista-imperialista. Por volta de duas décadas mais tarde, na China ocupada e selvagemente tratada pelo imperialismo japonês, Mao Tse-tung, enquanto empunha a bandeira da paz perpétua, num futuro que ele considera não distante, invoca e organiza a guerra de povo para a conquista da independência nacional (cf. "'Realizar a fraternidade e a emancipação dos povos'").

Grande influência tanto sobre Lenin como sobre Mao foi exercida por Clausewitz, cujas relações com o último Fichte bem conhecemos e cuja "fórmula da guerra como continuidade da política já contém uma embrionária teoria do guerrilheiro" (Schmitt, 1981, p.5).

---

4 Cf. Tolstoi (1974), p.1208 (livro IV, parte III, cap. 1), no que se refere ao "porrete"; p.1205-10 (livro IV, parte III, cap. 1), no que se refere à "guerra de povo" ou "guerra popular", como traz a tradução.

CAPÍTULO 4
A paz perpétua da revolução à Santa Aliança

Novalis e a Santa Aliança

Durante a sua evolução, a cada etapa do tumultuado ciclo histórico iniciado em 1789 e concluído (pouco antes da morte do filósofo) com a derrota de Napoleão, em Lípsia, Fichte se vê obrigado a reexaminar e reinterpretar o tema da paz perpétua. Ele, porém, ignora uma versão desse ideal que polemiza e se contrapõe diretamente com a Revolução Francesa. Como reação às desordens por esta provocadas e às guerras surgidas depois dela, nos círculos conservadores emerge a nostalgia da cristandade medieval, miticamente transfigurada como uma sociedade isenta dos conflitos sangrentos que caracterizam o mundo moderno e contemporâneo.

Em 1799, enquanto Fichte considera a exportação da ordem surgida da destruição do Antigo Regime como o instrumento para pôr fim ao flagelo da guerra, Novalis desenvolve uma visão bem diversa e até mesmo oposta da "paz perpétua". O poeta, escritor e filósofo alemão, que leu e apreciou a acusação de Burke contra a Revolução Francesa (Novalis, 1978b, p.179), procura contestar tal revolução também em relação ao tema tão caro a ela da promessa da paz perpétua. Não, o flagelo da guerra não será eliminado pelas agitações políticas e pelas engenharias constitucionais. Ao contrário, é preciso voltar ao mundo que, antes mesmo de ser atingido pela revolução, tinha passado pela crise da Reforma Protestante e pelo Iluminismo. É esse o tema de fundo do ensaio *A cristandade ou a Europa*. Escrito em 1799, o texto foi publicado em 1826, nos anos da Restauração, e depois de ter tido uma limitada circulação entre os amigos do poeta. O breve escrito termina com a evocação e invocação do "tempo sagrado da paz perpétua" (idem, 1978a, p.750). Mas – que fique claro – tal objetivo poderá ser atingido apenas retomando o desastroso percurso iniciado com a Reforma:

> Será que estamos, realmente, cansados de guerra; seja como for, a guerra não cessará até que não se empunhe a palma que só um poder espiritual pode oferecer. Correrão rios de sangue na Europa até que as nações, conscientizadas da horrível loucura que as fazem andar em círculos e que, comovidas e acalmadas por uma música sagrada, aproximar-se-ão em multicoloridas misturas dos altares do passado, promoverão obras de paz e farão um grande banquete de amor para festejar a paz, vertendo lágrimas sobre os campos de batalha ainda em chamas. Só a religião pode despertar a Europa, oferecer segurança aos povos e fazer reemergir a cristandade, com um novo esplendor visível sobre a Terra, com a sua antiga missão de garantir a paz. (ibidem, p.749)

Com Mirabeau, a Revolução Francesa tinha prometido a "fraternidade universal". Evocando esse tema, Kant e Fichte tinham proposto a formação de uma "ordem cosmopolita" e de uma "Liga das nações", respectivamente, ou seja, de um "único Estado", como garantia da paz perpétua. Aos olhos de Novalis, o almejado "Estado dos Estados", uma espécie de "doutrina da ciência em veste política" – com clara referência irônica ao filósofo da *Doutrina da ciência*, isto é, Fichte –, a paz e a fraternidade entre as nações poderão resultar apenas de uma ambicioso projeto contrarrevolucionário que, inspirado no passado, ponha fim à "anarquia religiosa" da Reforma, que "de forma irreligiosa encerrou a religião dentro de fronteiras estatais" e a privou de seu "interesse cosmopolita" e de sua "grande influência política na promoção da paz". Essa involução dolorosa e trágica foi consolidada por uma "paz religiosa" entre protestantismo e catolicismo construída sobre bases falsas e precárias: aprofundou a ferida e, dessa forma, "declarou permanente um governo revolucionário". Assim, a Reforma antecipou a dinâmica da Revolução Francesa, uma espécie de revolução permanente, incapaz de chegar ao fim, menos ainda de criar a paz na Europa e no mundo. A paz e a harmonia deixarão de ser um sonho apenas quando a cristandade se tornar novamente "uma única Igreja visível, sem limites de fronteiras estatais" e "a nova Jerusalém será a capital do mundo" finalmente unificado (ibidem, p.748, 736-7, 750).

Não há dúvidas, o significado do ideal da paz perpétua mudou profundamente: não há mais sinais do *páthos* antifeudal, antiabsolutista e revolucionário. Ao contrário, fica evidente a polêmica contra o ciclo revolucionário que derrubou o Antigo Regime. É um ciclo agora condenado em todo o arco de seu desenvolvimento, desde a revolta dos "insurgentes" do protestantismo até a Revolução Francesa, vista como uma "segunda Reforma", ou seja, como um "protestantismo mundano". É a partir da ruptura da unidade católica medieval que a Europa passa a ser dilacerada por "guerras destrutivas", que podem e devem ser superadas mediante a Restauração dessa unidade (ibidem, p.736, 742-3, 734). Como já emerge do título da obra aqui analisada, a ênfase é colocada na Europa e até mesmo na "humanidade europeia", que deve "despertar" para conseguir sua "conciliação e ressurreição" (ibidem, p.740, 748, 750). Os "outros continentes" olham para a Europa, a quem claramente compete uma função hegemônica, como indica também a avaliação positiva da expedição napoleônica no Egito, ou seja, a "aproximação [da Europa] ao Oriente mediante novas relações políticas". Fica evidente que o ideal da paz perpétua agora professado não exclui as guerras para atestar ou reforçar a função de guia da "humanidade europeia". Novalis tem consciência dessa questão, tanto que sugere que se deva dar consistência e vitalidade à "classe dos soldados" por meio da introdução de uma medida análoga à do celibato, que, apesar de tudo, teve o mérito de salvar o clero católico (ibidem, p.750, 744, 736).

Durante os anos da Restauração, a utopia-ideologia da paz perpétua, tão cara a Novalis, deixa de ser apenas a melancólica nostalgia do bom tempo antigo e assume um papel político direto e ativo: ela se torna o instrumento utilizado pela Santa Aliança para justificar a sua política de intervenção contrarrevolucionária (Dilthey, 1929, p.298). Novalis fala, como sabemos, de uma "uma única Igreja visível, sem limites de fronteiras estatais". Os três monarcas que firmaram o tratado da Santa Aliança declaram que se consideram "como compatriotas em qualquer ocasião e em qualquer lugar" e consideram a si próprios e seus súditos "como membros de uma mesma nação cristã": empenham-se, portanto, em prestar uma "assistência" recíproca, sem se limitarem pelas fronteiras estatais, dado que a "nação cristã", em última instância, não possui "realmente outro soberano que aquele a quem só pertence o Poder", isto é, o Onipotente (in Romeo; Talamo, 1974, v.2, p.263). É a partir dessa lógica e dessa doutrina que a Santa Aliança considera não apenas ter o direito, mas também o dever de intervir militarmente contra quaisquer revoluções que questionem a ordem estabelecida. É assim que se motivou a intervenção na Espanha concluída com o sepultamento da Constituição que o próprio Fernando VII foi obrigado a jurar, em 1820, após a revolta conduzida pelo coronel Rafael Riego. O princípio da soberania estatal perde seu valor diante da obrigação de restabelecer a ordem pública e a "paz perpétua". Trata-se de algo que se aproxima da *res publica christiana* que o abade de Saint-Pierre sonhava realizar contra os bárbaros externos, mas também contra a subversão interna.

É uma ideologia que exerce uma influência que também vai além dos seguidores e defensores, em sentido estrito, da Santa Aliança. Na *Doutrina do Estado*, publicada postumamente mas elaborada nos anos da Restauração, Schleiermacher explica que, para realizar a "paz perpétua", mais que uma "Liga dos Estados", são necessárias normas de comportamento arraigadas no costume e no sentimento dos povos e de seus governantes: "Sempre que o princípio da desordem se manifestar em um Estado, todos os outros se aliarão para contê-lo". Essa é regra seguida no âmbito da Confederação alemã e poderia ser adotada em todas as relações internacionais. Assim se consegue atingir o "objetivo da paz perpétua"; e de tal objetivo, "na história mais recente", está-se aproximando com "com passos rápidos", com a eliminação das "perturbações francesas" e das agitações revolucionárias que ainda continuam a ocorrer em Paris (Schleiermacher, 1967, v.3, p.365-6, nota). Nesse caso, a erradicação da guerra é o resultado da exportação não já da revolução, mas sim da contrarrevolução.

No entanto, trata-se apenas de um breve interlúdio. O texto de Novalis foi publicado apenas quatro anos antes que a revolução de julho de 1830 pusesse fim à Santa Aliança e quando estava em circulação, há mais de uma década, o livro em que Constant evoca o triunfo da paz perpétua, porém não graças ao renascimento da cristandade europeia, mas sim, como veremos, à difusão do comércio.

"Espírito burguês" e guerra na análise de Hegel

A visão defendida por Novalis e pela Santa Aliança recebe logo duras críticas de Hegel, ainda que tenham sido manifestadas mais durante suas aulas que em textos escritos. Hegel, oito anos mais jovem que Fichte, com seu forte senso histórico, nunca compartilhou as esperanças ou ilusões deste último. É bem conhecida a admiração pela "esplêndida aurora" da Revolução Francesa que ainda expressa, durante os anos da Restauração, as *Lições de filosofia da história* (Hegel, 1919-1920, p.926). O significado de alcance mundial e os resultados irreversíveis alcançados por essa revolução estão fora de discussão. Porém, entre eles não figura a realização do ideal da paz, não tanto por causa da resistência dos países do Antigo Regime e da coligação liderada pela Grã-Bretanha, mas sobretudo em razão da dialética interna da ordem criada pela Revolução Francesa e pela natureza das relações internacionais.

Se durante algum tempo também Hegel percebeu o fascínio da visão tão defendida por Kant e Fichte, tratou-se de um período muito breve, ao qual pertence a carta que o filósofo recebe nos anos de sua juventude, e para sermos exatos, em agosto 1798: "Sim, caríssimo amigo, a nossa credibilidade não vive um bom momento. Os responsáveis pela Grande Nação desprezaram os mais sagrados direitos da humanidade e caíram no escárnio de nossos inimigos. Não conheço melhor retaliação pelos seus delitos" (in Rosenkranz, 1966, p.112). É uma carta que parece expressar, em parte, não apenas os sentimentos do emitente, mas também do destinatário.

A observação que podemos ler em *A Constituição da Alemanha*, do ano seguinte, tem o sabor de uma dolorosa confissão autobiográfica: o cego "entusiasmo que leva a um estado de dependência" (*die Begeisterung eines Gebundenen*) é um "momento assustador", do qual é preciso saber sair recuperando o sentido da medida e o equilíbrio crítico (Hegel, 1969-1979, v.1, p.458). Ou seja, entusiasmar-se por uma grande revolução não deve significar fechar os olhos aos seus problemas e às suas contradições. Vimos um discípulo de Kant, em 1799, considerar os saques e as prepotências perpetrados pelas tropas francesas de ocupação como um baixo preço a ser pago, tendo em vista a realização da "paz perpétua" (cf. "A exportação da revolução e a erradicação da guerra"). Tudo leva a pensar que não tenha se tratado de uma voz isolada: não obstante a presença do expansionismo *praticado pelo país* do além-Reno, era grande o descontentamento com a continuidade das condições feudais da Alemanha, e ainda se dava credibilidade às esperanças, promessas e declarações que chegavam de Paris, da cidade protagonista de uma épica transformação histórica. Isso, do ponto de vista de Hegel, era um "entusiasmo que leva a um estado de dependência".

Contemporânea da carta, de certa forma "entusiasmada", recebida por Kant é *A Constituição da Alemanha*. Esta convida a tomar consciência da realidade: a nova França não apenas promove guerras de rapina, mas estas não são nem uma traição dos ideais originais nem um afastamento ocasional, e menos ainda representam um retorno ao passado e uma retomada do Antigo Regime. Estamos, na realidade, diante de uma política nova, vinculada a uma lógica férrea que é preciso analisar: as anexações territoriais efetuadas pelo governo de Paris são expressões do "espírito burguês", de uma política guiada "exclusivamente pelo cálculo". Como o "burguês que, com o seu trabalho, reuniu com dificuldades sua riqueza, uma moeda após a outra", "a república francesa seguia rigorosamente princípios gerais, aplicava-os com a sua força nos mínimos detalhes e esmagava sob tais princípios todos os direitos e as situações particulares" (ibidem, v.1, p.565-6). Existe, portanto, uma estreita ligação entre política interna e política externa: a burguesia, a nova classe que tinha conquistado o poder em Paris, não tem nenhuma intenção e nenhum interesse em realizar a paz perpétua aguardada pelos revolucionários alemães cegados por um entusiasmo acrítico.

É verdade, Napoleão (que então se chamava Bonaparte) "doou à República de San Marino alguns canhões", mas apenas para aproveitar "a situação para ganhar a fama de respeitar as repúblicas" (ibidem, v.1, p.564). Contudo, quando se trata de extorquir algo de substancioso, ele não se incomoda com escrúpulos de qualquer tipo. As suas guerras são, sem dúvidas, de conquista e de rapina, não buscam certamente ajudar os povos na sua luta pelo progresso, como assegura a propaganda oficial, mas seguem uma desapiedada lógica burguesa de acumulação de riqueza.

Hegel tira uma conclusão de caráter geral: quando se examina a política de um Estado, é preciso saber bem distinguir entre declarações públicas e objetivos reais; seria o cúmulo da ingenuidade confiar nos "manifestos" e "documentos oficiais" (ibidem, v.1, p.540). Hegel descobre Maquiavel antes de Fichte e o lê não apenas como o autor que ajuda a pensar o problema da defesa da independência nacional e da soberania estatal, mas também como um mestre da suspeita no âmbito das relações internacionais. Desgraçadamente, nenhum dos dois aspectos foi assimilado pela Alemanha: "A voz de Maquiavel se perdeu sem produzir qualquer resultado" (ibidem, v.1, p.558). Essa expressão de desapontamento surge num momento em que, na Alemanha, toda entusiasmada pela Revolução Francesa, pouca importância é dada para o autor de *O príncipe*. Durante muito tempo, Herder, Hölderlin e o próprio Fichte falam dele em termos pejorativos. Foi somente quando se tornou uma realidade inegável e macroscópica o expansionismo colocado em prática pelo país que tinha anunciado o fim das guerras de conquistas e, inclusive, o surgimento da paz, é que se redescobre o ensinamento de Maquiavel (Losurdo, 1997a, cap. VI, §4).

Apesar de convidar a ter uma visão mais realista da Revolução Francesa, Hegel não poupa críticas àqueles que na Alemanha não sabem compreender as grandes coisas ocorridas no além-Reno e têm saudades dos bons tempos antigos. Eles "não conseguem ver [...] aquela verdade que está no poder" (Hegel, 1969-1979, v.1, p.529). É inútil acusar o exército napoleônico sem se perguntar sobre as razões de suas vitórias, sem buscá-las inclusive dentro do país vencido e dominado, com sua contínua fragmentação estatal, nas suas relações feudais, nas suas insanáveis lacerações. Uma regeneração nacional da Alemanha não é possível mediante um retorno ao passado ou aferrando-se a "veneráveis" institutos históricos, destruídos ou questionados pela própria evolução histórica. Se para a ala reacionária o movimento de reconquista nacional se confunde com o ódio antifrancês e antirrevolucionário, para Hegel não é possível que a Alemanha se torne um Estado, um Estado nacional unitário, apenas se apropriando e assimilando a lição do desenvolvimento burguês moderno, "os progressos da razão e a experiência das convulsões da liberdade francesa" (ibidem, v.1, p.554-5).

No entanto, continua firme um ponto essencial que Hegel sente a necessidade de reiterar em 1803-1804, no mesmo momento em que o poder de Napoleão se encontra no seu ápice e não poucos esperam que esse triunfo trará um futuro luminoso e livre de conflitos: "uma união universal dos povos pela paz perpétua seria a senhoria de *um* povo, ou um só povo; a sua individualidade seria anulada: monarquia universal" (idem, 1969, p.260-1). A *pax* napoleônica, ou seja, a "paz perpétua" *subespécie napoleônica*, não é sinônimo de irmandade, como proclamam os "manifestos" e os "documentos oficiais" de Paris e como crê ingenuamente quem não passou pela escola maquiavélica da desconfiança, mas sim do domínio e da submissão universal.

Regime representativo e "efervescências" bélicas

Vimos a contradição de fundo presente nos discursos de Kant e Fichte sobre a paz perpétua: ambos ancoram a realização desse ideal na onda de destruição do Antigo Regime e do absolutismo monárquico, mas depois se voltam sobretudo para um país (a Grã-Bretanha) no qual o desenvolvimento econômico e comercial suplantou o mundo feudal, e a revolução política impôs o regime representativo. Hegel escolhe essa contradição colocando em evidência desde o início que os dois protagonistas do longo ciclo de guerra iniciado logo depois da Revolução Francesa são os dois países mais modernos e mais desenvolvidos da Europa. França e Grã-Bretanha se enfrentam nesse tipo de guerra mundial que afeta também a África (como foi o caso da expedição de Napoleão ao Egito) e o continente americano (como foi a tentativa do governo de Londres de aproveitar a revolta dos negros de São Domingos para colocar em dificuldades os seus rivais). Essa "luta decenal" e esse "jogo sanguinário" – assim se expressa, em 1799, em *A Constituição da Alemanha* (Hegel, 1969-1979, v.1, p.572) – são por si sós reveladores: a guerra não é o produto do atraso econômico e político.

Em Berlim – agora o ciclo de vinte anos de guerras está concluído – o filósofo traça um balanço histórico:

> Considera-se que os monarcas e os gabinetes são mais sujeitos à paixão: isso é possível, mas acontece também que inteiras nações possam se entusiasmar e ser levadas à paixão. Na Inglaterra, quem estimulou a guerra muitas vezes foi toda a nação; apenas mais tarde, com o fim das ebulições, tomou-se consciência de que a guerra era inútil, não necessária, e que fora iniciada sem calcular os meios. (ibidem, 1973-1974, v.4, p.738-9)

A experiência histórica contestou a tese, cara em particular a Kant e ao primeiro Fichte, segundo a qual a guerra despareceria quando quem decidisse sobre ela não fosse mais o monarca absoluto, protegido de qualquer perigo, mas sim os representantes eleitos do povo, destinado a sentir na própria pele as perdas e as misérias provocadas pelo uso das armas. Na realidade, o fervor belicista da Grã-Bretanha (e da Câmara dos Comuns) não foi menor que aquele exibido pelas cortes ainda muito feudais da Áustria e Prússia. O mesmo pode-se dizer da França revolucionária e pós-revolucionária:

> Considera-se que haveria menos guerras se elas fossem decididas pelas Câmaras (*Stände*), mas ocorre exatamente o contrário. Justamente por ser sancionado pela Constituição, o elemento guerreiro prevalece. É sobretudo por isso que um povo entra em guerras. Guerras das quais participam povos inteiros se tornam em geral guerras de conquista. (ibidem, 1983b, p.262)

Como fica claro na conclusão da passagem citada, na qual se fala de guerras com uma participação coletiva do povo, que de defensivas se tornam ofensivas, aqui se faz referência à França. A declaração de guerra que em 20 de abril de 1792 que acendeu o rastilho dos canhões não foi decidida pelo monarca (ainda que tenha agido nos bastidores para encorajá-la), mas pela Assembleia legislativa. Da mesma forma se comportaram os organismos representativos do termidoriano, inclusive quando as guerras, inicialmente defensivas, assumiram um caráter expansionista.

Hegel rejeita, assim, um argumento central do discurso sobre a paz perpétua surgido com a Revolução Francesa. Aos olhos de Kant, quando os exércitos permanentes forem substituídos por uma espécie de milícia formada por "cidadãos em armas", a figura do soldado seria incorporada naquela do cidadão, e assim desapareceria o perigo representado por corpos armados separados, cuja profissão é a guerra e que, portanto, acabam encarnando e alimentando o espírito militar (cf. "Kant e a Alemanha como defensores de 'paz perpétua'"). Também nesse caso, a experiência histórica concreta foi uma dura resposta às esperanças e ilusões iniciais. Após ter bravamente defendido a França revolucionária, a nação em armas constituiu o cerne dos exércitos e das guerras de conquista da França termidoriana e napoleônica. Para usar o teor das aulas de 1817-1818: "O que é perigoso ao se armar um povo inteiro para defender a própria independência é que, dessa forma, abandona-se o sistema meramente defensivo e se passa a operar de forma ofensiva" (ibidem, 1983a, p.192).

Não que o filósofo negue a importância da nação em armas, mas se trata de um recurso que deve ser utilizado apenas em circunstâncias excepcionais e que envolve muitos perigos. Os *Princípios de filosofia do direito* (§326) observam:

> À medida que se colocam em perigo o Estado como tal e a sua independência, o dever conclama todos os cidadãos para defendê-lo. Se dessa forma a totalidade se encontra fortalecida e é atraída para o exterior, então a guerra de defesa se transforma em guerra de conquista.

O pensamento leva obviamente à França revolucionária, cuja existência encontra-se ameaçada pela intervenção das potências contrarrevolucionárias: a participação na defesa de todos os cidadãos aptos às armas traz a salvação, mas confere uma força militar tão concentrada à nação agredida que esta, por sua vez, vai muito além do objetivo inicial da independência e se transforma em uma potência expansionista.

Em outras palavras, é preciso evitar que a exceção se torne regra: um povo que, em qualquer simples "contenda interestatal", está em permanente mobilização total acaba assumindo um comportamento de "conquistador" (idem, 1983b, p.277), como aconteceu com a França pós-termidoriana e napoleônica. De qualquer forma, contrariamente ao que pensam Kant e muitos outros com ele, o recurso à nação em armas não constitui uma medida que garante a extirpação das raízes da guerra e a realização da paz perpétua.

Como o universalismo exaltado se transforma no seu contrário

Os exércitos franceses pós-termidorianos justificam sua marcha expansionista se apresentando como defensores de valores (as luzes da razão, os direitos do homem, a paz perpétua) que, em virtude de sua universalidade, não os obrigam a respeitar as fronteiras estatais e a individualidade das nações. Segundo essa retórica, parece que, na França, interesses particulares desapareceram ou deixaram de ter qualquer função, vigorando apenas a universalidade. E assim até mesmo o "roubo de uma propriedade", ou seja, a anexação da margem esquerda do Reno que os franceses subtraem da Alemanha (Hegel, 1969-1979, v.1, p.458), legitima-se com o argumento da universalidade. Mas será que se pode levar a sério um universalismo que pretende disfarçar com belas palavras um conteúdo empírico, um interesse determinado e particular? E por que a cultura alemã, como demonstram a carta que um discípulo de Kant envia ao mestre em 1799 (que em nome da "paz perpétua" sugere deixar de lado as rapinas e prepotências do exército francês de ocupação) e a explícita teorização da exportação da revolução realizada por Fichte, deixa-se facilmente seduzir por um universalismo que na realidade é sinônimo de expansionismo?

A tal propósito, Hegel critica duramente a filosofia kantiana-fichtiana: com sua mania de pureza, ela celebra uma universalidade que interpreta o conteúdo empírico como uma fonte de contaminação; mas, dado que, na análise de uma situação histórica concreta, é inevitável fazer referência à empiria, às particularidades das circunstâncias, dos sujeitos e dos interesses envolvidos, eis então que sem controle crítico acaba sendo assumido e considerado como expressão do universal um conteúdo empírico que pode inclusive ser muito discutível e controverso. Não se trata de um empirismo comum, que defende um determinado conteúdo em concorrência ou em conflito com outros tipos de conteúdos durante um confronto que envolve diversos e contrastantes interesses. Não, agora "o absoluto que se encontra no princípio" é estendido a um determinado conteúdo empírico, que é transfigurado e elevado à dignidade de absoluto. Designando interesses particulares e determinados como expressão de valores universais e indiscutíveis, o "empirismo vulgar", ou seja, o "empirismo absoluto", realiza "uma adulteração e uma fraude"; e isso é inaceitável não apenas no plano "científico", mas também no "ético" (ibidem, v.2, p.297, 403, 463-4).

Agora podemos compreender melhor o balanço que Hegel fez do ciclo histórico iniciado em 1789. Inicialmente, olha com desconfiança e hostilidade para as guerras de libertação antinapoleônica: não pode certamente compartilhar uma visão que, junto com a invasão proveniente de Paris, condenava em bloco o país que tinha surgido com a derrubada do Antigo Regime. Mas já em Heidelberg, em 1817, Hegel fala do período histórico que vai da eclosão da Revolução Francesa à derrota de Napoleão como os "25" considerados, "sem dúvida, os mais ricos da história do mundo" e "os mais instrutivos" (ibidem, v.4, p.507). Pouco mais tarde, em Berlim, ao defenderem "a Revolução Francesa como evento da história universal", como uma etapa fundamental da história da liberdade interpretada também como "independência da nação, como uma individualidade ante as outras", as *Lições de filosofia da história* assim continuam:

> Com a imensa força do seu caráter, ele [Napoleão] se voltou depois para o exterior, submeteu toda a Europa e difundiu por todos os lados as suas instituições liberais. Jamais foram conseguidas maiores vitórias, jamais foram efetuadas campanhas mais geniais; mas jamais, também, a impotência da vitória se manifestou tão claramente [...]. A individualidade e a consciência dos povos, religiosa e nacional, derrubaram finalmente esse colosso. (idem, 1919-1920, p.937, 930-1)

Como demonstra a experiência concreta e como põe em evidência, no plano mais propriamente filosófico, a transformação do universalismo abstrato em "empirismo absoluto", a universalidade concreta se manifesta à medida que "envolve a riqueza do particular" (idem, 1969-1979, v.5, p.54); diversamente, ela está ausente no modo de agir do Império Romano (e napoleônico), preocupado, não obstante a ostentação de um espírito de tolerância, "em emprisionar os indivíduos com os seus costumes e em reunir no panteão do domínio mundial todos os deuses e os espíritos, tornando-os uma entidade universal abstrata". Na sua irresistível marcha expansionista, o "princípio romano" (e napoleônico) priva de "toda vitalidade" as individualidades nacionais, perante as quais opera como "um destino cego e uma violência férrea" (ibidem, v.12, p.338-9).

Dessa forma, o filósofo pode legitimar tanto a Revolução Francesa e o poderoso impulso para radicais transformações político-sociais dela surgido, e que foi sentido também na Alemanha, como a revolta na Alemanha e em outros países contra uma França que, com Napoleão, tornou-se sinônimo de opressão nacional e de saque semicolonial. É um balanço que se caracteriza pela sua maturidade e lucidez dialética.

Crítica da "paz perpétua" e das guerras da Santa Aliança

Convém agora destacar um ponto geralmente negligenciado: ao atestar a inoperância do ideal ou do sonho da paz perpétua, Hegel realizou uma análise conjunta de ambas as versões que circulavam no seu tempo, aquela que tinha sido estimulada pela Revolução Francesa e aquela surgida para combater as ideias e os movimentos decorrentes de tal revolução. Obviamente, as duas versões eram muito diferentes entre si, e não apenas pelos conteúdos políticos opostos. A primeira tinha inspirado um movimento de massa, com aspirações e esperanças profundas e amplamente difundidas; a segunda correspondia geralmente ao cálculo político de gabinetes, de homens de Estado e de políticos. No entanto, havia algo em comum entre as duas versões. Hegel (1973-1974, v.3, p.836-7) levou ambas em consideração: nas aulas de filosofia do direito, de 1822-1823, condenou as guerras realizadas "em tempos recentes", tendo em vista "a conquista e a destruição da Constituição de um Estado", e as condenou com muita veemência, denominando-as "guerra de aniquilação" (*Vertilgungskrieg*) ou "guerra de extermínio" (*Ausrottungskrieg*), uma guerra, na verdade, que beirava o "fanatismo". Quando assim se expressava, o filósofo certamente não ignorava as guerras efetuadas pela França revolucionária ou pós-revolucionária com o objetivo declarado de derrubar o Antigo Regime e o absolutismo monárquico nos países vizinhos, difundindo a liberdade e as instituições livres. Mas ainda mais evidente era a referência à intervenção da Santa Aliança, então em curso, que acabaria com a ordem institucional instaurada na Espanha após a revolta do coronel Riego.

Em ambos os casos, tratava-se não de uma disputa interestatal normal, que tem por objeto um litígio limitado, mas de um conflito que colocava em discussão e em perigo a identidade de um Estado e até mesmo a sua existência independente. Nas duas situações, longe de pôr fim à guerra, a excitação da palavra de ordem da paz perpétua (que deveria surgir da difusão da ordem constitucional considerada como a única justa ou legítima) transformou uma guerra limitada em um tipo de guerra de religião e, nesse sentido, em uma "guerra de aniquilação".

Napoleão já tinha abdicado e foi exilado na ilha de Elba, mas um interlocutor (Heinrich Steffens) escreveu a Schleiermacher que a Alemanha e a Europa podiam se sentir tranquilas apenas quando fossem expugnadas e demolidas as "fortalezas" que o ex-imperador continuava a ocupar no coração do povo francês (in Jonas; Dilthey, 1860-1863, v.4, p.200). Mesmo depois de Waterloo e da derrota final de Napoleão, o patriota e agitador que já conhecemos, isto é, Arndt (1972, v.1, p.471), clamava pela continuidade da luta contra o "pecado gaulês", uma tarefa que, evidentemente, exigia uma permanente intervenção nas questões internas da França e um intervenção que não se referia apenas à esfera propriamente política, mas envolvia também a cultura, a religião, a alma de um povo.

A guerra de religião se tornou ainda mais evidente em um autor que, após seu entusiasmo revolucionário inicial, acabou aderindo à Restauração com o zelo de um neófito. Após ter citado a declaração, já apresentada pela Santa Aliança, segundo a qual os monarcas signatários se consideravam como membros de uma única "nação cristã" e como "representantes da Providência" (que por definição presidia o destino do mundo inteiro), Joseph Görres (1928, v.13, p.441) – é dele que se trata – proclamou:

> Essas proposições expressaram de forma clara e precisa a renúncia total às heresias daquela falaciosa política que há séculos engana e confunde o mundo, e anunciaram o retorno à visão simples e franca de antes que, por força de uma ordem superior do mundo e da fé em uma potência superior à limitada potência terrena, dirigia a história humana.

Foi o próprio Deus que colocou "o seu anjo acima dos conflitos do nosso tempo". Foi exatamente por ter unificado, na pessoa dos seus fundadores, as "três diferentes Igrejas cristãs" (a católica, a protestante e a ortodoxa, às quais aderiram a Áustria, a Prússia e a Rússia, respectivamente) que a Santa Aliança podia prescindir das limitadas "relações espaciais e temporais" e ter aquela "visão superior" que era necessária para assegurar a paz (ibidem, v.13, p.443-4). Esta não tinha um significado exclusivamente "político", não se preocupava apenas em "assegurar a tranquilidade da Europa", mas tinha também um significado religioso, "cristão", almejava "restabelecer a unidade familiar dos membros dispersos da comunidade cristã"; os príncipes que a estabeleceram eram os "emissários da Providência". Por isso, a Santa Aliança devia ser considerada como "uma liga perpétua de defesa e de luta contra os movimentos revolucionários" (ibidem, v.3, p.462-7, 426). Se a paz perpétua prometida pela Revolução Francesa tinha se transformado com Napoleão em uma guerra ininterrupta de conquistas, a paz perpétua proclamada pela Santa Aliança se apresentava, desde seu início, como uma guerra perpétua contra a revolução e a mudança político-social.

É contra essa cultura que polemizam os *Princípios de filosofia do direito* (§322) quando destacam que cada Estado "é autônomo em relação aos outros" e goza de uma soberania que deve ser respeitada. Como ficava claro, sobretudo, nas aulas do curso de 1822-1823, o alvo, ou pelo menos o alvo principal, era a "Santa Aliança", citada de forma explícita:

> Essa aliança deveria (*soll*) decidir o que é legal e o que deveria (*soll*) constituir o fundamento [jurídico] do compromisso dos Estados em permanecer tal como são.
> Porém, há um outro aspecto. Como soberanos, aqueles que fazem parte dessa Liga podem muito bem dela se separar, de modo que a própria Liga se transforme num devir (*ein Sollen*), e que cada uma tenha o direito de se separar dela quando se sentir suficientemente forte. (Hegel, 1973-1974, v.3, p.835)

A pretensão da Santa Aliança de ditar a lei aos Estados que dela faziam parte, obrigando-os, sob a ameaça de invasão, a se apoiar no Antigo Regime e a rechaçar as ideias e os institutos surgidos com a Revolução Francesa, tudo isso se assentava, em última análise, na força, e não mais em fantásticos princípios superiores ou em valores de origem até mesmo divina. Consequentemente, a Santa Aliança entrava em contradição consigo mesma: "Os Estados soberanos devem constituir a Liga e reconhecê-la como juiz sobre eles. Mas ser soberano significa não ter qualquer juiz fora de si mesmo, e assim na própria Liga há uma contradição" (ibidem, v.3, p.835).

Entretanto, reiterar a individualidade exclusiva de cada Estado, rejeitando o agressivo universalismo alegado pela Santa Aliança, significava abandonar quaisquer esperanças de alcançar a paz perpétua. Esse foi um aspecto explicitado no curso de 1824-1825:

> Uma paz perpétua é considerada frequentemente como um ideal que a humanidade deve atingir. Assim, Kant propôs uma Liga de príncipes que deveria eliminar as contendas entre os Estados, e a Santa Aliança teve a intenção de ser uma instituição desse tipo. No entanto, o Estado é um indivíduo, e na individualidade está contida essencialmente a negação. Assim, mesmo se certo número de Estados se considera uma família, essa aliança, enquanto individualidade, deve criar uma antítese e gerar um inimigo, e os inimigos da Santa Aliança poderiam ser os turcos ou os norte-americanos. (ibidem, v.4, p.734-5)

Mesmo defendendo a bandeira da paz perpétua, a Santa Aliança nascia, na realidade, como um programa de guerras internas (contra os países que tivessem incorrido na apostasia ou na heresia) e de rivalidade e de luta pela hegemonia no plano internacional, uma rivalidade e uma luta que poderiam facilmente se transformar em conflito armado.

A paz perpétua, do espírito objetivo ao espírito absoluto

Clara era a conclusão a que chegava Hegel: nem a Revolução Francesa nem a Santa Aliança tinham condições de manter a promessa de paz perpétua; aliás, as próprias guerras conduzidas em nome de tal ideal acabavam se tornando guerras totais, no sentido que colocam em discussão não este ou aquele aspecto limitado e exterior, mas sim a ordem interna, a Constituição, os valores do Estado inimigo. Mais que buscar uma utopia que em cada momento corria o risco de se transformar em distopia, era melhor se concentrar no problema da limitação da guerra.

O âmbito caracterizado pelo desaparecimento ou pela atenuação do conflito e pela busca de uma espécie de paz perpétua era eventualmente o "espírito absoluto", era o mundo da arte, da religião, da filosofia: pelo menos no que dizia respeito à Europa, este continuava a ser mais ou menos comum também entre os adversários de uma guerra e, portanto, não podia ser invocado por um ou por outro contendente como pretexto para aprofundar as feridas. Aos olhos de Hegel, eram inaceitáveis tanto as explícitas guerras de religião da Santa Aliança como as guerras, em geral, de religião invocadas ou teorizadas por aqueles que, do lado oposto, propunham exportar com as armas a ordem surgida com a Revolução Francesa.

A respeito do "espírito absoluto", era bem distinto o panorama apresentado pelo "espírito objetivo", pelo mundo propriamente político. Seu desenvolvimento foi marcado por conflitos, que podiam se tornar violentos, tanto no plano internacional (as guerras) como no plano interno (as revoluções). O projeto de paz perpétua de

Saint-Pierre se propunha a eliminar, junto com as guerras, também as revoluções. E a Santa Aliança, retomando a palavra de ordem da paz perpétua, buscava, na realidade, evitar sobretudo as revoluções com intervenções e expedições militares que eram verdadeiras guerras, mas que eram comparadas, hipocritamente, a intervenções para o restabelecimento da ordem, a operações de "polícia internacional" (para usar a linguagem atual).

Aos olhos de Hegel, a própria revolução é uma forma de guerra. Ele se refere, indiferentemente, à "revolução americana", à "guerra de libertação" (nacional) ou também simplesmente à "guerra americana" (Hegel, 1969-1979, v.1, p.258; idem, 1919-1920, p.208, 919). Ou fala acaloradamente de revolução, ou seja, das "guerras sangrentas" dos escravos romanos para conquistar a liberdade e o "reconhecimento de seus eternos direitos humanos" (idem, 1969-1979, v.10, p.224); nesse caso, trata-se de uma revolução. Segundo o filósofo, quer se trate de guerras ou revoluções, tais agitações fazem parte do processo histórico e podem desempenhar também uma função positiva.

Que fique claro: não se trata absolutamente de uma celebração indiferenciada da violência ou da guerra. Ao abandonar o ideal da paz perpétua, Hegel encontra-se tão distante da celebração da guerra como tal que, já em 1799, destaca o custo crescente, em sangue e dinheiro, que ela envolve: "A natureza das guerras mudou tanto que a conquista de algumas ilhas ou de uma província custa esforços de muitos anos, grandes etc." (ibidem, v.1, p.571). Por isso não há qualquer razão para designar Hegel, como geralmente tem sido feito, como o filósofo por excelência da guerra e até mesmo como o seu defensor acrítico. Tal juízo confundiu um balanço histórico, cuja correção é difícil de ser questionada, com uma desconsideração pelo ideal da paz.

É uma confusão que se torna mais injustificável ainda se olharmos para a história do sucesso da visão tão cara a Hegel. Um capítulo é particularmente iluminador. Durante a Primeira Guerra Mundial, Hegel e a distinção que ele formulou entre "espírito objetivo" e "espírito absoluto" são evocados por aqueles (não apenas Benedetto

Croce, mas também Antonio Gramsci) que se recusam a interpretar a guerra como choque de civilizações contrapostas e irreconciliáveis entre si, ou seja, aqueles que procuram limitar a área do conflito para não comprometer as bases de uma futura reconciliação. Em direção totalmente oposta, movimentam-se aqueles (grandes intelectuais e até mesmo filósofos de reputação) que imprudentemente incluem também o espírito absoluto no conflito, interpretando-o como um choque da valores e de crenças opostos (Losurdo, 1997b, cap. 11, §4).

No entanto, durante as grandes crises históricas, contrariamente às esperanças de Hegel, o choque tende a envolver, além do "espírito objetivo", o "espírito absoluto".

CAPÍTULO 5
Comércio, indústria e paz?

Washington, o comércio e os "animais selvagens"

No final do século XVIII, o Antigo Regime foi questionado pela revolução política e pela revolução econômica: no entanto, a aristocracia feudal tendia a ceder lugar à burguesia comercial e industrial. O declínio de uma classe cuja riqueza provinha da propriedade da terra e do controle de um determinado território e a ascensão de uma classe social caracterizada por uma maior mobilidade e por certa ligação cosmopolita com outros povos e outros países: tudo isso não acabaria provocando o desmoronamento do terreno em que o fenômeno da guerra fincava suas raízes? Já conhecemos a resposta de Kant. Comércio e espírito comercial eram ambivalentes: por um lado, criavam uma relação recíproca de conhecimento e cooperação entre os povos envolvidos na troca de mercadorias; por outro, estimulavam a cobiça e a aspiração ao saque e à dominação, como demonstravam o expansionismo colonial e o tráfico de escravos. Em outros casos, ao contrário, a resposta era menos problemática: o caminho fraternização e para a pacificação dos povos teria sido possibilitado pelo surgimento da sociedade comercial. Na França das Luzes, Jean François Melon (1736, p.79) pode escrever que, "em uma nação, o espírito de conquista e o espírito de comércio se excluem mutuamente".

Era uma visão que encontrou talvez a sua primeira concretização na América do Norte, onde o peso do Antigo Regime era obviamente menos forte que na Europa. Em 15 de agosto de 1786, George Washington (1988, p.326) assim escreveu ao marquês de La Fayette (destinado a se tornar um dos protagonistas da primeira fase da Revolução Francesa):

> Apesar de eu não pretender ter informações circunstanciadas sobre as atividades comerciais nem uma premonição dos acontecimentos futuros, no entanto, como membro de um império recém-nascido (*infant empire*), como filantropo por natureza e – se me permitirem usar esta expressão – como cidadão da grande república da humanidade, não posso desviar minha atenção desse tema. Isso significa que não posso deixar de refletir com prazer sobre a provável influência que o comércio pode ter no futuro sobre os costumes humanos e sobre a sociedade em geral. Em tais ocasiões, penso que a humanidade poderia estreitar laços fraternos como em uma grande família. Deixo-me seduzir por uma ideia encantadora e talvez entusiástica: o mundo tornou-se evidentemente menos bárbaro que no passado, mas ele pode ainda mudar para melhor; as nações estão se tornando mais humanas na sua política, os motivos de ambição e as causas da hostilidade estão diminuindo a cada dia; enfim, não está distante o momento em que os benefícios de um comércio liberal e livre tomarão o lugar, no seu conjunto, das devastações e dos horrores da guerra.

Sim – reafirma outra carta da primavera de 1788, endereçada a um outro interlocutor francês –, graças aos "benefícios filantrópicos do comércio" desaparecerão "as devastações da guerra e a fúria da conquista", e será finalmente realizada a profecia bíblica: "As espadas serão transformadas em arados" (ibidem, p.394).

Porém, uma pergunta faz-se, logo, necessária: a enfática perspectiva de paz perpétua aqui delineada envolve também o mundo colonial? Na realidade, Melon gostaria de estender a escravidão das colônias à metrópole (Losurdo, 2002, cap. 12, §3). Em relação a Washington, uma carta por ele enviada a Sieyès é reveladora: "Os índios provocam alguns danos insignificantes que não se assemelha em nada a uma guerra geral ou aberta": não se fala aqui de verdadeira paz e muito menos de paz duradoura. E é difícil ou impossível imaginar tal perspectiva se se parte do pressuposto que assemelha os "selvagens" peles-vermelhas a "animais selvagens da floresta", contra os quais a luta deve ser sem tréguas: a marcha expansionista dos colonos brancos norte-americanos obrigará "os selvagens a retirar-se como o lobo".

A comparação desumanizante que acabamos de ver está presente em uma carta de Washington, de 7 de setembro de 1783 (in Delanoë; Rostkowski, 1991, p.50-2), que dista poucos dias do tratado de paz que preparava o caminho para a criação dos Estados Unidos. Durante a Guerra de Independência contra a Grã-Bretanha, pelo menos segundo um historiador legalista refugiado no Canadá após a vitória dos colonos norte-americanos rebeldes, estes conduziam uma política de "extermínio das seis nações" peles-vermelhas, aliadas do governo de Londres: "Com uma ordem que, acreditamos, não ter precedentes nos anais de uma nação civil, o Congresso determinou a completa destruição desse povo como nação [...], incluídas mulheres e crianças" (in Losurdo, 2015, cap. V, §13). É uma política que não pode certamente ser questionada por George Washington: este desumaniza os índios e, na carta a Sieyès, celebra o país do qual logo se tornará o primeiro presidente como um "império recém-nascido"; além disso, interessa-se pessoalmente pelo avanço da fronteira e pela continuidade e ampliação da expansão colonial no Oeste, tendo investido um grande capital nessa empresa (cf. "A gênese da 'paz perpétua'"). Em conclusão, a paz perpétua promovida pelo comércio não exclui a guerra, e a guerra mais impiedosa, contra os ameríndios; e não exclui nem mesmo a escravização dos negros, e, de fato, trata-se de uma guerra contra eles (segundo o grande ensinamento de Rousseau). É verdade que, em relação à escravidão, Washington tem certa relutância e constrangimento; mas se trata de sentimentos de caráter privado, sem colocar em discussão a permanência, aliás, a centralidade de tal instituto no âmbito da república norte-americana que acaba de ser criada.

Por causa da grande ausência de uma fase propriamente feudal, a sociedade norte-americana vê emergir antes da Europa o ideal de uma paz perpétua promovida pelo desenvolvimento do comércio e das relações comerciais. Porém, há uma outra face da moeda: se no Velho Mundo se questiona a aristocracia fundiária feudal, cuja única atividade é a guerra e a preparação da guerra, do outro lado do Atlântico a celebração da virtude civilizadora e pacificadora do comércio, ou seja, do "comércio liberal e livre" (para usar as palavras de Washington), tem como alvo os índios. É preciso ter presente a história que está por trás dessa postura. Aos olhos de Locke, por se dedicarem exclusivamente à caça e serem incapazes de trabalhar a terra, os nativos não tinham um título real de propriedade e eram também estranhos à comunidade civil (idem, 2005, cap. I, §6); agora (em Washington), o que determina a exclusão dos índios da comunidade da civilização e da paz é seu estranhamento da atividade comercial (como também da produtiva). Se antes eram expropriados, deportados (e dizimados) em nome do trabalho, agora os nativos sofrem a mesma sorte em nome do comércio e da paz.

Constant e a "era do comércio" e da paz

Na Europa, antes de assumir uma forma autônoma, a visão que atribuía ao comércio o papel decisivo na erradicação do flagelo da guerra se situava inicialmente no âmbito das promessas e das esperanças suscitadas pela revolução política. Entre as vozes que na França vinculavam a paz perpétua à destruição do Antigo Regime, havia também a de Antoine Barnave. Ao intervir no debate em curso, na primavera de 1790 ele exprimiu o seu apoio à tese, naquele momento muito difundida, segundo a qual a guerra seria impedida, em primeiro lugar, ao se colocar fim ao poder absoluto dos reis e proibi-los de se lançar em aventuras bélicas, sem correr qualquer risco. Porém, ele insistia no efeito benéfico para a causa da paz que teria o controle sobre o poder político exercido não pelos artesãos ou camponeses de que falava Fichte (cf. "A monarquia absoluta como raiz da guerra"), mas sim pelos proprietários: "O corpo legislativo dificilmente se decidirá pela guerra. Cada um de nós temos propriedades, amigos, família, filhos, e uma quantidade de interesses pessoais que a guerra poderia comprometer" (in Buchez; Roux, 1834, v.6, p.109). Aqui se fazia referência não à propriedade fundiária, tradicional baluarte da aristocracia fundiária e do Antigo Regime. Aos olhos de Barnave (1960, p.28-9), o "espírito de liberdade" e a rejeição do absolutismo monárquico (naturalmente inclinado à guerra) cresciam e se reforçavam com o desenvolvimento da "indústria", da "riqueza" e, sobretudo, da "riqueza mobiliária": eis por que, antes ainda que na Inglaterra, com a sua esplêndida "Constituição", o "espírito de liberdade" tinha conseguido a vitória na Holanda, "o país onde há um maior acúmulo de riqueza mobiliária". Propriedade mobiliária, comércio e causa da liberdade e da paz soavam uníssonos.

A celebração da virtude intrinsicamente pacificadora do comércio assumiu uma forma autônoma e se difundiu no final do ciclo das guerras napoleônicas e com o surgimento de um longo período de paz conseguido pela Grã-Bretanha. Agora ficava claro qual país encarnava realmente e mais do qualquer outro a repugnância e a aversão pela guerra. Assim pelo menos argumentava Benjamin Constant, ao observar, em 1814, que, não obstante as promessas de paz perpétua, "das tempestades da Revolução Francesa o espírito de conquista emergiu mais forte do que nunca". Pelo menos à primeira vista, era um balanço que em nada diferia do que foi feito por Engels (cf. "A falta de ajuste de contas definitiva com o 'napoleonismo'"). Porém, no caso do autor liberal, estamos diante de um desmoronamento em bloco da "nossa longa e triste revolução", "longa e triste" também pelo fato de ter fugido ao controle dos proprietários. Ao "introduzir no governo uma classe obtusa", a plebe ignorante e miserável, e ao "desencorajar a classe esclarecida" (e abastada), aquela revolução representou uma "nova irrupção de bárbaros" (Constant, 1961, p.147, 192).

No entanto, a vitória conseguida pela Grã-Bretanha não foi casual, foi a vitória do país que representava a causa da modernidade e da liberdade, do livre-comércio e da paz. Preanunciava-se uma grande e promissora reviravolta histórica:

> Chegamos à época do comércio, que deve necessariamente substituir a da guerra, assim como a da guerra precisou precedê-la necessariamente.
> A guerra e o comércio são apenas dois meios diversos para se atingir o mesmo fim: aquele de possuir o que se deseja. O comércio [...] é uma tentativa de obter pacificamente aquilo que não esperamos obter com a violência.

O surgimento da modernidade e o desenvolvimento do tráfico e do comércio tornavam obsoletas as tentativas de se enriquecer mediante a violência e a prepotência, ainda mais que com uma longa e dolorosa experiência a humanidade estava bem consciente dos grandes custos e riscos envolvidos no recurso à violência e à guerra: "A guerra é, portanto, anterior ao comércio [...]. A guerra, portanto, perdeu o seu fascínio. O homem não se sente mais atraído por ela, nem por interesse nem por paixão" (ibidem, p.22-4). Entretanto, pelo menos para as classes abastadas e esclarecidas – reiterava poucos anos depois o *Discurso sobre a liberdade dos antigos comparada àquela dos modernos* –, as fronteiras estatais e nacionais tinham, praticamente, deixado de existir:

> [...] os indivíduos transferem suas riquezas para terras distantes; levam consigo todas as joias da vida privada; o comércio aproximou as nações e as fez assumir costumes e hábitos muito semelhantes; os chefes podem ser inimigos, os povos [e, em particular, os membros das classes abastadas] são compatriotas. (idem, 1980, p.511)

O cosmopolitismo proprietário teria levado a melhor sobre o espírito mesquinho e sobre as paixões nacionais características do passado pré-moderno (e das classes mais pobres e menos cultas).

COMÉRCIO, INDÚSTRIA E PAZ?

Se, apesar disso, entre o fim do século XVIII e o início do XIX, a guerra tinha se alastrado pela Europa durante duas décadas, a responsabilidade recaía totalmente sobre a Revolução Francesa. Ela tinha "inventado um pretexto de guerra até então desconhecido: libertar os povos do jugo de seus respectivos governos, que eram supostamente ilegítimos e tiranos"; em seguida, com Napoleão, a guerra tinha se tornado um instrumento cínico de conquista e de saque. Esse ciclo foi, finalmente, encerrado, e encerrado com a vitória das "nações mercantis" (a Grã-Bretanha) e com a derrota dos "povos guerreiros" (a França), confirmando a irresistível tendência que levava ao triunfo do comércio e ao declínio da guerra (idem, 1961, p.40, nota 23).

É evidente que, no panorama aqui traçado, denunciava-se o espírito de cruzada instaurado pela França revolucionária e napoleônica contra os "governos" considerados "ilegítimos e tiranos", mas nada se dizia da cruzada do lado oposto, que já anteriormente tinha tentado derrubar a ordem revolucionária surgida na França e levado Kant a rotular Pitt (o primeiro-ministro britânico) de "inimigo do gênero humano". A esse silêncio, útil para apresentar a Grã-Bretanha como encarnação da "era do comércio" e da paz, acrescentava-se um outro, aquele relativo à questão colonial. Como sabemos, para Barnave, com o olhar voltado para a Holanda e para a Grã-Bretanha, era a progressiva conquista da primazia econômica e política por parte da propriedade mobiliária que garantia a marcha da liberdade e da paz. Dessa propriedade "mobiliária" faziam parte os escravos (já catalogados no Código de Luís XIV entre os bens "móveis"), objeto de um comércio que tinha visto como protagonistas primeiro um e depois o outro dos países celebrados por Barnave. De forma semelhante, em 1814, Constant apresentava como defensor da causa da paz a Grã-Bretanha, que naquele momento possuía nas colônias um enorme número de escravos: ao contrário de Rousseau, tanto para Barnave como para Constant a instituição da escravidão não estava em contradição com a paz perpétua; e não havia contradição da paz perpétua nem mesmo com as guerras coloniais.

Em 1798, justamente na onda da Revolução Francesa, a Irlanda procurou livrar-se do domínio da Grã-Bretanha, porém a ilha rebelde foi arrasada por uma expedição militar que não poupou nem mesmo a população civil. O país e o regime assumidos como modelo por Constant tinham brotado da Revolução Gloriosa de 1688-1689, que se afirmou na Irlanda apenas depois de uma reconquista racial, inclinada a destruir o inimigo sem fazer distinções nas suas fileiras (cf. "A gênese da 'paz perpétua'"). Quando falava de paz, o autor liberal francês fazia referência exclusivamente à Europa, que não tinha mais "nada a temer das hordas bárbaras ainda existentes" (ibidem, p.21), dos povos coloniais pouco a pouco por elas dominadas.

Desenvolvimento da sociedade industrial e declínio do "espírito militar"

Em conclusão, tanto Washington quanto Constant excluíam o mundo colonial da paz perpétua por eles vislumbrada e almejada; no entanto, do outro lado do Atlântico, o mundo colonial estava inserido na própria república norte-americana, e isso tornava a exclusão inevitavelmente mais brutal. Saudada por Constant como expressão do avanço da causa da paz, a vitória das "nações mercantis" (a Grã-Bretanha) sobre os "povos guerreiros" (tanto a França, que, não obstante todos os seus problemas políticos, ficou aquém da Revolução Industrial e do consequente desenvolvimento do comércio mundial, como os bárbaros das colônias), nos Estados Unidos, apresentava-se como o inestancável avanço dos colonos branco em detrimento daqueles obstinados e incorrigíveis guerreiros que eram os índios, incapazes de se dedicar ao comércio e ao trabalho e cuja sorte trágica já estava definida desde o início.

Concentremo-nos primeiramente na Europa. A visão defendida por Constant se fortalece no prolongado período relativamente pacífico que a Europa conheceu entre 1814 (a derrota de Napoleão) e 1914 (a eclosão da Primeira Guerra Mundial): a chamada "paz dos cem anos" é caracterizada por um grande desenvolvimento industrial e comercial, e isso reforça a esperança de que a "era do comércio" e da indústria seja também a era da paz. Aos olhos de Auguste Comte, a guerra já se tornou anacrônica: a sociedade industrial substituiu a sociedade militar, e o espírito industrial e pacífico tomou ou está tomando o lugar do espírito militar. Essa tendência irresistível já se firmou na Europa e no Ocidente. Nessa área do mundo, as fronteiras estatais e nacionais praticamente já não existem, de acordo com o filósofo francês, que fala repetidamente em "república europeia", "grande república europeia" (Comte, 1979, v.2, p.233, 369, 416), ou seja, da "república ocidental" e da "grande república ocidental" (ibidem, v.2, p.428, 371, 402).

O erro fundamental das guerras napoleônicas de conquista foi colocar a França sob suspeita diante dos "nossos concidadãos ocidentais". Por sorte, trata-se de um passado sem volta: surgiu a "profunda paz europeia", que "se manifesta agora num grau sem precedente em toda a história humana" e que claramente marca ou anuncia "o surgimento final de uma era plenamente pacífica". Vislumbra-se a "paz universal"; aliás, surgiu uma "era de paz universal". É verdade, em diversos países, o serviço militar continua a ser obrigatório, mas a necessidade que o poder tem de se utilizar do recurso da coação a fim de constituir um exército é "um testemunho espontâneo da inclinação antimilitarista das populações modernas". Certamente, salta aos olhos "o vasto aparato militar atualmente mantido em todos os povos europeus", mas este é chamado a desenvolver apenas uma função de ordem pública durante uma fase transitória com um persistente movimento revolucionário ou subversivo, até o momento em que a filosofia positiva tornou supérflua também essa tarefa (ibidem, v.2, p.403, 426-9).

A confiança do filósofo francês é posteriormente alimentada pela avaliação inadequada (mas muito difundida ainda atualmente) da revolta que deu origem à criação dos Estados Unidos: considerando apenas a luta dos colonos contra o governo de Londres e ignorando o seu esforço em manter os negros em condições de escravidão e em expropriar, deportar e exterminar os nativos, um dos capítulos mais trágicos da história do colonialismo é transformado em uma espécie de revolução anticolonial, e é interpretada como o início do fim do colonialismo aquela que, na verdade, é uma etapa essencial do seu triunfo mundial. Em todo caso, aos olhos de Comte, com a revolta antibritânica dos colonos norte-americanos foi iniciada "a necessária destruição do sistema colonial"; dá-se "nessa era a decadência quase universal do regime colonial"; e assim, deixa de existir, "no sistema das repúblicas europeias, a última causa geral das guerras modernas". Isto é, juntamente com as guerras entre as grandes potências ocidentais, declinam ou começam a declinar as guerras coloniais por estas protagonizadas. O presente da Europa e do Ocidente, ou seja, da "humanidade civil" já identificada ou a caminho da identificação com a sociedade industrial, é o futuro dos povos não ainda civilizados; o "desenvolvimento universal da indústria moderna" é ao mesmo tempo o avanço e o progressivo fortalecimento da paz universal (ibidem, v.2, p.373, 424, 253).

Não menos confiante que o positivista francês é o britânico Herbert Spencer. Com o surgimento da expansão da "sociedade industrial", que graças à "cooperação voluntária" e à promoção da ciência e da técnica foi capaz de desenvolver a riqueza social em um nível sem precedentes, o espírito militar, que acompanha o enriquecimento mediante a conquista, e o recurso a exércitos submetidos à coação e a uma rígida disciplina se revelam não apenas ineficazes e contraproducentes, mas se tornam cada vez mais inaceitáveis por povos agora habituados à liberdade individual e à vida pacífica. Qualquer que tenha sido a função dessa reviravolta no passado, agora "a guerra já deu tudo o que podia ter dado" (Spencer, 1967, v.2, p.421). O percurso que leva ao surgimento de uma paz sólida e permanente ainda pode ser longo e acidentado, mas não há dúvidas sobre sua evolução histórica e sobre a sua meta final:

> A guerra nutriu o espírito feudal e, ao mesmo tempo, a maldição de todas as nações; e daquele espírito emergiu uma grande parte da legislação egoísta e tirânica que nos submeteu durante tanto tempo. Se durante os últimos quatro ou cinco séculos o mundo civilizado, em vez de se envolver em invasões e conquistas, tivesse voltado sua atenção para fontes reais da riqueza – a indústria e o comércio, a ciência e as artes –, já há

muito tempo os nossos nobres teriam se convencido de que eram apenas abelhas de uma colmeia e teriam deixado de contar tanta vantagem sobre seu desprezível papel [...]. [O espírito militar] é o grande obstáculo para a difusão do sentimento de fraternidade universal entre todas as nações, que é tão importante para a real prosperidade da humanidade.

Como nos é dito [pela Bíblia], virá o tempo em que as nações "transformarão as suas espadas em arados e as suas lanças em foices". Esse tempo pode estar ainda muito distante, mas estamos nos aproximando dele e ao final o alcançaremos; e isso acontecerá – temos certeza – não por meio de uma abrupta revolução, mas sim graças a um prolongado progresso moral e intelectual. (idem, 1981, p.212-3)

Outro fator que enfraquece o espírito militar, não obstante os seus sobressaltos e momentâneos retornos, é o processo que hoje chamamos de globalização: o "aumento da atividade manufatureira e comercial" caminha de mãos dadas "com o fortalecimento dos vínculos criados entre as nações por meio da mútua dependência", de tal forma que "a hostilidade encontrará uma resistência cada vez maior e desaparecerá a organização voltada para a vida militar" (idem, 1967, v.2, p.407).

Triunfo das "comunidades pacíficas" e desaparecimento das raças "guerreiras"

Na cultura europeia, esses temas acabaram assumindo uma conotação racial. O declínio do espírito militar também significou o retrocesso ou o desaparecimento das "raças" que encarnavam inevitavelmente aquele espírito: a paz e a civilização avançavam "eliminando as raças inferiores de homens", possuídas pelo "velho instinto predatório". Como em qualquer tipo de sociedade, também no plano internacional se manifestava a lei cósmica, que incluía a eliminação dos ineptos: "Todo o esforço da natureza é para se livrar deles, limpando o mundo de sua presença e deixando espaço aos melhores" (Spencer, 1873, p.454, 414).

No entanto, foi do outro lado do Atlântico que a leitura em chave racial do irresistível avanço da sociedade industrial pacífica se manifestou com muita clareza e continuidade (e sem oscilações e contradições que veremos em Spencer). O "império recém-nascido" evocado e invocado por George Washington começou a dar seus primeiros e rápidos passos. Enquanto concluíam a expropriação, deportação e exterminação dos nativos, impulsionados – assim consideravam – por um "destino manifesto" e irresistível por ser sancionado pela Providência, os Estados Unidos começaram a estender o seu controle sobre todo o "hemisfério ocidental", reputado pelo país como reservado e destinado, de qualquer modo, pela Doutrina Monroe. A marcha expansionista se acentuou com o final da Guerra de Secessão, que erradicou a mancha da escravidão dos negros – os quais, no entanto, continuavam a ser oprimidos pelo regime da *white supremacy* – e homologou a pretensão da república norte-americana de ter como destino a edificação de um império defensor da liberdade e da paz.

Sim, o expansionismo colonial e neocolonial não teve dificuldades para se render ao ideal da paz perpétua; esta pôde ser finalmente realizada graças ao desenvolvimento da sociedade industrial e comercial, que tornava supérfluo, improdutivo e até contraproducente o recurso ao instrumento, caro às tribos bárbaras e selvagens, da conquista e da guerra. A marcha dos colonos, apesar de sua brutalidade por vezes genocida, consagrou o triunfo dos povos já atraídos e envolvidos com a causa da paz e a derrota daqueles que não a tinham assumido ou que não foram capazes de se elevar a esse nível de civilização. Por isso pode ser considerada também uma marcha da paz.

Em finais do século XIX, um dos mais belicosos defensores do "Destino manifesto", John Fiske (in Bairati, 1975, p.114, 226), assim argumentou:

> A sociedade política, nas suas formas mais primitivas, é constituída por pequenos grupos que se autogovernam e que estão sempre em guerra entre si [...]. É claro que a paz perpétua em nível mundial só pode ser garantida com a gradual concentração das forças militares nas mãos

das comunidades mais pacíficas [...]. A maior façanha dos romanos foi enfrentar a ameaça da barbárie, submetê-la, dominá-la e disciplinar a sua força bruta com a lei e a ordem.

A expansão dos colonos e dos homens amantes da paz coincidiu felizmente com "o rápido e indomável avanço da raça inglesa na América". Além disso, tal avanço, que não se restringia ao continente americano, era "a obra civilizadora da raça inglesa, iniciada com a colonização da América do Norte, [era] destinada a prosseguir" até abraçar "toda a superfície terrestre". Realizava-se "a gradual transferência da força física das mãos da parte guerreira da raça humana para as mãos da parte pacífica, ou seja, dos caçadores de dólares, como vocês gostam de dizer, mas lembrem-se de que esta foi subtraída dos caçadores de escalpes" (ibidem, p.235, 238). Só nesse momento, a causa da paz perpétua teria fincado seus sólidos fundamentos. Delineava-se um futuro promissor. Aliás, era a realização de uma promessa messiânica:

> Portanto, prevemos que a gradual concentração da força nas mãos das comunidades mais pacíficas permitirá que a guerra seja proibida em todo o mundo. Enquanto esse processo avança, após longos séculos de experiência política, não existe qualquer razão objetiva para que toda a humanidade não se torne uma única federação política mundial [...]. Creio que um dia existirá na Terra um Estado desse tipo, mas somente quando for possível falar dos Estados Unidos como um organismo que se estende de um polo ao outro, ou celebrar com [Alfred] Tennyson "o parlamento do homem e a federação da humanidade". Só então o mundo poderá ser definido como cristão [...]. A nossa análise começou com um panorama de horríveis carnificinas e desolações, mas termina com a imagem de um mundo de comunidades livres e felizes, abençoadas pela festa sabática de uma paz perpétua. (ibidem, p.140)

No início do século XX, essa visão foi reiterada por um defensor explícito do "imperialismo", Albert J. Beveridge, que conclamava a "liga divina do povo de língua inglesa" (*English-people's league of*

God) a construir "a paz permanente deste mundo cansado de guerra". E assim dizia a sua filosofia da história:

> [Ulysses S.] Grant teve a virtude profética de prever, como parte do imperscrutável plano do Onipotente, o desaparecimento das civilizações inferiores e das raças decadentes ante o avanço das civilizações superiores formadas pelos tipos de homens mais nobres e mais viris [...]. Nessa ocasião histórica, permitam-me citar estas palavras de Grant: "Não compartilho as apreensões de muitos que veem o perigo que os governos sejam enfraquecidos e destruídos por causa da extensão de seus territórios. O comércio, a educação e o rápido desenvolvimento do pensamento desmentem essa perspectiva. Creio, aliás, que o Nosso Grande Criador esteja preparando o tempo em que o seu mundo se tornará uma única nação, com uma única língua, no qual os exércitos e as marinhas não serão mais necessários". (Beveridge, 1968, p.44, 42-3)

Continuamos a prestar homenagem ao ideal da paz perpétua, que, no entanto, não é mais o resultado do triunfo da sociedade comercial e industrial. Pelo contrário, é fácil reconhecer uma verdade que até aquele momento foi negada ou removida: "os conflitos do futuro serão conflitos pelo comércio, isto é, lutas por mercados e guerras comerciais pela sobrevivência" (ibidem, p.54). O papel da erradicação da guerra é agora confiado ao triunfo do império norte-americano.

Os Estados Unidos apresentavam o espetáculo talvez único do entrelaçamento do imperialismo e do messianismo na celebração de uma paz perpétua que incluía a expropriação, deportação e exterminação da "parte guerreira" da humanidade (Fiske), ou seja, das "raças decadentes" (Beveridge).

Sonho da paz perpétua e pesadelo do "imperialismo": Comte e Spencer

Não há dúvidas, a paz dos cem anos favoreceu o sonho da paz perpétua, mas foi um sonho inquieto que, entre os pensadores mais atentos, transformou-se, às vezes, em um pesadelo angustiante. Ouçamos Comte: como bom positivista, ele tinha certeza do desparecimento final do flagelo da guerra, na onda do triunfo planetário da sociedade industrial. No entanto, a observação empírica e a honestidade intelectual o obrigaram a se deparar com um fenômeno nada promissor. Era a continuidade do expansionismo colonial com as guerras que o acompanhavam. Era

> [...] a introdução espontânea de um danoso sofisma, que hoje se esforça para consolidar-se, e que tenderá a conservar indefinidamente a atividade militar, atribuindo às sucessivas invasões o propósito específico de estabelecer diretamente, no interesse final da civilização universal, a hegemonia material das populações mais evoluídas sobre aquelas menos evoluídas [...]. Essa tendência é certamente muito séria, por ser uma fonte de perturbação universal; logicamente perseguida, ela levará, sem dúvidas, após ter motivado a opressão recíproca das nações, a lançar as cidades umas contra as outras, de acordo com os seus diferentes graus de progresso social [...]. Na verdade, é com esse pretexto que se quis fundar a odiosa justificação da escravidão colonial, baseada na incontestável superioridade da raça branca. (Comte, 1979, v.2, p.425)

De fato, já pertencia ao passado um capítulo da história que tinha visto "a ganância europeia tendendo a destruir sistematicamente as raças humanas, por causa da incapacidade de assimilá-las", e a consumar "o extermínio incivilizado de raças inteiras raças" (ibidem, v.2, p.252, 255)? Essa questão se tornou cada vez mais incontornável à medida que se tornava mais claramente manifesto o caráter errôneo do pressuposto inicial, aquele do fim das guerras coloniais, que o filósofo positivista tinha tomado como exemplo para demonstrar o caráter irresistível da tendência da guerra a desaparecer.

Na verdade, naqueles anos, a França liberal da monarquia de julho estava empenhada na conquista da Argélia com uma guerra feroz e, às vezes, genocida, isto é, com maneiras não diferentes daquelas denunciadas por Comte com o olhar voltado para o passado. As guerras coloniais não apenas continuavam a se alastrar, mas elas, mais do que nunca, podiam se valer, como o filósofo francês foi obrigado a registrar, de uma legitimação teórica: eram voltadas para "o interesse final da civilização universal". Assim legitimadas e transfiguradas, e com um objetivo tão ambicioso, quais seriam a extensão espacial e a duração temporal delas?

Outra questão também se impunha e talvez ainda mais inquietante: o conflito e o campo de batalha se restringiriam às colônias? Vimos Comte reconhecer que, não obstante a difusão da sociedade industrial, na Europa os armamentos não regrediram de forma alguma. É verdade, ele se apressou em acrescentar que tudo estava voltado para a manutenção da ordem pública dentro de cada país. No entanto, foi o próprio *Curso de filosofia positiva* que chamou a atenção sobre as "guerras comerciais". O que estava acontecendo?

> O espírito guerreiro, para manter uma posição ativa e permanente, subordina-se sempre mais ao espírito industrial, antes tão submisso, e tenta agora de se amalgamar com a nova economia social, manifestando a sua particular tendência tanto em conquistar para cada povo bases úteis como para destruir em benefício próprio as principais fontes de uma perigosa competição estrangeira. (ibidem, v.2, p.257-8)

Embora colocado em posição subalterna em relação ao "espírito industrial", o "espírito guerreiro" provou ser capaz de sobreviver ao surgimento do primeiro e de arrastar para a guerra, por conta da "concorrência", as próprias sociedades industriais.

A inquietação se manifestou com força ainda maior em Spencer, mais jovem que Comte e que sobreviveu a ele por quase meio século. Se, com o olhar voltado para o passado, o filósofo inglês estava bem longe de condenar claramente o colonialismo, com o olhar voltado para o presente e para sociedade industrial, que para ele também era sinônimo de desenvolvimento pacífico, Spencer, já nos anos 1840, protestou contra a "máxima bárbara" segundo a qual os mais fortes "têm um direito legítimo sobre todos os territórios que puderem conquistar". A expropriação dos vencidos foi seguida na verdade pelo seu "extermínio", não apenas dos "índios da América do Norte", mas também os "nativos da Austrália"; na Índia "a morte foi infligida a regimentos inteiros", acusados de "terem ousado desobedecer às ordens tirânicas de seus opressores" (Spencer, 1981, p.224).

Nesse caso, a condenação do colonialismo e das guerras coloniais era clara e inequívoca e foi ainda mais acentuada ao longo dos anos e das décadas subsequentes. No final do século, e, para ser preciso, em uma carta de 17 de julho de 1898, Spencer (1996, p.410) constatou amargamente: "Entramos em uma era de canibalismo social em que as nações mais fortes estão devorando as mais fracas"; pode-se dizer, então, que "os brancos selvagens da Europa superam em muito os selvagens de cor de todas as partes". E, infelizmente, o expansionismo colonial prosseguiu de mãos dadas com a intensificação da "disputa" e da rivalidade entre "as nações europeias". A guerra também começou a aparecer na Europa. Ao publicar, em 1882, o segundo volume dos *Princípios de sociologia*, Spencer (1967, v.2, p.406) alertou: "No estado atual de preparativos militares que reina em toda a Europa, um incidente infeliz pode desencadear guerras que, durante talvez uma geração, voltariam a desenvolver as formas coercitivas do controle político". O alerta tornou-se mais premente com a publicação do terceiro volume, em 1896: real e dramático era o perigo de uma "ruptura dos laços" que conectavam os países europeus e da eclosão de uma guerra que levaria não ao progresso, mas à "extinção" da civilização (ibidem, v.2, p.1079).

Foi sobretudo depois da guerra contra os bôeres e da expedição contra a China dos Boxers que a denúncia e o alerta de Spencer se tornaram prementes. Na Grã-Bretanha e no Ocidente, havia uma *re-barbarization*, um retorno à barbárie militar antes do surgimento da sociedade industrial:

> Houve uma difusão de ideias militares, sentimentos militares, organizações militares e disciplina militar por toda parte [...]. Literatura, jornalismo e arte dão sua importante contribuição para esse processo de retorno à barbárie [...]. Então, por toda parte, vemos as ideias, os sentimentos e as instituições da vida pacífica serem suplantadas pelos da vida militar. A contínua expansão do Exército, a criação de acampamentos

permanentes, de concursos militares públicos e de exposições militares levaram a esse resultado [...]. Da mesma forma, nas escolas, a organização e a disciplina militar passaram a cultivar o instinto de antagonismo em cada nova geração [...]. Livros que tratam de batalhas, de conquistas e dos homens que as lideraram foram amplamente divulgados e avidamente lidos. Revistas cheias de histórias interessantes sobre assassinatos, com ilustrações relacionadas, prestaram homenagem mês após mês à sede de destruição, e o mesmo ocorre com os semanários ilustrados. Durante os últimos cinquenta anos, em todos os lugares e de todas as formas, houve um ressurgimento de ideias, sentimentos e ambições bárbaras e de uma cultura continuamente inspirada pela sede de sangue. (idem, 1902, p.178, 185, 187-8)

A militarização da sociedade envolveu a restrição das liberdades democráticas e até mesmo o desparecimento do Estado de direito. Assistiu-se à "explosão da violência" em toda a Inglaterra, perpetrada por grupos chauvinistas contra aqueles que ousaram criticar "o tratamento dado aos bôeres" (os campos de concentração em que foram emprisionados). E essa violência de baixo foi "também tolerada pelas autoridades": um comportamento escandaloso que, no entanto, foi ovacionado por "jornais respeitados", eles próprios tomados pelo delírio chauvinista (ibidem, p.181). Não havia mais dúvidas: o "imperialismo" andava de mãos dadas com a "escravidão", a escravidão não apenas dos povos submetidos, mas até mesmo daqueles que queriam ser os "amos". A prova disso foi a repressão da oposição na mesma metrópole capitalista e liberal, o crescente aumento dos gastos militares (que reduziu, de fato, os cidadãos a servos da gleba, obrigados a prestar trabalho não retribuído ao Estado guerreiro e conquistador) e, sobretudo, a férrea disciplina militar, e, acima de tudo, a férrea disciplina militar que acorrentou o cidadão-soldado e o obrigou a ir ao encontro da morte (ibidem, p.157, 169-70).

O despertar do sonho da paz perpétua, que nas esperanças da cultura positivista teria sido inevitavelmente produzida pelo avanço da sociedade industrial, tornou-se, na realidade, o pesadelo de uma militarização de capilaridade e penetração sem precedentes ocorrida nas sociedades industriais, e que Spencer analisou e denunciou com o olhar voltado especialmente para a Grã-Bretanha e para o "imperialismo" britânico. O filósofo positivista não parecia estar ciente disso ou plenamente informado sobre o que ocorria; e se deve dizer que agora ele individua as raízes da guerra não mais na sociedade pré-industrial, mas sim no "imperialismo", que podia se valer da força produtiva e tecnológica colocada à sua disposição exatamente pelo desenvolvimento econômico e industrial.

Massacres coloniais e "Estados Unidos do mundo civilizado"

Apesar de estarem plenamente convencidos sobre as virtudes pacificadoras da sociedade industrial, Comte e Spencer tiveram o mérito de chamar a atenção para a realidade das guerras (e dos massacres) coloniais. O segundo foi além: começou a advertir que o expansionismo colonial acabou gerando contradições, conflitos e até mesmo antagonismos dificilmente resgatáveis entre as grandes potências coloniais que eram ao mesmo tempo grandes potências industriais. Porém, tudo isso, apesar de suscitar incertezas e preocupações, não conseguiu imergir as ilusões da paz dos cem anos e da *belle époque* em uma crise radical e definitiva.

O século XX se iniciou com a expedição conjunta das grandes potências decididas a reprimir a revolta dos Boxers na China (e, assim, reiterar a submissão neocolonial do grande país asiático). Os historiadores atuais descrevem desta forma o que ocorreu em um país de civilização milenar após a chegada dos supostos civilizadores:

> Começa agora uma carnificina e um saque sistemáticos que vão além dos excessos cometidos pelos Boxers. Em Pequim, milhares de homens são massacrados em uma orgia selvagem; mulheres e famílias inteiras se suicidam para não sobreviver à desonra; toda a cidade foi saqueada; o palácio imperial, ocupado, foi despojado da maior parte de seus tesouros. Uma semelhante situação ocorreu em Tientsin e Baoding. Realizaram-se expedições "punitivas" nas zonas rurais do Zhili,

onde os missionários foram atacados; os soldados estrangeiros queimam aldeias inteiras e não poupam ninguém. (Bastid; Bergère; Chesneaux, 1974, v.2, p.118)

Por sua vez, ao discursar para as tropas alemãs que se preparavam para partir para a Ásia, Guilherme II não tinha deixado dúvidas sobre como deviam conduzir a repressão da revolta dos Boxer e a lição que devia ser dada a todo o povo chinês: "Deem ao mundo um exemplo de virilidade e disciplina! [...] Nenhuma graça será concedida e não serão feitos prisioneiros. Quem cair em suas mãos deverá cair sobre suas espadas!" (cf. Losurdo, 2015, cap. VI, §6).

Não foi, portanto, um acontecimento muito edificante. E foi exatamente essa a impressão obtida por meio do testemunho do general francês H. N. Frey. Ele ficou muito bem impressionado com a unidade coletiva demonstrada nessa ocasião pelo mundo civilizado, pela humanidade civilizada: tinham participado da expedição punitiva Grã-Bretanha, Estados Unidos, França, Itália, Alemanha, Áustria-Hungria, Rússia e Japão. Tratou-se, portanto, de uma grande empresa que teve o mérito de ter "realizado pela primeira vez o sonho de políticos idealistas, os Estados Unidos do mundo civilizado" (in Lenin, 1955-1970, v.39, p.654).

O "sonho" dos "Estados Unidos do mundo civilizado" aqui mencionado era o sonho da paz perpétua. Pode-se ficar atônito ou indignado com a interpretação desse massacre de grandes proporções como com a realização de tal sonho. No entanto, a lógica que presidiu esse tipo de raciocínio foi clara: as guerras contra os "bárbaros" (entre os quais não se hesitava em colocar um país de antiquíssima civilização) foram na verdade benéficas operações de polícia, que restabeleceram em nível internacional a ordem e a paz. Se os protagonistas de tais operações de polícia (ou de tais massacres) se moviam como um todo harmônico, os "Estados Unidos do mundo civilizado" eram claramente considerados como o prelúdio da erradicação definitiva da guerra.

O que acabamos de analisar não foi a maneira de argumentar de um general estrambólico. Quatro anos mais tarde, o acordo que foi estabelecido entre a Grã-Bretanha e a França foi celebrado pelo influente *The Economist* como "expressão das tendências que de forma lenta, mas segura, tornavam impossível a guerra entre as comunidades civilizadas do mundo" (in Coker, 2015, p.141). Assim, "os Estados Unidos do mundo civilizado" se tornaram as "comunidades civilizadas do mundo" unidas entre si; de resto, pouco havia mudado. O que, realmente, aconteceu? Voltemos um pouco atrás: em 1898, na pequena cidade sudanesa de Fashoda, os exércitos e os impérios coloniais da Grã-Bretanha e da França entraram em rota de colisão. O incidente foi acalmado por um acordo (uma divisão das áreas de expansão e de influência na África) que abriu caminho para a *Entente cordiale* celebrada em 1904 e saudada pelo *The Economist* como um presságio de paz mais ou menos perpétua entre as "comunidades civilizadas do mundo": as guerras coloniais, cuja continuidade estava implícita na divisão das áreas de influência e de expansão, continuavam a ser ignoradas ou transfiguradas como operações de polícia. Além disso, nesse caso, perdemos de vista o fato de que o acordo franco-britânico teve um viés antialemão, isto é, foi expressão de uma rivalidade que levaria à Primeira Guerra Mundial.

Vamos agora dar uma olhada no que estava acontecendo do outro lado do Atlântico. Entre 1895 e 1896, a Grã-Bretanha e os Estados Unidos estiveram às portas de um choque militar: a primeira ameaçava intervir na Venezuela, desafiando a Doutrina Monroe e provocando, assim, a ira de Washington. Com palavras ferinas, Theodore Roosevelt invocou a guerra contra o inimigo pintado com cores sombrias (cf. "A eliminação do antagonismo entre 'as duas mais antigas democracias'"). Ele reduziu o tom depois que o governo de Londres foi obrigado a ceder. Agora, o político norte-americano e defensor da guerra antibritânica traça este panorama da situação mundial: a atração pela guerra e o recurso a ela estavam felizmente regredindo; "no entanto, o amor pela paz entre as nações permaneceu restrito àquelas civilizadas" (Roosevelt, 1901, p.31). A causa da paz coincidiu, portanto, com a progressiva ampliação da área da civilização e da paz, isto é, com o expansionismo colonial. Mas isso não envolveu o recurso às guerras coloniais? Também para responder a essa possível objeção, em 1904, Theodore Roosevelt, naquele momento presidente dos Estados Unidos, teorizou uma divisão cooperativa e pacífica do trabalho entre as grandes potências da "sociedade civilizada": cada uma delas foi chamada a exercer um "poder de polícia internacional" na sua área de competência, ou seja, de domínio e de influência: quem devia cuidar da manutenção da lei e da ordem no continente americano era, obviamente, segundo a Doutrina Monroe, o governo de Washington (Commager, 1963, v.2, p.33-4).

Theodore Roosevelt foi um expansionista muito fervoroso e gostava de usar uma linguagem simples para prestar tributo ao ideal da paz perpétua, e ainda assim o panorama por ele traçado não diferia daquele que, no século XX, encontramos em certos defensores dos "Estados Unidos do mundo civilizado" (e da paz perpétua envolvida). Uma vez asseguradas – assim se acreditava e se esperava – a paz e a unidade reinantes no mundo civilizado, seriam suficientes para rebatizar como operações de polícia internacional as intervenções militares das grandes potências no mundo colonial, porque o flagelo da guerra foi considerado como um resquício do passado. Essa é opinião, como vimos, do general francês, da revista britânica, assim como do político norte-americano.

Este último alcançou, em 1906, o Prêmio Nobel da paz. É claro que o reconhecimento foi motivado pelo papel desempenhado pelo vencedor no trabalho de mediação para pôr fim à guerra russo-japonesa do ano anterior. Deve-se dizer que o premiado foi o autor de um livro, publicado em 1901, que do começo ao fim elogia as guerras coloniais, ou seja, a "guerra eterna" contra "os senhores vermelhos do barbarismo" (os peles-vermelhas) e "contra o homem selvagem" em geral, e elogiava as virtudes viris e guerreiras características de uma "raça expansionista"; coerentemente, o livro era ao mesmo tempo um insulto ininterrupto do pacifismo de Tolstoi (Roosevelt, 1901, p.254, 251, 27-8). É claro: por sangrentas que pudessem ser, aquelas conduzidas contra os povos coloniais não eram guerras. No ano seguinte, o Prêmio Nobel da paz foi atribuído a Ernesto Teodoro Moneta, que em 1911 não teve dificuldades para dar o seu apoio à guerra da Itália contra a Líbia, uma guerra também legitimada e transfigurada, não obstante os habituais massacres coloniais, compreendidos como intervenção civilizadora e como uma benéfica operação de polícia internacional. Entretanto, ao reivindicar a sua consistência como "pacifista", ele teve o mérito de expressar-se com clareza: o que mais importava era a paz entre as "nações civilizadas", entre as quais ele claramente não incluiu Turquia (que até então havia exercido a soberania sobre a Líbia) e muito menos os líbios. A "fatalidade" e as "leis da história e da evolução mundial impulsionam as potências marítimas a levar suas energias exuberantes para o continente africano", e isso era do "interesse da paz europeia" (e ocidental), que poderia ter sido mais bem preservada justamente graças ao expansionismo colonial; ao conduzir para o exterior suas "energias exuberante", a comunidade das "nações civilizadas" fortaleciam seus vínculos internos de paz e de amizade. Quem realmente se importasse com a causa da paz (entre as "nações civilizada") não podia deixar de saldar favoravelmente a ação na Líbia, assim como as outras ações coloniais semelhantes. Contudo, o que a Itália fez não foi propriamente uma guerra, mas "uma simples demonstração militar" para fins claramente civilizadores (in Procacci, 1989, p.52-4).

Quem lançou um feixe de luz sobre as formas e o significado concreto das intervenções civilizadores e das operações de polícia internacional foi seu teórico e defensor mais ilustre, isto é, Theodore Roosevelt, que na sua correspondência privada advertiu: se "uma das raças inferiores" tivesse agredido a "raça superior", esta teria reagido com "uma guerra de extermínio" (*extermination*); como "cruzados", os soldados brancos seriam chamados para "executar homens, mulheres e crianças"; para nada serviu o "barulho" dos protestos filantrópicos, que foi rapidamente, e justamente, "silenciado" (Roosevelt, 1951, v.1, p.377). Foi um discurso aparentemente vinculado ao futuro e ao condicional, mas que descreveu as práticas reais de seu tempo. O tributo prestado à paz perpétua ou aos "Estados Unidos do mundo civilizado", ou seja, a um mundo já unificado sob uma espécie de governo mundial tendo à sua disposição uma "polícia internacional", não excluiu de modo algum a justificação das guerras mais bárbaras contra os povos coloniais.

O império britânico responsável pela "paz universal": Mill e Rhodes

Nesse mesmo contexto histórico, político e ideológico, é necessário situar John Stuart Mill. Apesar de reservar honras especiais ao império inglês, interpretado como "um passo na direção da paz universal e da cooperação e compreensão geral entre os povos", ele prestou homenagem ao expansionismo colonial do Ocidente como tal: uma vez que "um despotismo vigoroso" foi o único método capaz de elevar o nível dos povos atrasados, ou seja, os "bárbaros", as conquistas coloniais foram consideradas como um vetor da civilização e da paz, e, portanto, precisavam ser estendidas a todo o globo; o "despotismo direto dos povos avançados" sobre aqueles atrasados já era considerado uma questão normal, mas ela devia se tornar "geral" (Mill, 1946, p.288, 291). O filósofo inglês não percebeu qualquer contradição entre a celebração da "paz universal" e a legitimação das guerras coloniais, que obviamente foram necessárias para generalizar o despotismo que a comunidade civilizada foi chamada a exercer não apenas sobre os "bárbaros", mas também sobre os povos menos "avançados"; mais uma vez, por mais duras e sangrentas que pudessem ser, as intervenções militares do Ocidente nas colônias continuaram a não ser consideradas como guerras.

As declarações que acabamos de ver ocorreram em 1861. No ano anterior, para concluir a segunda guerra do ópio, uma expedição franco-britânica arrasou o palácio de verão de Pequim, destruindo e saqueando muitas obras de arte. Victor Hugo assim exprimiu sua indignação: "Aos olhos da história, um bandido se chamará França, e o outro se chamará Inglaterra" (in Losurdo, 2005, cap. IX, §5). Poucos anos antes, em 1857, ocorreu na Índia uma grande revolta: os cipaios revoltosos tinham se envolvido em crimes horríveis, mas a Grã-Bretanha certamente não respondeu de forma mais civilizada. Foi sobretudo a partir daquele momento que, aos olhos dos colonizadores, os indianos passaram a ser considerados como *niggers*, membros de uma "raça" inferior, capazes de qualquer barbárie, e tratados como tais. Na correspondência privada enviada da Índia por oficiais britânicos, estes vangloriavam-se dos atos cometidos: "Todos os dias eram enforcados de dez a doze negros" (*niggers*), que eram levados à morte mesmo sem qualquer prova de culpa. Como explica um historiador britânico atual, a violência feroz da revolta foi acompanhada de repressão não menos feroz ("as aldeias culpadas deviam ser incendiadas, e seus habitantes, massacrados até o último homem"), também porque "o espírito de vingança era alimentado por uma indignação essencialmente racista: os selvagens negros tinham ousado assaltar os seus senhores brancos e também cometiam 'indescritíveis' atrocidades contra mulheres brancas" (Mount, 2015, p.588-9, 592). Um outro historiador indiano vai além e denuncia o "genocídio" e até mesmo o "holocausto" provocado pelo governo de Londres, que reage à revolta dos cipaios com o massacre de "10 milhões de indianos" ("cerca de 7% da população indiana" da época) (Misra, 2008, p.1895, 1897).

John Stuart Mill, no entanto, não tinha dúvidas sobre o caráter civilizador e pacificador do colonialismo em geral e, sobretudo, sobre o papel do império britânico como modelo de civilização e de "paz universal". Pode-se pensar que as informações de que ele dispunha eram completamente insuficientes; na realidade, Marx (cf. "Marx e a 'guerra industrial de extermínio entre as nações'") já havia traçado um panorama que antecipava amplamente os resultados da mais recente historiografia. O próprio Tocqueville, apesar de desejar um rápido restabelecimento da ordem, isto é, a completa vitória da Grã-Bretanha, foi obrigado a reconhecer que na Índia o "massacre dos bárbaros" foi seguido pelos "barbarismos dos civilizados" (Losurdo, 2005, cap. VIII, §3).

Como explicar as honras especiais reservadas ao império britânico? Foi uma tendência presente já em Spencer: o exemplo mais cabal de sociedade industrial era o da Inglaterra, e foi por essa razão que o espírito militar perdeu muito da sua força. Diferente foi a situação da Rússia e da própria Alemanha, onde a industrialização era recente e o espírito militar era ainda vital. Prestando mais atenção ao exército de terra (alemão) que à marinha militar (britânica), Spencer tendeu durante algum tempo a identificar a causa da paz com a causa da

Grã-Bretanha. Mas vimos que, na última fase da sua evolução, ante o espetáculo do "canibalismo social" em detrimento dos povos coloniais e da crescente rivalidade "imperialista" entre as grandes potências, o grande sociólogo foi atacado por dúvidas e incertezas e, por fim, procedeu a uma radical reconsideração sobre o papel desempenhado pela Grã-Bretanha.

A rivalidade entre as grandes potências passou despercebida para Mill, o qual, porém, chegou a uma conclusão oposta: a gigantesca "federação" (embora "disforme") que foi o império britânico encarnava a causa da "liberdade" e da "moralidade internacional" em um nível "que nenhum outro grande povo conseguiu conceber e atingir"; portanto, as populações atrasadas tinham interesse em começar a fazer parte desse império, também com o objetivo de evitar "sua absorção por um Estado estrangeiro e de se constituir em uma nova fonte de força agressiva nas mãos de algum poder rival" (Mill, 1946, p.288). A homenagem à "paz universal", garantida pelo império britânico, não conseguiu esconder totalmente a realidade das guerras coloniais, que buscavam "absorver" uma ou outra colônia, o que provocou o surgimento da rivalidade provocadora de guerras de grandes proporções entre a Grã-Bretanha, celebrada como a encarnação da causa da "liberdade" e da "paz", e "alguma potência rival", à qual se atribuía o papel inquietante de ampliar a sua "força agressiva". Começava a se delinear a ideologia que caracterizaria a entrada da Grã-Bretanha na Primeira Guerra Mundial, chocando-se com a Alemanha.

A celebração do império britânico como protagonista da pacificação tornou-se a ideologia oficial, aliás uma espécie de credo oficial. Em 1870, durante uma aula inaugural em Oxford, o grande literato John Ruskin proclamou diante de uma multidão de jovens encantados: o império britânico foi "uma fonte de luz para todo o mundo, um centro de paz" (in Morris, 1992, v.1, p.318). Sobre essa questão, sete anos mais tarde, insistiu com muita clareza o mais ilustre defensor do expansionismo britânico, isto é, Cecil Rhodes: era preciso conferir uma tal extensão e força ao império, que tinha seu centro em Londres, para que "tornassem impossíveis as guerras e promovessem os interesses mais altos da humanidade". Sim, a fim de adquirir uma força que a impedisse de ser atacada e que desencorajasse antecipadamente os desafios dos rivais e garantisse de uma vez por todas a ordem internacional e a paz, a Grã-Bretanha teve que colonizar "todo o continente da África" e o Oriente Médio, e controlar "as ilhas do Pacífico", o estreito de Malaca e, aliás, "todo o arquipélago malaio", "as costas da China e do Japão" e "toda a América do Sul". A colossal campanha de expansão e conquista deveria ter terminado com "a retomada dos Estados Unidos como parte integrante do império britânico" (in Williams, 1921, p.51). Foi então projetada ou sonhada uma marcha triunfal que envolveu toda uma série de guerras não apenas contra os povos coloniais, mas também contra as outras grandes potências rivais.

Essa visão tão particular da "paz" não desapareceu facilmente. O jovem Winston Churchill ainda participava das guerras coloniais do seu país, quase sempre muito sangrentas, convencido de que a missão do império britânico era "trazer a paz às tribos em guerra (*warring tribes*) e administrar a justiça onde só havia violência" (in Ferguson, 2004, p.XXVII).

Angell e o canto do cisne da *pax* britânica

Foi nessa mesma linha que também se colocou, às vésperas da Primeira Guerra Mundial, um livro que, à primeira vista, parecia estar inspirado exclusivamente pelo amor à paz e estar distanciado do fascínio do império e das tentações imperiais: publicado por um jornalista e homem político britânico, ele teve um clamoroso sucesso internacional e mais tarde, em 1933, foi consagrado pelo Prêmio Nobel da Paz.

Pelo menos à primeira vista, a homenagem prestada à paz, que se afirmava de forma irresistível e definitiva, foi o fio condutor do livro, que retomou um tema, caro à cultura positivista, do triunfo da sociedade industrial como sinônimo de fim da era das conquistas, das guerras e do espírito militar. Graças à "interdependência econômica devida à ampliação da divisão do trabalho [em escala internacional] e ao sistema muito desenvolvido de comunicações", afortunada e finalmente o mundo foi unificado; sim, "as finanças internacionais se tornaram tão interdependentes e tão entrelaçadas com o comércio e a indústria", e o sistema econômico mundial estava tão coeso, muito além das fronteiras estatais e nacionais, que "o poder político e militar" exercido por um país sobre um outro resultava insensato e ineficaz (Angell, 2007, p.VIII-IX). Para que ainda serviam a guerra e a conquista militar?

> Imagine-se que a Alemanha, de acordo com os temores expressos pelos nossos chauvinistas, se tornasse a dona absoluta da Europa e fosse capaz de ditar a política que mais lhe agradasse. De que forma ela trataria tal império europeu? Empobreceria cada um de seus membros? Isso seria um suicídio. Onde sua grande população industrial encontraria os seus mercados? Todavia, se ela se comprometesse a desenvolver e enriquecer todos os membros do império, estes acabariam se tornando fortes concorrentes e a Alemanha não precisaria mais se envolver na mais dispendiosa guerra da história para atingir esse objetivo.

Ou imaginemos um cenário oposto:

> Mesmo se conseguíssemos destruir a Alemanha, nós [britânicos] destruiríamos uma importante parte dos nossos devedores, o que provocaria um pânico irremediável em Londres, e tal pânico, por sua vez, teria uma influência tão forte no nosso comércio que este não conseguiria, de nenhuma forma, ocupar o lugar antes ocupado pela Alemanha nos mercados neutros, sem mencionar o fato de que tal aniquilação destruiria um mercado equivalente àquele do Canadá e da África do Sul juntos.

Em todo caso, era evidente a futilidade da conquista e da guerra (ibidem, p.77, 63).

Sem qualquer significado no plano econômico, a guerra podia continuar a ser provocada pelos conflitos ideológicos? Na realidade, a globalização tinha eliminado também "a homogeneidade espiritual dos Estados"; em consequência do "desenvolvimento das comunicações", não havia mais reais fronteiras estatais e nacionais tanto no plano econômico, como no religioso, no espiritual e no intelectual; como a "cooperação econômica", a "cooperação intelectual" tinha assumido um indestrutível caráter transnacional; as partes em luta já não eram os Estados, mas o enfrentamento se dava no âmbito interno de cada Estado (ibidem, p.184-5). A essa altura uma conclusão se impôs: a paz perpétua estava prestes a ser alcançada, os preconceitos que ainda existiam eram resquícios de um passado já superado que iriam desaparecer rapidamente, aliás, olhando de perto, já estavam sendo eliminados; na lixeira da história, a guerra estava para atingir, se já não o tivesse feito, a prática do canibalismo, do duelo etc. Como Spencer já havia demonstrado, a tese do "caráter imutável da natureza humana" era um mito retrógrado (ibidem, p.200-3). Olhando de perto, mais que uma utopia a ser realizada, a paz perpétua era uma utopia já realizada ou em vias de realização.

Infelizmente, com uma leitura mais atenta do livro, a utopia realizada acaba sendo indireta legitimação e transfiguração das violências e das guerras que continuavam a se alastrar contra os povos coloniais. Foi o mesmo jornalista e político britânico quem esclareceu, mesmo que de passagem, que a globalização portadora de paz no centro de seu discurso se referia apenas "ao mundo economicamente civilizado", às "grandes nações da Europa" (e do Ocidente) (ibidem, p.VIII, 33). Nas colônias continuavam imperando a violência, e era preciso considerar isso. O "recurso à força" era plenamente justificado quando era necessário buscar a "cooperação" de delinquentes e "benditos" que queriam viver como "parasitas". Nesse caso, o exército da grande potência que intervinha para restabelecer a ordem desempenhava um "papel de polícia" benéfico (ibidem, p.259-61). Desse modo, Angell recorria à mesma categoria tão cara a Roosevelt, o defensor declarado do imperialismo e da guerra, e justamente por isso repetidamente criticado em *A grande ilusão*.

O autor desse livro considerava o papel desempenhado pela Grã-Bretanha nas suas colônias muito benéfico e admirável:

A Grã-Bretanha conquistou a Índia. Isso significa que a raça inferior foi suplantada pela superior? Absolutamente não! A raça inferior não só sobreviveu, mas também, graças à conquista, recebeu um novo estímulo vital. Se a raça asiática ameaçar a branca, isso se deverá muito ao trabalho de conservação da raça asiática garantida pela conquista inglesa do Oriente. (ibidem, p.235)

Nesse panorama róseo, não havia espaço para as páginas mais negras, aquelas que foram destacadas por um historiador britânico e um historiador indiano atuais, para se chegar a conclusões semelhantes. Com a mesma ênfase, *A grande ilusão* enalteceu o papel dos Estados Unidos, do "mundo anglo-saxão", ou seja, da "grande estirpe anglo-saxã" como um todo; era uma "estirpe" regularmente circundada de glória, mesmo quando se tratava de conquistas coloniais muito brutais como aquelas protagonizadas pela Grã-Bretanha e pelos Estados Unidos, respectivamente, contra o Sudão e as Filipinas (ibidem, p.257, 286, 275, 239-40).

O mundo da guerra foi representado quase exclusivamente por países como Espanha e Portugal, pela "arte europeia de governar" ou, mais precisamente, pela Europa continental (ibidem, p.260-1). A "colonização" anglo-saxã do Novo Mundo, de caráter essencialmente "comercial e pacífico" e sob a bandeira da "cooperação", foi contraposta à conquista ao mesmo tempo sanguinária e parasitária, própria dos espanhóis e portugueses (ibidem, p.165ss.). Atualmente, os historiadores (também os anglo-americanos e até mesmo os que se apresentam como defensores dos impérios britânico e norte-americano) reconhecem que, em relação aos nativos e aos negros, a colonização anglo-saxã implementou um racismo mais extremo e consequente que aquele praticado pelas colonizações espanhola e portuguesa (Losurdo, 2015, cap. VI, §7). Porém, Angell se ateve ao esquema defendido por Comte e Spencer, para os quais os países afetados pelo espírito militar foram aqueles sem desenvolvimento comercial e industrial; entretanto, ignora as dúvidas expressas pelos dois grandes teóricos do positivismo, tornando tal esquema mais rígido e dogmático.

Muito benévola foi também sua avaliação da Alemanha, considerada também ela parte do mundo e da "estirpe anglo-saxã" (os descendentes das tribos alemãs que, após terem se estabelecido na Alemanha, atravessaram primeiro a Mancha e depois o Atlântico). Tratava-se, no entanto, de um país que, com o recurso à industrialização em larga escala, sempre dentro do esquema positivista, tinha deixado para trás o estágio caracterizado pela tendência de enriquecer mais mediante a conquista do que por meio do comércio e da indústria. Desde a fundação do Segundo Reich, a Alemanha tinha permanecido quase sempre em paz. É verdade, tinha participado da expedição contra os Boxers, mas "as 'operações' dos aliados na China [...] duraram apenas poucas semanas. E eram guerras?". Claro, alguns anos mais tarde, os alemães entraram em confronto "com negros nus" (os hererós), mas quem participou do confronto foram apenas "oito mil de uma população de 60 milhões", e tudo durou cerca de um ano. Também nesse caso, tinha pouco sentido falar em guerra (Angell, 2007, p.218, nota). Como se vê, não obstante a homenagem continuamente repetida e reiterada ao ideal da paz perpétua, a legitimação ou redução do expansionismo colonial a uma simples anedota não parou nem mesmo diante do genocídio que tinha exterminado os hererós.

Contudo, *A grande ilusão* não se limitou a legitimar a violência colonial. A conclusão do livro foi eloquente e inquietante:

> O mundo assumirá como guia a prática e experiência inglesas. A solução do problema internacional reivindicada por este livro é a extensão à sociedade europeia como um todo do princípio que domina no império britânico [...]. Como os princípios da livre cooperação humana entre as diversas comunidades constituem, em sentido forte, uma conquista inglesa, é sobre a Inglaterra que recai a responsabilidade de servir de guia. Se não a assumirmos, nós que fizemos valer tais princípios nas relações entre todas as comunidades originadas da estirpe anglo-saxã, a quem deveremos pedir para assumi-la? Se a Inglaterra não acredita em seus princípios, a quem nos dirigiremos? (ibidem, p.361)

Enquanto, por um lado, sobrevoando os massacres e genocídios, considerava óbvio e benéfico o domínio exercido pelo Ocidente sobre povos coloniais, por outro, no âmbito da disputa pela hegemonia que ocorria na Europa e no mundo, Angell tomou uma clara posição de defesa do império britânico: a Primeira Guerra Mundial se aproximava rapidamente, e tanto mais rápido quanto mais reconfortante era o hino entoado pela paz perpétua já operante.

Presságios do século XX

De forma significativa, *A grande ilusão* veio à luz juntamente com outros dois textos literários provenientes sempre do mundo de língua inglesa e que antecipavam todo o horror do século XX: em 1908, Herbert G. Wells publicou na Grã-Bretanha *The war in the air* [*A guerra no ar*] e, dois anos mais tarde, nos Estados Unidos, Jack London publicou *The unparalleled invasion* [*A invasão sem precedentes*]. Apesar de serem muito diferentes, os dois textos (respectivamente um romance e um breve conto) apresentavam uma importante característica em comum: ambos se inseriam no gênero da ficção científica e, ao mesmo tempo, da ficção política; e se tratava de uma ficção política destinada a se tornar uma trágica realidade durante o século que tinha acabado de começar. Longe de ser caracterizado pela paz evocada por Angell, o século XX, segundo os autores dos dois textos literários, teria testemunhado o surgimento da guerra total, com o recurso às armas aéreas (em 1903, os irmãos Wright tinham realizado o primeiro voo) e às armas bacteriológicas (como a ciência como um todo, também a química teve uma aplicação bélica).

O gigantesco conflito que se delineia no horizonte no romance de Wells tem como principais protagonistas as potências ocidentais e, sobretudo, a Alemanha, de um lado, e a Grã-Bretanha e os Estados Unidos, de outro: Nova York, São Francisco, Londres, Berlim, Hamburgo são sistematicamente bombardeadas e destruídas, e, além dessas cidades, são levadas à morte também suas populações. O Ocidente reconquista a sua unidade apenas porque é obrigado a enfrentar o esmagador perigo amarelo, representado pela "Confederação da Ásia Oriental", em que se unem a China e o Japão (este poucos anos antes havia infligido uma derrota inesperada e devastadora à Rússia). Entre civilização e "raças" diversas e contrastantes, o conflito assume formas ainda mais selvagens. Não obstante a "interdependência econômica" em que os vários países já se encontram, a esperada "paz universal" (*universal peace*) dá lugar, na verdade, a guerras com uma violência sem precedentes (*The war in the air*, cap. VIII, 1). A violência em nível internacional teve reflexos também no interior dos países. A luta dos Estados Unidos contra os asiáticos é acompanhada nas cidades norte-americanas pelo linchamento sistemático dos chineses: os brancos enforcam "todos os chineses que conseguem encontrar"; seguindo uma tradição consolidada, nem mesmo os negros são poupados (ibidem, cap. X, 5).

O tema do preconceito e do ódio racial, sumariamente mencionado em Wells, torna-se central no breve conto de London. A trama é simples: o Japão, seguindo o exemplo das potências coloniais ocidentais, pretende submeter a China, o que provoca o despertar deste país. Aprendendo com a lição do Japão, mas rapidamente livrando-se do domínio que este queria impor, a China aprende a dominar a ciência e a técnica ocidentais, tornando-se em pouco tempo uma grande potência industrial e comercial, que, no entanto, não renega o amor pela paz, característico de sua civilização. Porém, por causa de sua proeza industrial e comercial e, sobretudo, de sua hegemonia demográfica (a nova riqueza, ao derrotar a fome e as epidemias, dá um novo impulso ao crescimento da população), o grande país asiático é advertido e, de certa forma, acaba se tornando um inimigo mortal do Ocidente. Este, para enfrentar a situação de extremo perigo, une-se como nunca, mas as tradicionais expedições militares e os tradicionais métodos de guerra se revelam totalmente inadequados. Um cientista norte-americano dá uma preciosa sugestão ao presidente de seu país: que os aviões do Ocidente unido espalhem germes mortais sobre o país mais povoado do mundo. Para os chineses não há escapatória: mesmo aqueles que, muitas vezes com o corpo já dilacerado, procuram, por mar ou por terra, fugir da morte e encontrar refúgio fora são cruelmente rejeitados. Enquanto isso, o Ocidente organiza expedições científico-militares de reconhecimento e de controle de um território agora reduzido a um imenso cemitério: "Eles encontraram a China devastada; era uma terra desolada na qual vagueavam matilhas de cães selvagens e bandidos sobreviventes e desesperados. Por isso, era preciso acabar com eles, e os sobreviventes foram mortos". Poucos anos depois, após a descontaminação do país, o Ocidente iniciou a colonização, que realiza uma confusa divisão preliminar da China entre as diversas potências, "de acordo com o programa democrático norte-americano". Os resultados são excelentes: "Hoje conhecemos o esplêndido florescimento tecnológico, intelectual e artístico" ocorrido após a invasão e o maciço bombardeamento bacteriológico.

O autor desse relato se identifica com o seu conteúdo, isto é, com a luta sem tréguas do Ocidente contra o suposto "perigo amarelo" e com os consequentes planejamento e implementação de um genocídio que envolve a morte de quase um quarto da humanidade? É verdade, a Jack London é atribuída uma frase inquietante ("Sou antes de tudo um homem branco e depois um socialista") e não lhe é absolutamente estranha a mitologia da supremacia branca e ariana. E, no entanto, como sugerem estudos recentes e como parece ser confirmado pelos trechos do final do conto por mim citados (que destacam o caráter sistemático e odioso do genocídio, a natureza "democrática" da subsequente colonização e o esplendor da civilização que floresce em um imenso cemitério), *A invasão sem precedentes* tem traços de uma sarcástica denúncia. Trata-se de um momento de reviravolta ou de crise na evolução do autor?

Esse é outro ponto que merece nossa atenção. Em um claro conflito com a imagem tranquilizadora apresentada pela alegada análise científica de Angell, os dois textos literários de Wells e London predizem o horror do século XX e traçam um panorama que faz pensar nas duas guerras mundiais. O primeiro autor, em particular, evoca o choque mortal entre as grandes potências, não obstante a interdependência que se seguiu ao advento de uma sociedade industrial e comercial mais madura. O segundo, voluntária ou involuntariamente, de forma contrária ao ocultamento de Angell, chama a atenção para o horror genocida das guerras coloniais e para uma ideologia que empunha a bandeira da supremacia branca: esse é um tema que não está ausente em Wells, como demonstra a sua referência aos linchamentos de asiáticos e negros nos Estados Unidos. Poucos anos antes do conto de London, a expedição conjunta das potências ocidentais foi celebrada por um general francês como a realização do sonho dos "Estados Unidos do mundo civilizado", como a realização da paz perpétua. *A invasão sem precedentes* acaba por projetar *a posteriori* uma luz sinistra sobre essa expedição, que agora revela o que realmente foi, ou seja, uma infame guerra colonial.

CAPÍTULO 6
Como pôr fim à guerra
LENIN E WILSON

Heine, a Bolsa e os "desejos imperialistas"

Apesar da memorável denúncia do "canibalismo social" provocado pelas grandes potências industriais no mundo colonial e do "imperialismo" que as movia, com o risco de provocar também entre elas uma gigantesca demonstração de força e um conflito de grandes proporções, Spencer nunca chegou a colocar realmente em discussão a sociedade industrial (e capitalista) como tal. Aos seus olhos, as tendências belicistas, que se manifestavam cada vez mais claramente, expressavam mais os desvios da natureza da sociedade surgida com a destruição do Antigo Regime. Para que se chamasse a atenção sobre a relação entre sociedade industrial e capitalista, de um lado, e guerras (coloniais ou ditadas pela luta das grandes potências pela hegemonia), de outro, fazia-se necessária uma outra tradição de pensamento.

A *pax* britânica declinava por ocasião da crise internacional de 1840, quando as chamas da guerra pareciam engolir não só as colônias, mas também a própria metrópole capitalista. Por causa do agravamento da questão do Oriente, uma demonstração de força militar estava a ponto de criar um choque, primeiramente, entre a

Grã-Bretanha e a França. Apesar de expressar a sua tradicional antipatia pela primeira, Heinrich Heine reconheceu que quem dirigia a segunda era um homem político, Louis-Adolphe Thiers, tomado pela fúria bélica: ele "tem aspirações imperialistas" (*imperialistische Gelüste*), e "a guerra é a alegria de seu coração"; os maus insinuavam que "ele teria especulado na Bolsa" e que tinha vínculos comprometedores com "aventureiros sem escrúpulos" do mundo financeiro. Tudo levava a crer que fosse na verdade o "dinheiro" que inspirava a intransigência patriótica (Heine, 1969-1978, v.5, p.321-2).

A guerra e o amor pela guerra se apresentavam tão ligados a um mundo totalmente novo em relação àquele imaginado por aqueles que, realizando ou aclamando a destruição do Antigo Regime, tinham se iludido com a possibilidade de avançar no caminho da paz perpétua. O que impedia a realização de tal ideal eram forças até aquele momento não envolvidas pela sombra da suspeita: a "bolsa de valores", as especulações financeiras, as "aspirações imperialistas". O panorama foi completado por uma última circunstância: o início da guerra foi frustrado pela intervenção, no último momento, do rei Luís Felipe, que demitiu Thiers e o obrigou a renunciar aos cargos de presidente do Conselho e de ministro do Exterior. Quem evitou a aventura bélica foi o monarca, e não o líder político elevado ao poder graças a um mandato democrático.

Foi inclusive um ilustre teórico da democracia, isto é, Tocqueville (1951-83, v.8.1, p.421), quem confessou em um carta dirigida a um amigo, em 9 de agosto de 1840, que encontrava "certa satisfação" na demonstração de força que se delineava no horizonte: "Você sabe a satisfação que tenho pelos grandes acontecimentos e como estou cansado dessa nossa mesmice democrática e burguesa". É possível dizer pelo menos que as relações feudais, o despotismo monárquico e a sociedade anterior ao surgimento da "era do comércio", da indústria e das finanças não constituíram as únicas raízes da guerra, como acreditavam os positivistas. O que impediu a fraternidade entre os povos na paz foram as novas relações políticas, econômicas e sociais surgidas com a destruição ou o declínio do Antigo Regime, e até mesmo de seus grandes teóricos.

Marx e a "guerra industrial de extermínio entre as nações"

Apesar de genial, o posicionamento de Heine foi algo isolado. Para se chegar a uma reflexão global sobre o discurso da paz perpétua, foi necessário esperar Marx e Engels. Quando estes iniciaram a sua atividade de pensadores e militantes revolucionários, uma lembrança longínqua do passado era a esperança de uma paz perpétua suscitada pela destruição do Antigo Regime na França, rejeitada e até mesmo ridicularizada pelas ininterruptas guerras de conquista empreendidas por Napoleão. E, no entanto, quando, em 1848, a revolução voltou a acontecer na França e na Europa e a causa da democracia parecia triunfar também na Alemanha, em certos ambientes intelectuais e políticos, que poderíamos chamar de "esquerda", houve uma retomada das ilusões do passado. No Parlamento de Frankfurt, em um discurso de 22 de julho, Arnold Ruge (1968, p.99-113) apresentou uma moção solicitando a convocação de um "congresso dos povos" para sancionar o "desarmamento universal europeu" e para libertar o continente não só do espectro da guerra, mas também do peso intolerável de uma "paz armada" e dispendiosa. Segundo essa moção, uma paz perpétua e universal, ou pelo menos duradoura e menos obscura, favorecia o conjunto dos países mais desenvolvidos nos planos econômico e político, e parecia capaz de se estender rapidamente da Europa e do Ocidente ao resto do mundo.

Marx e Engels ridicularizaram essa visão e acusaram Ruge de não ter compreendido que o fenômeno da guerra não desapareceu junto com o regime feudal. Essa perspectiva e essa expectativa foram desmentidas inicialmente pela experiência do expansionismo da França burguesa e napoleônica e depois pela crise internacional de 1840. Em vez de serem "aliados naturais", os países dominados pela burguesia foram destruídos por uma competição implacável, cujo resultado poderia ser a guerra (MEW, v.5, p.359-63).

No entanto, a ilusão de que o declínio do Antigo Regime, graças ao advento da democracia e ao desenvolvimento do comércio e das relações comerciais entre os povos, teria acabado com a guerra influenciou também importantes setores do movimento operário.

Ainda em 1859, Ferdinand Lassalle expressou a convicção de que, com o fim dos regimes feudais que se desenhava no horizonte, a era das guerras teria terminado: "A burguesia se convenceu por própria conta que toda conquista custa muito mais do que oferece e se acostumou a buscar suas conquistas com a diminuição do custo de produção" (primeiramente, mediante a contenção dos salários e a intensificação da exploração operária). Já tinham passado ou logo passariam "os tempos do ódio nacional". Para perceber isso, bastava olhar para "grandes e decisivos fatos", como "a longa aliança" entre os dois países mais desenvolvidos e modernos, a longa aliança da França com a Inglaterra, que também foi "durante uma longa e secular tradição histórica a inimiga hereditária da França" (Lassalle, 1919, v.1, p.94-5).

Esses motivos, às vezes, encontraram eco também em Marx e Engels. De acordo com o *Manifesto do Partido Comunista*, "os isolamentos e antagonismos nacionais dos povos estão gradualmente desaparecendo com o desenvolvimento da burguesia, com a liberdade de comércio, com o mercado mundial, com a uniformidade da produção industrial e das condições de vida correspondentes" (MEW, v.4, p.479). Foi um processo que se manifestou também no plano cultural:

> A antiga autossuficiência e o antigo isolamento locais e nacionais foram substituídos pelo comércio universal, por uma interdependência universal entre as nações. Isso vale tanto para a produção material como para a espiritual. Os produtos espirituais de cada nação se tornam um bem comum. A unilateralidade e as restrições nacionais se tornam cada vez mais impraticáveis, e, em meio às numerosas literaturas nacionais e locais, desenvolve-se uma literatura mundial. (ibidem, v.4, p.466)

O "comércio universal" (*allseitiger Verkehr*) e a "literatura mundial" (*Weltliteratur*) parecem se mover juntos na direção da unificação do gênero humano, ou melhor, parecem cancelar ou abrandar todos os diferentes e diversos antagonismos para manter ou fortalecer apenas um deles, aquele que levaria à destruição do sistema capitalista. É a visão que emerge do discurso de Marx pronunciado em Bruxelas, em janeiro de 1848: o livre-comércio derruba "os poucos obstáculos nacionais que ainda impedem a marcha do capital", "dissolve as antigas nacionalidades" e deixa espaço apenas para o "antagonismo entre a burguesia e o proletariado", o que prepara o terreno para a "revolução social" (ibidem, v.4, p.455, 457-8). Nessas passagens, a preocupação de sublinhar a absoluta centralidade e primazia da contradição entre burguesia e proletariado estimula a desvalorização das outras contradições, de modo que pouca atenção é dada à competição e à disputa entre a burguesia que está no poder nos diversos países capitalistas. Em outras palavras, esse panorama, mais que descritivo e prescritivo, é um implícito apelo ao proletariado para assumir seu papel internacionalista, para evitar de ser tragado pela concorrência e pela competição entre as classes exploradoras.

Quando essa preocupação político-pedagógica está ausente ou tem uma presença menos acentuada, surge um panorama mais complexo e menos reconfortante. Leiamos em conjunto a *Ideologia alemã* e o *Manifesto do Partido Comunista*; é verdade, o "mercado mundial" produzido pela burguesia estimula a "interdependência universal entre as nações", "faz todas as nações civilizadas dependerem do mundo inteiro" e "produz pela primeira vez a história mundial". Nesse sentido, o mercado mundial é um momento do processo de construção da universalidade e da unidade do gênero humano. No entanto, este é apenas um aspecto: a "concorrência universal" intrínseca ao "mercado mundial", ao mesmo tempo que "obriga todos os indivíduos à tensão extrema de suas energias" e estimula poderosamente o desenvolvimento das forças produtivas, liberta a atividade econômica capitalista dos tradicionais entraves religiosos e ideológicos (ibidem, v.3, p.60; ibidem, v.4, p.466). Aqui se encontra, então, a completa desumanização e reificação dos povos coloniais; ocorre assim, segundo *O capital*, a transformação da África em uma "reserva de caça comercial de peles negras". O mercado mundial pode andar de mãos dadas com as guerras de submissão e escravização dos negros e de outros povos. Longe de ser sinônimo de pacificação geral, o comércio, o *doux commerce* fantasiado por seus apologistas e ironizado por Marx, acaba em guerra entre as colônias, que envolve a "devastação" e a "diminuição de população" de regiões inteiras (ibidem, v.23, p.779-80).

Não se trata de um capítulo remoto de história: nos Estados Unidos – mostra a *Miséria da filosofia* –, o comércio próspero, que conecta em todas as direções um país de dimensões continentais, coexiste com a escravidão dos negros (ibidem, v.4, p.132). O desenvolvimento do comércio continua a tratar como mercadoria os escravos de origem africana que desembarcam no continente americano como despojos de guerra e empreendimento colonial. Quanto ao país industrial e comercial mais desenvolvido da época, isto é, a Grã-Bretanha, esta recorre à "propaganda armada" e à "guerra civilizadora", e para sermos preciso, uma guerra particularmente infame, a fim de impor à China a abertura dos portos aos produtos ingleses e, sobretudo, ao livre-comércio do ópio, originado da "cultura forçada" dessa droga introduzida na Índia pelo governo de Londres (ibidem, v.12, p.549; v.13, p.516).

Entretanto, os povos coloniais não são as únicas vítimas dos conflitos e das guerras associados à expansão do comércio e à formação do mercado mundial. O discurso de Marx em Bruxelas, em janeiro de 1848, chama a atenção sobre o caráter pouco amigável e fraterno da relação que "o livre-comércio" estabelece "entre as várias nações da Terra" (ibidem, v.4, p.456). Na verdade – evidencia o *Manifesto do Partido Comunista* –, "a burguesia está sempre em luta [...] contra a burguesia de todos os países estrangeiros", e é uma luta tão dura que resulta em uma "guerra industrial de aniquilação entre as nações" (ibidem, v.4, p.471, 485). As guerras coloniais marcadas pela "mais brutal violência" – observa por sua vez *O capital* – entrelaçam-se com "a guerra comercial das nações europeias". Trata-se de um gigantesco choque encenado "no palco de todo o globo terrestre" (ibidem, v.23, p.779), o mesmo palco do mercado mundial.

E, portanto, levar a sério o ideal da paz perpétua significa considerar não apenas as ilusões surgidas com a Revolução Francesa, mas também aquelas expressas sobretudo por Constant, que ainda ecoam em Comte e Spencer, embora permeadas de dúvidas angustiantes. Na realidade, a visão da paz perpétua desses pensadores baseia-se na falta ou ausência de uma consequente universalização do problema da paz e da guerra: isto é, eles podem celebrar como protagonistas do esperado ou almejado processo de erradicação da guerra os países mais avançados no plano industrial e comercial apenas pelo fato de não considerá-la, ou de não considerá-la de forma coerente e constante, como guerras coloniais desencadeadas precisamente por esses países.

E é justamente na discussão e no questionamento de tal visão que se encontra a mais importante contribuição de Marx e Engels para a compreensão do problema da paz e da guerra. Passemos primeiramente a palavra à *Miséria da filosofia*, publicada no 1847: "os povos modernos não souberam fazer outra coisa que mascarar a escravidão em seus próprios países e a impuseram sem máscaras ao Novo Mundo" (ibidem, v.4, p.132). A submissão escravista e a guerra (nela implícita) em detrimento dos negros prosseguem de forma explícita justamente no país (os Estados Unidos) que também, por sua história, não tem por trás o Antigo Regime.

Alguns anos mais tarde, tendo em mente a dominação colonial, em particular da Grã-Bretanha, imposta à Índia, Marx reitera: "A profunda hipocrisia e as barbaridades intrínsecas da civilização burguesa estão diante de nós sem véus, não apenas em relação às grandes metrópoles, onde elas assumem grandes dimensões, voltemos nosso olhar para as colônias, onde estão presentes de forma descarada" (ibidem, v.9, p 225). O barbarismo capitalista se manifesta em sua repulsiva nudez nas colônias também porque é aí que as guerras de conquista não recuam diante de qualquer infâmia. Quando, em 1857, inicia-se na Índia a revolta anticolonial dos cipaios, não faltam, até mesmo no movimento que professa o princípio da não violência, aqueles que assimilam a implacável repressão desencadeada pelo governo de Londres mais como uma legítima operação de polícia que como uma guerra (Losurdo, 2010, cap. 1, §2). A atitude de Marx é bem diferente, embora não esconda as atrocidades praticadas pelos insurgentes. Não obstante, "por mais abominável que tenha sido a conduta dos cipaios, ela não é mais que um reflexo, de forma concentrada, da conduta dos próprios ingleses na Índia". Sim, "a tortura constitui um instituto orgânico da política financeira do governo" inglês na Índia; "o estupro, o massacre de crianças pelo fio da espada, a queima de aldeias constituem provocações gratuitas" dos "oficiais e funcionários ingleses", que se arrogam e exercem "poderes ilimitados de vida e de morte" e, muitas vezes, se gabam nas suas correspondências das infâmias por eles protagonizadas (MEW, v.12, p.285-7). Em outras palavras, estamos diante de uma das ferozes guerras coloniais que caracterizam a história da sociedade burguesa e que têm como protagonista o país que se encontra na vanguarda do desenvolvimento industrial e comercial e que, justamente por isso, é apontado por Constant como defensor da causa da paz perpétua.

Assim, compreende-se a tomada de posição do *Manifesto*: apenas com o comunismo, "com o desaparecimento do antagonismo entre as classes, dentro da nação, desaparece a hostilidade entre as próprias nações" (ibidem, v.4, p.479). Para que a guerra seja erradicada de uma vez por todas, não basta que uma classe exploradora seja substituída por outra, como acontece com a revolução burguesa; é necessário, em vez disso, que seja eliminado todo o sistema de exploração e opressão nos planos interno e global. É nesse sentido que, em julho de 1870, pronunciando-se sobre a recente guerra franco-prussiana em um texto redigido por Marx, a Associação Internacional dos Operários conclama a lutar pelo surgimento de "uma nova sociedade cujo princípio internacional seja a paz, pelo fato de que em todas as nações predomina o mesmo princípio, o trabalho" (ibidem, v.17, p.7).

Em termos mais gerais, a perspectiva de um mundo livre do flagelo da guerra e da violência é o fio condutor da filosofia da história de Marx e Engels, embora obviamente utilizem uma linguagem diversa daquela de Kant e Fichte. A paz perpétua é agora parte integrante da ordem comunista que precisa ser alcançada em nível mundial.

"O capitalismo traz em si a guerra, como a nuvem traz a tempestade"

Enquanto se manteve de pé o sistema capitalista, a guerra esteve na ordem do dia; o surgimento da sociedade industrial, longe de ser uma garantia de paz, como defendiam os positivistas, tornaria a guerra ainda mais devastadora: assim argumentou Engels, que, em 1895, alertou profeticamente que no horizonte se delineava "uma guerra mundial com um horror sem precedentes e de consequências absolutamente incalculáveis" (ibidem, v.22, p.517).

Naquele mesmo ano, Jean Jaurès, principal expoente do Partido Socialista Francês, também reiterou o estreito vínculo que existia entre o capitalismo e a guerra, e o fazia recorrendo a uma metáfora que depois se tornou célebre. Dirigindo-se em particular à maioria burguesa da Câmara dos Deputados e expressando uma convicção muito difundida nas fileiras do movimento operário internacional, declarou: "A sua sociedade violenta e caótica, mesmo quando quer a paz, mesmo quando se encontra em aparente repouso, traz em si a guerra, como a tranquila nuvem traz em si a tempestade". Fundado como era na exploração e na opressão, o capitalismo caracterizou-se por uma espécie de darwinismo social que se manifestou nos planos interno e internacional. Não foi por acaso que a produção e o comércio de armas desempenharam um papel relevante no âmbito do sistema capitalista e que, aliás, tornaram-se "a primeira, a mais excitante, e a mais febril das indústrias". A "competição ilimitada" entre os grupos capitalistas que detinham a propriedade dos "grandes meios de produção e de comércio" se manifestou também como uma disputa pela divisão das colônias, de tal forma que "as grandes competições coloniais" – observou lucidamente o líder socialista francês – tenderam a levar a "grandes guerras entre os povos europeus" (Jaurès, 1959, p.85-9).

E foi justamente por condenar com clareza o colonialismo que o requisitório contra o capitalismo não fazia distinções significativas entre os diversos países europeus. Cinco dias antes de ser assassinado, em 25 julho de 1914, Jaurès (1959, p.231-2), ao entrever a "nuvem de tempestade" que já pairava sobre a Europa, destacou um ponto importante: a França, com sua "política colonial", não era menos responsável que seus concorrentes e opositores pela "catástrofe" e pelo "barbarismo" homicida que estavam para ser desencadeados.

Naqueles anos, de forma análoga argumentou também Karl Kautsky, que veremos mais tarde elogiar o mundo anglo-saxão como fundamentalmente imune à embriaguez militarista. Porém, em 1907, no contexto de uma condenação do capitalismo como um todo, o principal expoente da social-democracia alemã destacou o caráter violento e prenhe de guerra do colonialismo, naquele momento representado sobretudo pela Grã-Bretanha e França. Tratava-se de violência e guerras que podiam assumir um caráter genocida: o objetivo não era apenas "reprimir", mas, às vezes, "destruir totalmente as populações indígenas". A acusação envolveu, diretamente e sobretudo, as políticas coloniais "inglesa, holandesa e norte-americana". Obviamente, também a Alemanha não se livrou da condenação, mas foi fortemente criticada, sobretudo pelo fato de, apesar de dar sinal de um ar de superioridade moral, na prática se inscrever na escola do desejo imoral de dominação que caracterizava, em particular, a Inglaterra e a Holanda. Esses países foram apontados como foco da doença contagiosa que se espalhou: "O heroísmo dos fanáticos colonialistas dos trópicos [extremamente brutais contra os povos por eles dominados] tornou-se um modelo para a reação obscurantista e para o junkerismo, que procuram regrar com esse mesmo metro as suas relações com os trabalhadores"; irrompeu também na metrópole europeia como um todo um clima espiritual caracterizado por uma "orgia de violência e de ganância" e pelo "culto à violência" (Kautsky, 1977, p.115, 129, 144-5). A Grã-Bretanha não só participou ativamente da corrida armamentista, mas também nela se envolveu muito mais facilmente pelo fato de dispor de um grande império colonial: "Era a colônia quem pagava a maior parte das despesas, ou pelo menos toda a despesa do militarismo, como ocorre com a Índia britânica" (ibidem, p.126).

Tratou-se, portanto, não de distinguir entre as coalizões opostas, que haviam se formado ou que estavam sendo formadas, mas de declarar "guerra à guerra", como dava a entender a palavra de ordem formulada, em 1910, por Karl Liebknecht (1981, p.153-4), líder do movimento antimilitarista alemão: uma guerra à guerra que coincidiu plenamente com a revolução anticapitalista. Foi também essa orientação básica do congresso extraordinário da Internacional Socialista, ocorrido na Basileia, no final de 1912, que evocou a revolução como forma de se contrapor à guerra que as classes dominantes estavam tramando.

No entanto, naquele mesmo ano, no Landtag, isto é, no Parlamento da Baviera, o social-democrata Georg Heinrich Vollmar se destacou no fervor patriótico: "Em caso de guerra, os sociais-democratas servirão à sua pátria, e acredito que não serão os piores defensores" (in Monteleone, 1977, p.163). No verão de 1914, imediatamente antes do início da guerra, o chanceler alemão Theobald von Bethmann-Hollweg assegurou aos seus colaboradores que o movimento operário e socialista demonstraria lealdade, e, naqueles dias, o mesmo foi feito pelo presidente francês Raymond Poincaré (Clark, 2013, p.527, 503). Na verdade, pouco depois, a social-democracia alemã aprovou o apoio à guerra, dando um exemplo que foi logo seguido pelos outros partidos da Segunda Internacional: a promessa da paz perpétua cedeu lugar à realidade do terrível massacre bélico.

Salvemini a favor da guerra que "mate a guerra"

Se, no momento da eclosão do gigantesco conflito, os partidos socialistas se esqueceram de seus compromissos anteriores de luta contra a guerra e contra o sistema social que a produzia e reproduzia, Gaetano Salvemini, que teve um passado de militância socialista, foi muito mais longe. Na Itália que ainda mantinha posições neutras, ele invocou a intervenção com o objetivo de avançar na direção da paz perpétua. A guerra da Entente, e em particular da Grã-Bretanha e da França, quis pôr um "fim ao imperialismo alemão, isto é, a eliminação dos Hohenzollern e dos Habsburgos e de suas clientelas feudais, e democratizar a Áustria e a Alemanha"; assim se lançariam as bases para a instauração da "sociedade jurídica entre as nações" e da paz permanente entre elas. Tratava-se, em última análise, de uma guerra pela democracia e, portanto, uma "guerra pela paz". Aqueles que realmente se importavam com a causa da paz não podiam manter-se à margem: "É preciso que essa guerra mate a guerra" (Salvemini, 1964-78, v.3.1, p.360-1). A palavra de ordem tão cara a Liebknecht e ao movimento antimilitarista ("guerra à guerra") se converteu em seu contrário: sim à guerra (da Entente) em nome da paz!

Parecia que ressurgiam as ilusões criadas durante a Revolução Francesa, da qual Salvemini foi um eminente historiador: aos seus olhos, o Antigo Regime, não obstante o tempo transcorrido e as agitações surgidas nesse ínterim, continuou a ser vital em países como a Alemanha e a Áustria, consideradas as únicas responsáveis pelo crescente conflito; pois bem, a derrota a ser infligida aos impérios centrais teria dado, finalmente, o golpe de misericórdia no Antigo Regime e eliminado definitivamente as raízes da guerra.

É bom notar logo uma diferença de fundo em relação ao passado indiretamente mencionado por Salvemini. No âmbito do ciclo histórico iniciado em 1789, o ideal da paz perpétua, antes de se apresentar (a partir do Termidor e sobretudo com Napoleão) como ideologia da guerra, conquistou resultados muito importantes: contribuiu para alimentar, na França revolucionária e nos países circunvizinhos, a luta contra o Antigo Regime e contra a sua pretensão de ditar a lei na Europa, independentemente de fronteiras estatais e nacionais; pelo menos entre os expoentes mais radicais do movimento revolucionário, acabou colocando em discussão a dominação colonial. Salvemini, ao contrário, apontou a Grã-Bretanha e a França, e depois os Estados Unidos, como protagonistas da luta para erradicar a guerra, fazendo uma total abstração da sorte reservada por esses países aos povos coloniais e de origem colonial; a paz perpétua voltou a ser uma questão que diz respeito exclusivamente ao mundo civilizado e ocidental, praticamente como nos tempos de Saint-Pierre! Além disso, Salvemini pretendia lutar contra o Antigo Regime defendendo a intervenção ao lado de uma aliança (a Entente), da qual participava a Rússia semifeudal e autocrática e que tinha o apoio do Japão, cuja suprema autoridade era representada pelo imperador, venerado por seus súditos como uma espécie de encarnação divina. É preciso dizer que, enquanto Salvemini e a Entente defendiam a guerra para exportar a democracia para a Alemanha, nesta o Partido Social-Democrata queria exportar a democracia para a Rússia czarista (aliada da Entente), de modo que – ironizava Rosa Luxemburgo (1968, p.89) –, aos olhos dos sociais-democratas, nesse momento totalmente favoráveis à causa da guerra, o general Paul von Hindenburg se tornou "o executor do testamento de Marx e Engels". Em outras palavras, ao contrário de 1789, nos anos 1914-1918, a palavra de ordem da paz perpétua foi usada desde o início como ideologia da guerra, e como ideologia da guerra compartilhada de alguma forma por países inimigos mortais uns dos outros.

O aspecto mais importante, porém, é outro. Não há qualquer razão para considerar, nesse momento, a Grã-Bretanha ou os Estados Unidos mais democráticos que a Alemanha, onde o Reichstag foi eleito por voto universal (masculino) e onde havia, na sociedade civil e nos organismos representativos, uma presença forte do movimento sindical e do movimento socialista. Um exemplo interessante da posterior contestação da ideologia defendida por Salvemini (e não apenas por ele) se encontra nas palavras de um ilustre homem de Estado do nosso tempo:

> Quando eclodiu a Primeira Guerra Mundial na Europa, a maior parte dos países (inclusive Grã-Bretanha, França e Alemanha) era governada por instituições essencialmente democráticas. No entanto, a Primeira Guerra Mundial – uma catástrofe da qual a Europa nunca se refez completamente – foi entusiasticamente aprovada por todos os parlamentos (eleitos de forma democrática). (Kissinger, 2011, p.415-6)

Max Weber (1988, p.354) não tinha se enganado quando, às lições armadas de democracia que provinham do outro lado do Atlântico, respondia chamando a atenção para a exclusão dos afro-americanos do gozo dos direitos políticos (e muitas vezes também civis) e para as vergonhas do regime da *white supremacy* em vigor nos Estados Unidos. A condição de servidão dos afro-americanos nos leva à questão da submissão infligida aos povos coloniais ou de origem colonial, sobretudo pelos países da Entente que se arvoravam como defensores da causa da democracia no mundo. Vale ressaltar, com um historiador britânico, que justamente a Irlanda dominada pelo governo de Londres foi a protagonista da "única insurreição nacional ocorrida em um país europeu durante a Primeira Guerra Mundial, um irônico comentário à pretensão britânica de lutar pela liberdade" e de representar a causa da democracia (Taylor, 1975, p.71).

Contudo, não seria totalmente correto dizer que Salvemini ignorava a questão colonial. Sem sequer esperar a conclusão da guerra, em uma carta de 26 outubro 1918, exigiu da Itália uma adequada compensação colonial, a começar pela Tunísia. Ao não tê-la reivindicado durante o momento da intervenção, o governo italiano tinha "cometido um delito" e com a sua condescendência continuou a dar provas de "cretinismo". É importante não perder de vista um ponto essencial: "Em abril de 1915, a França e a Inglaterra nos prometeram extensões coloniais proporcionais às que elas obteriam: trata-se de um direito adquirido por nós". Em vez disso: "A Síria foi hipotecada pela França; a Mesopotâmia e a Arábia, pela Inglaterra. A Inglaterra e a França quiseram repartir as colônias alemãs da África [...]. Não existe nenhuma proporção entre o que a França e a Inglaterra se preparam para devorar e o que é deixado para nós" (Salvemini, 1984, p.430-2).

A partir dessa reivindicação, surgiu o persistente apego ao expansionismo colonial, apesar das horríveis guerras que ele provocou e que o próprio Salvemini assim descreveu em 1912: "Deixar que as tribos do interior se cansem de ser massacradas diante de nossas trincheiras". A Líbia recém-dominada (com uma revolta imediata) deveria ser mantida sob o domínio italiano: "A conquista de Trípoli, apesar de injusta do ponto de vista da moralidade absoluta [...], deveremos todos considerá-la do ponto de vista moral como um grande benefício para o nosso país" (idem, 1964-1978, v.3.1, p.149-50). Entre as guerras que a Entente deveria "matar" com a sua guerra, não estavam incluídas as guerras coloniais, as mais brutais e indiscriminadas! De qualquer forma, estavam confirmadas as belicosas rivalidades coloniais: por envolverem os mesmos países vencedores e "democráticos", mais tarde estimularam Hitler a cultivar o projeto de edificar o seu império na Europa Oriental, na esteira de um expansionismo declaradamente genocida. Em conclusão, a guerra que deveria ter "matado a guerra" acabou revelando rapidamente sua verdadeira natureza: segundo o historiador norte-americano Fritz Stern, foi "a primeira calamidade do século XX, aquela que deu origem a todas as outras" (in Clark, 2013, p.XXI).

"Realizar a fraternidade e a emancipação dos povos"

Se Salvemini é um fervoroso intervencionista e um declarado defensor da guerra pela democracia e a paz, os partidos socialistas e operários não modificam sua forma de interpretar essa questão de longa data, isto é, não chegam ao ponto de celebrar a guerra por eles condenada e abominada. No entanto, apesar dos propósitos combativos e dos compromissos das vésperas de defender a causa da paz, ainda que fosse necessário recorrer à revolução, eles se deixam, geralmente, atrair pela onda chauvinista ou, pelo menos, revelam-se incapazes de reagir. A exceção é a Rússia: em julho-agosto de 1915, Lenin (1955-1970, v.21, p.287) saúda calorosamente a "fraternização entre os soldados das nações beligerantes, até mesmo nas trincheiras", que se manifesta espontaneamente, e estimula sua generalização para pôr fim à carnificina e derrubar o sistema social que a iniciou e que quer mantê-la. A revolução bolchevique teve êxito sobretudo por ter dado voz à aspiração de uma grande massa de pessoas que queriam acabar com os horrores da guerra. Em outubro de 1917, o ideal da paz perpétua que surgira com a Revolução Francesa parece voltar à tona e ser capaz de suscitar novamente expectativas e esperanças, e dessa vez com o envolvimento de um grupo muito mais amplo em escala internacional sem precedentes.

Agora mais do que nunca, o problema da paz e da guerra assume uma dimensão universal, envolve também o mundo colonial, onde, aliás, manifesta-se com maior evidência. Em agosto de 1915, Lenin (1955-1970, v.21, p.275) define a guerra que tinha iniciado um ano antes como uma "guerra entre os senhores de escravos, para consolidar e reforçar a escravidão". As próprias democracias ocidentais, que aos olhos de Salvemini são chamadas a realizar a causa da paz perpétua, são rotuladas de "proprietárias de escravos"! Trata-se de um típico bordão do agitador revolucionário? Vejamos o que acontece nas colônias no início do gigantesco conflito e durante o desenvolvimento dele. Para dar um exemplo, no Egito, os camponeses surpreendidos nos bazares são "presos e enviados aos centros mais próximos de recrutamento". Não conseguem ir longe os que tentam fugir; em geral, são capturados e enviados sob escolta para os quartéis. Não há escapatória para os "bárbaros" destinados a servir de bucha de canhão! Segundo um historiador britânico conservador (Alan J. P. Taylor), "cerca de 50 milhões de africanos e 250 milhões de indianos" são lançados pela Inglaterra, "sem serem consultados", na fornalha de uma guerra que lhes é totalmente estranha (in Losurdo, 2015, cap. V, §2). Se o que define a instituição da escravidão é o poder de vida e de morte exercido pelo senhor sobre seus escravos, Lenin não se equivocou na interpretação que apresentamos antes: para reunir a maior quantidade possível de bucha de canhão, entre os povos por elas submetidos, as grandes potências coloniais se arrogam, de fato, o poder de vida e de morte! Na análise do revolucionário russo, o primeiro conflito mundial envolveu o entrelaçamento de duas guerras: uma que vê as grandes potências se confrontarem na conquista das colônias (e da hegemonia mundial) e a outra graças à qual todas as grandes potências dominam e escravizam uma parte mais ou menos ampla do mundo colonial. Gramsci (1987, p.68-9) pensa de forma semelhante. Em artigo de junho de 1919 com um título eloquente, "A guerra das colônias", consta o seguinte: os "imperialismos capitalistas" alimentaram suas máquinas de guerra ampliando de tal forma o saque das colônias que "milhões e milhões de indianos, egípcios, algerianos, tonquineses [vietnamitas] morreram de fome e de epidemia". É fácil compreender a revolta que se seguiu, imediatamente reprimida com uma ferocidade ampliada pelo preconceito ou pelo ódio racial: "os veículos blindados, os tanques, as metralhadoras fazem misérias na pele morena dos camponeses árabes e hindus". A análise de Lenin e de Gramsci se destacam exatamente pelo fato de chamar a atenção sobre essa segunda guerra, amplamente ignorada ainda atualmente pela conhecida historiografia ocidental.

Em 1917, no mesmo ano em que publica *O imperialismo, fase suprema do capitalismo*, o revolucionário russo denuncia o costume de os europeus e ocidentais não considerarem guerras as que acontecem fora da Europa e do Ocidente, e que, no entanto, envolvem massacres contra povos indefesos ou, no mínimo, em condições de clara inferioridade militar. Trata-se de conflitos que resultam, sim, na "morte de poucos europeus", mas nos quais "perdem a vida centenas de milhares de homens pertencentes aos povos oprimidos pelos europeus [...]. Não se trataria de guerras? Não, a rigor, não se pode falar de guerras, e por isso podem ser esquecidas" (Lenin, 1955-1970, v.14, p.411, 416-7). Não é possível enfrentar seriamente o problema da paz quando se continua a desconsiderar a realidade das guerras coloniais e quando se desumanizam os povos que são o alvo delas.

Portanto, para eliminar de uma vez por todas as raízes da guerra, não basta acabar com o Antigo Regime feudal e com o absolutismo monárquico, é necessário abolir o capitalismo e o colonialismo-imperialismo a ele estreitamente ligado: "No regime capitalista, e sobretudo na fase imperialista, as guerras são inevitáveis" (ibidem, v.21, p.145); para avançar realmente no caminho de uma paz que não seja um simples armistício, mas sólida e permanente, é preciso derrubar a ordem político-social existente. Só assim – declara outro eminente bolchevique, Karl Radek – será possível pôr fim à "guerra das nações" e, apenas assim – proclama, no momento de sua fundação, o Partido Comunista Alemão –, concretizar-se-á a "fraternidade internacional" (Carr, 1964, p.895, 897).

Essa conclusão é reiterada também pelos documentos da Internacional Comunista. Após ter denunciado o "caos" sangrento provocado pela "monstruosa guerra imperialista mundial" e ter rotulado "a pirataria da guerra mundial" como "o maior dos crimes", e depois de ter alertado sobre a "ameaça de uma destruição total" da "humanidade", a *Plataforma* aprovada, em março de 1919, pelo Congresso da Internacional Comunista, assim prossegue:

> A classe operária [...] tem a tarefa de criar a verdadeira ordem – a ordem comunista –, de destruir o domínio do capital, de tornar impossíveis as guerras, de eliminar as fronteiras dos Estados, de transformar o mundo em uma comunidade que trabalhe para si mesma, de realizar a fraternidade e a emancipação dos povos.

Essa é uma visão que confirma a centralidade da questão colonial: a "fraternidade" dos povos é inseparável da sua "emancipação" tanto do capitalismo como também, e talvez mais ainda, do colonialismo. O texto termina com uma palavra de ordem eloquente: "Viva a república internacional dos sovietes proletários!" (in Agosti, 1974-1979, v.1.1, p.23-4, 30). Passado um pouco mais de dois meses, em 13 de maio de 1919, um *Manifesto* da Terceira Internacional se refere ao Tratado de Versalhes e alerta, com razão, que ele abre caminho para novas desastrosas provas de força entre as grandes potências capitalistas: "Enquanto existir o capitalismo, não há qualquer possibilidade de se alcançar uma paz duradoura. A paz duradoura deve ser construída sobre as ruínas da ordem burguesa [...]. Viva o poder soviético do mundo inteiro!" (in Agosti, 1974-1979, p.93).

A revolução anticapitalista se expande lentamente na Europa ocidental, e novamente surge o espectro da repetição da carnificina que havia acabado alguns anos antes. Em 1921, Lenin (1955-1970, v.33, p.41) alerta contra a "próxima guerra imperialista" que se desenhava no horizonte e que se prenuncia ainda mais monstruosa que a precedente: "Serão massacrados 20 milhões de homens (em vez dos 10 milhões mortos na guerra de 1914-1918 e nas "pequenas" guerras complementares não ainda terminadas); serão mutilados – nessa próxima guerra, inevitável (se se mantiver o capitalismo) – 60 milhões de homens (em vez dos 30 milhões de mutilados em 1914-1918)".

Quinze anos mais tarde, o expoente mais ilustre do marxismo austríaco evoca já no título do seu livro (*Entre duas guerras mundiais?*) a nova tempestade bélica que se aproxima, e que na verdade já começou a se alastrar no Oriente com a invasão da China pelo Japão, e comenta: "No modo capitalista não existe a 'paz perpétua' (*ewiger Friede*); apenas a concretização de uma 'ordem social socialista' poderá, finalmente, aplainar o caminho para uma paz 'duradoura e segura' (*dauernder, gesicherter Friede*)" (Bauer, 1936, p.226, 230, 232).

Ainda em 1936, a milhares de quilômetros de distância da Rússia soviética e da Europa, na China, Mao Tse-tung chega à mesma conclusão:

> A guerra, esse monstro que leva os homens a um massacre mútuo, acabará sendo eliminada pelo desenvolvimento da sociedade humana, e em um futuro não muito distante. Mas para eliminá-la existe apenas um meio: opor a guerra à guerra, opor a guerra revolucionária à guerra contrarrevolucionária.

Para entender o exato significado dessa declaração, é preciso considerar que já tinha sido iniciada a invasão da China pelo imperialismo japonês e se passou das palavras para as armas. O cenário que emerge é, no entanto, semelhante àquele que vimos em Rousseau: independentemente das lutas concretas, particulares e, às vezes, com diferentes articulações, a guerra como fenômeno geral é, em última análise, eliminada com um processo revolucionário que acaba, definitivamente, com suas raízes. "Quando o desenvolvimento da sociedade humana levar à eliminação das classes e do Estado, não haverá mais guerras", e "a humanidade viverá uma era de paz perene". Mais tarde, a resistência armada contra a invasão do Japão, que buscou colonizar e escravizar a China, foi definida como "a guerra pela paz perene". As perspectivas pareciam encorajadoras: "Em nenhuma outra época histórica, a guerra esteve tão perto da paz perene como hoje" (Mao, 1969-1975, v.1, p.195; v.2, p.153). A diferença em relação a Rousseau é que, agora, a instauração da paz perpétua não pressupõe mais o desaparecimento de déspotas e barões feudais, mas sim o fim dos capitalistas e da divisão da sociedade em classes antagônicas.

Assim, fica claro que, nesses anos e décadas, longe de desaparecer, o ideal da paz perpétua ecoa mais forte do que nunca na Europa e na Ásia, e, aliás, faz sentir sua voz nos diversos continentes, onde de uma forma ou de outra se fez presente o movimento da Internacional Comunista, que, movida pelo horror à carnificina que tinha acabado de terminar, promoveu a luta para pôr fim ao flagelo da guerra e ao sistema social que lhe dá sustentação.

CAPÍTULO 7
1789 e 1917
DUAS REVOLUÇÕES COMPARADAS

O anticolonialismo como crítica e autocrítica

Se as esperanças de paz perpétua surgidas com a Revolução Francesa tiveram um eco profundo, sobretudo no além-Reno, isto é, na Alemanha, as esperanças que inspiraram a Revolução de Outubro e que foram, mais tarde, reforçadas com o seu sucesso ultrapassam todas as fronteiras e ressoam, praticamente, em todas as partes do mundo. É evidente, no entanto, o elemento que aproxima as duas revoluções e que as distingue das revoluções anteriores. A Revolução Francesa, nas suas correntes mais radicais, e a Revolução de Outubro como um todo foram profundamente influenciadas pelo ideal da paz perpétua, interpretada em sentido universalista, ou seja, capaz de envolver a humanidade inteira, inclusive os povos coloniais; é por isso que o apelo para acabar com o flagelo da guerra exige também o questionamento da dominação colonial. Vimos que Marat teoriza o direito das colônias à secessão (cf. "A gênese da 'paz perpétua'"); essa tomada de posição, mais ou menos isolada, torna-se um ponto central do programa bolchevique. Se a Revolução Francesa acabou estimulando a revolução dos escravos negros liderada por Toussaint

Louverture em São Domingos (Haiti) e, indiretamente, promoveu a abolição da escravidão negra em boa parte da América Latina, a Revolução de Outubro convoca, desde o início, os "escravos das colônias" a quebrar suas cadeias, provocando a revolução anticolonialista mundial.

É verdade, em ambos os casos lidamos com processos históricos que não são unívocos. Em relação à revolução de 1789, a paz perpétua por ela prometida se converte no seu contrário, e o anticolonialismo inicial desaparece rapidamente. E, no entanto, não obstante essa reviravolta, há uma herança de longa data que não pode ser esquecida. Já durante a preparação ideológica de tal revolução e, mais tarde, no decorrer do seu desenvolvimento, surgem vozes que fazem valer também para os povos coloniais o princípio da instauração de relações internacionais fundamentadas na igualdade e na paz. Esses ideias inspiraram um dos grandes momentos da história do anticolonialismo, isto é, a épica revolta que levou os escravos negros de São Domingos a conquistar a emancipação e estimular um ciclo de revoluções de baixo e pelo alto concluídas com a abolição da escravidão também na América Latina e nas colônias britânicas (Losurdo, 2005, cap. V, §7-10).

Apesar de ter redundado no império napoleônico, que reintroduziu a dominação colonial e a escravidão em São Domingos e que impôs, durante algum tempo, relações semicoloniais na Europa (sobretudo na Alemanha), a Revolução Francesa, ao escrever o primeiro grande capítulo do abolicionismo e anticolonialismo, deu uma real e importante contribuição à causa da paz perpétua, a qual – é preciso destacar – pressupôs o estabelecimento de relações de igualdade e amizade entre todos os povos. Uma consideração análoga pode ser feita, e com muito mais motivo, a respeito da Revolução de Outubro, que inspirou e alimentou uma revolução anticolonial de dimensões planetárias. Apesar de o "campo socialista" não ter regulamentado de forma adequada as relações interestaduais em seu interior, passando por uma violenta desintegração, o ciclo histórico iniciado em 1917 deu uma inestimável contribuição à causa da paz, graças à superação do colonialismo e do racismo e à derrota infligida à contrarrevolução colonialista e escravocrata desencadeada primeiro pelo Terceiro Reich na Europa e depois pelo Império do Sol Nascente na Ásia.

Nas duas revoluções aqui comparadas, a crítica do colonialismo é também uma reflexão autocrítica, amadurecida nos dois países em que ele ocorreu. Em relação à França, sabemos que a crise desencadeada pela destruição do Antigo Regime ocorreu quando o país, que já tinha perdido grande parte de seu império colonial, viu surgir uma categoria ideológica e política que, ao contrário do que ocorria com a Grã-Bretanha e a América do Norte, pouco ou nada tinha a ver com o dominação colonial e com a propriedade de escravos: isso facilitou, primeiramente, o surgimento de uma crítica radical ao colonialismo e depois a aceitação da grande revolução dos escravos negros de São Domingos. Na Rússia, cujo império já demonstrava sinais evidentes de crise após ser derrotada pelo Japão, em 1905, os bolcheviques, uma vertente ideológica e politicamente comprometida, de certa forma, com a dominação colonial ou o sistema de poder czarista, colocaram, desde o início, no centro de sua teoria e de sua prática políticas a denúncia sem reservas da opressão colonial e nacional, que se tornou assim um aspecto essencial, primeiro, da preparação ideológica da Revolução de Outubro e, depois, da política internacional da Rússia soviética.

Essa política surge na Europa em meio à independência da Polônia e da Finlândia, colocando em discussão a política expansionista conduzida pela Rússia czarista na Ásia. Em 25 de julho de 1919, o vice-comissário do povo de Relações Externas, isto é, Lev M. Karachan, declarou-se disposto a renunciar às vantagens territoriais e de outro gênero arrancadas da China pela Rússia czarista e a reconhecer a nulidade de tratados impostos pelo imperialismo czarista com a força das armas (Carr, 1964, p.1270-1). Isso levou à abertura de um caminho para a amizade entre os dois países e os dois povos que estiveram por muito tempo distanciados pela hostilidade ou pela guerra. A "fraternidade internacional" parecia dar os primeiros passos com os primeiros atos do governo soviético, do governo surgido da revolução contra a guerra.

Fica logo claro que não era possível rechaçar um processo histórico já de longa duração: os bolcheviques e os dirigentes da república chinesa e do Partido Comunista Chinês se dão consta disso. E, no entanto, a declaração de Karachan e a tomada de posição da jovem Rússia soviética não eram um simples exercício de retórica. Tratou-se de um claro distanciamento do expansionismo colonial e imperial, um distanciamento que, como vimos, envolveu consequências concretas e imediatas, pelo menos na Europa.

Uma vez mais fica evidente que as revoluções de 1789 e de 1917 se distanciam claramente da todas as outras: a revolução que, no final do século XVI, sancionou a independência dos Países Baixos, as duas que no século seguinte ocorreram na Inglaterra e, naturalmente e por maior razão, a revolução norte-americana estão todas envolvidas com o ressurgimento do expansionismo colonial e da submissão imposta a povos de origem colonial. Quando Hannah Arendt, em um livro famoso publicado em 1963 (*On revolution*), celebra a revolução norte-americana como a única que tinha no centro de suas preocupações a causa da liberdade, não deu nenhuma importância ao problema da escravidão, da questão colonial, da sorte reservada aos ameríndios e afro-americanos e nem mesmo do expansionismo dos Estados Unidos em direção à América Latina.

O antídoto contra a guerra: democracia representativa ou direta?

As revoluções de 1789 e de 1917 se vinculam a continuidades de descontinuidades em diversos níveis. A continuidade é clara pelo menos em um caso. Vimos Kant contrapor positivamente a figura do "cidadão em armas" (surgida com as desordens ocorridas no além-Reno) e a do *miles perpetuus*, ou seja, do militar profissional (próprio do Antigo Regime) (cf. "Kant e a Alemanha como defensores de 'paz perpétua'"). Pois bem, essa é uma questão que será recorrente em Marx, na Primeira e na Segunda Internacional, e também em Lenin e na Revolução de Outubro. É uma questão que, à luz da experiência histórica desse período, encontra-se intimamente ligada ao tema da democracia: além de sua vinculação com a guerra, o militar profissional criticado pelo movimento socialista e comunista é, com frequência, um protagonista dos golpes de Estado antidemocráticos, como fica patente no exemplo de Napoleão I, de Napoleão III e dos generais que procuram sufocar a revolução russa de fevereiro e depois a de outubro.

Aqui entra o elemento de descontinuidade. Em 1789 e nos anos seguintes, acreditou-se que, com a queda do absolutismo monárquico e com a atribuição do poder de declarar guerra aos representantes do povo, estes certamente não provocariam conflitos armados, destruições e derramamento de sangue que podiam afetá-los diretamente, envolvendo seus familiares e amigos. Mas os protagonistas do gigantesco conflito desencadeado em 1914 eram países que tinham um regime mais ou menos democrático (também a Rússia posterior à queda da autocracia czarista). Não obstante, a Revolução de Outubro voltou a colocar em discussão a relação entre democracia e paz. Se bem que, agora, a responsabilidade pelo fim definitivo do flagelo da guerra saiu das mãos do regime republicano e representativo defendido por Kant e foi transferida para a democracia direta, com o envolvimento direto das massas populares. Já o Congresso da Segunda Internacional, ocorrido em Copenhague em 1910, tinha condenado a diplomacia secreta que, apesar das aparências democráticas, havia retomado, discretamente, as intrigas cortesãs do Antigo Regime, conduzindo uma política internacional que podia levar à guerra. Logo que subiu ao poder, Lenin publicou os tratados secretos que continham o acordo com os países da Entente sobre a divisão dos despojos de guerra (Carr, 1964, p.810). A lógica que dominou esse gesto era clara: quem devia bloquear ou deter a infernal máquina da guerra era a voz do povo e, sobretudo, das classes subalternas e dos soldados (em grande parte camponeses e operários). Trotski declarou com muita eloquência:

> A luta contra o imperialismo, que tinha sangrado e destruído os povos da Europa, significa também a luta contra a diplomacia capitalista,

que tem motivos suficientes para temer a luz do dia [...]. A abolição da diplomacia secreta é a primeira condição para uma política externa honrosa, popular e realmente democrática. (in Carr, 1964, p.811)

Em outras palavras, quando se tornassem de domínio público as verdadeiras ambições econômicas e geopolíticas que levavam as potências imperialistas a se envolver numa sórdida carnificina, uma vez que o povo fosse capaz de expressar com conhecimento de causa a sua orientação e a sua vontade, enfim, uma vez construída uma autêntica democracia, os poderosos seriam rapidamente obrigados a depor as armas. Essa é uma visão expressa com maior clareza ainda no discurso em que Trotski explicou ao Soviete de Petrogrado de que forma a delegação soviética se comportaria nas negociações de paz que seriam conduzidas em Brest-Litovsk, com os representantes da Alemanha e da Áustria:

> Quando sentarmos na mesma mesa com eles, apresentaremos questões claras que não gerem dúvidas, e, durante toda a negociação, toda palavra que eles ou nós pronunciarmos será registrada e transmitida por radiotelefonia a todos os povos, que serão os juízes das nossas discussões. Influenciados pelas massas, os governos alemão e austríaco já aceitaram negociar. Vocês podem ter certeza, companheiros, que o ministério público, na pessoa da delegação revolucionária russa, será vigilante e, no momento oportuno, apresentará uma sonora acusação contra a diplomacia de todos os imperialistas. (in Carr, 1964, p.813)

Graças à radiotelefonia, o registro detalhado e a transmissão universal de todos os detalhes das negociações tornaram possível que o tema da paz e da guerra fosse tratado por uma democracia direta ou quase direta, retirando o poder dos defensores da guerra e da carnificina. Em uma entrevista com Trotski, em Petrogrado, no dia do início das negociações de Brest-Litovsk, o correspondente do *Times* relatou que o que caracterizava a atitude do revolucionário russo era "a ilusão da proximidade de repentino e simultâneo pacifismo, diante do qual todos os tronos, principados e potências deviam ceder" (apud Carr, 1964, p.813). E tudo isso – é preciso acrescentar e reiterar – graças ao desaparecimento da diplomacia secreta ocorrido com a Revolução de Outubro e ao surgimento de uma espécie de democracia direta e universal envolvendo o tema da paz e da guerra. Vimos como os documentos da Internacional Comunista de março e maio de 1919 defenderam, respectivamente, a "república internacional dos sovietes proletários" e o "poder soviético do mundo inteiro". A realização desse ambicioso objetivo parecia de fácil alcance, mas, de qualquer forma, não remetia a um futuro remoto e problemático. Se na Rússia houve o triunfo da Revolução de Outubro, a um ano de distância, revoluções populares tinham varrido da Alemanha e da Áustria a dinastia dos Hohenzollern e dos Habsburgos e proclamado a república, sem que com isso a situação tivesse sido estabilizada; em março e abril de 1919, a revolução proletária parecia triunfar na Hungria e na Baviera, enquanto na Itália eclodia o movimento de ocupação das fábricas. Tudo isso alimentou a esperança de uma rápida passagem do capitalismo ao socialismo não só em nível europeu, mas também mundial. Não faltaram declarações exaltadas – pelo menos é o que se supõe atualmente. Poucas semanas após a fundação da Internacional Comunista, Zinov'ev assim se expressou:

> O movimento está progredindo com uma rapidez tão vertiginosa que se pode garantir com certeza que, em um ano, já começaremos a esquecer que existiu na Europa uma luta pelo comunismo, porque, em um ano, a Europa inteira será comunista. E essa luta se estenderá à América, e talvez também à Ásia e aos outros continentes. (in Agosti, 1974-1979, v.I.I, p.75)

O próprio Lenin, em geral lúcido e sóbrio, no discurso de encerramento pronunciado no congresso de fundação da Internacional, declarou: "A vitória da revolução proletária em todo o mundo está garantida. Aproxima-se a fundação da república soviética internacional" (in Agosti, 1974-1979, v.I.I, p.74). E a república soviética internacional significará a instauração da paz perpétua: quais motivos ainda poderiam existir para a guerra depois que tiver sido eliminado o sistema mundial do capitalismo e do imperialismo, e depois que desaparecerem as rivalidades nacionais e até mesmo as fronteiras estatais e nacionais?

A realização do objetivo da fraternização do gênero humano estava às portas, ou quase. Ao assumir o cargo de comissário do povo de Relações Externas, Trotski declarou: "Emitirei alguns anúncios revolucionários aos povos do mundo e depois fecharei as portas" (apud Carr, 1964, p.814); a unificação da comunidade humana no nível planetário e o desparecimento da distinção entre interior e exterior encerrarão definitivamente a instituição do Ministério das Relações Externas, essa construção medíocre, expressão de provincialismos mesquinhos e furibundos que a humanidade estava deixando, finalmente, para trás.

Retomemos a questão das esperanças e ilusões da Revolução Francesa: "um organismo não faz a guerra contra si próprio, e o gênero humano só viverá em paz quando se constituir de um único organismo, a nação única"; com seu advento, todos perceberão que "as embaixadas semeiam a cizânia a um alto custo" (Cloots, 1979, p.245, 490). Para as correntes mais radicais da Revolução Francesa, o Ministério das Relações Exteriores deveria ter "fechado as portas" logo depois da revolução de 1789.

Defesa e exportação da revolução: Cloots e Trotski

Após o outubro bolchevique, a esperança de eliminação definitiva do sistema capitalista-imperialista e da consequente realização da paz perpétua é confiada inicialmente às revoluções de baixo já em curso e se encontra no horizonte de outros países fora da Rússia soviética. Nesse momento, ao se falar de guerra interestatal, fazia-se referência àquela a que tinha se obrigado o país surgido com uma revolução contra a guerra, imposta pelas potências imperialistas que intervieram com seus expedicionários para restabelecer o "Antigo Regime" capitalista.

Logo, porém, começou a surgir uma dialética não muito diferente daquela analisada em relação à Revolução Francesa. Agredida por inimigos muito mais fortes no plano militar, a Rússia soviética fez um apelo à solidariedade dos proletários de todo o mundo (inclusive os proletários dos próprios países agressores), com um bom êxito. O movimento de solidariedade deveria ocorrer de oeste para o leste ou também em direção oposta? Em outras palavras: quais são as fronteiras do choque entre revolução e contrarrevolução? E tais fronteiras existem realmente?

Durante a Revolução Francesa, vimos em Paris um imigrante alemão (Cloots) definir e celebrar os protagonistas da destruição do Antigo Regime como "mandatários do gênero humano" (cf. "'república universal' e paz perpétua: Cloots e Fichte"). De forma semelhante, afirma Radek após outubro de 1917: "Nós não somos mais moscovitas ou cidadãos de Sovpedia [termo depreciativo com que a Rússia foi designada por seus inimigos], mas a guarda avançada da revolução mundial". Se Cloots era um franco-alemão que se considerava um "orador do gênero humano", Radek também se apresentava como um "tipo de revolucionário internacional sem uma nacionalidade específica" (Carr, 1964, p.813).

Como ocorrera depois de 1789, também após 1917, o *páthos* universalista da revolução procurou eliminar ou minimizar a distinção entre cidadãos e estrangeiros. Em Paris, Cloots se surpreendeu com o fato de ainda haver, após a destruição do Antigo Regime e a Declaração dos Direitos do Homem, distinções entre cidadãos e "estrangeiros" (in Labbé, 1999, p.387). Essa última palavra não tinha mais sentido e, aliás, estava completamente fora de lugar. Na realidade, "o mundo estava dividido entre patriotas e aristocratas". A única distinção que tinha sentido era a seguinte: "Uma vez libertado, o gênero humano imitará um dia a natureza, que não conhece estrangeiros". O futuro que aqui se vislumbra não está distante, pois de alguma forma ele já se realizou: "Estrangeiro" é uma "expressão bárbara da qual começamos a nos envergonhar" (Cloots, 1979, p.198, 484, 490). Não se trata da opinião de uma personalidade isolada. Em 20 de abril de 1792, a Assembleia nacional francesa decidiu "adotar desde este momento todos os estrangeiros que, repudiando a causa dos seus inimigos", abracem a causa da revolução. Da mesma forma, a Rússia soviética conferiu os direitos de cidadania "sem quaisquer exigências formais" aos "estrangeiros que trabalham no território da república russa, desde que pertençam à classe operária ou à classe camponesa que não se serve de trabalho assalariado" (Carr, 1964, p.813).

A volubilidade das fronteiras nacionais vale apenas para a figura do cidadão ou também para a do soldado? "O Exército Vermelho, em sua origem e em sua concepção, não foi exclusivamente nacional. No momento de sua criação, o *Pravda*, de 24 de fevereiro de 1918, publicou um apelo assinado por três norte-americanos para o recrutamento de uma 'seção internacional do Exército Vermelho' de língua inglesa" (ibidem, p.813). Pronunciaram-se sobre a internacionalização do exército revolucionário e proletário as mais diversas figuras que vão do comandante russo Michail N. Tuchacevski ao italiano Giacinto Menotti Serrati (Losurdo, 2013, cap. VI, §4).

Um exército internacional, por sua composição e tanto mais por seu espírito, é obrigado a respeitar as fronteiras nacionais? Em março de 1919, por ocasião do I Congresso da Internacional Comunista, Trotski, após ter defendido que o exército recrutado pelo poder soviético era sentido e considerado por seus melhores soldados "não somente como um exército para proteger a república socialista russa, mas também como o Exército Vermelho da Terceira Internacional", assim concluiu:

> Apesar de hoje não sonharmos mais nem mesmo com a invasão da Prússia oriental – ao contrário, bastaria que os senhores [Friedrich] Ebert e [Philipp] Scheidemann nos deixassem em paz –, é certo que, quando chegar o momento em que os irmãos do Ocidente pedirão a nossa ajuda, responderemos: "Aqui estamos! Durante esse tempo, aprendemos a usar as armas e agora estamos prontos para lutar e morrer pela causa da revolução mundial".[1]

---

1 *Der I. Kongress der Kommunistischen Internationale. Protokoll der Verhandlungen in Moskau von 2, bis zum 19. März 1919* (1921).

Esta é uma opinião muito difundida. Uma das resoluções aprovadas pelo II Congresso da Internacional Comunista afirma: "A Internacional Comunista proclama que a causa da Rússia soviética é sua própria causa. O proletariado internacional não embainhará a espada até a Rússia soviética se tornar o elo de uma federação de repúblicas soviéticas de todo o mundo" (Carr, 1964, p.975). São declarações que ocorreram entre 1919 e 1920, em um período em que revolução e contrarrevolução se enfrentam em uma demonstração de força claramente sem fronteiras: a Rússia soviética sofreu uma agressão após outra (inicialmente, a da Alemanha de Guilherme II e depois a da Entente), enquanto os países agressores passaram a enfrentar revoluções que corriam o risco, ou prometiam, de criar novas repúblicas soviéticas. Em outras palavras, não havia surgido a teoria da exportação da revolução como instrumento de eliminação das raízes da guerra e de realização da paz perpétua, uma teoria que, durante a Revolução Francesa, tinha encontrado sua formulação mais clara em Cloots e Fichte.

Agora vamos avançar dezesseis anos no tempo. Em 1936, em uma entrevista a Roy Howard (do *Times*) Stalin declara: "A exportação da revolução é uma mentira. Se quiser, cada país poderá fazer sua própria revolução, mas, se não quiser, não haverá revolução. Assim, o nosso país quis fazer uma revolução e a fez". Stalin segue a lição de Lenin que, com a impossibilidade do rápido advento da "república soviética internacional" e do definitivo desparecimento das fronteiras estatais e nacionais, utilizava o princípio da coexistência pacífica entre países com regimes sociais distintos. Acolhido e reiterado por Stalin, esse novo princípio resulta também de um processo de aprendizagem e garante à Rússia soviética o direito à independência em um mundo hostil e militarmente mais forte; porém, é considerado medíocre e derrotista por aqueles que continuam a se agarrar às esperanças e ilusões iniciais.

Em relação à declaração de Stalin, Trotski (1988, p.905-6; idem, 1968, p.186-7) expressa, já no título do seu livro mais célebre, a indignação pela "revolução traída" e comenta:

Citemos textualmente. Da teoria do socialismo em um único país é natural a passagem à teoria da revolução em um único país [...]. Proclamamos muitas vezes que o proletariado do país revolucionário vitorioso tem o dever moral de ajudar as classes oprimidas e sublevadas, e isso deve ocorrer não apenas no campo das ideias, mas também, se possível, com as armas em punho. Não podemos nos contentar apenas com o enunciado. Sustentamos com a força das armas os operários da Finlândia, da Estônia, da Geórgia. Tentamos, por meio da marcha dos exércitos vermelhos em Varsóvia, oferecer ao proletariado polonês a oportunidade de se insurgir.

Manteve-se incansável e implacável a polêmica contra a transformação da política "internacionalista revolucionária" em uma política "nacional conservadora", contra "a política externa nacional pacifista do governo soviético", contra o abandono do princípio de que o Estado operário deveria servir apenas como "cabeça de ponte da revolução mundial" (idem, 1997-2001, v.3, p.476, 554, 566). A essa altura, quando as relações internacionais já tinham se estabilizado e as fronteiras entre a Rússia soviética e o mundo capitalista já tinham ficado claras, a tese da coexistência pacífica agora se opõe conscientemente à teoria da exportação da revolução também por meios militares; tudo isso com a firme perspectiva de que o recurso às armas (e também à guerra) objetiva eliminar as raízes da guerra e garantir a paz perpétua.

Vem à mente o Fichte de *A missão do homem*, para quem nenhum Estado que ama a paz e tem uma Constituição política que recusa e condena a guerra "pode suportar uma convivência razoável com formas de governo" que objetivamente encorajem e promovam a guerra. O pensamento nos leva sobretudo a Cloots, que, poucos meses após a eclosão da guerra à qual Robespierre tinha se oposto em vão, acusou o dirigente jacobino de ter assumido uma posição covarde ao recusar a "guerra ofensiva" e de ter se negado a levar "as nossas armas libertadoras aos povos vizinhos". Se Stalin foi acusado por Trotski de ser o defensor de uma política "nacional conservadora", Robespierre, também devido à recusa de exportar a revolução, foi comparado por Cloots a La Fayette, um expoente da corrente liberal conservadora (cf. "A exportação da revolução e a erradicação da guerra" e "'república universal' e paz perpétua: Cloots e Fichte").

De seu ponto de vista, Trotski tem toda razão em dirigir sua crítica primeiramente a Stalin. Os últimos anos de vida de Lenin, o grande teórico da questão nacional, são marcados por um confronto entre revolução e contrarrevolução que não possui fronteiras nacionais, e isso devido, principalmente, à intervenção militar das potências que quiseram sufocar a nova ordem surgida na Rússia. De qualquer forma, o sonho de uma propagação espontânea da revolução bolchevique na Europa parecia ter um fundamento concreto. Foi após a estabilização da situação internacional que a escolha entre exportação da revolução e coexistência pacífica se impôs, e quem se pronunciou claramente em defesa da segunda opção foi Stalin, que, já entre fevereiro e outubro de 1917, tinha invocado a revolução em nome da causa internacional do socialismo, mas também com o objetivo de defender ou recuperar a independência nacional, ameaçada pelas potências da Entente, dispostas a impor a continuidade da guerra mesmo contra a vontade do povo russo. Se Trotski nos remete a Cloots e ao primeiro Fichte, Stalin – que, ao renunciar ao sonho da revolução mundial a ser imposta, se isso fosse necessário, com a força das armas de um exército revolucionário de caráter internacional, pediu que todos se concentrassem na tarefa de edificar a nova ordem na Rússia soviética – pode ser comparado a Robespierre, protagonista de uma polêmica implacável contra Cloots, "pregador intempestivo da república una e universal" e profeta de uma revolução, ou melhor, de uma "conflagração universal" já às portas.

Stalin, com sua constante e meticulosa observação das concretas relações de força e como orador medíocre, distante da cativante eloquência de Trotski, teria sem dúvidas apoiado a polêmica de Robespierre (1950-1967, v.8, p.80-1) contra aqueles que acreditavam na possibilidade de vencer "o despotismo e a aristocracia do universo" a partir da "tribuna" de um orador e fazendo uso de "figuras de retórica". Quando o exército revolucionário francês, após vencer os invasores, lançou a contraofensiva e foi estimulado por alguns círculos a não parar no meio do caminho, Robespierre chamou a atenção, como já vimos, para o fato de que "ninguém ama missionários armados". Passado mais de um século, quando a agressão da Polônia resultou na contraofensiva do Exército soviético, não faltaram aqueles que defenderam uma fácil "marcha sobre Varsóvia", a fim de edificar ou impor uma "Varsóvia vermelha, soviética". Quem sintetizou dessa forma a posição desses "fanfarrões" foi Stalin, que destacou a força do "sentimento patriótico" e, alguns anos depois, apresentou uma conclusão de caráter geral: "a estabilidade das nações tem uma força colossal" (cf. Losurdo, 2008, p.49-54).

Existe uma clara oposição, mais teórica que política, entre Trotski e Stalin, mas o triunfo final do socialismo defendido pelos dois, ainda que por processos distintos, é sinônimo de erradicação do sistema político-social que gera a guerra da qual depende a realização da paz perpétua. Mesmo que houvesse duas visões opostas de universalismo, defendia-se uma ideia universalista de paz perpétua.

Tradição comunista e crítica ao "napoleonismo"

Em Cloots a celebração da "república universal", que ignora e desrespeita as peculiaridades e os direitos de cada nação, acaba se convertendo em um chauvinismo que celebra cada conquista da França como uma contribuição à causa internacionalista e universalista da erradicação definitiva do flagelo da guerra. É um processo que resulta na legitimação das guerras de conquista e do expansionismo da França pós-termidoriana e na transfiguração da *pax* napoleônica (que se vislumbra no horizonte) como paz universal e perpétua. Essa é a mesma dialética presente na Revolução de Outubro? Antonio Gramsci (1975, p.1730) acusou Trotski de um "'napoleonismo' anacrônico e antinatural". Algumas vezes, o napoleonismo soviético foi explícita e orgulhosamente celebrado, considerando-se que ele foi encarnado não por Trotski, líder da oposição duramente criticado pelos *Cadernos do cárcere*, mas por Stalin que exerceu o poder com mão férrea. Enquanto se disseminava a Segunda Guerra Mundial, um filósofo singular e fascinante, Alexandre Kojève, referia-se ao líder soviético como um "Napoleão industrializado" (ou seja, como um "Alexandre" do século XX), destinado a edificar uma espécie de império comunista, a erigir um mundo que representa o fim da história e no qual "não haverá mais guerras e revoluções" (in Filoni, 2008, p.229-32). Aqui se teoriza, de forma mais ou menos explícita, a exportação do regime político-social considerado mais avançado, e essa tarefa é confiada a uma União Soviética que se apressa a vencer o Terceiro Reich e a conseguir o máximo de poder e influência. E, novamente, somos levados a pensar na dialética presente na França a partir de 1789.

Porém, é preciso ir além das semelhanças e apresentar também as diferenças, que nesse caso constituem o aspecto mais importante. É verdade que graças, também, à promessa da paz perpétua (que deveria surgir após a destruição do Antigo Regime, no primeiro caso feudal e no segundo capitalista), a França revolucionária e a Rússia revolucionária acabaram investidas de uma missão que tendia, de forma mais ou menos clara, a ir além das fronteiras nacionais e estatais "artificiais", assumindo um caráter quase imperial. No entanto, os dois impérios eram muito distintos. O napoleônico desencadeou uma longa guerra para restabelecer o domínio colonial e a escravidão negra em São Domingos, e também na Europa não se afastou de práticas coloniais como o saque (às vezes, sistemático) de obras de arte e de bens culturais. Ao contrário, o "império" soviético encorajou e apoiou a revolução anticolonialista mundial, enfrentando tanto as potências coloniais clássicas como o Terceiro Reich, decidido a retomar e radicalizar a tradição colonial, aplicando-a aos povos da Europa oriental, comparados por Hitler a tribos "selvagens" e, portanto, destinados a ser expropriados e dizimados, ou seja, a trabalhar como escravos a serviço da "raça dos senhores". Pelo menos inicialmente, o "campo socialista" dirigido pela União Soviética se formou a partir do naufrágio do império colonial de tipo continental que a Alemanha hitleriana tinha começado a edificar na Europa oriental. Ele é fruto de uma revolução anticolonial.

A diferença básica entre 1789 e 1917 fica clara, sobretudo, se nos concentrarmos no aspecto filosófico do problema. Foi apenas no final de uma longa e conturbada evolução que Fichte conseguiu desvencilhar-se, definitivamente, da tentação de exportar a revolução: não, a revolução se expandirá de forma espontânea, porém mais firme se o Estado que criou as instituições e as relações político-sociais mais avançadas, garantia de "felicidade" e de paz, tornar-se um "modelo" para os outros Estados, desejosos de "se tornar também felizes" e de avançar na direção de uma ordem internacional baseada na justiça e na paz perpétua (cf. "Paz perpétua e guerra de povo, de Fichte ao século XX"). Pois bem, Engels partiu exatamente da conclusão de Fichte quando começou a refletir sobre os problemas de política internacional a serem enfrentados, dado que alguns países tinham se aproximado do socialismo ou do pós-capitalismo. Em uma carta a Karl Kautsky de 12 de setembro de 1882, chama a atenção sobre as incompreensões e tensões que podem surgir. Como enfrentá-las? Após ter destacado que "o proletariado que está se libertando não pode conduzir guerras coloniais", Engels acrescentou uma outra consideração de caráter mais geral e pouco evidente: "O proletariado vitorioso não pode impor nenhuma felicidade a nenhum povo estrangeiro sem comprometer com isso sua própria vitória; no entanto, nesse caso, não se podem excluir guerras defensivas de vários tipos" por parte dos países e dos povos afetados por uma espécie de napoleonismo pós-capitalista (MEW, v.35, p.357-8). As guerras aqui previstas e legitimadas são semelhantes àquelas que tiveram seu grande teórico em Fichte, o filósofo por excelência da paz perpétua, na última fase de sua evolução.

Em julho de 1916, após ter retomado e incorporado a análise de Engels, Lenin (1955-1970, v.22, p.350) assim comenta:

> Engels não acredita que o "econômico" possa por si só eliminar imediatamente todas as dificuldades. A transformação econômica estimulará todos os povos a se orientar para o socialismo, mas ao mesmo tempo são possíveis revoluções – contra o Estado socialista – e guerras. A adaptação da política à economia ocorrerá inevitavelmente, mas não imediatamente, e não de forma tranquila e imediata [...]. O proletariado não se tornará infalível e imune a erros e fraquezas pelo simples fato de

ter realizado a revolução social. Mas os possíveis erros (assim como os interesses egoístas, a tentativa de viver à custa dos outros) o conduzirão inevitavelmente a tomar consciência dessa verdade.

Portanto, ainda antes do aparecimento de um Estado pós-capitalista e de orientação socialista, o grande revolucionário russo alerta: a tentativa ou a pretensão desse Estado de exportar a revolução não teria nenhuma legitimidade, sendo até mesmo uma expressão de chauvinismo, que poderia provocar legítimas rebeliões e guerras de tipo mais ou menos antinapoleônico.

Em outras palavras, a teoria leninista da revolução pressupõe, aliás tem como fundamento, uma crítica explícita e radical ao napoleonismo. Durante a Primeira Guerra Mundial, erguem-se como defensores da exportação do regime político-social considerado mais avançado, por um lado (e em primeiro lugar) a Entente, que se propõe a impor com a força das armas a eliminação do despotismo presente na Alemanha e a sua democratização, e de outro lado a própria Alemanha, que interpreta como uma cruzada pela liberdade a sua guerra contra a Rússia czarista (aliada da França e da Grã-Bretanha). É em tais circunstâncias que Lenin, após ter condenado os dois contendentes como imperialistas, questiona-se sobre as possíveis decorrências do atual gigantesco conflito. Estamos em outubro de 1916, e o exército de Guilherme II está às portas de Paris; pois bem, se o conflito terminasse "com vitórias de tipo napoleônico" e, portanto, com a submissão "de toda uma série de Estados nacionais capazes de ter uma vida autônoma, então poderia ser iniciada na Europa uma grande guerra nacional", uma legítima guerra de libertação nacional. O napoleonismo torna legítimas, e até mesmo inevitáveis, as guerras de libertação nacional. É o que demonstra a experiência histórica:

> As guerras da grande Revolução Francesa começaram como guerras nacionais e o eram. Eram guerras revolucionárias e garantiam a defesa da Grande Revolução contra a coligação das monarquias contrarrevolucionárias. Mas depois que Napoleão fundou o império francês e dominou toda uma série de Estados nacionais europeus – Estados que

já tinham uma longa existência, grandes Estados que eram capazes de viver –, então as guerras nacionais francesas se tornaram guerras imperialistas, que por sua vez deram origem a guerras de libertação nacional e contra o imperialismo napoleônico. (ibidem, v.22, p.308)

Os conceitos-chave são "vitórias de tipo napoleônico" e "imperialismo napoleônico", e ambos possuem uma conotação claramente negativa. Por mais avançado que seja um país e por mais nobres que sejam os ideais que proclama, se em sua relação com os outros faz valer a lei do mais forte, corre o risco de trilhar a via do napoleonismo e do imperialismo e acaba provocando a justa resistência nacional dos oprimidos.

A crítica ao napoleonismo não desaparece certamente com a Revolução de Outubro. Em 14 de março de 1918, dez dias após a jovem Rússia soviética ter sido obrigada a assinar o acordo de paz humilhante de Brest-Litovsk pela Alemanha imperialista, em cujo trono continuam sentados Guilherme II e a dinastia Hohenzollern, Lenin comparou a luta do país que ele dirigia à luta que tinha sido conduzida contra a invasão e ocupação napoleônicas pela Prússia, mesmo guiada pelos Hohenzollern, e define Napoleão como "um pirata semelhante ao que agora são os Hohenzollern" (ibidem, v.27, p.165-6). Enquanto estava lutando com o exército de Guilherme II e prevendo, de alguma forma, as invasões e ameaças de invasões das décadas posteriores, Lenin conclama a Rússia soviética a se preparar para a eventualidade de uma época semelhante à "era das guerras napoleônicas" (ibidem, v.27, p.61). O grande revolucionário se identificava não com a França napoleônica (surgida alguns anos após a revolução de 1789), mas sim com os países que lhe tinham resistido, embora os tivesse rotulado de retrógrados e afetados por um provincialismo mesquinho e obtuso.

Se olharmos com cuidado, mesmo em meio a oscilações e contradições, a referência às guerras antinapoleônicas se faz presente ao longo de toda a história da Rússia soviética. No momento da sua constituição, imediatamente após ter se libertado da ameaça alemã, graças ao tratado de Brest-Litovsk, ela foi invadida pela Entente, e então os bolcheviques propuseram "uma guerra patriótica e socialista de libertação", servindo-se de uma definição que evocava claramente a guerra de 1812 contra Napoleão (na versão inicial do texto estava ausente, inclusive, o adjetivo "socialista") (Carr, 1964, p.858-9). Logo depois da invasão da União Soviética pelo Terceiro Reich, no momento em que Hitler se apresentava como o novo Napoleão, do lado oposto, Stalin (1971-1976, v.14, p.253) conclamou o seu povo a resistir evocando a figura de Mikhail I. Kutuzov, o general protagonista da luta contra a invasão operada pela França napoleônica. Um famoso cartaz que mostra um Hitler "anão" encoberto pela sombra gigantesca de Napoleão proclama: "Napoleão sofreu uma derrota; é o que acontecerá também com Hitler!" (in Drechsler; Drobisch; Schumann, 1975, p.41). Contudo, a caracterização da resistência contra a agressão do Terceiro Reich como "grande guerra patriótica" continha uma implícita referência à resistência da Rússia à invasão desencadeada pelo imperador francês. A figura do guerrilheiro antinapoleônico, que se destaca no épico romance *Guerra e paz*, de Tolstoi, desempenha um papel essencial no apelo de Stalin à resistência popular contra o invasor (Schmitt, 1981, p.5).

A crítica ao napoleonismo não se limita estritamente ao plano político, mas envolve também o âmbito mais propriamente filosófico. Não foi por acaso que Lenin evocou o primeiro filósofo que, ao refletir sobre o ciclo histórico que vai da Revolução Francesa ao expansionismo desenfreado de Napoleão, revelou a dialética que faz o universalismo transformar-se no seu contrário. Ao transcrever a passagem que já conhecemos (cf. "Como o universalismo exaltado se transforma no seu contrário") da *Logica* hegeliana, segundo a qual o universal só é autêntico quando inclui o particular, Lenin (1955-1970, v.38, p.98) comenta: trata-se de uma "fórmula excelente"! A crítica que Gramsci (1975, p.1719, 866) faz a Trotski tem o mesmo significado: o seu erro foi não compreender que, para ser autêntico, o "internacionalismo" deve saber ser "profundamente nacional", ou seja, utilizando novamente a linguagem de Hegel, que o universalismo só se justifica à medida que é capaz de incluir a particularidade (e sobretudo a particularidade nacional).

A falta de um ajuste de contas definitivo com o "napoleonismo"

Como é possível explicar, então, o "napoleonismo" que Gramsci reprova em Trotski e o elogio que Kojève dirige a Stalin como o "Napoleão industrializado"? Estamos diante de posicionamentos isolados ou, ao contrário, devemos concluir que, apesar de tudo, o movimento comunista não fez um ajuste de contas definitivo com o napoleonismo?

Na realidade, estamos lidando com uma ambiguidade ideológica que já havia se manifestado em outubro 1917. Sabemos que para Engels a revolução burguesa se inicia na Alemanha com as reformas reivindicadas e realizadas na preparação e no decorrer da revolta contra a ocupação napoleônica (cf. "Fichte e as revoluções anticoloniais do século XX"). Porém, não parece que Marx tenha formulado uma tese idêntica ou semelhante a essa. Aliás, em uma célebre página de *A sagrada família*, aponta Napoleão como a última expressão do "terrorismo revolucionário": o genial *condottiere* "aperfeiçoou o terrorismo [jacobino], substituindo a revolução permanente pela guerra permanente"; graças a ele, a revolução e a eliminação do Antigo Regime se estenderam também à Alemanha e assumiram uma dimensão europeia (MEW, v.2, p.130). Assim, de acordo com essa página, a revolução burguesa na Alemanha se iniciou com a conquista napoleônica, e não com a revolta contra ela, como defendia Engels.

Era comum, quando surgia uma discrepância entre Marx e Engels, que este fosse sempre considerado alguém que, no âmbito do grande círculo intelectual, tivesse pouca firmeza filosófica e hermenêutica, mas, no caso que estamos analisando, essa interpretação se revela simplista e mecânica. O balanço de *A sagrada família*, que tendia a comparar Napoleão aos jacobinos, não resiste à análise histórica. Primeiramente, ele estava claramente afetado pelo eurocentrismo. Considerava a Europa, mas não as colônias e São Domingos, onde, como (dez anos após *A sagrada família*) observou um grande intelectual (russo) contemporâneo de Marx, Napoleão era ou tentava ser o "restaurador da escravidão" (Herzen, 1993, p.97).

Portanto – pode-se acrescentar –, o genial *condottiere* era o antagonista direto tanto dos "jacobinos negros", que romperam as cadeias da escravidão na ilha caribenha e defenderam heroicamente a liberdade conquistada, como da convenção jacobina, que, em Paris, havia consagrado os resultados da grande revolução ocorrida no outro lado do Atlântico e sancionou a abolição da escravidão nas colônias. Em geral, se Robespierre tinha se declarado disposto a sacrificar as colônias à causa da liberdade (cf. "A paz perpétua da conservação à revolução"), Napoleão estava fortemente empenhado em restabelecer e, possivelmente, ampliar o império colonial francês. Se quisermos nos concentrar exclusivamente sobre a Europa, o papel do primeiro cônsul e imperador de Paris não é apenas progressista. Além do domínio semicolonial que acompanhou suas conquistas, é preciso levar em conta uma outra prática: ao distribuir soberanamente territórios e coroas a parentes e amigos, ele retoma a concepção patrimonial do Estado; contudo, ao reforçar o fracionamento estatal da Alemanha, rejeita a unidade nacional (e do mercado nacional) que constitui um dos objetivos centrais da revolução burguesa.

No entanto, ao trilhar a via indicada por *A sagrada família* e Marx, algumas décadas mais tarde um prestigioso representante da social-democracia revolucionária e do movimento operário alemão considerou que a data decisiva na história alemã do século XIX não foi representada pela batalha de Leipzig (que marcou a derrota de Napoleão I e o fim da ocupação francesa da Alemanha), mas sim pela batalha de Jena, ou seja, pela derrota infligida ao Exército prussiano pelo imperador francês, que desejava dominar toda a Europa: "A Alemanha presenciou a primeira revolução burguesa pela invasão de um exército estrangeiro" (Mehring, 1960-1966, v.6, p.7, 154).

Era uma visão que, no século XX, continuava a impactar dois dos filósofos mais ilustres de orientação marxista e comunista. György Lukács e Ernst Bloch expressam um juízo positivo sobre Fichte e Hegel apenas em razão de sua simpatia pela Grande Nação (e pela exportação da revolução por ela promovida e concretizada). Já conhecemos o pensamento de Lukács sobre o último Fichte, o grande teórico das lutas de independência nacional, acusado de estar imbuído, juntamente com os outros protagonistas da revolta antinapoleônica, de "misticismo reacionário" e de chauvinismo. Semelhante é o posicionamento de Bloch (1975, p.95), que se refere com desconfiança ou hostilidade às "chamadas guerras de libertação" efetuadas pela Alemanha contra a ocupação napoleônica. É muito sintomático seu clamoroso erro interpretativo. Durante as aulas de 1804-1805 (*Princípios gerais do tempo presente*), Fichte, que já tinha rompido com Napoleão, criticou a Prússia pela sua política indecisa e medrosa em relação ao expansionismo do império napoleônico e buscou uma alternativa na Alemanha; mas, segundo Bloch (1970, p.302), Fichte esperava que a salvação chegasse da França, isto é, do país contra o qual ele conclamara à luta!

Lukács incorre em um semelhante erro de interpretação: em *A Constituição da Alemanha*, escrita em 1799, Hegel, com plena consciência da questão nacional, crítica a França por promover uma guerra que busca a "rapina de uma propriedade", isto é, a anexação da margem esquerda do Reno (cf. "Como o universalismo exaltado se transforma no seu contrário"). Impunha-se uma política de resistência; infelizmente, a Prússia assume uma postura de neutralidade e até mesmo de cumplicidade em relação aos invasores franceses. Para resolver tal situação, seria necessária uma personalidade corajosa e enérgica que, como Teseu, o rei de Atenas da mitologia grega, salvasse e fundasse (ou refundasse) a Alemanha, que tinha deixado de ser um Estado. Pois bem, o Teseu invocado por Hegel para salvar o país da invasão francesa é identificado por Lukács (1975, p.417-8) com Napoleão! E ainda mais: Lukács (1975, p.428, nota) considerava a "adaptação à queda de Napoleão" como um sintoma decisivo da involução do Hegel berlinense, como o equivalente a uma postura, se não de adesão, pelo menos de resignação à Restauração. Na realidade, trata-se justamente do Hegel mais maduro, que tinha compreendido plenamente a questão nacional e o caráter legítimo e fortemente progressista da revolta antinapoleônica das nações oprimidas.

No entanto, Lukács enunciou de forma profunda e clara o critério a ser adotado para compreender a grande época filosófica e cultural que ia de Kant a Marx:

Os traços fecundos e geniais da filosofia clássica alemã estão estreitamente vinculados ao reflexo teórico dos grandes acontecimentos mundiais desse período [...]. Os eventos históricos centrais, cujos reflexos teóricos devemos aqui examinar, são a Revolução Francesa e as grandes lutas de classe que a acompanham na França, com os seus efeitos sobre os problemas da Alemanha. E pode-se dizer, em geral, que os grandes expoentes ideológicos desse período são tanto maiores quanto mais decididamente os grandes acontecimentos históricos internacionais coincidem com os seus interesses. (ibidem, p.20)

Mas, dentre os "acontecimentos históricos considerados centrais", falta um, que Engels assim sintetiza no *Anti-Dühring*: "A paz perpétua que tinha sido prometida [pela Revolução Francesa] se transformou em uma guerra de conquistas sem fim" (MEW, v.20, p.239). Mais que esbravejar contra o suposto "misticismo reacionário" e chauvinismo dos movimentos que se opunham a tal "guerra de conquistas sem fim", é preciso partir do trauma que ocorreu na Alemanha e em outros lugares por causa da transformação da "paz perpétua" prometida pela revolução do 1789 em seu contrário.

Esse é um acontecimento central da história contemporânea, para o qual o último Fichte chamou a atenção e cujo significado de fundo foi esclarecido por Lenin: em primeiro lugar, a questão nacional não dizia respeito exclusivamente ao mundo colonial clássico e poderia irromper de forma mais ou menos dramática também na Europa; em segundo lugar, a questão nacional podia se manifestar também durante um grande processo revolucionário que empunhava a bandeira do internacionalismo e do universalismo. Em relação ao primeiro ponto, pode-se pensar no domínio semicolonial imposto por Napoleão na própria Europa e, ainda mais, na tentativa hitleriana de implantar um forte sistema de submissão bárbara e de escravidão nos países da Europa oriental. Sobre o segundo ponto, já conhecemos a dialética que leva o princípio da relação de igualdade e de convivência pacífica entre os diversos povos, inicialmente defendido pela Revolução Francesa, a ser rapidamente esquecido e espezinhado. Foi essa mesma dialética que se manifestou também durante o ciclo histórico iniciado em outubro de 1917?

O campo da paz perpétua dilacerado pela guerra

A primeira grande temporada de entusiasmo massivo pela perspectiva de um mundo definitivamente libertado do flagelo da guerra se concluía, na realidade, com as guerras de libertação nacional contra a França napoleônica, com as guerras do povo, por definição mais amplas e mais violentas que as tradicionais "guerras de gabinete" que os protagonistas de 1789 tinham prometido erradicar. Não menos inquietante foi a conclusão da grande temporada que tinha sido iniciada em outubro de 1917 com a revolução eclodida contra a carnificina da Primeira Guerra Mundial e que por esse motivo tinha suscitado entusiasmos em todas as partes do mundo. Também nesse caso, o sonho da paz perpétua deu lugar ao doloroso ressurgimento das agitações e revoltas nacionais (na Iugoslávia, Hungria, Tchecoslováquia) contra o país protagonista da revolução chamada a erradicar a guerra. Além disso, a dissolução do "campo socialista", isto é, do campo dos países que defendiam a revolução que tinha prometido a paz perpétua, foi marcada por uma série de guerras ou provas de força que se transformaram em uma verdadeira guerra. Em 1969, ocorreram sangrentos incidentes na fronteira entre a União Soviética e a China; evitada com dificuldades nesse momento, a guerra se tornou uma trágica realidade dez anos mais tarde, com o confronto nos campos de batalha primeiramente entre Vietnã e Camboja e, depois, entre China e Vietnã.

De novo, saltam aos olhos as semelhanças entre os dois processos nascidos com as duas grandes revoluções de 1789 e de 1917. Mas, agora mais do que nunca, era preciso muito cuidado para não perder de vista as radicais diferenças: o "imperialismo napoleônico" enunciado por Lenin foi a conclusão do primeiro processo, e não do segundo.

De início, é preciso refletir sobre a observação feita por um dos artífices da política externa norte-americana na última fase da

Guerra Fria: a inserção dos países da Europa oriental no assim chamado "campo socialista" tinha "significado o domínio por parte de um povo [o russo] que aqueles países consideravam, nem sempre corretamente, como culturalmente inferior" (Brzezinski, 1998, p.18). Em outras palavras, quem assumiu a postura típica das potências colonialistas foi, por acaso, um país como a Polônia, fortemente influenciada pelo Ocidente e inclinada a se apresentar como a sentinela avançada da civilização ocidental no Oriente. Ou foram os países bálticos: retirados da Rússia soviética após a revolução e reanexados por Stalin, tornaram-se novamente independentes após o fim da Guerra Fria. Dez anos depois, o significado da reviravolta foi assim esclarecido pelo embaixador da Letônia em Oslo, em uma carta ao *International Herald Tribune*: o seu país tinha decidido aderir à Organização do Tratado do Atlântico Norte (Otan) e à União Europeia (UE), para reafirmar "as nossas raízes europeias e os nossos vínculos culturais nórdicos" (Krastins, 2000); era, finalmente, necessário cortar as pontes com a Ásia e com o barbarismo, e isso só poderia ocorrer defendendo uma ideologia semelhante à que foi cultivada pelo Terceiro Reich quando este tentou colonizar e escravizar a Rússia soviética!

Não faltaram, certamente, acusações de imperialismo feitas à União Soviética, mas quem as colocou em dúvida foram os mesmos Estados que as tinham formulado. No momento da dissolução do país que tinha nascido com a Revolução de Outubro, sobretudo nos Estados Unidos, houve muitas previsões de uma inevitável e iminente queda do regime vigente em Cuba: sem o apoio econômico de Moscou – argumentava-se –, Fidel Castro seria obrigado a capitular. E, portanto, longe de ser saqueada, a ilha rebelde tinha recebido uma grande ajuda. Deve-se acrescentar que a dissolução da União Soviética foi promovida por Boris Ieltsin para ajudar a Rússia a se desembaraçar das repúblicas menos desenvolvidas, que aos seus olhos constituíam um entrave (e que, portanto, deviam ser abandonadas ao seu destino) (Boffa, 1995, p.300). O líder que em 1991 chegou ao poder em Moscou apoiado pelo Ocidente acusou o regime por ele derrubado não já de ter explorado economicamente as

nações não russas que faziam parte da União Soviética, mas sim de
tê-las favorecido e mimado em detrimento da Rússia.

É certo que, no momento mais agudo do confronto entre a União
Soviética e a República Popular da China, a segunda tinha acusado
a primeira de imperialismo socialista. Porém, mais tarde, em 16 de
maio de 1989, no encontro com Gorbachev em Pequim, Deng Xiaoping traçou um balanço muito mais equilibrado do confronto entre
os dois países:

> Não considero que isso tenha ocorrido devido a disputas ideológi-
> cas; não pensamos mais que tenha sido justo tudo o que foi dito naquele
> momento. O problema principal é que os chineses não eram tratados
> como iguais e se sentiam humilhados. No entanto, nunca esquecemos
> que, no período do nosso primeiro plano quinquenal, a União Soviética
> nos ajudou a lançar as bases da indústria. Meditei longamente sobre
> tais problemas para podermos nos livrar do passado [...]. O passado é
> passado. (Deng, 1992-1995, v.3, p.187)

Como se vê, nesse balanço crítico, o acento não foi colocado na
economia, já que se reconhecia que houvera ajuda de Moscou nesse
campo. De outro modo, fazia-se referência aos aspectos políticos e
até mesmo comportamentais: os dirigentes soviéticos se consideravam de primeira classe e os chineses "se sentiam humilhados"
(*felt humiliated*). Retornamos, assim, à passagem de Engels opor-
tunamente comentada por Lenin: no que se refere às relações entre
as nações, é bom lembrar que incompreensões, tensões e conflitos
podem sobreviver à destruição do sistema capitalista; "Engels não
acreditava, absolutamente, que o 'econômico' fosse capaz de eliminar por si só e imediatamente todas as dificuldades".

Essa é uma consideração de caráter geral, mas o que ocorreu concretamente quando, após o fim da Segunda Guerra Mundial, surgiu
um extenso "campo socialista"? Quando o Exército Vermelho avançou pela Europa oriental, fazendo retroceder o exército hitleriano invasor, Stalin observou: "Esta guerra é diferente de todas aquelas do
passado; todos os que ocupam um território também impõem o seu

sistema social. Cada um impõe o seu sistema social até poder chegar com seu exército; não poderia ser diferente" (in Gilas, 1978, p.111). Poucos meses após a conclusão do gigantesco conflito, em 1946, Ernest Bevin, personalidade de primeiro plano do Partido Trabalhista e ministro das Relações Exteriores da Inglaterra, via o mundo tendencialmente dividido "em esferas de influência, ou seja, naquelas que podem ser definidas como as três grandes doutrinas Monroe", de uma forma ou de outra reivindicadas e aplicadas pelos Estados Unidos, pela União Soviética e pela Grã-Bretanha (in Thomas, 1988, p.26). Em 1961, durante um congresso realizado em Viena, John Kennedy legitimou, juntamente com Nikita Khrushchev, a "Monroe soviética" e, ao mesmo tempo, reiterou a Monroe norte-americana (tinha acabado de fracassar a tentativa de invadir Cuba): se a União Soviética não podia tolerar "um governo pró-Estados Unidos em Varsóvia", os Estados Unidos não podiam permanecer passivos diante do dinamismo revolucionário da ilha que questionava a sua hegemonia no "hemisfério ocidental". Admitiam-se apenas mudanças que não alterassem o "atual equilíbrio de poder" e a "balança do poder mundial"; senão haveria o perigo de um confronto direto (Schlesinger Jr., 1967, p.338). As três "doutrinas Monroe", que logo foram reduzidas a duas, com a exclusão do império britânico, cada vez mais marcado pela revolução anticolonial, tinham diferentes significados. Em relação à União Soviética, após a trágica experiência da invasão hitleriana e diante de uma Guerra Fria que ameaçava tornar-se quente e incandescente a qualquer momento, ela sentiu a necessidade de criar uma zona de segurança, uma espécie de cordão sanitário. No conjunto, a divisão do mundo em esferas de influência entre as duas maiores potências, surgidas com a Segunda Guerra Mundial, significava um precário compromisso, que não exclui violentos confrontos indiretos nas áreas periféricas, mas acabava evitando uma demonstração de força frontal, capaz de superar os umbrais nucleares.

Dadas as relações de força vigentes, sobretudo no plano econômico, é fácil compreender que, após a crise da Monroe britânica, foi a vez daquela soviética. O que criou um problema foi a maneira como surgiu e terminou a crise soviética. O que agravou essa situação foi o esquecimento da advertência feita por Engels e Lenin e a permanente ilusão de que a destruição do capitalismo resolveria a questão nacional. A partir desse pressuposto, amplamente compartilhado tanto pelos dirigentes políticos do "campo socialista" (e sobretudo de seu país-guia) como pelos intelectuais de maior relevo do movimento comunista internacional como um todo, não foi possível enfrentar com serenidade e realismo os problemas, as incompreensões, os conflitos de interesses que normalmente emergem entre os diversos países, inclusos os de orientação socialista; rapidamente, as divergências deram lugar a excomunhões recíprocas, que só as ampliavam. O país-guia do "campo socialista" procurou conter ou bloquear a crise, com sua indiscutível liderança e empunhando a bandeira de um "internacionalismo proletário", ou seja, de uma "ditatura internacional do proletariado" que degradava ainda mais o princípio da independência nacional e da soberania estatal. Apesar de impor à União Soviética reais exigências de segurança, a Monroe *política*, não foi bem acolhida pelos países "irmãos", mas convertidos em irmãos menores, e acabou se tornando completamente intolerável. Ela provocou revoltas, provas de força e guerras que acabaram dilacerando definitiva e dolorosamente um "campo socialista" que também pretendia ser o campo da paz e até mesmo da paz perpétua.

Em resumo: o processo iniciado em 1789 foi concluído com guerras de libertação nacional contra o país que, por meio da revolução, tinha prometido a fraternidade internacional das nações; o processo iniciado em 1917 terminou com a demonstração da incapacidade de administrar um "campo socialista" surgido de uma série de revoluções: todas tinham se desenvolvido e conseguiram a vitória sob a bandeira de um universalismo sincera e profundamente sentido, mas todas tinham reforçado a autoconsciência orgulhosa e até mesmo a suscetibilidade nacional dos países e dos povos que as tinham protagonizado. Criou-se, assim, uma situação que certamente não podia ser compreendida e enfrentada mantendo a ilusão de ter superado a questão nacional. Apesar das claras diferenças entre os dois processos históricos aqui analisados, as duas grandes temporadas de entusiasmo massivo pelo ideal e pela perspectiva da paz perpétua terminaram de forma bem diversa em relação às esperanças iniciais.

CAPÍTULO 8
Wilson e a passagem da *pax* britânica à *pax* americana

O guardião da paz: do império britânico ao império norte-americano

A vitória alcançada pelo Ocidente e por seu país-guia na Guerra Fria marcou o declínio do discurso de Lenin sobre a paz perpétua e o claro predomínio de um discurso alternativo e contraposto que tinha começado a tomar forma durante a Primeira Guerra Mundial. O presidente norte-americano Wilson apresentou a intervenção do seu país em um conflito que ocorria além do Atlântico e a milhares de quilômetros de distância como uma participação obrigatória em uma cruzada para que triunfasse no mundo a causa da liberdade e da paz. Foi necessário frustrar "a ameaça à paz e à liberdade, intrínseca à existência de governos autocráticos"; a difusão da "liberdade política" e da "democracia" em escala mundial e a instauração de uma "parceria entre nações democráticas" tornariam finalmente possível "a paz definitiva (*ultimate peace*) do mundo" (Wilson, 1927, v.1, p.11-2, 14).

O que deu um significado concreto a tal projeto foi uma circunstância pouco lembrada. Nos meses que antecederam a intervenção na guerra, Wilson propôs a Doutrina Monroe como modelo da nova ordem internacional sob a bandeira da democracia e da paz e do respeito à independência e à soberania de cada país. A tal propósito uma ilustre personalidade norte-americana, Henry Kissinger (1994, p.224, 235), fez a seguinte observação:

> O México ficou certamente atônito ao saber que o presidente do país que tinha subtraído um terço de seu território no século XIX e que enviado suas tropas ao país no ano anterior apresentava agora a Doutrina Monroe como garantia da integridade territorial das nações irmãs e como um exemplo clássico de cooperação internacional [...]. Os Estados Unidos nunca hesitaram em usar a força para sustentar a Doutrina Monroe, constantemente invocada por Wilson como modelo para a sua nova ordem internacional.

Assim, o triunfo definitivo da causa da democracia e da paz foi confiado ao triunfo em escala global do modelo definido pela Doutrina Monroe que, na interpretação de Theodore Roosevelt e de seus sucessores, conferia, de forma explícita, a Washington um "poder de polícia internacional" sobre o continente americano, considerado, na prática e até mesmo na teoria, um protetorado norte-americano. Era um domínio neocolonial legitimado e reforçado pela difusão, a partir do século XIX, de uma ideologia que considerava os habitantes da América Latina como estranhos à raça branca por terem "sangue misto e híbrido", e até mesmo como membros de "uma raça mais próxima ao animal feroz e aos selvagens do que ao homem civilizado" (Losurdo, 2005, cap. VII, §1).

Kissinger expressa o seu espanto diante da postura assumida por Wilson, mas não faltaram precedentes. Apesar do menosprezo racial dos britânicos ostentado, por exemplo, em relação aos *niggers* indianos por eles dominados, John Stuart Mill e Norman Angell não tiveram dificuldades em celebrar o império britânico, respectivamente, como guardião da "paz universal" e como "solução do problema internacional" da "livre cooperação humana" entre todos os países (cf. "Massacres coloniais e 'Estados Unidos do mundo civilizado'" e "O império britânico responsável pela 'paz universal': Mill e Rhodes").

WILSON E A PASSAGEM DA *PAX* BRITÂNICA À *PAX* AMERICANA

Com Wilson, os Estados Unidos começaram a destronar e ao mesmo tempo herdar o império britânico tanto no plano econômico, diplomático e militar como no plano mais propriamente ideológico: a *pax* norte-americana assumiu o lugar da *pax* britânica.

Em meio à intervenção no primeiro conflito mundial, o presidente norte-americano adquiriu as ilhas virgens da Dinamarca, anexou Porto Rico, reforçou o controle sobre Cuba, Haiti etc., transformou o mar do Caribe em um "lago" norte-americano (Julien, 1969, p.158-9), reafirmou a Doutrina Monroe com a força das armas: a República Dominicana foi invadida, ocupada e submetida à lei marcial (Weinberg, 1963, p.437). E isto foi tudo: a administração de Wilson "foi responsável por um número de intervenções armadas muito maior do que tinha ocorrido com [Theodore] Roosevelt e [William H.] Taft" (Julien, 1969, p.160). Deve-se considerar que o primeiro foi, com razão, definido como um "mensageiro do militarismo e do imperialismo norte-americano" e também, às vezes, do "racismo" (Hofstadter, 1967, p.206). Tanto a "paz universal" teorizada por John Stuart Mill como a "paz definitiva" proclamada por Wilson tiveram vínculos com as guerras coloniais.

Eram os anos em que nos círculos dominantes norte-americanos estava muito presente a visão segundo a qual os povos da América Latina eram tão incapazes de se autogovernar como os "selvagens da África" e os negros em geral, inclusos os afro-americanos (Weinberg, 1963, p.425). O próprio Wilson pensava assim. No momento em que ele iniciou a sua carreira política, no Sul, de onde ele provinha, membros do Ku Klux Klan atacavam os negros. O futuro presidente democrático também não defendia estes últimos; aliás, em um artigo publicado no *Atlantic Monthly* de janeiro de 1901, pronunciou um requisitório contra as vítimas: os "negros" estavam "excitados por uma liberdade que não compreendem", eram "insolentes e agressivos, preguiçosos e ávidos de prazeres"! Em todo caso, "a súbita e completa emancipação dos negros" foi uma catástrofe: tinha provocado uma situação "muito perigosa" enfrentada pelas "assembleias legislativas do Sul" (isto é, os brancos) com "medidas extraordinárias" (o fim da emancipação, os linchamentos e o terrorismo) (in Logan, 1997, p.378). Wilson estava tão apegado à causa da *white supremacy* que, quando ascendeu à Casa Branca, empenhou-se em fortalecer o regime de discriminação dos negros em nível federal (Gosset, 1965, p.284, 292).

A *white supremacy* também foi defendida e preconizada no plano internacional. No fim da Primeira Guerra Mundial, na conferência de paz de Versalhes, Wilson malogrou a tentativa das delegações do Japão e da China de inserir no Estatuto da Sociedade das Nações uma cláusula que teria sancionado o princípio da igualdade racial e, não por acaso, contou, nessa ocasião, com o apoio segregacionista e racista da África do Sul, da Austrália e da Nova Zelândia, dominadas pelos colonos que tinham dizimado ou exterminado os nativos e que continuavam a ser os defensores da supremacia branca na Ásia (Weston, 1972, p.74).

Até mesmo em relação aos seus aliados mais próximos, longe de desenvolver uma política sob a bandeira da "paz definitiva", Wilson se preocupou em garantir a hegemonia norte-americana. Imediatamente após a intervenção na guerra, em uma carta ao coronel Edward House, seu confidente, assim se expressou o presidente norte-americano a propósito dos seus "aliados": "Quando a guerra terminar, poderemos submetê-los ao nosso modo de pensar porque, entre outras coisas, eles estão financeiramente nas nossas mãos" (in Kissinger, 1994, p.224). Compreende-se, então, por que, em 1919, John Maynard Keynes referiu-se a Wilson como "o maior impostor da Terra" (in Skidelsky, 1989, p.444). O grande economista percebeu que o estadista com quem iria se encontrar na conferência de Versalhes era defensor não da "paz definitiva", mas sim da hegemonia norte-americana, e que era o protagonista da passagem em curso do império britânico para o norte-americano, da *pax* britânica à *pax* americana.

Desde o início, a palavra de ordem da "paz definitiva" tinha sido uma resposta ao movimento contra a guerra promovido por Lenin e pela Rússia soviética. Tratava-se de arrancar a bandeira da paz perpétua de um movimento revolucionário em ascensão, profunda e sinceramente convencido de que o fim do capitalismo e do colonialismo em escala mundial eliminaria as raízes da guerra de uma vez por todas. Não era essa a intenção do presidente norte-americano. A ideologia dominante, geralmente, gosta de contrapor um Wilson idealista e até mesmo moralista a um Lenin maquiavélico. No entanto, pelo menos em relação ao tema da paz e da guerra, o resultado da comparação deve ser invertido: era Wilson que deveria ser considerado maquiavélico, pois desde jovem havia se sentido atraído por Bismarck (Heckscher, 1991, p.44, 298), e que, ao formular a palavra de ordem da "paz definitiva", tinha muito presentes os interesses neocoloniais e as ambições do império norte-americano, determinado a se expandir bem além do hemisfério ocidental, onde a Doutrina Monroe esteve concentrada até o final do século XIX.

O primeiro breve período da "paz definitiva"

Não obstante, mesmo por um curto período, a ideologia que tinha inspirado a intervenção dos Estados Unidos na Primeira Guerra Mundial se difundiu pela Europa e, de modo especial, pelos países onde, após a derrota, sentia-se também a influência da Revolução de Outubro. De alguma maneira, havia um choque entre o "partido" de Lenin e o "partido" de Wilson.

Para refutar a tese do líder revolucionário russo, que identificava no capitalismo as raízes da política de guerra do imperialismo, Joseph Schumpeter apresentou, em 1919, o exemplo dos Estados Unidos: justamente aqui onde ocorreu um maior desenvolvimento do capitalismo, o ideal da paz sempre esteve presente na cultura e na prática política. Com isso, o grande economista pouco se atinha à realidade mais ampla: deixou de lado a escravidão há muito imposta aos negros (um ato de guerra, do ponto de vista de Rousseau) e não fez qualquer aceno às campanhas de deportação e eliminação dos peles-vermelhas. E assim acabava confirmando, com muita evidência, uma tese central de Lenin, crítico da política de guerra intrínseca ao capitalismo: as potências colonialistas e imperialistas se recusavam a interpretar como guerra os conflitos armados que envolviam os povos por elas desumanizados. Ao apontar as influências das palavras de ordem que ressoavam do outro lado do Atlântico, Schumpeter retomava a visão que atribuía à sociedade comercial e industrial a tarefa de realizar a paz perpétua. E em homenagem a essa tradição, ele se recusava a considerar como guerras exatamente as guerras mais brutais e que constituem o modelo da ideologia e da prática do imperialismo mais bárbaro, isto é, do Terceiro Reich, decidido a edificar o seu império colonial na Europa oriental. Ao definir a república norte-americana como farol da paz, Schumpeter foi além, desconsiderando igualmente a guerra que tinha levado ao desmembramento do México, as contínuas intervenções militares na América Latina e a repressão com traços genocidas conduzida por Washington contra o movimento de independência nas Filipinas: mais uma vez, a submissão e o extermínio dos bárbaros não eram guerras! Na trilha do expansionismo colonial, Theodore Roosevelt celebrou em tom épico o extermínio dos peles-vermelhas e das "raças inferiores", reafirmando a função catártica da guerra (cf. "O 'teorema de Wilson' e as guerras entre as democracias"). Inexplicavelmente, para Schumpeter (1974, p.76,79-80), o hino exaltado às guerras coloniais, e até mesmo às que incluíam genocídios, não tinha uma conotação belicista: quando foi obrigado a registrar a presença de forças pouco pacíficas dentro dos próprios Estados Unidos, ele as interpretou como resíduos pré-capitalistas representados pelos emigrantes europeus.

Da mesma forma argumentava Ludwig von Mises. Ele atribuía a causa da erradicação da guerra ao comércio e à sua livre e tranquila expansão, à afirmação do princípio da "solidariedade dos interesses econômicos de todos os povos", mas depois não só legitimou as guerras do ópio e as guerras coloniais do império britânico em geral (cf. "Quem nos protegerá da 'responsabilidade de proteger'"?), como não hesitou em invocar guerras que dificilmente podiam ter um caráter limitado: todos os tipos de elementos antissociais do Ocidente e as "populações selvagens" das colônias deviam ser tratados como "animais nocivos" (Mises, 1922, p.51, nota, 308).

A principal preocupação dos discursos de Schumpeter e de Mises também não era estranha a Kautsky, que mais que todos sentia a necessidade de contestar Lenin. Ao convocar o proletariado internacional para assumir a ideia de Sociedade das Nações como única real garantia de paz, o líder social-democrata rendia homenagem à "força da América do Norte e do seu presidente Wilson, como defensor da Liga dos Povos no mundo burguês". Para afastar qualquer perigo de guerra, bastava reforçar a Liga ou a Sociedade das Nações que estava surgindo, atribuindo-lhe "um poder executivo que lhe permitisse, com uma simples sentença, restabelecer os direitos de um povo ou de um grupo étnico submetido à violência" (Kautsky, 1919, p.4). Influenciado por Wilson, Kautsky se distanciava da visão tão cara a Marx (e às Segunda e Terceira Internacionais), que identificava e denunciava as raízes da guerra no capitalismo. Não, não se podia utilizar uma única categoria para se referir a realidades tão diversas entre si:

> Que diferença, por exemplo, entre a Alemanha e a Inglaterra, apesar de se encontrarem no mesmo estágio de desenvolvimento do capitalismo! Na Inglaterra, um regime parlamentar de tradição histórica; na Alemanha, uma monarquia acima do Parlamento. Na Inglaterra, um Exército que era pequeno até a guerra e de base voluntária; na Alemanha, o Exército mais forte do mundo caracterizado pelo serviço militar obrigatório.

Na república norte-americana, também não havia um "Exército forte" (Kautsky, 1917, p.478-9). Era uma forma de argumentar muito singular. Não havia qualquer sinal de uma esperada reflexão autocrítica: contribuíram para o início da Primeira Guerra Mundial muito mais o "social-chauvinismo" (para usar a linguagem de Lenin) e a postura assumida pelos diversos partidos socialistas que a "monarquia acima do Parlamento", e este, graças à atitude assumida pelo partido de Kautsky, não fez nenhum esforço para se opor à fúria da guerra. Foram também ignoradas e suprimidas a geografia e a geopolítica, como se o fato de estar distanciada pelo oceano das outras grandes potências concorrentes nada tivesse a ver com a posição privilegiada da Grã-Bretanha e, sobretudo, dos Estados Unidos em relação aos países da Europa continental. Kautsky se referia ao

Exército, mas não à Marinha (que distinguia a Grã-Bretanha e os Estados Unidos), como se os navios de guerra, que bloqueavam e assediavam a Alemanha, não tivessem qualquer significado militar. Ele deveria ler as considerações de Alexander Hamilton (2001, p.192; *The Federalist*, 8), um clássico da tradição liberal, a respeito do "reino da Grã-Bretanha" (e dos Estados Unidos):

> Uma posição geográfica insular e uma Marinha poderosa representam uma proteção quase completa contra uma possível invasão estrangeira, tornando supérfluo manter no reino um Exército numeroso [...]. Mas, se a Grã-Bretanha fosse colocada no continente, teria sido obrigada a manter um Exército semelhante ao das outras grandes potências.

Na realidade, além de proteger do perigo de invasão, a Marinha era uma terrível arma de ataque. Diversamente de Kautsky, Weber (1971, p.494) denunciou o "bloco naval inglês", "claramente ilegal" e desumano, que tinha causado "cerca de 750 mil" vítimas civis na Alemanha. Mais tarde, o próprio Churchill reconheceu sem qualquer constrangimento: "o bloco britânico tratou toda a Alemanha como uma fortaleza assediada e procurou arrancar a sua capitulação levando toda a população à inanição: homens, mulheres e crianças, velhos e jovens, feridos e sãos" (in Baker, 2008, p.2). Kautsky não deu nenhuma atenção ao desenvolvimento de armamento aéreo que, naquele momento, já começa a distinguir a Grã-Bretanha.

Todavia, o entusiasmo suscitado pelo "partido de Wilson" teve uma breve duração. Para garantir a realização da "paz definitiva", ele tinha prometido superar o conflito com uma conciliação. No entanto, em Versalhes, foi imposta à Alemanha uma paz punitiva e humilhante, uma espécie de "paz cartaginesa". A definição era de Keynes (1988, p.56, 167-8), que tinha participado da delegação inglesa e que advertiu: "a vingança [da Alemanha], pelas minhas previsões, não tardará"; anunciava-se um novo confronto, "com consequências muito piores do que se viu na guerra alemã e que provocará a destruição, qualquer seja o vencedor, da civilização e do progresso da nossa geração". Pouco depois, foi a vez do marechal francês Ferdinand Foch observar: "Não é a paz, é apenas um armistício para vinte anos" (in Kissinger, 1994, p.250). A "paz cartaginesa" que envolveu a Alemanha associada à questão colonial tornou inócua a promessa de "paz definitiva" acenada pelos inimigos da Alemanha. Como vimos, Wilson protagonizou contínuas intervenções militares na América Latina, que a Doutrina Monroe reduziu ao simples papel de colônia ou semicolônia do "grande irmão" norte-americano. Pois bem, tal doutrina era legitimada claramente pelo artigo 21 da Sociedade das Nações, legitimando, indiretamente, as intervenções militares feitas em seu nome; de forma mais geral, o artigo 22 atribuía às potências vencedoras da Primeira Guerra Mundial o "mandato", ou seja, a "sagrada tarefa", de guiar os povos que ainda não estavam à altura da "civilização atual".

O momento de nascimento do novo organismo internacional, responsabilizado pela realização da "paz definitiva" (porém rejeitado pelo Senado norte-americano, decidido a acabar com a identificação da nação eleita por Deus com a massa das nações profanas), coincidiu com dois acontecimentos reveladores: em 1920, a França atacou e conquistou a Síria, com "uma aparência de legalidade, exibindo a autorização da Sociedade das Nações para violar os direitos do povo árabe da Síria" (Toynbee, 1951-1954, v.7, p.255-9). Naquele mesmo ano, com o objetivo de consolidar seu domínio sobre o Iraque, que tinha começado a fazer parte do império havia pouco tempo, o governo de Londres enviou tropas para lutar contra os rebeldes, que desencadearam "represálias cruéis" contra eles, "incendiando suas aldeias e cometendo outras ações que hoje seriam consideradas excessivamente repressivas e até mesmo desumanas". Churchill pouco fez para freá-la, aliás, enviou a aviação para dar uma dura lição aos "nativos recalcitrantes", com um "trabalho experimental" que utilizou "bombas a gás, e sobretudo a gás mostarda" (Catherwood, 2004, p.89, 85).

Não se tratou apenas das guerras coloniais. Com o surgimento da República de Weimar, a Alemanha não era um país menos democrático que a França da Terceira República; mas nem por isso cessou o antagonismo entre as duas e o perigo de uma retomada da guerra. Não, a democracia não bastava para realizar a "paz definitiva no mundo"!

Uma longa luta entre os partidos de Lenin e de Wilson

E, no entanto, isso não eliminou o confronto entre o projeto de Lenin e o de Wilson. Após ter se declarado um aliado do presidente norte-americano, Kautsky radicalizou sua postura nos anos seguintes. Estimulado também pelo surgimento na Alemanha da ditadura hitleriana e pelo seu explícito programa de guerra, em 13 de outubro de 1935 escreveu no *Neuer Vorwärts*: "Uma democracia universal significa a paz universal e duradoura". O socialismo "não constitui o pressuposto da paz", como tinha defendido a Segunda Internacional e não se cansava de repetir a Terceira Internacional e o movimento comunista. Não, é "a democracia universal que assegura a paz mundial", a "paz mundial duradoura" (in Panaccione, 2000, p.229).

A adesão de Kautsky à visão de Wilson e à ideologia da guerra que tinha inspirado os Estados Unidos, que este governava, a transfigurar e sacralizar a intervenção em um conflito e em uma carnificina que se alastravam a milhares de quilômetros de distância, era agora total. Assim, o prestigioso expoente da social-democracia alemã acabou justificando, *a posteriori*, a guerra da Entente contra a Alemanha de Guilherme II, considerada por seus inimigos (com justificativas questionáveis) como um país não democrático; entretanto, involuntariamente, ele legitimou ao mesmo tempo a guerra da Alemanha de Guilherme II contra a Rússia czarista, que muitos deputados sociais-democratas tinham interpretado e alardeado como uma cruzada democrática contra a autocracia. Em outras palavras, Kautsky não percebeu que estava retomando um tema defendido tanto pela Entente como por seus inimigos.

Com o início da Guerra Fria, os dois projetos opostos de paz perpétua (o de Lenin e o de Wilson) se chocaram intensamente. Em 9 de fevereiro de 1946, Stalin reiterou sua convicção de sempre: as crises econômicas e as guerras desencadeadas pelos países interessados em modificar, em seu benefício, a distribuição dos recursos e dos mercados para desbancar os países concorrentes e rivais constituíam parte integrante do capitalismo; era necessário superar tal sistema político-social para tornar a paz segura e permanente. Ainda às vésperas da sua morte, em 1952, o líder soviético insistia: os protagonistas da Primeira Guerra Mundial foram apenas os países capitalistas, e foi a rivalidade entre eles que deu início à Segunda Guerra Mundial, que depois acabou envolvendo a própria União Soviética; mais que a contradição entre capitalismo e socialismo, o que ameaçava a paz era sobretudo a dialética que sustentava o sistema capitalista (Stalin, 1953, p.7-8, 144-5). Ainda que não imediatamente, numa perspectiva estratégica, a causa da paz se identificava com a do socialismo.

Diversamente, no Ocidente, renascia a visão de Wilson. Em março de 1949, em sua intervenção na Câmara dos Deputados por ocasião do debate sobre a adesão da Itália à Otan, Palmiro Togliatti polemizou nestes termos, ao se dirigir aos deputados da maioria do governo:

> A principal tese que vocês defendem é que as democracias, como as denominam, não fazem guerras. Mas, senhores, quem vocês acham que somos? Não acham que temos um mínimo de cultura política ou histórica? Não é verdade que as democracias não fazem guerras: todas as guerras coloniais dos séculos XIX e XX foram feitas por regimes que se apresentavam como democráticos. Assim, os Estados Unidos fizeram uma guerra de agressão contra a Espanha para garantir o seu domínio em uma parte do mundo que lhes interessava; fizeram a guerra contra o México para conquistar determinadas regiões onde existiam importantes fontes de matérias-primas; fizeram a guerra, durante algumas décadas, contra as tribos indígenas dos peles-vermelhas para destruí-las, dando um dos primeiros exemplos do crime de genocídio que hoje foi juridicamente qualificado e que deveria no futuro ser perseguido legalmente. (Togliatti,1973-1984, v.5, p.496-7)

Não se tratava de uma história remota, já sem significado para o século XX. Como confirmação de sua tese, o líder do comunismo italiano citou também "a 'cruzada das dezenove nações', como foi chamada por Churchill" (ibidem, p.497), contra a Rússia soviética e a guerra da França contra o Vietnã.

Naqueles anos, os dois projetos de paz perpétua se enfrentavam dentro de certo equilíbrio. Depois, à medida que as contradições internas do "campo socialista" se tornavam mais claras e mais profundas, o partido de Lenin começaria a perder cada vez mais terreno.

O triunfo do partido de Wilson e a "nova ordem mundial"

O triunfo conseguido pelos Estados Unidos na Guerra Fria foi também o triunfo do partido de Wilson. Ambos coincidiam com a primeira Guerra do Golfo, promovida por Washington e desencadeada sem encontrar resistências no Conselho de Segurança da Organização das Nações Unidas (ONU), nem mesmo por parte da União Soviética (que seria logo dissolvida e extinta). Esse tipo de intervenção militar, que indicava a intenção apenas de deter e punir o agressor (o Iraque de Saddam Hussein, que tinha invadido o Kuwait) para restabelecer a legalidade internacional e a paz, foi celebrado como o início de uma fase totalmente nova e muito promissora da história universal. Em seu discurso perante o Congresso, em 19 de janeiro de 1991, o presidente norte-americano George H. W. Bush declarou que se tratava de colocar, finalmente, em prática "uma grande ideia: uma nova ordem mundial, na qual diferentes nações se unem num compromisso comum para atingir uma meta universal da humanidade: paz e segurança, liberdade e Estado de direito".

Inaugurava-se uma nova era. Essa era também a opinião de Karl R. Popper. Na resposta dada ao entrevistador, e retomando a sua formulação, o teórico e defensor da "sociedade aberta" ocidental, declarou que compartilhava plenamente "o apelo de Kant, segundo o qual a tarefa mais elevada da espécie humana era a difusão mundial de uma Constituição política justa" como fundamento da paz (Popper, 1992b, p.103); começava a se concretizar a "esperança na 'paz eterna' de Immanuel Kant". Porém, Popper (1992a, p.78-9) destacou:

Devo esclarecer imediatamente que, em prol da paz, oponho-me ao chamado movimento da paz. Devemos aprender com as nossas próprias experiências, e por duas vezes o movimento da paz contribuiu para encorajar o agressor. O *Kaiser* Guilherme II esperava que a Inglaterra, não obstante sua proteção à Bélgica, não decidisse entrar em guerra por motivos pacifistas, e o mesmo pensava Hitler apesar da garantia de proteção da Inglaterra à Polônia.

Com a menção a Guilherme II, chegamos à Primeira Guerra Mundial, interpretada no viés de Wilson como uma guerra que para os Estados Unidos e os seus aliados procurava apenas expandir a democracia e aplainar o caminho para a "paz definitiva no mundo". Após a vitória conseguida pelo Ocidente democrático também durante a Guerra Fria, o ideal da paz perpétua defendido por Kant deixou de ser um sonho: era esse o tema que a ideologia dominante não se cansava de repetir.

Aliás – frisou Fukuyama –, se a história é uma sequência de choques sangrentos sob a bandeira de ideologias e valores opostos, após a derrota definitiva e irrevogável de todos os inimigos do Ocidente liberal democrático e amante da paz, já se podia entrever o "fim da história". Não que este significasse o fim definitivo dos conflitos armados, mas tais conflitos, de proporções bem mais reduzidas que os do passado e não mais dependentes das paixões ideológicas, não deviam mais ser considerados como guerras, mas sim como operações de polícia conduzidas pelo "Estado universal homogêneo" que estava surgindo.

Um semelhante ponto de vista foi expresso por Norberto Bobbio, que, em uma entrevista ao *Corriere della Sera* de 17 de janeiro de 1991, estendeu seu apoio à expedição contra o Iraque de Saddam Hussein: é necessário pôr fim a "uma violação do direito internacional", colocando em prática uma decisão da ONU "que, até prova em contrário, foi instituída justamente para evitar as guerras". Ficava claro o pressuposto que fundamentava esse tipo de argumentação: apesar das aparências, o recurso da mais poderosa aliança militar da história ao seu fantástico aparato de destruição e de morte era sinônimo não de guerra, mas sim de operação de polícia internacional, era um instrumento para impor o respeito à lei e ao direito internacional.

Com esse posicionamento do filósofo turinês, chegamos à Itália. Foi o país ocidental onde a ideia comunista tinha se arraigado e manifestado mais profundamente, e que se distinguiu, no final a Guerra Fria, pela passagem maciça do partido de Lenin àquele de Wilson. A primeira Guerra do Golfo coincidiu com o dissolução do Partido Comunista Italiano e com o claro distanciamento dos ex-comunistas de um movimento pacifista considerado demagógico e desrespeitoso para com o Ocidente e a nova ordem mundial que estava surgindo: se era legítimo e necessário se opor à guerra, não tinha sentido questionar as necessárias e benéficas operações de polícia internacional contra déspotas que conturbavam a ordem pública, com prepotência e violência.

Ao apoiar essa reviravolta, a classe intelectual da esquerda não foi menos cuidadosa que a classe política. No início da expedição militar contra o Iraque, enquanto o Partido Comunista Italiano estava para se dissolver, um ilustre filósofo seu fez uma peremptória declaração ao jornal *L'Unità* de 25 de janeiro de 1991: "Na história nunca ocorreu que um Estado democrático fizesse guerra a um outro Estado democrático" (Marramao, 1991). Os interesses econômicos e materiais não tiveram nenhum papel na demonstração de força que estava sendo organizada. Como sempre, a raiz da guerra era o despotismo: foi o que ficou muito claro com a passagem do partido de Lenin para o de Wilson. Mesmo sendo um intelectual respaldado pelo histórico da intransigência leninista e trotskista, ao apoiar a operação de polícia internacional, apelava de forma explícita ao "intervencionismo democrático" (Flores d'Arcais, 1991), à filosofia com a qual Salvemini e Wilson tinham invocado e justificado as respectivas intervenções da Itália e dos Estados Unidos na carnificina da Primeira Guerra Mundial. E novamente, mais que rejeitado, Lenin tinha sido relegado ao esquecimento; não valia a pena levar em consideração os seus argumentos, e nem fazia mais sentido analisar as razões econômicas e geopolíticas do gigantesco choque deflagrado entre 1914 e 1918 ou da primeira Guerra do Golfo. A luta entre democracia e despotismo era a chave universal de interpretação dos conflitos armados do presente e do passado. E como Wilson havia deixado claro uma vez por todas, a vitória da democracia (que tinha ocorrido na Europa oriental e que estava para conhecer sua réplica no Oriente Médio) foi ao mesmo tempo a vitória da causa da paz. A tempestade de fogo que estava se formando contra o Iraque de Saddam Hussein era apenas a confirmação de que a nova ordem mundial, sob a bandeira da democracia e do Estado de direito, nos planos interno e internacional, estava dando os seus primeiros passos.

Ainda em seu discurso de 29 de janeiro de 1991, George H. W. Bush destacou que quem condenou o Iraque de Saddam Hussein foram "doze resoluções das Nações Unidas"; assim, quem exigia o restabelecimento da legalidade era toda a "comunidade das nações". Mais alusivas e menos diretas, como em Popper, eram evidentes as referências a Kant como teórico da "paz perpétua" garantida pela "livre federação" dos povos, que incluía toda a humanidade considerada como uma "liga da paz" que devia pôr fim "a todas as guerras e para sempre". Não tanto para o presidente norte-americano, pouco dado à filosofia e mais afeito à geopolítica e à política de poder, mas para muitos intelectuais, sobretudo europeus, a primeira Guerra do Golfo podia ser considerada como uma espécie de "guerra de Kant". Foi interpretada como o início da superação da "liberdade selvagem", ou seja, da "liberdade sem lei", que até aquele momento tinha presidido às relações internacionais.

"Ordem cosmopolita" e "paz perpétua e universal"

Oito anos após a primeira Guerra do Golfo, a Otan desencadeou uma longa e devastadora campanha de bombardeios aéreos contra a Iugoslávia, uma campanha que – como observou um historiador britânico e também célebre defensor incondicional da causa do Ocidente – a um certo ponto "passou a incluir objetivos civis" (Ferguson, 2001, p.413). E tudo isso sem a autorização do Conselho de Segurança da ONU. No entanto, as ilusões suscitadas pela nova ordem mundial continuavam a se manifestar. Bobbio não mudou de opinião, ele que, como vimos, também havia legitimado a primeira Guerra do Golfo, em nome da ONU, "que, até prova em contrário, tinha sido instituída justamente para evitar as guerras"! Não voltou atrás nem mesmo Jürgen Habermas, que estava convicto de que, não obstante a evidente violação do direito internacional, avançava-se no caminho indicado por Kant.

Na realidade, a guerra permitiu que os Estados Unidos erguessem em Kosovo (desmembrado da Iugoslávia) a gigantesca base militar de Camp Bondsteel e impusessem um forte controle nos Bálcãs, cuja importância geopolítica "na luta pela supremacia europeia" tinha sido, pouco antes, destacada por Brzezinski (1998, p.168). Além disso, graças àquela guerra – podia-se ler em um jornal insuspeito (o *International Herald Tribune*) –, a Otan provou que contava com uma esmagadora superioridade militar e que estava decidida a defender os seus "interesses vitais" em todas as partes do o mundo (cf. "Como prevenir a guerra: poder imperial ou limitação do poder?"). Mas, quando se liam as páginas dedicadas a tal guerra por Habermas, havia quase a sensação de que ele estivesse falando de um outro acontecimento diverso e sem importância. Segundo o filósofo, que pouco antes (já no título do livro por ele publicado) havia saudado o surgimento de uma "constelação pós-nacional" (Habermas, 1999a), os bombardeios da Otan contra a Iugoslávia, embora com dificuldades e problemas – faltava a autorização do Conselho de Segurança da ONU, desastrosamente "bloqueado" por países como a Rússia e a China –, marcaram a "precária transição da clássica política de poder para uma ordem cosmopolita". Davam-se, assim, os primeiros passos consistentes contra a "bestialidade" dos sérvios, por razões "humanitárias".

O filósofo elogiava os responsáveis pela guerra como artífices da realização da "ordem cosmopolita" e atacava as vítimas:

> Estados como Líbia, Iraque ou Sérvia equilibram a instabilidade de suas relações internas com um domínio autoritário e uma política de identidade, enquanto externamente se comportam de forma

expansionista, são suscetíveis às questões de fronteira e insistem de forma neurótica sobre a sua soberania. (idem, 1999b, p.7)

A acusação de chauvinismo e expansionismo recaía sobre os países do Ocidente que, um após o outro, eram agredidos ou iriam ser agredidos e, em seguida, destruídos como Estados nacionais. É bem conhecido o papel fundamental desempenhado pela Alemanha no desmembramento da Iugoslávia. Ao se identificar plenamente com o seu país (e com a Otan), celebrado juntamente com seus aliados como a encarnação das razões "humanitárias" em luta contra a "bestialidade", o filósofo alemão não se importava em ser o primeiro a dar provas de chauvinismo: estava ausente a autorreflexão esperada de um discurso filosófico.

A fim de legitimar definitivamente a guerra da Otan, Habermas (1999b) aproximou o "nacionalismo da Grande Sérvia" àquele de "Ernst Moritz Arndt". Portanto, a partir desse raciocínio, o protagonista de guerras de conquistas sem fim não havia sido Napoleão, mas quem tinha se oposto a ele! Retomar o juízo elogioso de Lenin sobre a resistência e a revolta antinapoleônica da Prússia, que teve em Arndt um de seus grandes incentivadores, não impressionaria de forma alguma Habermas, que poderia, ao contrário, dar destaque ao balanço da resistência e da revolta antinapoleônica feito por Constant (1961, p.117, nota): "Já se passaram alguns anos [desde a batalha de Jena, vencida por Napoleão], e a Prússia se reergueu; inclui-se no rol das principais nações; adquiriu direito ao reconhecimento das futuras gerações e ao respeito e entusiasmo de todos os amigos da humanidade". Também para um defensor do liberalismo e admirador da Inglaterra liberal como Constant, era Arndt e os seus companheiros de luta, e não certamente o imperador francês, que representavam a causa da liberdade (e da paz). Involuntariamente, Habermas acabou aproximando a *pax* americana (e ocidental), que ele havia celebrado, em 1999, da *pax* napoleônica (historicamente considerada como sinônimo de insaciável expansionismo).

Pouco depois que o ilustre filósofo havia saudado a retomada da "constelação pós-nacional" e da "ordem cosmopolita" (evocada um dia por Kant, teórico da paz perpétua), dois importantes autores de extrema esquerda (Michael Hardt e Antonio Negri) publicaram um livro (*Império*) que, como veremos logo adiante, foi muito além dessa questão. Mas vamos por ordem. Em 1999, o primeiro dos dois autores aplaudiu sem hesitação a campanha aérea desencadeada pela Otan contra a Iugoslávia, sem autorização do Conselho de Segurança da ONU:

> Devemos reconhecer que essa não é uma ação do imperialismo norte-americano. É, na verdade, uma ação internacional (ou melhor, supranacional). E os seus objetivos não foram guiados pelos limitados interesses nacionais dos Estados Unidos. Ela se propôs, efetivamente, a tutelar os direitos humanos (ou, a bem da verdade, a vida humana). (Hardt, 1999, p.8)

Já estava ocorrendo aquilo que Habermas tinha definido como a "ordem cosmopolita", já estava ocorrendo uma ordem "supranacional". Haviam desaparecido ou iriam desparecer os "interesses nacionais" e, na verdade, as próprias nações; as operações de polícia "supranacional" haviam finalmente substituído a guerra, um flagelo que já tinha passado para a história. Assim – o que foi reafirmado enfaticamente em *Império* no ano seguinte –, graças à globalização estabelecida em todos os níveis, estava sendo implantada, ou já tinha sido, a "paz perpétua e universal" (Hardt; Negri, 2002, p.16)!

De que maneira irrompera na história um evento tão extraordinário e promissor que poucos conheciam? O que tinha acontecido? Havia, simplesmente, ressurgido um antigo mito! Nós o vimos surgir pela primeira vez durante o processo de formação do mercado mundial, que estabeleceu uma relação de conhecimento recíproco e cooperação entre os mais diferentes povos, anulando – assim parecia – as distâncias geográficas e os preconceitos fundamentados na ignorância. Depois o encontramos em Angell às vésperas da Primeira Guerra Mundial, iniciada não obstante a "interdependência econômica", que também deveria ser uma segura garantia de paz.

A "grande ilusão", que no início do século XX tinha dado título ao livro do jornalista e homem político britânico, foi retomada na passagem do século XX ao XXI. Após a leitura de *Império*, publicado em sua primeira edição em 2000, e imediatamente coroado por um extraordinário sucesso internacional, temos, por vezes, a impressão de nos encontrarmos diante de uma nova versão do livro de Angell.

O ponto de partida continua a ser a globalização, que agora, além de envolver o plano econômico e financeiro, incluiu também o plano político: "A coisa mais natural é que o mundo se apresente politicamente unificado, que o mercado seja global, e que o poder se organize em termos universais [...]. O império dita as suas leis e mantém a paz com as leis e o direito pós-modernos" (ibidem, p.330). Portanto, é preciso levar em consideração a unificação do mundo, assim como a realidade do império. Trata-se de "um regime que, de fato, estende-se por todo o planeta" e que "nada tem a ver com o 'imperialismo'". Em um mundo politicamente unificado, que construiu a "paz perpétua e universal", que sentido ainda teria recorrer à categoria usada por Lenin para explicar o início da Primeira Guerra Mundial? Não, "é preciso lembrar que a ideia da paz deve constituir a base do desenvolvimento e da expansão do império"; "o seu conceito está dedicado à paz" (ibidem, p.161, 16). E isso não é tudo: "o império só pode ser concebido como uma república universal", uma "república democrática" (ibidem, p.160-1). A "república universal" e democrática, tenazmente perseguida primeiro por Cloots e Fichte, e depois pelos bolcheviques como resultado de uma revolução de dimensões planetárias, agora é uma realidade. A utopia tradicional se transformou em utopia realizada; não faz mais sentido buscar em um futuro remoto e problemático aquilo que caracteriza o presente. A essa altura, juntamente com as fronteiras estatais e nacionais, por definição, deixam de existir os choques e as demonstrações de força militares entre Estados e países, e deixam de existir as guerras:

> A era dos grandes conflitos terminou: o poder soberano não deverá mais enfrentar nenhum outro, e não haverá mais nenhum além dele, mas alargará as suas fronteiras para inserir todo o mundo sob o seu

domínio. A história das guerras imperialistas, interimperialistas e anti-imperialistas terminou. A história terminou com o triunfo da paz. Na realidade, entramos na era dos conflitos internos e de menor expressão. (ibidem, p.179-80)

É verdade que o sangue continua a ser derramado abundantemente, mas, na realidade, a guerra cedeu lugar à "operação de polícia – de Los Angeles a Granada, de Mogadíscio a Sarajevo" (ibidem, p.180). Para demonstrar a superação do imperialismo, utiliza-se uma categoria ("operação de polícia internacional") que também pode ser encontrada em Angell, mas que deve a sua reputação sobretudo a Theodore Roosevelt, um dos mais apaixonados e mais brutais defensores que o imperialismo conheceu!

Sob a categoria de "operação de polícia" internacional, é inserida também a invasão norte-americana de Granada, de outubro de 1983. Não ficou claro que tipo de crime havia praticado a pequena ilha que justificasse a intervenção da polícia internacional. Sabe-se, no entanto, que a operação *Urgent Fury* (muito criticada também por países de comprovada fidelidade atlântica) foi decidida pelos Estados Unidos de Ronald Reagan a fim de evitar o surgimento no Caribe de uma nova Cuba (mesmo de pequenas dimensões), reafirmando a Doutrina Monroe e permitindo que os Estados Unidos pudessem superar finalmente a "síndrome do Vietnã". E assim Hardt e Negri transformavam em operação de polícia internacional uma intervenção militar que permitia a um presidente norte-americano, particularmente belicoso, legitimar uma das guerras coloniais mais sangrentas da história contemporânea. Não se tratava de um simples mal-entendido, mas sim da consequência, de certa forma inevitável, do recurso à utopia realizada: as guerras coloniais são interpretadas como ações de uma ordem internacional que já tinha incorporado a ideia e a realidade da paz. Essa dialética já estava presente em Angell.

Tanto em *Grande ilusão* como em *Império*, a maquiagem do colonialismo acontece com o olhar voltado não apenas para o presente, mas também para o passado. *Império* se refere ao "colonialismo" e ao "imperialismo" apenas em relação à história da Europa (e sobretudo da Europa continental), excluindo explicitamente os Estados Unidos. Daí o aberto elogio a Wilson e à sua "ideologia pacifista internacionalista", muito distanciada da "ideologia imperialista de cunho europeu" (ibidem, p.166-7)! Assim, torna-se miraculosamente defensor da paz um presidente que, além de ter promovido a participação do seu país na Primeira Guerra Mundial, por ele considerada como uma "guerra santa, a mais santa de todas as guerras" (Losurdo, 2015, cap. III, §2), foi protagonista de uma longa série de guerras coloniais, ou seja, de intervenções militares na América Latina em nome da Doutrina Monroe. Assim, é a história dos Estados Unidos como um todo, que passa por uma alucinante transfiguração:

> O que era a democracia norte-americana se não uma democracia baseada no êxodo, em valores afirmativos e não dialéticos, no pluralismo e na liberdade? Não foram esses mesmos valores – juntamente com a ideia da nova fronteira – que sempre alimentaram o movimento expansivo de seu fundamento democrático, para além das noções abstratas de nação, etnia e religião? [...] Quando Hannah Arendt escreveu que a revolução norte-americana foi superior à francesa porque foi interpretada como uma permanente busca da liberdade política, enquanto a Revolução Francesa tinha sido apenas uma luta vinculada à escassez e à desigualdade, exaltava um ideal de liberdade que os europeus haviam esquecido, mas que tinham materializado nos Estados Unidos. (Hardt; Negri, 2002, p.14, 352-3)

Como sabemos, Angell contrasta apologeticamente a pacífica "colonização" do Novo Mundo por parte dos anglo-saxões à desastrosa conquista imposta por Espanha e Portugal. É nessa linha que se situam, de fato, Hardt e Negri, com uma postura difícil de ser sustentada à luz da trágica lição histórica dada pelo Terceiro Reich. Assim, *Império* acaba eliminando da história do colonialismo dois de seus mais infames capítulos (a escravização dos negros e a expropriação, deportação e exterminação dos ameríndios), dois capítulos que não por acaso inspiraram o nazismo: aos olhos de Hitler, os "indígenas" da Europa oriental eram, por um lado, os peles-vermelhas a serem expropriados, deportados e exterminados, e, por outro, os que sobreviveram eram como os negros destinados a trabalhar como escravos a serviço da denominada "raça dos senhores".

CAPÍTULO 9
O "xerife internacional" e a paz

"Não devemos ter medo de fazer guerras pela paz"

Quatro anos após a campanha de bombardeios aéreos contra a Iugoslávia, em 2003, a segunda Guerra do Golfo foi desencadeada pelos Estados Unidos e pela Grã-Bretanha não apenas sem a aprovação do Conselho de Segurança da ONU, mas também com a clara oposição de países-membros do Ocidente e da Otan, como a Alemanha e a França. Mesmo que se queira apresentar uma absurda coincidência entre a "livre federação" dos povos kantiana e a "liga da paz" envolvendo não mais a ONU, mas sim a Otan (isto é, apenas o Ocidente e a sua poderosa aliança militar), as contas não batem. Não se pode mais falar em "guerra de Kant". Será que a nova ordem mundial se encontra na direção indicada pelo autor do ensaio *À paz perpétua*?

Essa é uma pergunta que os observadores mais atentos poderiam se fazer já por ocasião da primeira Guerra do Golfo. Pouco mais de um ano antes, em dezembro de 1989, o presidente norte-americano George H. W. Bush invadiu o Panamá pisoteando tranquilamente a legalidade internacional e se apresentado como soberano do hemisfério ocidental; no Oriente Médio, Israel (com a cumplicidade do

Ocidente) continuava a desrespeitar as resoluções da ONU voltadas para a solução da questão palestina ou para atenuar a tragédia de um povo há décadas sob ocupação militar. Mas tudo isso parece pouco relevante para os que estavam convencidos de que se aproximava um novo e luminoso capítulo da história. É verdade, ainda no discurso de 29 de janeiro de 1991, além da referida nova ordem mundial, George H. W. Bush trouxe à tona uma outra e conflitante questão: anunciou também o advento do "próximo século norte-americano", proclamou que aos Estados Unidos, um país que sempre havia defendido a causa da "liberdade e da democracia" (foram removidos os capítulos mais embaraçantes da história norte-americana), competia uma "responsabilidade única" como guia mundial. Sim, "a liderança norte-americana" era "indispensável", dado que espelhava a incontestável superioridade moral e política de um povo em relação a todos os outros: "Somos uma nação com um realismo sólido como a rocha e com um idealismo lúcido. Somos norte-americanos. Somos a nação que acredita no futuro. Somos a nação que pode plasmar o futuro. E é isso que começamos a fazer". Era uma linguagem com um acento imperial, mas será que ela deveria ser criticada por isso?

Já em 1991, algumas vozes tinham interpretado a nova ordem mundial de forma muito radical, isto é, sem se aterem às formas e regras: Saddam Hussein era um ditador; por que se limitar apenas a pôr fim à violação do direito internacional e não derrubá-lo? Mas ele não era o único ditador: por que poupar os outros? Quem também argumentou dessa forma foi o filósofo que se dizia inspirado por Kant: "Não devemos ter medo de fazer guerras pela paz". Os "inimigos mortais" que deviam ser eliminados ou impedidos de gerar danos não eram apenas o país de Saddam e os "Estados terroristas"; havia também "a China comunista, para nós impenetrável". Não se devia parar no meio do caminho da construção da *"pax civilitatis"* em nível mundial e da transformação da *"pax* americana" em *"pax civilitatis"* (Popper, 1992b, 1992c). A amplitude do programa aqui apresentado e a ausência de qualquer referência à ONU (de cujo Conselho de Segurança o grande país asiático fazia e faz parte) eram sintomáticas: surgia no Ocidente uma tentação de exportar a revolução "democrática" para todos os cantos do mundo, agindo de forma soberana e sem hesitar de recorrer às armas.

Foi nesse momento que apareceu nos Estados Unidos uma nova plataforma teórica e política, ou seja, a da "revolução neoconservadora". Não se tratava de uma reviravolta em relação à nova ordem mundial teorizada por George H. W. Bush: nesse momento, o discurso imperial tinha se tornado explícito e sem reservas. Em relação à política internacional, a recomendação formulada por Popper ("Não devemos ter medo de fazer guerras pela paz"), para realizar uma "*pax* americana" que, ao mesmo tempo, seja sinônimo de "*pax civilitatis*", pode ser utilizada para sintetizar o programa da revolução neoconservadora: com ou sem a chancela da ONU, era preciso eliminar primeiramente os regimes considerados antidemocráticos e que, por isso, eram perturbadores da ordem pública internacional; só assim se poderia libertar a humanidade da desordem e da violência vigentes nas relações internacionais.

O objetivo é claro, mas como realizá-lo concretamente, evitando ou minimizando os conflitos de competências e de atribuições? Os teóricos da revolução neoconservadora respondem a essa pergunta com clareza:

> Comecemos com uma pergunta: o mundo precisa de um policial? Isso equivale a perguntar se Londres ou Nova York precisam de uma força de polícia. Enquanto existir o mal, alguém deverá proteger os cidadãos pacíficos dos predadores. Desse ponto de vista, o sistema internacional não é muito diferente do seu próprio bairro, excetuando o fato de que os predadores no exterior são muito mais perigosos que os ladrões comuns, estupradores e assassinos. (Boot, 2003, p.64)

Não se discute a exigência de uma polícia internacional, mas a quem deve ser confiada essa função? É preciso fazer um balanço histórico: houve um fracasso da Sociedade das Nações, surgida com a Primeira Guerra Mundial, com a tarefa de impedir a repetição desse tipo de catástrofe, e do pacto Briand-Kellogg (dos respectivos nomes do ministro do Exterior francês, Aristide Briand, e do secretário de

Estado norte-americano Frank Kellogg), que tinha entrado em vigor em 1919 também com a tarefa de evitar a guerra como instrumento de política internacional. Todos sabem o que ocorreu; e a ONU não parecia mais eficaz (ibidem, p.64-5).

Será que a ONU poderia ser substituída pela Otan? A segunda, "contrariamente às Nações Unidas, [...] tem a vantagem de ser formada por democracias com um patrimônio histórico comum e, presumivelmente, com interesses comuns". Infelizmente, também na aliança atlântica não faltam países inclinados a não assumir suas responsabilidades (como ficou demonstrado pela hostilidade da França e da Alemanha em relação à segunda Guerra do Golfo). Em todo caso, a Otan "é muito ampla e não possui condições para se envolver com ações militares eficazes". E então? "Quem resta, portanto, para assumir o papel de polícia mundial [...]? A resposta é bastante óbvia. É o país que possui a economia mais dinâmica, a mais fervorosa devoção à liberdade e as forças armadas mais poderosas", é "a nação indispensável" (ibidem, p.64-5).

É preciso se dar conta de que a república norte-americana é "a potência dominante no mundo e dela dependem a manutenção da paz internacional e a aplicação dos princípios liberais e democráticos". É ela que dá provas do amor pela liberdade e que dispõe da força material, necessários para "preservar e ampliar" a "civilização liberal democrática", que constitui o único fundamento possível da paz. É verdade, os Estados Unidos se comportam, às vezes, como um "xerife reticente", mas são perfeitamente capazes de assumir plenamente suas responsabilidades planetárias. É o que já acontecia ou está acontecendo (Kagan; Kristol, 2003, p.44, 53). Por sorte do mundo inteiro:

> A América se comporta como um verdadeiro xerife internacional, um xerife que talvez traga simplesmente uma estrela no peito, mas que é aceito pela maioria e procura impor um mínimo de paz e justiça em um mundo selvagem, em que é necessário desencorajar ou eliminar os bandidos, em geral com as armas. (Kagan, 2003, p.39)

Olhando de perto, mais que fundar a nova ordem mundial de que falava Bush pai, trata-se de preservar uma ordem que já existe e que vê o "xerife internacional" como aquele que impõe a ordem e o governo da lei a um mundo que seria "selvagem" se fosse abandonado a si próprio. É preciso consolidar e reconhecer a legitimidade de uma ordem que tinha sido formada espontaneamente, mas que é também sinônimo de legalidade internacional e de paz.

Sim, o triunfo do Ocidente e do seu país-guia na Guerra Fria construiu "uma paz extraordinária", a "paz americana". Estamos diante de uma reviravolta radical. Criou-se "na história humana" uma situação sem precedentes: "A América exerce a sua liderança geopolítica em todas as regiões do globo, e quase todas as outras grandes e ricas potências são nossas aliadas" (Donnelly, 2003, p.72-3). Agora, o país que garante a paz goza de uma esmagadora hegemonia militar; e, além disso, ela vem acompanhada por uma "grande força moral". Inicia-se uma "época de *pax* americana" e "um mundo unipolar" que se revela "excepcionalmente estável, duradouro e pacífico" (ibidem, p.95-6). Quem "garante a paz e a segurança no mundo de hoje" é um país que goza ao mesmo tempo de um incontestável primado moral, político e militar. Existem, certamente, desafios, mas é justamente por isso que, para combater os "criminosos regionais", "os delinquentes de hoje e os potenciais rivais de amanhã", é preciso saber "defender a paz americana", ou melhor, é necessário "preservar e estender a paz americana", recorrendo, se necessário, a "diversas e duradouras missões de paz" e a "missões de polícia" internacional (ibidem, p.74-5, 95-6, 81).

Como se vê, tinha sido eliminada a anarquia que até então caracterizava as relações internacionais; e já está em vigor uma ordem, de certa forma, cosmopolita. É claro que isso não nos leva a Kant, mas sim a Rhodes: o império que este sonhava edificar sob a direção de Londres e que deveria ter poder suficiente para desencorajar qualquer provocação e para "impedir as guerras" já se encontrava sob os olhos de todos sob a firme direção de Washington. Os que se rebelam ou resistem contra isso são bandidos ou potenciais bandidos que devem ser combatidos e neutralizados com enérgicas operações de polícia, que só podem ser chamadas de "guerras" quando se usa uma linguagem tradicional e ultrapassada.

O "internacionalismo liberal" como o "novo internacionalismo"

O papel aqui atribuído ao "xerife internacional" se choca claramente com a ordem surgida no final da Segunda Guerra Mundial, que defende o princípio da igualdade entre as nações e de seu direito à soberania nacional, reservando apenas ao Conselho de Segurança da ONU a faculdade de promover intervenções em defesa da paz e da legalidade interacional. Os neoconservadores norte-americanos estão cientes dessa contradição e se propõem resolvê-la lançando mão da ideia do "xerife internacional" e das relações de força vigentes nos anos imediatamente posteriores ao fim da Guerra Fria: quando se trata de ditadores perigosos, é preciso "deixar de lado os vínculos institucionais e legais", sem se preocupar em "ferir as tradições do direito internacional e o Conselho de Segurança da ONU". Não se deve hesitar: "a história e a ética" devem "prevalecer sobre os princípios tradicionais do direito internacional" (Kagan, 2004, p.41, 25).

Se a ética remete aos valores considerados universais, a história remete à esmagadora superioridade militar adquirida pelos Estados Unidos no final da Guerra Fria. A proximidade entre os dois termos ("história" e "ética") é singular; aliás, constitui um paradoxo. Conscientes do problema, buscando oferecer uma imagem polida de si próprios, os neoconservadores evitam fazer uma referência explícita ao primeiro termo (as relações de força) e destacam o segundo: "a busca do bem moral e da justiça" tem absoluta prioridade e não podia ter limites, evitando se deixar levar pela "aplicação muito rígida dos princípios do direito internacional" (ibidem, p.33, 25).

O "enfoque legalista" e a visão "formal e legalista" do direito internacional precisam ser sobrepostos pelo "internacionalismo liberal", denominado pelo primeiro-ministro britânico Tony Blair, por ocasião da guerra contra a Iugoslávia, de "novo internacionalismo" (ibidem, p.47, 34, 37). O protagonista e a encarnação do "novo internacionalismo" só pode ser a "América liberal e revolucionária", a América que "que sempre se apresentou como uma força revolucionária" e que sempre se recusou a pôr limites à sua missão libertadora:

> Por natureza, tradição e ideologia, [os Estados Unidos] sempre promoveram os princípios liberais desprezando as sutilezas do sistema westfaliano [...]. Desde a geração dos pais fundadores, os norte-americanos consideraram as tiranias estrangeiras como transitórias e destinadas a capitular ante as forças republicanas liberadas pela revolução americana. (ibidem, p.41, 38-9)

É um tema recorrente da cruzada neoconservadora: em vez de se deixarem enredar pelo respeito fetichista das fronteiras estatais e nacionais característico do sistema westfaliano, pelos tradicionais "vínculos institucionais e legais", os Estados Unidos foram conclamados a "promover ações em benefício de toda a humanidade". É preciso ter presente que "não existe uma clara linha de demarcação entre a política interna e a externa" (ibidem, p.41, 58, 56). O questionamento ou o cancelamento da linha de demarcação entre política interna e externa é uma revolução (ou uma contrarrevolução), que de fato envolve a eliminação direito internacional vigente. Mas tudo isso não deveria causar espanto: "Durante grande parte dos últimos três séculos, os norte-americanos se consideraram na vanguarda de uma revolução liberal mundial" (ibidem, p.55). Justamente por isso, os Estados Unidos nunca se ativeram realmente ao princípio westfaliano do respeito à soberania nacional. Por exemplo:

> Os norte-americanos nunca tiveram a intenção de aceitar a legitimidade da União Soviética e procuraram, constantemente, provocar a sua desintegração de dentro para fora, mesmo colocando em risco a estabilidade mundial. Um "império do mal" não pode ter qualquer legitimidade nem direitos invioláveis como nação soberana. (ibidem, p.39)

Para justificar e celebrar essa postura, o neoconservadorismo desenvolveu uma filosofia da história segundo a qual o liberalismo e o "internacionalismo liberal" (de início de tipo inglês e depois norte-americano) sempre considerariam o princípio do respeito à soberania estatal como uma intolerável camisa de força:

> Como tinha escrito Edmund Burke, após os horrores da Revolução Francesa, "não pode existir ideia mais deletéria que aquela que defende que o mal, a violência e a opressão possam prevalecer em um país, que a mais abominável, criminosa e exterminadora das rebeliões possa ali se manifestar, ou que a mais atroz e sangrenta das tiranias possa ali dominar, e que nenhum poder vizinho possa tomar consciência de tudo isso ou socorrer as pobre vítimas". Os ingleses deveriam ser os últimos a defender o princípio da não intervenção, prossegue Burke, porque a Inglaterra deve "as suas leis e a sua liberdade [...] exatamente ao princípio oposto". (ibidem, p.35)

Pois bem, "como a Inglaterra de Burke, a América deve sua existência, suas 'leis e liberdade', ao princípio de ingerência" (ibidem, p.38).

Todos deverão adaptar-se a esse "internacionalismo" radical e intransigente se curvar diante dele, inclusive aliados críticos, que hesitam em deixar a ONU de fora: de fato, "os europeus não poderão ignorar para sempre a perspectiva norte-americana de um mundo mais humano, ainda que nesse período pareçam estar mais preocupados com a consolidação da ordem legal internacional" (ibidem, p.60).

Em relação aos Estados Unidos, eles não podem certamente renegar a tradição que carregam e muito menos fazer isso na situação extraordinariamente favorável em que se encontram no fim da Guerra Fria e que lhes consentiria colocar em prática com relativa facilidade o tão sonhado internacionalismo: não é lícito nos desvencilhar das "responsabilidades que o acaso nos investiu". Portanto, é preciso pôr mãos à obra: "um dos objetivos principais da política externa norte-americana deveria ser aquele de provocar uma mudança de regime nas nações hostis: em Bagdá e em Belgrado, em Pyongyang e em Pequim", e em outros lugares. Não são poucos os países na mira do xerife chamado a garantir a ordem e a paz internacional. Sim, é preciso se adaptar às circunstâncias:

> Nem todas as mudanças de regime podem ou devem ser realizadas com intervenções militares. As táticas para desenvolver uma estratégia de mudança de regime deveriam variar segundo as circunstâncias. Em alguns casos, a melhor política poderia ser o apoio aos grupos rebeldes, seguindo as linhas da Doutrina Reagan aplicada na Nicarágua e em outros lugares. Em alguns casos, poderia ser o apoio a grupos dissidentes com operações oficiais ou clandestinas, que pode incluir ou não sanções econômicas e isolamento diplomático. Essas táticas poderiam ter êxito imediato ou não e deveriam ser modificadas para se adaptar às circunstâncias. Mas o objetivo da política externa norte-americana deveria ser claro. Quando se trata de casos que envolvem regimes tirânicos, sobretudo aqueles que são nocivos a nós ou aos nossos aliados, os Estados Unidos não deveriam defender a convivência, mas a transformação. (Kagan; Kristol, 2003, p.55, 58)

A "revolução neoconservadora" nas pegadas de Trotski e Cloots?

A revolução neoconservadora tem uma ambição planetária e não se sente obrigada a respeitar nem o direito internacional vigente nem a soberania estatal de cada país: qual seria essa obrigação segundo o princípio de que "não existe uma clara linha de demarcação entre a política interna e a externa"? De forma semelhante se manifestou Trotski no momento de assumir o cargo de comissário do povo de Relações Exteriores: "Emitirei alguns anúncios revolucionários aos povos do mundo e depois fecharei as portas" (cf. "O antídoto contra a guerra: democracia representativa ou direta?"). Por causa de seu internacionalismo exaltado, que via com indignação as fronteiras estatais e nacionais e que ridicularizava explicitamente o "sistema westfaliano", a revolução neoconservadora foi frequentemente comparada com aquela que tinha sido imaginada e pregada por Trotski.

Aliás, pode-se notar que alguns dos defensores do neoconservadorismo norte-americano provêm de uma militância trotskista; o ideal da exportação da revolução socialista almejada na juventude teria sido substituído, na maturidade ou na maturidade tardia, pelo ideal da exportação da revolução liberal e democrática; e tudo sempre sob a égide de um internacionalismo que não tem qualquer intenção de se curvar respeitosamente perante fronteiras artificiais e irrelevantes.

Para que se possa interpretar com alguma sensatez, a comparação entre as diversas formas de internacionalismo exaltado também deveria levar em consideração aquele surgido na onda do entusiasmo suscitado pela revolução de 1789: podemos tomar a tese de Cloots, para quem a revolução, ou seja, a humanidade libertada graças à revolução, "não conhece estrangeiros"; ou podemos pensar no primeiro Fichte, tentado a unir a espécie humana em "um corpo único", graças também à exportação da revolução (cf. "'República universal' e paz perpétua: Cloots e Fichte" e "A sombra do 18 Brumário no país da paz perpétua"). Porém, os três casos aqui confrontados são muito diversos entre si. Cloots e Fichte teorizam a irrelevância das fronteiras estatais e nacionais quando a França ainda não tinha se tornado a única potência dominante da Europa continental. Quando isso aconteceu (após o triunfo de Napoleão), o primeiro já tinha morrido e o segundo, sem renunciar aos ideais que professava e, inclusive, em nome da paz perpétua, conclama a revolta contra Napoleão e contra a *pax* napoleônica imperial.

Em relação a Trotski, os seus adversários o acusaram de defender um internacionalismo abstrato que, ao não levar em consideração as relações de força em nível mundial, colocava em perigo a sobrevivência do país surgido da Revolução de Outubro, que ele diz defender; contudo, Trotski empreende uma luta política sem quartel contra a União Soviética de Stalin, porque o acusa de ter traído o internacionalismo. Em outras palavras, o internacionalismo professado por Cloots, Fichte e Trotski não se identifica permanentemente com um país determinado, nem mesmo com um país que exerce uma hegemonia planetária. Diferentemente, para a revolução neoconservadora, a causa do internacionalismo se identifica sempre com a causa dos Estados Unidos e do inquestionável poder do "xerife internacional".

Retomemos mais uma vez à avaliação da Revolução Francesa feita por Engels: a paz perpétua inicialmente prometida se transforma, com Napoleão, em guerras de conquista sem fim; é uma transformação que amadurece na conclusão de um processo complexo, contraditório e criticado pelos mesmos (por exemplo, o primeiro Fichte) que inicialmente tinham defendido a exportação da revolução. No entanto, a revolução neoconservadora norte-americana caracterizou-se desde o início pelo napoleonismo. A paz que ela se propõe alcançar é inequivocamente uma espécie de *pax* napoleônica baseada na dominação e nas incessantes guerras necessárias para defendê-la e consolidá-la.

Portanto, o xerife internacional, considerado pelos neoconservadores como a garantia suprema da paz e da ordem internacional, pode ser comparado a Napoleão, ou seja, ao Napoleão imperador. Até mesmo as atuais operações de *regime change*, recomendadas pelos neoconservadores de forma escancarada e que se contrapõem ao sistema westfaliano, encontram analogias na Europa dos primeiros anos do século XIX. Leiamos a carta enviada, em 15 de novembro de 1807, por Napoleão a seu irmão Jerônimo, por ele designado como rei do novo Estado de Westfália, um Estado formalmente independente, mas que de fato era um vassalo do império francês:

> Caro irmão, aqui inclusa encontrará a Constituição do seu reino [...]. O seu reino deve gozar da liberdade, da igualdade e do bem-estar desconhecidos por todos os outros povos da Alemanha. Esse governo deverá, de alguma forma, realizar as transformações mais salutares para a política da Confederação do Reno e para o poder de seu reino [...]. Os povos da Alemanha, França, Itália e Espanha desejam igualdade e ideias liberais. Eu, que há muitos anos tenho em minhas mãos os acontecimentos da Europa, pude convencer-me de que o murmúrio dos privilegiados se contrapõe à opinião do povo. Seja um rei *constitucional!* Isso deve ser alcançado por meio da sabedoria política, quando não pela imposição da razão e pelo espírito ilustrado de seu século. Dessa forma,

terá grande poder junto à opinião pública e uma natural superioridade sobre seus vizinhos, os quais são todos *príncipes absolutos*. (in Kleßmann, 1976, p.177-8)

Muitas das chamadas "revoluções coloridas", ou seja, dos golpes de Estado (sob o signo do *regime change*) promovidos pelos neoconservadores que defendiam uma ideologia que lembra a luta contra os governos "absolutos" e a defesa dos princípios "liberais" invocados também por Napoleão, levaram ao poder ou a posições de poder pessoas que se formaram nos Estados Unidos, que mantiveram estreitas relações com os círculos dominantes norte-americanos e que falavam inglês perfeitamente. Isso também nos remete ao imperador francês que costumava incumbir a tarefa de governar os países conquistados a familiares ou a generais de sua confiança.

Poucos meses depois da carta que acabamos de apresentar, em 16 de julho de 1808, Napoleão enviou outra a seu irmão Jerônimo, com uma brusca admoestação: o reino de Westfália deve fornecer uma maior contribuição para financiar as guerras e a estrutura militar do império (in Kleßmann, 1976, p.304-6). É natural que os governantes que chegam ao poder mediante golpes de Estado da revolução neoconservadora contribuam para as guerras do império fornecendo recursos materiais e/ou bucha de canhão.

O internacionalismo, ou universalismo, da revolução neoconservadora tem, desde o início, um caráter imperial, mas também se vincula a um nacionalismo exaltado e declarado:

> A história da América é uma história consciente de expansão territorial e de influência. A ambição de desempenhar um papel de protagonista no cenário mundial marca o caráter norte-americano. Desde a independência, e até antes, os norte-americanos, mesmo discordando sobre muitas coisas, compartilhavam a confiança no destino grandioso de sua nação. (Kagan, 2003, p.97)

E mais ainda: "Os Estados Unidos sempre foram extremamente orgulhosos de sua soberania, mas durante a Guerra Fria, e durante toda a sua história, preocuparam-se muito pouco em respeitar a inviolabilidade da soberania das outras nações" (idem, 2004, p.38).

A absoluta superioridade moral e política dos Estados Unidos foi proclamada não apenas em relação ao Terceiro Mundo e a países estranhos ao Ocidente, mas também em relação a países ocidentais acusados de assumir posições contrárias a Washington: para os neoconservadores, não tem sentido confiar o destino da paz e da ordem internacional à ONU e, portanto, a "países como Síria, Camarões, Angola, Rússia, China e França" (Perle, 2003, p.102).

Os neoconservadores asseguram que, contrariamente a todos os outros nacionalismos, por uma espécie de milagre inexplicável, o nacionalismo norte-americano é intrinsecamente universalista: este, de fato, "diversamente daquele europeu, que se baseia no sangue e no solo pátrio, é uma ideologia universalista que mantém unidos todos os cidadãos", que não por acaso, como sabemos, desde o início se consideraram a "vanguarda de uma revolução liberal mundial" (Kagan, 2004, p.55). Na realidade, esse raciocínio poderia ser tranquilamente invertido: há muito, muito tempo, os negros, também os teoricamente livres, não foram vistos nem tratados como cidadãos dos Estados Unidos; uma consideração análoga se poderia fazer em relação aos ameríndios. E, portanto, na república norte-americana, durante muito tempo, o "sangue" teve um papel essencial e até mesmo decisivo.

Mesmo deixando de lado os povos de origem colonial, salta aos olhos o fato de que, para os neoconservadores, o suposto primado dos Estados Unidos se baseia em termos fortemente naturalistas. Leiamos novamente duas afirmações de Kagan: "Por natureza, tradição e ideologia, eles [os Estados Unidos] sempre promoveram os princípios liberais" e a "revolução liberal mundial". E ainda: "A ambição de desenvolver um papel de protagonista no cenário mundial está profundamente arraigada no caráter norte-americano". É preciso se conformar com a eterna liderança norte-americana: seria difícil e perigoso desafiar a "natureza" e o "caráter norte-americano". No entanto, não há resposta para uma dúvida: como essa "natureza" liberal pode produzir a expropriação, deportação e extermínio dos nativos, a escravização dos negros e um regime de *white supremacy* que nunca deixou de existir, nem mesmo no tempo de Martin Luther King? A demonstração do caráter universalista do nacionalismo norte-americano remete a Theodore Roosevelt (Kagan; Kristol, 2003, p.60), o defensor do imperialismo e do racismo.

"Revolução neoconservadora" ou contrarrevolução neocolonial?

Os neoconservadores não se cansam de se apresentar como a força revolucionária indômita e indomável que exprime a alma profunda do país revolucionário por excelência, aquele que desde sua fundação se empenhou em promover e fazer triunfar "a revolução liberal mundial", sem se deixar impressionar ou se limitar pelas fronteiras estatais e nacionais. Com base nesses pressupostos, é fácil compreender a resposta dada aos que têm críticas ou reservas em relação ao programa de guerras (preventivas e, por vezes, sem autorização do Conselho de Segurança): "A Doutrina Bush [filho], tal como se apresenta, apenas tirou a poeira da tradição da América liberal e revolucionária e a trouxe à luz". Se no passado a América do Norte se chocou com os "conservadores europeus como Metternich", hoje, ela que, como sabemos "sempre se apresentou como uma força revolucionária", além de enfrentar os déspotas e "as forças conservadoras do mundo islâmico", tem que se defrontar também com "os europeus", que, "cansados das mudanças radicais ocorridas em seu continente, procuram estabilidade e previsibilidade para o futuro" (Kagan, 2004, p.39-41).

A linguagem enfaticamente revolucionária não é apenas expressão de charme: um programa tão radical que, em nome da democracia e da paz, teoriza e pratica a eliminação do direito internacional vigente precisa, na verdade, de uma legitimação "revolucionária". E, no entanto, é preciso indagar sobre o fundamento dessa legitimação. Na exposição de seu ambicioso programa, os neoconservadores gostam de se referir ao processo que deu origem à fundação dos Estados Unidos.

Mas em seu contexto, que envolve quase dois séculos e meio de história mundial, uma ausência salta aos olhos: não há lugar para a revolução anticolonialista. Assim, celebra-se o nascimento da república norte-americana, abominam-se os "horrores" da Revolução Francesa e, mais ainda, da Revolução de Outubro, fala-se das duas guerras mundiais e da Guerra Fria, contrapondo a elas o triunfo da causa da paz como fruto da "revolução liberal mundial" promovida pelo "xerife internacional" que reside em Washington, mas nada, absolutamente nada, diz-se da épica transformação que envolveu a fim dos impérios coloniais clássicos e a crise profunda da dominação neocolonial.

Na realidade, mais que de um silêncio, trata-se de uma negação, e de uma negação que, mesmo silenciosa, é firme e determinada. Primeiramente, dá-se como certa a permanente validade da Doutrina Monroe: "A hegemonia que a América conquistou no hemisfério ocidental no século XIX nunca deixou de ser uma característica da sua política internacional" (Kagan, 2003, p.96). O próprio sistema colonial clássico é poupado de qualquer crítica:

> No pós-guerra, a Europa, que já não era capaz de enviar forças ultramarinas suficientes para manter seus impérios coloniais na Ásia, na África e no Oriente Médio, foi obrigada a retroceder após mais de cinco séculos de dominação: tratou-se, no plano da influência planetária, do retrocesso talvez mais significativo de toda a história. Não tinham se passado dez anos do início da Guerra Fria quando os europeus cederam aos Estados Unidos tanto as possessões coloniais como as responsabilidades estratégicas na Ásia e no Oriente Médio. Isso ocorreu, às vezes, espontaneamente, outras vezes, como no caso da crise de Suez, sob pressões norte-americanas. (ibidem, p.17-8)

Os Estados Unidos são, então, os herdeiros das "possessões coloniais" e, em última instância, dos "impérios coloniais" europeus como tais? Os neoconservadores não têm dificuldades de reconhecer isso: ao contrário, a coisa parece ser motivo de vanglória.

A defesa do neocolonialismo é firme, embora implícita. O Ocidente deve mais do que nunca continuar a exercer seu poder em nível planetário. O "xerife internacional" deve impor a ordem sobretudo nas ex-colônias. De uma forma ou de outra, é preciso neutralizar "os tiranos hostis do Terceiro Mundo" (Kagan, 2004, p.41). Mas não se trata apenas dos "tiranos"; há uma preocupação com todo o Terceiro Mundo. Por ocasião da guerra contra a Iugoslávia, desencadeada em 1999 pela Otan sem a autorização do Conselho de Segurança, "a maior parte das nações da América Latina e do mundo árabe se opôs tenazmente ao desrespeito à Carta das Nações Unidas em Kosovo". Tais países temiam que o princípio da intervenção armada do Ocidente pudesse ser utilizado contra eles. Era um temor bem fundado: "os princípios liberais ocidentais de responsabilidade moral" devem ser aplicados no resto do mundo, às vezes, com uma intervenção armada decidida soberanamente pelo Ocidente (e sobretudo por seu país-guia) (ibidem, p.18-9).

Naquela ocasião, "a China e a Rússia" também se opuseram, mas será que "norte-americanos e europeus se preocuparam com isso?". E pouco se preocuparam também com a orientação expressa pela "maioria das nações da África, da América Latina e do Oriente Médio". No todo, "durante boa parte do século passado, a maioria das populações do mundo se opôs com frequência à política norte-americana e àquela europeia, mas sem causar com isso uma crise no Ocidente" (Kagan, 2004, p.50). Estados Unidos e Europa devem continuar a governar o mundo sem se incomodar com as normas do direito internacional; no entanto, devem assegurar "o triunfo da moral sobre o direito", como ocorreu no caso do Kosovo, que é um modelo a ser seguido sempre que Washington e Bruxelas considerarem necessário. É verdade, dessa forma se deixa "a administração da justiça internacional nas mãos de um número relativamente restrito de poderosas nações do Ocidente", mas é bom que seja assim (ibidem, p.28). Como se vê, nada impede a teorização de uma ordem mundial sob a bandeira do neocolonialismo.

Para completar, uma recomendação. É preciso submeter a um forte controle e a uma política de contenção, sobretudo, o país que mais contesta a pretensão de domínio proposta pelo Ocidente e que contesta, em última análise, em nome do anticolonialismo: "uma

China em ascensão aparece muito claramente como um Estado insatisfeito, que intensifica as críticas ao 'neointervencionismo' norte-americano, à 'nova política das canhoneiras' e ao 'neocolonialismo econômico'". Sem se deixar impressionar por tais acusações, Washington nunca deve perder de vista a sua tarefa de preservar e promover a *pax* americana com "missões de polícia ou de 'vigilância imperial'" (Donnelly, 2003, p.95, 81).

"Vigilância imperial": eis a palavra-chave! É preciso não perder de vista que a "revolução neoconservadora" se consolidou em pleno processo de reavaliação do colonialismo e até mesmo do imperialismo. Tratou-se de uma campanha que envolvia políticos, jornalistas, historiadores e que pode contar com a participação do próprio Popper. Falando das ex-colônias, o ideólogo talvez mais ilustre do Ocidente daquele momento histórico proclamou: "Libertamos esses Estados [as ex-colônias] muito rapidamente e com muito simplismo", é como "abandonar um jardim da infância a si mesmo". Eram anos em que ilustres estudiosos chamavam a atenção, a partir de pontos de vista opostos, sobre a reviravolta ocorrida no fim da Guerra Fria. Leiamos Barry G. Buzan: "o Ocidente triunfou tanto sobre o comunismo quanto sobre o terceiro-mundismo". A segunda vitória não foi menos importante que a primeira: "hoje o centro tem uma posição mais dominante, e a periferia, uma posição mais subordinada como nunca tinha ocorrido desde o início da descolonização"; podia-se considerar felizmente arquivado o capítulo da história das revoluções anticoloniais. A esse clamor de vitória correspondeu a preocupação expressa por Giovanni Arrighi: a queda do colonialismo clássico foi acompanhada "pela constituição do aparato de força ocidental mais amplo e potencialmente destrutivo que o mundo conheceu" (Losurdo, 2013, cap. X, §1).

Nesse contexto é preciso inserir a "revolução neoconservadora". Não obstante as suas insistentes autoproclamações, ela é o contrário de uma revolução. E para sermos mais precisos, foi a segunda contrarrevolução colonial. A primeira, após ter imposto, nos Estados Unidos do fim do século XIX, o regime terrorista da *white supremacy* que cancelou boa parte da emancipação conseguida pelos negros no final da Guerra de Secessão, encontrou a sua expressão mais completa e mais bárbara no nazismo. Em oposição ao movimento de emancipação dos povos coloniais que começou a se desenvolver na esteira da Revolução de Outubro, Hitler pretendia reafirmar o regime da supremacia branca (e ariana) em escala planetária, retomando e radicalizando a tradição colonial e aplicando-a na própria Europa oriental. A segunda contrarrevolução apresenta obviamente características bem diversas que as da primeira: não se trata mais de salvar o sistema colonial clássico empunhando a bandeira da superioridade da raça branca e ariana; nas condições radicalmente novas que foram criadas em nível mundial, propõe-se reafirmar essencialmente a dominação militar, política, econômica e tecnológica do Ocidente (e sobretudo do seu país-guia) sobre o resto do mundo, e dessa vez empunhando a bandeira da democracia, que deve ser difundida, por vezes, com a força das armas, para erradicar para sempre a desordem internacional e a guerra, assegurando uma paz estável.

Da "paz definitiva" de Wilson ao menosprezo da "paz perpétua" de Kant

Enquanto a "paz definitiva" teorizada por Wilson com o olhar voltado para a Doutrina Monroe corresponde ao momento inicial da passagem do império britânico ao império norte-americano e da *pax* britânica à *pax* americana, a nova ordem mundial e sobretudo o "xerife internacional" (designado pelos neoconservadores a fazer com que se respeite a legalidade e a ordem no mundo) remetem ao triunfo (ou ao almejado triunfo) do império norte-americano, que se apresenta como governo mundial, uma tarefa antes atribuída por Rhodes ao império britânico.

Os neoconservadores apreciam em Wilson o internacionalismo armado e o apelo a eliminar os regimes despóticos, identificados e rotulados como fonte de desordem e de violência nas relações internacionais e na guerra. E outras palavras, apreciam a visão brilhantemente sintetizada por Popper com o seu *slogan*: "Não devemos ter medo de fazer guerras pela paz". No entanto, a proliferação e o prolongamento das "guerras para a paz", que tinham se revelado bem mais duras que o previsto, levaram a perceber que, para a realização da "paz definitiva", da "nova ordem mundial", isto é, da ordem garantida e controlada pelo "xerife internacional", é preciso recorrer frequentemente ao inescrupuloso uso da força das armas. São necessárias intervenções militares difíceis e dolorosas que podem também ser entendidas como operações de polícia internacional, mas que talvez convém definir com franqueza como guerras que não podem ser temidas nem evitadas. Chamar a guerra com o seu nome também traz vantagens, pois isso pode ajudar a conduzi-la com mais determinação e energia: é preciso acabar com os eufemismos e as proibições linguísticas, que correm o risco de paralisar ou limitar o recurso às armas!

Assim, pensando sobretudo na recusa da França e da Alemanha em entrar na segunda Guerra do Golfo, os neoconservadores norte-americanos começaram a zombar do kantismo exagerado e temeroso criticado na "União Europeia" (Kagan, 2004, p.37). Ao seguirem "a realização da 'paz perpétua' de Kant", os europeus perderam de vista o mundo histórico real com seus problemas, que frequentemente podem ser resolvidos apenas com o recurso a um aparato militar sempre alerta. "Os norte-americanos não acreditam que a realização do sonho kantiano esteja tão próxima como pensam os europeus." (idem, 2003, p.3, 102). Para além desses europeus debilitados e vacilantes, o que se despreza é o "paraíso pós-histórico", o "paraíso 'pós-moderno'", o "paraíso kantiano" Como tal, que se esquece do ensinamento de Hobbes, das "regras do mundo hobbesiano", do mundo real que os dirigentes norte-americanos (ibidem, p.3, 102, 112), ou seja, o "xerife internacional", vigiam e são chamados a vigiar constantemente com o recurso às armas.

No entanto, a novidade mais relevante é outra. Ao apresentar a eliminação dos regimes despóticos como pré-requisito para a instauração da "paz definitiva", Wilson propôs a fundação de uma organização internacional (a Sociedade das Nações) chamada a garantir o respeito à legalidade internacional. O próprio Bush [pai] legitimou a primeira Guerra do Golfo também fazendo referência às "doze resoluções das Nações Unidas" violadas pelo Iraque de Saddam Hussein. Com a revolução neoconservadora, o panorama muda radicalmente. Pode-se pensar inicialmente no menosprezo do Conselho de Segurança da ONU:

> Concebido pelos Estados Unidos para conceder às cinco "grandes potências" da era pós-bélica a autorização exclusiva para decidir o que era legítimo na ação internacional, o Conselho apresenta-se como um pálido simulacro de uma autêntica ordem multilateral. Hoje, daquelas cinco "grandes potências" só ficou uma: a América. (ibidem, p.45)

O panorama aqui traçado já está ultrapassado. No plano militar, as relações de força entre os países-membros do Conselho de Segurança se apresentam menos desequilibradas que no passado. Mas o menosprezo conferido à ONU se fundamenta em uma filosofia da história que não prevê mudanças e não tolera dúvidas. Estamos diante da certeza que os pais fundadores já tinham

> [...] da absoluta superioridade dos princípios e dos ideais fundadores dos Estados Unidos, não somente em relação àqueles das corruptas monarquias europeias dos séculos XVIII e XIX, mas também aos ideais e princípios das nações e dos governos de toda a história. O valor excepcional da experiência norte-americana era demonstrado pela perfeição permanente das instituições internas e pela influência sempre mais ampla que os Estados Unidos exercem no mundo. Portanto, os norte-americanos sempre foram internacionalistas, mas o seu internacionalismo sempre derivou do nacionalismo. Sempre que procuraram legitimação para suas ações no exterior, não a encontraram em qualquer instituição supranacional, mas em seus princípios. Explica-se assim por que para muitos norte-americanos sempre foi fácil acreditar, como ainda acontece com muitos deles ainda hoje, que, ao defenderem seus próprios interesses, defendem aqueles da humanidade. "A causa da América", disse Benjamin Franklin, "é a causa de todo o gênero humano". (ibidem, p.98-9)

O panorama histórico aqui traçado, que implicitamente considera irrelevante o tratamento reservado aos nativos e aos negros, é simplesmente imaginário. Será que os Estados Unidos sempre foram um modelo para o Ocidente e para o mundo inteiro? John Wesley, um abolicionista britânico, observa, poucos anos após a fundação do novo Estado, que a "escravidão norte-americana" era "a mais vil que tinha aparecido sobre a Terra", aquela que se responsabilizou pela desumanização e coisificação do escravo. Meio século mais tarde, Victor Schoelcher, que após a revolução do fevereiro de 1848 foi o protagonista da abolição definitiva da escravidão nas colônias franceses, denunciou no fim de uma viagem aos Estados Unidos: "não há crueldade das eras mais bárbaras que não tenha sido praticada pelos estados escravocratas da América do Norte". Em finais do século XIX, quando terminou a tragédia dos ameríndios, um descendente dos lealistas refugiado no Canadá no momento da fundação da república norte-americana relembrou que, desde o início, ela tinha tido, em relação aos ameríndios, uma política de exterminações que "não tem precedentes nos anais de uma nação civil". Chegamos, enfim, aos nossos dias. Um eminente historiador norte-americano (George M. Fredrickson) escreveu: "os esforços para preservar a 'pureza da raça' no Sul dos Estados Unidos anteciparam alguns aspectos da perseguição desencadeada pelo regime nazista contra os judeus nos anos 1930". Deixando de lado, inclusive, a questão colonial, na metade do século XIX, o próprio Tocqueville exprimiu sua preocupação e seu desagrado ante o persistente "espírito de conquista e até mesmo de rapina" testemunhado pelos Estados Unidos.[1]

Se, por um lado, essa descrição histórica é totalmente imaginária, por outro, é grosseira a filosofia que leva Kagan a considerar como autêntico e admirável o "internacionalismo" norte-americano que "sempre foi uma derivação do nacionalismo"! Enaltecer uma

---

[1] Cf. Losurdo (2005): para Wesley, cap. II, §1; para Schoelcher, cap. V, §6; para Fredrickson, cap. X, §5. Para o juízo do lealista canadense e de Tocqueville, cf. neste livro "Washington, o comércio e os 'animais selvagens'" e "Hamilton e Tocqueville críticos *ante litteram* do teorema de Wilson".

determinada nação como encarnação da universalidade é por definição sinônimo de etnocentrismo exaltado, ou seja, de "empirismo absoluto" (na linguagem de Hegel).

Enfim, proclamar a "absoluta superioridade" de uma nação em relação às outras significa tornar impossível a existência de uma organização internacional ou supranacional que, para ser autêntica, deve pressupor certa igualdade entre os seus membros. A revolução neoconservadora, que partiu do problema clássico enfrentado pelos diversos projetos de paz perpétua (como superar a anarquia das relações internacionais), desemboca na condenação incondicional das organizações internacionais e supranacionais que poderiam, se não superar, pelo menos conter tal anarquia. Há espaço apenas para aquela que Kant denominava e criticava como "monarquia universal".

CAPÍTULO 10
Democracia universal e "paz definitiva"?

O "teorema de Wilson" e as guerras *das* democracias

Alguns processos imprevistos (por um lado, a rápida ascensão dos países emergentes e em particular da China; por outro, as grandes dificuldades encontradas pelos Estados Unidos no Afeganistão, Iraque e Oriente Médio como um todo) mudaram rapidamente e de forma drástica o cenário internacional que alavancou a revolução neoconservadora: o aspirante a "xerife internacional" não era tão indiscutível e irresistível como se apresentava no final da Guerra Fria; ele não consegue manter o monopólio da violência e muito menos da violência legítima. O Estado mundial – que teria como sua capital Washington e que, com suas poderosas operações de polícia internacional, eliminaria a anarquia das relações internacionais, realizando de forma inédita o objetivo almejado pelos projetos de paz perpétua – aparece agora como uma fantasia sem qualquer vínculo com a realidade.

Mas nem por isso perdeu crédito aquele que poderíamos definir como o "teorema de Wilson", herdado e radicalizado pela revolução neoconservadora, que o utilizou para legitimar ou promover as guerras de exportação da democracia e da revolução democrática. Aliás, no outono de 2000, tal teorema teve uma espécie de consagração oficial e solene no discurso pronunciado pelo presidente do Comitê do Prêmio Nobel (por ocasião da entrega do Prêmio Nobel da Paz a Liu Xiaobo) e transmitido em linha direta por todas as mais importantes redes de televisão do mundo. O conceito fundamental era claro: as democracias nunca fizeram guerras e nunca guerrearam entre si; portanto, para que a causa da paz triunfe definitivamente, é preciso difundir a democracia em escala planetária. Queria ser um discurso de paz, mas consagrava o solene reconhecimento tributado a uma personalidade que em várias ocasiões tinha expressado a sua convicção de que a desgraça da China tinha sido causada pela duração muito breve do período de dominação colonial (Sautman; Hairong, 2010). E, portanto, os melhores anos do grande país asiático teriam sido aqueles iniciados com as guerras do ópio. O Comitê do Prêmio Nobel da Paz permanecia fiel à sua tradição: entre as guerras que ele condenava continuavam a ser excluídas as guerras coloniais!

A esta altura, convém analisar mais de perto o teorema de Wilson. Retomemos a primeira Guerra do Golfo. Às vésperas de seu início, o sociólogo italiano citado no "Prefácio", para demonstrar a tese de que no "Norte do planeta", ou seja, no Ocidente liberal-democrata, a guerra já pertencia ao passado, incluiu triunfalmente uma prova que ele considerava irrefutável e decisiva: a "Europa vive em paz há quase cinquenta anos" (Alberoni, 1990). Ignoravam-se as guerras coloniais que, após 1945, diversos países europeus tinham conduzido na Indochina, no Egito, na Argélia, em Angola ou nas ilhas Malvinas. Quanto ao "Norte do planeta", não havia mais traços da guerra dos Estados Unidos contra o Vietnã que tinha envolvido o envio de centenas de milhares de homens e que, na época em que o sociólogo italiano se referia ao triunfo da paz, viam-se milhões de homens e mulheres carregando em seus corpos as horríveis consequências dos bombardeios terroristas lançados por Washington décadas antes. O brilhante sociólogo poderia ter utilizado a longa lista que um eminente historiador fez das "guerras externas" que envolveram um país como a França. Nesse contexto, interessa-nos apenas o período que vai de 1945 até o início da primeira Guerra do Golfo:

> [...] 1945, guerra de Síria; 1946-1954, guerra de Indochina; 1947, guerra de Madagascar; 1952-1954, guerra da Tunísia; 1953-1956, guerra do Marrocos; 1954-1962, Guerra da Argélia; 1955-1960, guerra de Camarões; 1956, guerra com o Egito; 1957-1958, guerra do Saara Ocidental; 1962-1992, intervenção no Chade. (Tilly, 1993, p.204)

Se quiséssemos nomear outros países democráticos (a Grã-Bretanha e os Estados Unidos), o elenco seria praticamente interminável!

Impõe-se uma primeira conclusão: pode-se identificar a causa da democracia com a causa da paz apenas quando se deixa de lado as guerras coloniais, isto é, exatamente as guerras que se distinguem pela sua particular ferocidade. Se as incluirmos no balanço histórico, chegaremos a um resultado surpreendente: os maiores belicistas são as democracias ocidentais. Quem reconhece isso são autores insuspeitos de hostilidade preconceituosa a seu respeito. Na metade do século XIX, o liberal inglês Richard Cobden exclamou:

> Fomos a comunidade mais agressiva e combativa de que se tem notícia desde a época do Império Romano. Após a revolução do 1688, gastamos mais de um milhão e meio [de esterlinas] em guerras, que nunca foram combatidas nas nossas praias ou em defesa dos nossos lares e das nossas casas [...]. Essa propensão à guerra foi sempre reconhecida, sem exceção, por todos os que estudaram o nosso caráter nacional. (in Pick, 1994, p.33)

Mais ou menos nessa mesma época, Tocqueville foi obrigado a constatar que, após ter travado uma guerra contra o México e incorporado uma parte considerável do território nacional deste, a democracia norte-americana que ele tanto admirava e amava não cessou de dar provas de expansionismo. Ao dirigir-se, no final de 1852, a um interlocutor norte-americano, fazer referência às tentativas de expansão para o Sul e recorrer também a aventureiros "privados" e com o olhar voltado para Cuba e para a América Central, o liberal francês exprimiu sua preocupação e sua desaprovação em relação ao persistente "espírito de conquista e até mesmo de rapina" testemunhado pelos Estados Unidos (cf. "Hamilton e Tocqueville críticos *ante litteram* do teorema de Wilson").

Porém, quem deu mais ênfase ao caráter belicista e sanguinário do expansionismo colonial foi Herbert Spencer. Já o vimos denunciar em particular os Estados Unidos e a Grã-Bretanha, justamente os países considerados os mais democráticos, como responsáveis pelas guerras de extermínio, respectivamente, contra os "índios da América do Norte" e os "nativos da Austrália". Alastrava-se o "canibalismo social", com base no qual "as nações mais fortes" (sobretudo as democracias ocidentais) devoravam as mais fracas. Os "brancos selvagens da Europa" eram mais ferozes e mais bárbaros que os "selvagens de cor"; e novamente os acusados de protagonizar guerras e violências insensatas foram países democráticos como a Grã-Bretanha e a França (cf. "Sonho da paz perpétua e pesadelo do 'imperialismo': Comte e Spencer").

A relação entre democracia e guerras coloniais (geralmente de extermínio) não é acidental. Em 1864, em relação à Nova Zelândia, que por alguns anos pôde contar com o autogoverno da comunidade branca, o jornal *The Times* observou:

> Perdemos completamente o controle imperial dessa porção do império e fomos reduzidos à função, humilde, mas útil, de encontrar homens e dinheiro à disposição da Assembleia colonial para o extermínio (*extermination*) dos nativos, com os quais não temos nenhum litígio. (in Grimal, 1999, p.109)

Algo semelhante ocorreu na Austrália: também nesse caso, o surgimento do autogoverno da comunidade branca mediante um regime representativo, que caracteriza o surgimento da democracia ou mais exatamente da "democracia para o povo dos senhores" (cf. Losurdo, 2005), envolveu uma drástica deterioração das condições dos nativos, dependentes exclusivamente do poder político local, expressão direta de uma sociedade civil (branca) decidida a levar até o fim o processo de expropriação, deportação e, em última análise, dizimação e extermínio dos "bárbaros".

Na realidade, essa mesma dialética presidiu a fundação e o desenvolvimento da república norte-americana, frequentemente considerada e celebrada como a mais antiga democracia do mundo. A ascensão ao poder dos colonos rebeldes e a instauração de uma democracia articulada e participativa para a comunidade branca incluíram não apenas o fortalecimento da escravidão negra (um ato de guerra, segundo Rousseau), mas sobretudo o recrudescimento da própria guerra contra os nativos. O governo de Londres foi acusado justamente de ter evitado que a marcha expansionista ultrapassasse os montes Apalaches, pois se tratava de uma guerra colonial protagonizada pelos colonos. Essa guerra não teve nem limites, nem regras, já que os inimigos, os "selvagens" peles-vermelhas, haviam sido tratados por George Washington como "animais selvagens da floresta" e com os quais não se podia certamente firmar um tratado de paz digno desse nome.

O nexo entre democracia e guerra emerge de uma página extraordinária de Adam Smith. Este, no momento em que já se delineava a revolta dos colonos ingleses na América do Norte que levaria à fundação dos Estados Unidos, observou que a escravidão podia ser mais facilmente eliminada sob um "governo despótico" que sob um "governo livre", com os seus organismos representativos, sim, mas exclusivamente reservados aos proprietários brancos. Dessa forma, a condição dos escravos negros era desesperadora: "Todas as leis são feitas por seus senhores, que nunca iriam permitir que fosse aprovada qualquer medida que os prejudicasse". Portanto: "a liberdade do homem livre é a causa da grande opressão dos escravos [...], e como estes constituem a parte mais numerosa da população, nenhuma pessoa dotada de humanidade desejará a liberdade em um país em que se fizer presente essa instituição" (Smith, 1982, p.452-3, 182). Smith não fala dos nativos, mas o raciocínio que faz se aplica também, e sobretudo, a eles. Quando a sociedade civil é dominada pela comunidade branca, por um "governo livre", ou seja, por um governo democrático, isso é uma verdadeira desgraça para as "raças" consideradas inferiores e, portanto, submetidas a uma guerra de escravização e extermínio.

A democracia e a sua ampliação são, às vezes, explicitamente invocadas ou realizadas em função da guerra, e sobretudo da guerra colonial. Na Itália de 1912, a introdução de um sufrágio masculino quase universal, com a eliminação quase completa da discriminação censitária (no que se refere à Câmera Baixa), foi contemporânea à invasão e conquista da Líbia. Expoentes de primeiro plano das elites dominantes da época (sobretudo Vittorio Emanuele Orlando) colocaram em evidência com satisfação a "coincidência nada fortuita de tais memoráveis acontecimentos [bélicos] com a reforma democrática radical da nossa legislação" (Losurdo, 1993, cap. 2, §5). A "reforma democrática radical" servia, portanto, para facilitar e legitimar uma guerra que, pela denúncia de Lenin (1955-1970, v.18, p.322-3), envolveu o massacre de "famílias inteiras", inclusive de "crianças e mulheres".

Esse é apenas um exemplo muito claro de um processo e de uma prática que caracterizaram a história da Europa entre os séculos XIX e XX. Na Grã-Bretanha, Benjamin Disraeli estende o sufrágio às massas populares a partir da uma convicção bem precisa: "afirmo com confiança que na Inglaterra a maioria dos operários [...] é essencialmente inglesa. Eles são a favor da manutenção do reino e do império e têm orgulho de ser súditos do nosso soberano e membros desse império". E ainda: "uma união entre o Partido Conservador e as massas radicais constitui apenas um meio para preservar o império. Os seus interesses são idênticos, e unidos eles formam a nação" (in Wilkinson, 1980, p.52). Também nesse caso, havia uma estreita relação entre reformas democráticas e guerras coloniais voltadas para a sustentação e expansão do império.

A identificação da causa da democracia com a causa da paz é claramente um mito ideológico: é evidente que as guerras coloniais se vinculam principalmente à modernidade e não ao Antigo Regime, e a uma modernidade que assumiu, frequentemente, uma configuração mais ou menos democrática. Sobre o clima ideológico que caracterizou a Grã-Bretanha (a mais antiga democracia europeia) no início do século XX, tivemos um significativo testemunho do mais ilustre teórico do "socialismo liberal": "durante o reinado do imperialismo, o templo de Jano nunca ficou fechado. O sangue nunca deixou de escorrer". Com a sucessão das conquistas coloniais, "o ideal da paz deu lugar ao ideal da expansão e da dominação" (Hobhouse, 1909, p.28, 4). O autor aqui citado, criticando antecipadamente o teorema de Wilson, colocou em discussão a tese segundo a qual "as democracias não seriam belicosas" por si sós. É certo que, no caso de serem diretamente envolvidas pela guerra, as massas populares têm interesse em preservar a paz com seus votos. Mas "suponhamos uma população protegida de qualquer possibilidade de serviço militar obrigatório e de qualquer perigo de invasão", nesse caso o contexto muda totalmente. Não se trata de um exemplo imaginário; aqui se faz referência à "democracia inglesa", protagonista de incessantes guerras coloniais e, portanto, considerada até mesmo a mais belicosa das "democracias continentais" (ibidem, p.144-5).

O "teorema de Wilson" e a guerra *entre as* democracias

Por sua vez, as guerras coloniais de conquista provocaram contragolpes na própria Europa continental: os "perigosos ciúmes suscitados pela marcha do império" britânico despertaram uma corrida armamentista generalizada. Os resultados foram devastadores: "baseado no imperialismo, o militarismo devorou os recursos nacionais que poderiam ter sido empregados na melhoria das condições do povo", e ao mesmo tempo perigos ainda mais graves se delineavam no horizonte (ibidem, 1909, p.30-1). As guerras coloniais deixavam antever choques militares entre as grandes potências coloniais. À luz de tudo isso, a tese de que nunca tinha ocorrido uma guerra entre países democráticos resultou infundada e enganosa. A realidade é que os países mais envolvidos na expansão colonial rivalizaram entre si muitas vezes, enfrentando-se nos campos de batalha, e viviam, em geral, sob um regime democrático. Se analisarmos o choque entre a

Grã-Bretanha e a França, suscitado em meio à destruição do Antigo Regime no segundo país, veremos que, pelo menos até o golpe de Estado, de 1799, e o surgimento do poder pessoal de Napoleão, esses protagonistas eram, à época, os dois países mais democráticos da Europa.

Algumas décadas mais tarde, a crise internacional de 1840, que durante certo tempo parecia destinada a provocar na Europa uma guerra de grandes proporções, desembocou inicialmente no choque entre Grã-Bretanha e França, que se encontravam, naquele momento, na vanguarda como regimes democráticos. E cinquenta anos mais tarde, a situação pouco tinha mudado, como se verificou na crise de Fashoda de 1898, quando os dois países voltaram a se digladiar por causa de problemas na definição das fronteiras dos dois impérios coloniais por elas edificados na África. O choque foi evitado apenas porque, nesse meio tempo, com a rápida ascensão da Alemanha, surgiu no horizonte uma ameaça bem mais grave para Grã-Bretanha e França, que de fato se aliaram contra ela, em 1904, e iriam combatê-la durante a guerra mundial, dez anos mais tarde.

Vimos as vãs tentativas de interpretar esse gigantesco conflito como uma luta em defesa ou contra a causa da democracia (e da paz perpétua); sabemos, como o próprio Kissinger reconhece, que a Alemanha de Guilherme II não era menos democrática que seus inimigos (cf. "Salvemini a favor da guerra que 'mate a guerra'"). Mais absurda ainda é a chave de leitura utilizada na interpretação do teorema de Wilson, pelo fato de os adversários do gigantesco conflito, apesar de compartilharem um mesmo regime representativo e instituições políticas democráticas, distinguirem-se por uma postura chauvinista e por celebrarem a guerra como tal, independentemente dos objetivos perseguidos. Inclusive, após a experiência direta da carnificina, em 1920, Ernst Jünger recordou ternamente o início da aventura na linha de frente: foi o fim da banal e inglória "época da segurança" e o advento de um "estado de ânimo inebriante de rosas e sangue" que vai ao encontro das batalhas como se fosse uma festa nos "prados em flores e banhados de sangue" (Jünger, 1978, p.11). Menos conhecido é o fato de que tons semelhantes já tinham ressoado nos Estados Unidos muito tempo antes. No momento do início da guerra com a Espanha, o *Washington Post* publicou um editorial eloquente:

> Uma nova consciência parece ter surgido em nós, a consciência da galhardia, e com ela um novo apetite, a vontade de mostrar a nossa galhardia [...], a ambição, o interesse, a fome por terras, o orgulho, a pura satisfação do combate, seja qual for; estamos animados por uma nova sensação [...], o gosto pelo sangue na selva.

Mais além tinha ido Theodore Roosevelt, defensor das ações de uma "grande raça" e de uma "raça expansionista" como aquela norte-americana, teórico do "extermínio", quando necessário, das "raças inferiores", além de um crítico implacável dos "filantropos sentimentais" considerados por ele como piores que os "criminosos profissionais":

> Todo homem que traz em si o poder de se alegrar em batalha sabe que isso ocorre quando o animal começa a tomar conta de seu coração; ele então não retrocede horrorizado diante do sangue nem considera que batalha deva cessar, mas se alegra com a dor, com a pena, com o perigo, como se adornassem o seu triunfo. (in Losurdo, 2015, cap. III, §3; cap. IV, §6; cap. V, §5)

Mesmo de forma atenuada, tais motivos ecoaram em Churchill, que, em relação às expedições coloniais, proclamou: "a guerra é um jogo durante o qual se deve sorrir". Quando a carnificina se alastrou pelo Europa, a partir de agosto de 1914, essa visão perdeu sentido: "a guerra é o maior jogo da história universal, é aqui que fazemos a maior aposta"; a guerra constitui "o único sentido e objetivo da nossa vida" (in Schmid, 1974, p.48-9). Como se vê, também Estados Unidos e Grã-Bretanha, expoentes ilustres e de primeiro plano do mundo liberal-democrata, exaltavam a guerra, e a exaltavam em si mesma, independentemente dos objetivos almejados.

Uma última consideração. Se aceitarmos a definição de Popper (1972, p.585, 595), segundo o qual a democracia é aquele "tipo de regime político que pode ser substituído sem o uso da violência" ou no âmbito do qual "o governo pode ser eliminado, sem derramamento de sangue", devemos chegar a uma conclusão absolutamente paradoxal (do ponto de vista da ideologia atualmente dominante): uma das guerras mais sangrentas da história contemporânea foi aquela que, entre 1861 e 1865, opôs duas democracias, e para sermos mais precisos, a república norte-americana e a Confederação secessionista e escravocrata do Sul. Esta última também era uma democracia (segundo os requisitos definidos por Popper). Pois bem, tratou-se de um conflito que envolveu mais vítimas norte-americanas que as duas guerras mundiais juntas.

É certo que se pode criticar Popper com razão, que com o seu raciocínio acaba também legitimando como democrata um país intrinsecamente escravocrata, ou seja, levando em consideração a condição dos negros, pode-se certamente negar o caráter democrático da Confederação secessionista. Nessa altura, porém, torna-se, mais que nunca, insustentável a interpretação da Primeira Guerra Mundial como um choque entre democracia e autoritarismo: vimos (cf. "Salvemini a favor da guerra que 'mate a guerra'") Weber, com razão, chamar a atenção sobre a ditadura terrorista exercida sobre os negros nos Estados Unidos, que, não obstante, queriam dar lições de democracia à Alemanha. Não podia ser considerado democrático um país que negava direitos políticos e civis aos negros, frequentemente submetidos a um linchamento que constituía interminável e sádica tortura para as vítimas e um festivo e divertido espetáculo popular para a "raça superior"!

A eliminação do antagonismo entre "as duas mais antigas democracias"

A rivalidade belicosa caracterizou durante muito tempo as relações entre as democracias que, ainda hoje, apresentam-se como as mais antigas do mundo. É o momento de tratarmos do capítulo mais interessante das guerras entre as democracias que foi apagado da história. Refiro-me ao antagonismo entre os Estados Unidos e a Grã-Bretanha, iniciado com a revolta dos colonos norte-americanos rebeldes e que se prolongou por mais de um século. Já na Guerra de Independência que resultou na fundação dos Estados Unidos, houve um confronto entre duas democracias orientado pela definição de Popper: em ambos os lados do Atlântico, vigoravam o regime representativo e o Estado de direito (que em ambos os casos excluía os povos coloniais ou de origem colonial). A guerra aqui discutida foi implacável, durou alguns anos e foi conduzida, do lado norte-americano, com extrema violência. A Declaração da Independência acusou George III de todo tipo de infâmia:

> [...] [ele enviou] tropas mercenárias, para que completassem uma ação de morte, devastação e tirania, que envolveu, desde o início, crueldades e traições que não tiveram precedentes nem mesmo nos períodos mais bárbaros da história e que eram totalmente indignas do chefe de uma nação civilizada.

De forma semelhante, Paine (1995a, p.31, 35, 23) denunciou "o barbarismo britânico", "a potência bárbara e infernal que incita os negros e os índios a nos destruir". Em 1776, ano em que foi pronunciado esse terrível requisitório, diversamente da Inglaterra, onde existia uma monarquia constitucional, na Europa continental imperava o despotismo monárquico, mas nem por isso o filósofo norte-americano deixou de apontar: "A Europa [continental] e não a Inglaterra é a pátria-mãe da América".

Se lermos os sermões feito nos púlpitos da América do Norte, defrontar-nos-emos com um verdadeiro furor teológico: o governo de Londres é incluído entre os "inimigos de Deus", enquanto os colonos rebeldes são celebrados e transfigurados como "os fiéis cristãos, os bons soldados de Jesus Cristo", chamados a cultivar "um espírito marcial" e "a arte da guerra", a fim de realizar "a obra do Senhor" e eliminar os seus inimigos britânicos (in Sandoz, 1991, p.623-34).

Mais reveladora ainda se apresenta a atitude laica assumida por Hamilton. Este nutria grande admiração pelas "formas de governo britânico", considerado "o melhor modelo do mundo" (in Morison, 1953, p.259). No entanto, apesar da afinidade entre os dois países mais ou menos democráticos (no sentido do termo já apresentado), mesmo após o fim da Guerra de Independência, a Grã-Bretanha continuou sendo considerada um inimigo a ser vencido. O estadista norte-americano acusou a Europa, que segundo ele queria "se proclamar senhora do mundo" e "considerar que o resto da humanidade tinha sido criado em seu próprio benefício". É uma pretensão que deve ser combatida com rigor: "cabe a nós vingar a honra do gênero humano e ensinar aos irmãos arrogantes a via da moderação". Cedo ou tarde, a nova União estaria "em condições de ditar as regras das relações entre o Velho e o Novo Mundo" (Hamilton, 2001, p.208; *The Federalista*, 2). Apesar de a Europa e o Velho Mundo terem sido identificados genericamente como inimigos, faz-se uma referência particular à Inglaterra, que, naquele momento, em 1787, após a derrota da França durante a Guerra dos Sete Anos, era a única grande potência imperial.

Jefferson é mais explícito. Seu almejado "império da liberdade", que deveria se tornar o maior e mais glorioso "desde a criação até hoje", pressupunha o fim do império britânico, do qual, no entanto, poder-se-ia arrancar o Canadá "em uma próxima guerra" (cf. "A gênese da 'paz perpétua'"). A guerra aqui invocada foi iniciada poucos anos depois e durou de 1812 a 1815. Ao final dessa guerra, em uma carta a Madame de Staël, de 24 de maio de 1813, Jefferson (1984, p.1272-3) disse que a Grã-Bretanha não era menos despótica que Napoleão; além disso, enquanto este será enterrado com a "própria tirania", que almeja o domínio absoluto sobre os mares e uma "nação" inteira, essa nação se tornará "um insulto à inteligência humana". Com grande furor ideológico, assim declara o estadista norte-americano em uma carta de novembro de 1814:

> Na verdade, o nosso inimigo experimenta o consolo que teve Satanás quando conseguiu expulsar nossos progenitores do paraíso: de nação pacífica e dedicada à agricultura que éramos, transformou-nos em uma nação dedicada às armas e às indústrias manufatureiras. (ibidem, p.1357)

Diante da notícia do fim das hostilidades, em fevereiro de 1815, Jefferson escreveu a La Fayette que se tratava de um "simples armistício"; era tão forte o antagonismo não apenas dos interesses, mas também dos princípios, que os dois países se envolveram em uma "guerra eterna" (*eternal war*), que só seria concluída com o "extermínio (*extermination*) de uma das partes" (ibidem, p.1366). A intensidade emotiva e ideológica com que se conduziu a guerra entre as duas mais antigas democracias foi tão forte que despertou, em um fervoroso democrata como Jefferson, a ideia ou a tentação de extermínio total do inimigo, também democrático.

Com o início da Guerra de Secessão, em 1861, a tensão entre as duas margens do Atlântico aumentou novamente: estimulada pelos círculos "liberais", decididos a apoiar a livre escolha dos estados do Sul, a Grã-Bretanha foi tentada a intervir em favor da Confederação secessionista. Diria Marx que "não foi a sabedoria das classes dominantes que salvou o Ocidente europeu do perigo de se lançar em cheio na infame cruzada para perpetuar e propagar a escravidão da outra margem do Atlântico, mas a resistência heroica da classe operária inglesa à sua loucura criminal" (MEW, v.16, p.13).

Nos Estados Unidos, a hostilidade para com a ex-pátria-mãe não se aplacou nem mesmo nas décadas posteriores. Em 1889, desapontado, Rudyard Kipling notou que, em São Francisco, a celebração de 4 julho, ou seja, o Dia da Independência, foi recheada de discursos oficiais feitos contra aquele que foi definido como o "nosso inimigo natural", representado pela Grã-Bretanha e pela sua "cadeia de fortalezas pelo mundo" (in Gosset, 1965, p.322).

E poucos anos mais tarde, estava para ser iniciada a guerra contra o "inimigo natural". Entre 1895 e 1896, por conta das disputas de fronteiras entre a Venezuela e a Guiana britânica e da intransigência de Washington na implantação da Doutrina Monroe, tem início uma grave crise que corre o risco de se transformar em uma guerra entre os Estados Unidos e a Grã-Bretanha. É uma possibilidade acolhida com excitação e até mesmo com entusiasmo pelos norte-americanos. Em uma série de cartas ao senador Henry Cabot Lodge, Theodore Roosevelt proclama: "Se for necessário, iremos à luta.

Não me preocupo se nossas cidades costeiras forem bombardeadas; nós conquistaremos o Canadá". E pouco depois: "os cabriolés dos banqueiros, agentes de câmbio e dos anglômanos são muito humilhantes [...]. Pessoalmente, espero que a luta aconteça logo. O clamor da facção da paz convenceu-me de que este país precisa de uma guerra". Na realidade, os relutantes e os conciliadores sentem-se atraídos pelo "desejo de servilismo para com a Inglaterra"; pior ainda, "no plano intelectual, encontram-se ainda em um estado de dependência colonial da Inglaterra" (Roosevelt, 1951, v.1, p.500-6). O contencioso vai muito além das fronteiras da Venezuela. Alguns meses antes (março de 1895), o destinatário das cartas de Theodore Roosevelt já havia alertado:

> [...] a Inglaterra instalou nas Índias Ocidentais praças-fortes que constituem uma constante ameaça para o nosso litoral atlântico. Precisamos ter nessas ilhas pelo menos uma forte base naval, e, quando for construído o canal de Nicarágua, a ilha de Cuba, ainda pouco povoada e com uma grande fertilidade, será necessária para nós. (in Millis, 1989, p.27)

Estava em jogo o controle do Caribe, e a Grã-Bretanha deveria ser total e definitivamente expulsa do hemisfério ocidental.

O compartilhamento do ideal liberal-democrata e a similaridade das instituições políticas não impediram o surgimento do conflito. Aliás, quando, em fevereiro de 1895, o subsecretário de Estado, Richard Olney, enviou ao governo de Londres uma nota com ameaças de guerra e declarou que, de acordo com a Doutrina Monroe, "os Estados Unidos são na prática os soberanos desse continente", assim motivou sua dura tomada de posição: as repúblicas da América Latina eram "pela sua proximidade geográfica, por sua natural propensão, *pela analogia das instituições políticas*, amigas e aliadas dos Estados Unidos" (in Aquarone, 1973, p.29). Eu quis destacar no texto uma tese crucial: em relação às "instituições políticas", os Estados Unidos se consideravam mais próximos dos países da América Latina, que naquele momento dificilmente poderiam ser considerados democráticos, que da ex-pátria-mãe, com a qual as relações continuavam marcadas pela hostilidade. Assim, "durante boa parte do século XIX, os Estados Unidos tinham pensado seriamente em conquistar o Canadá", mediante uma guerra contra a Grã-Bretanha (Mearsheimer, 2014, p.366).

O que mais tarde apaziguou a hostilidade entre os dois países de língua inglesa não foram a democracia e nem mesmo a proximidade linguística e o parentesco étnico. O que aproximou os dois ex-inimigos naturais foi a rápida ascensão de um novo império de dimensão e ambição mundiais, aquele que a Alemanha, após ter conquistado a hegemonia na Europa continental, dispunha-se a edificar. É nessa constelação geopolítica que nos dois lados do Atlântico começava a ser construído o projeto de um consórcio mundial anglo-americano. Foi um projeto que suscitou certo interesse também em Cecil Rhodes; no entanto, este parecia temer mais os Estados Unidos que a Alemanha de Guilherme II. Para ele, era possível ocorrer uma guerra comercial, ou algo mais grave, entre a Grã-Bretanha e os Estados Unidos: "no futuro teremos problemas com os norte-americanos, pois eles constituem o perigo mais sério para nós" (in Noer, 1978, p.33). Essa é uma de declaração de 1899; porém, na primeira metade do século XX, o perigo representado pelo Segundo e pelo Terceiro Reich acabou superando todos os outros.

No entanto, a rivalidade entre os dois impérios, ou seja, entre as duas democracias imperiais, manteve-se até mesmo durante as duas guerras mundiais. O presidente norte-americano Wilson promoveu a intervenção de seu país na Primeira Guerra Mundial com um duplo objetivo: retirar a Alemanha da corrida pela hegemonia mundial e obrigar seu aliado britânico a assumir uma posição subalterna, pelo menos no plano financeiro (cf. "O guardião da paz: do império britânico ao império norte-americano"). Ainda entre as duas guerras, os Estados Unidos "continuaram a considerar a Grã--Bretanha como o adversário mais provável". O plano de guerra por eles elaborado em 1930 e assinado pelo general Douglas MacArthur incluía até mesmo o recurso a armas químicas (Coker, 2015, p.92-3). Com a ascensão de Hitler ao poder e seu voraz desejo expansionista, a situação geopolítica passou por uma nova reviravolta. Mas não se deve esquecer que a ajuda oferecida por Franklin Delano Roosevelt à Grã-Bretanha, que estava a ponto de ser derrotada pelo Terceiro Reich e, portanto, com a água no pescoço, foi condicionada à renúncia do governo de Londres ao império, que os Estados Unidos estavam dispostos a herdar.

Ditadura e guerra: uma inversão de causa e efeito

Se, por um lado, não há fundamento para a tese que identifica e celebra a democracia como um antídoto contra a guerra, por outro, é claro o nexo entre ditadura e guerra. Mas não no sentido de que a ditadura estimule por si só a guerra, mas mais no sentido de que não é possível conduzir uma guerra de grandes proporções sem recorrer a medidas mais ou menos drásticas de limitação das liberdades democráticas e, portanto, a uma ditadura mais ou menos dura. A esse respeito Schumpeter (1964, p.281-2) observou:

> As democracias de todos os tipos são praticamente unânimes em reconhecer que existem situações em que é razoável abandonar a liderança competitiva e adotar uma liderança monopolística. Na Roma antiga, uma função não eletiva que implicava esse tipo de monopólio do comando, em casos de emergência, estava contemplada na Constituição. Quem assumia era chamado *magister populi* ou *dictator*. Soluções semelhantes estão previstas praticamente em todas as constituições, inclusive na dos Estados Unidos: aqui, em certas condições, o presidente assume um poder que o transforma, para todo efeito, em um ditador no sentido romano, não obstante as diferenças tanto no ordenamento jurídico quanto nos detalhes práticos.

Para dar apenas um exemplo, não há dúvidas de que durante a Primeira Guerra Mundial "Woodrow Wilson, Clemenceau e Lloyd George" foram investidos "de uma autoridade que na prática equivalia à ditadura no sentido romano do termo" (Cobban, 1971, p.III). Nesse caso, a relação entre causa e efeito é muito evidente, e nenhuma pessoa séria diria que quem provocou a intervenção na carnificina bélica foi a ditadura imposta nos Estados Unidos, na França e na Grã-Bretanha. Não obstante as aparências, não é diferente a relação de causa e efeito em dois países (Alemanha e Itália) onde a imposição da ditadura foi o prelúdio da guerra. Quem previu que o tratado e a paz de Versalhes eram na realidade um armistício de breve duração foram duas personalidades muitos distintas, o marechal francês Foch e economista britânico Keynes. Estamos entre 1919 e 1920: ninguém conhecia ainda Hitler, e a Alemanha, com a República de Weimar, havia assumido um ordenamento não menos democrático que os vigentes nos países que a tinham vencido. No entanto, já se falava de uma retomada da guerra que tinha sido interrompida apenas um ou dois anos antes; Keynes, aliás, não teve dificuldades para prever a grande brutalidade e barbárie que marcaria a reação do país que tinha acabado de passar por uma "paz cartaginesa" e que justamente por isso tentaria revidar (cf. "O primeiro breve período da 'paz definitiva'"). Em um país com uma posição geopolítica desfavorável, que durante a Primeira Guerra Mundial havia presenciado a derrubada da linha de frente interna por causa da revolução de novembro e que contava com a presença de um Partido Comunista muito forte, a retomada das hostilidades pressupunha o recurso a uma férrea ditadura e a uma implacável guerra civil preventiva, chamada a eliminar em tempo de paz qualquer possível oposição e resistência internas.

Considerações análogas podem ser feitas também em relação à Itália. A Primeira Guerra Mundial ainda não havia terminado completamente quando uma personalidade de grande prestígio e de linha democrática como Gaetano Salvemini externou a sua profunda insatisfação com a paz que estava sendo preparada. O butim colonial reservado à Itália foi muito pequeno, sobretudo se comparado àquele abocanhado pela Grã-Bretanha. Não foram respeitados os pactos que determinaram a entrada da Itália na guerra, ela que tinha sacrificado ali muito sangue e dinheiro (cf. "Salvemini a favor da guerra que 'mate a guerra'"). A insatisfação se tornou desejo de vingança nos círculos nacionalistas que haviam promovido a intervenção no primeiro conflito mundial, em nome do papel ou da missão mundial da Itália. A denúncia da "vitória mutilada", injustamente imposta à Itália por seus aliados ingratos e egoístas, apesar da enorme extensão de suas possessões coloniais, tornou-se um motivo constante da propaganda fascista. Uma vez no poder, Mussolini se empenhou numa política de conquistas coloniais e de aventuras militares, a começar pelo *ultimatum* à Grécia e pela ocupação de Corfu, em 1913, passando pela Etiópia, até a catástrofe da Segunda Guerra Mundial. Em um país que, durante o primeiro conflito mundial, teve muitas dificuldades na fronte interna, tal política só foi possível com a instauração da ditadura, ainda mais ante um forte movimento de oposição. Mais uma vez, não foi a ditadura que provocou a guerra, mas foram a guerra e a política que tornaram inevitável o recurso à ditadura.

É evidente que as ditaduras não são todas iguais. Elas podem assumir um caráter mais ou menos brutal não apenas por causa da situação geopolítica dos países em que elas se impõem, mas também por conta da tradição política desses países, assim como em razão do programa e da ideologia do partido e dos grupos dirigentes que, graças à ditadura, chegam ao governo do país.

Uma circunstância muito significativa, mas geralmente não observada, confirma que a ditadura é provocada primeiramente pelo programa de guerra: o jovem Mussolini, fervoroso partidário da intervenção da Itália na Primeira Guerra Mundial e durante algum tempo diretamente envolvido na linha de frente, exigiu um regime político à altura da nova situação que se criou depois da eclosão de uma mortal demonstração de força entre as grandes potências imperialistas. Mas, ao destacar tal necessidade, ele se volta para um país e para um modelo surpreendentes para uma personalidade política que logo se tornaria líder do movimento e do regime fascista:

> Uma das condições para vencer a guerra era esta: fechar o Parlamento e mandar embora os deputados. Wilson, por exemplo, exerceu a ditadura. O Congresso ratificou o que Wilson tinha decidido. A mais jovem democracia, como a mais antiga, a de Roma, sente que a

condução democrática da guerra é a pior estupidez humana. (Mussolini, 1951-1980, v.10, p.144)

Após ter flertado durante algum tempo com uma democracia como a norte-americana, capaz de se transformar, quando necessário, em uma impiedosa e eficiente "ditadura romana", Mussolini acabou por instaurar uma ditadura permanente e sem qualquer aparência democrática.

Também na Alemanha procurou-se criar uma ordem política à altura do Estado de exceção. Logo após a guerra, em uma visita aos Estados Unidos, um professor alemão realizou esta significativa análise:

> Nas discussões políticas anteriores à guerra, foi sempre dito pelos defensores do sistema de governo então dominante na Europa central que a democracia como forma de vida política tem, sim, certas vantagens, mas que, sobretudo em relação à democracia parlamentar, estaria destinada ao fracasso na guerra. A experiência prática demonstrou o contrário. Em relação à solidez política e à consecução disciplinada dos objetivos, as democracias ocidentais sempre foram claramente superiores ao sistema burocrático da Europa oriental e da central. A cisão interna entre direção militar e política, que paralisou os impérios centrais durante quase todo o período de guerra, foi superada pelas potências ocidentais por políticos cientes de seus objetivos. A ascensão de personalidades fortes e dotadas de iniciativa autônoma, que segundo a concepção continental teria sido impossibilitada pela democracia, foi realizada sem obstáculos nas potências ocidentais, mas não na Rússia, Alemanha ou Áustria, onde as poucas individualidades fortes capazes de se impor se perderam em uma luta sem fim contra as intrigas burocráticas e militares.

E, entre a consternação e a admiração, o professor alemão assim continuou:

> Durante os períodos críticos da guerra, os primeiros-ministros da Inglaterra, França e Itália e o presidente dos Estados Unidos gozaram de

plenos poderes, maiores que o poder de um Alexandre ou de um César [...]. Nos países ocidentais, os poderes ditatoriais conferidos foram na prática muito mais amplos que os exercidos pelos monarcas na Rússia e na Alemanha. (Bonn, 1925, p.9, 65-4)

De fato, as medidas tomadas nos Estados Unidos durante o primeiro conflito mundial buscaram "cancelar qualquer sinal de oposição" (Schlesinger Sr., 1967, p.414), e isso ocorreu na Alemanha de Guilherme com um forte radicalismo, ali onde continuavam a existir movimentos pacifistas que, às vezes, utilizavam instrumentos legais, como a panfletagem nas fábricas e órgãos de imprensa que defendiam a Revolução de Outubro e publicavam os apelos à paz imediata nela inspirados (Losurdo, 1993, cap. 5, §2).

Especialmente na Alemanha, a busca de uma regime à altura do Estado de exceção desembocou na instauração de uma ditadura com uma ferocidade sem precedentes por três razões: não havia no país uma tradição liberal sólida e democrática; o imperialismo alemão e os seus círculos mais agressivos conheciam bem a perigosa situação que envolveria a Alemanha, nos planos interno e externo, após o início da guerra; o nazismo, que chegou ao poder empunhando a bandeira da supremacia branca a ser implantada em todo o planeta, foi levado a praticar, também internamente, uma política de edificação do Estado racial e de uma bárbara purificação racial. Porém, uma coisa fica clara: *in principio erat bellum!*

Hamilton e Tocqueville, críticos *ante litteram* do teorema de Wilson

Há um paradoxo: quem criticou antecipadamente o teorema de Wilson foram alguns autores clássicos da tradição de pensamento liberal do Ocidente! No momento da fundação dos Estados Unidos, foi Alexander Hamilton quem refutou, de forma taxativa, a tese que pretendia estreitar os laços entre as instituições livres (e o livre-comércio), por um lado, e o advento da paz permanente ou perpétua, por outro:

Será que as assembleias populares não se deixam, frequentemente, dominar por impulsos de raiva, ressentimento, ciúmes, cobiça e outras paixões desregradas e geralmente violentas [...]. E será que o comércio não se limitou até agora a mudar os objetivos da guerra?

Bastaria dar uma passada na história: apesar de a Holanda e Inglaterra terem em comum o fim do absolutismo monárquico e o apego ao regime representativo e ao comércio, revelaram-se como nações "envolvidas em frequentes conflitos" (Hamilton, 2001, p.179-80; *The Federalist*, 6). Em relação ao posicionamento pessoal de Hamilton, conhecemos o seu elogio enfático às "formas do governo britânico, o melhor modelo produzido pelo mundo", mas isso não o impediu de invocar um acerto de contas com a ex-pátria-mãe que se considerava a "senhora do mundo" (cf. "A eliminação do antagonismo entre 'as duas mais antigas democracias'").

Apesar de grande admirador da "democracia na América", como soa o título da sua principal obra, Tocqueville identificou tal regime político com o amor da paz. Em meados do século XIX, ele não hesitou em denunciar as fortes tendências expansionistas do único país democrático (naquele momento) do continente americano. Dirigindo-se a um interlocutor norte-americano (Theodore Sedgwick) e fazendo referência às tentativas de expansão para o Sul feitas por meio de aventureiros "privados" (como William Walker), o liberal francês escreveu no final de 1852:

> Presenciei, preocupado, esse espírito de conquista, e até mesmo de rapina, que já há alguns anos se manifesta entre vocês. Não é um sinal de boa saúde para um povo que já tem mais territórios do que pode ocupar. Confesso que não poderei evitar a tristeza se souber que a nação [norte-americana] embarcou em uma campanha contra Cuba ou, pior que isso, que a confiou aos seus filhos desgarrados. (Tocqueville, 1951-1983, v.7, p.147)

Assim, longe de identificar a democracia com a causa da paz, o liberal francês não hesita em fazer uma crítica virulenta tanto aos

Estados Unidos como a uma outra grande democracia do Ocidente: para ele, os ingleses se distinguem por seu

> [...] permanente esforço de demonstrar que agem em defesa de um princípio, em benefício dos indígenas, ou até mesmo em benefício dos soberanos que estão sob o seu domínio; é a sua honesta indignação contra aqueles que opõem resistência; são esses os procedimentos que quase sempre envolvem a violência. (ibidem, v.3.1, p.505)

Nessa crítica, que evidencia as guerras que permeiam a marcha do expansionismo colonial britânico (cala-se aqui quanto à França), sente-se o eco da rivalidade que, em 1840, tinha colocado às portas de uma guerra a Grã-Bretanha e a França da monarquia de julho, naquele momento, um país mais ou menos democrático.

Não menos lúcido se revelou Hamilton. Aos seus olhos, o que constituía a fonte de possíveis conflitos entre os diversos países não era apenas a diversidade dos regimes políticos e dos interesses materiais. Intervinham também as paixões: "Será que não é verdade que, além dos reis, também as nações são afetadas por aversões, predileções, rivalidades e desejos de injustas aquisições?" (Hamilton, 2001, p.179; *The Federalist*, 6). Tocqueville tem um raciocínio semelhante:

> Chegar-se-á ao ponto de pretender que dois povos devam necessariamente viver em paz entre si pelo fato de terem instituições políticas análogas? Que sejam abolidos todos os motivos de ambição, de rivalidade, de ciúmes e todas as más recordações? As instituições livres tornam esses sentimentos ainda mais vivos. (Tocqueville, 1951-1983, v.3.3, p.249)

Nas palavras de *A democracia na América*: "Todos os povos livres têm orgulho de si próprios"; salta aos olhos a "vaidade ansiosa e insaciável dos povos democráticos". Isso é confirmado sobretudo pela república de ultramar: "Os norte-americanos, em suas relações com os estrangeiros, impacientam-se com o menor tipo de censura e têm sede de elogios [...]. Sua vaidade não é somente ávida, é também inquieta e invejosa". Estamos diante de um "orgulho nacional" excessivo, de um "patriotismo irascível", que não tolera críticas de qualquer gênero (ibidem, v.1.1, p.233-4, 247) e que, portanto, facilmente pode se tornar fonte de tensões e conflitos internacionais. Como se vê, aos olhos do liberal francês, a democracia, longe de estar imune ao "espírito de conquista e até mesmo de rapina", pode até mesmo acabar estimulando o "patriotismo irascível"; estamos diante da contestação antecipada do teorema de Wilson.

Contudo, é um teorema que também não leva em conta a melhor herança da tradição liberal: define a democracia independentemente de seu contexto geopolítico e das relações internacionais. Não era essa a opinião de Hamilton. Em 1787, às vésperas da aprovação da Constituição Federal, ele explicou que a limitação do poder e a instauração do Estado de direito tinham tido sucesso em dois países insulares, a Grã-Bretanha e os Estados Unidos, que graças ao mar estavam protegidos das ameaças das potências rivais. Se o projeto da União tivesse fracassado, e em seu lugar tivesse surgido um sistema de estados semelhante àquele existente no continente europeu, teriam surgido também na América os fenômenos do exército permanente, de um forte poder central e, até mesmo, do absolutismo: "Não tardaríamos em ver, fortemente instalados em todo o nosso país, os mesmos instrumentos de tirania que arruinaram o Velho Mundo" (Hamilton, 2001, p.192; *The Federalist*, 8). Portanto, a partir pelo menos desse texto, não é a democracia por si mesma que produz o desenvolvimento pacífico das relações internacionais, mas são principalmente a situação de tranquilidade geopolítica e a distensão nas relações internacionais que tornam possível o desenvolvimento do Estado de direito e das instituições democráticas.

A responsabilidade pela guerra atribuída às vítimas do colonialismo

O teorema de Wilson, empunhado originalmente contra a Alemanha de Guilherme II, ou seja, contra um concorrente na corrida pela hegemonia mundial, sobretudo após a vitória do Ocidente na

Guerra Fria, foi usado contra países que tinham uma longa história de opressão colonial ou semicolonial: a partir de 1989, as guerras contra Panamá, Iraque, Iugoslávia e Líbia, comumente desencadeadas sem a autorização do Conselho de Segurança da ONU, ou mesmo distorcendo e superando em muito a sua competência, foram alardeadas como uma contribuição para a causa da difusão da democracia e, portanto, da realização da "paz definitiva" pregada por Wilson.

Ocorreu uma profunda inversão. Mesmo em meio a ambiguidades e oscilações, a partir de Rousseau, Kant, Fichte, a difusão da bandeira da paz perpétua significou ao mesmo tempo a condenação da escravidão colonial e da dominação colonial. Até mesmo em autores como Comte e Spencer, a celebração da sociedade industrial como condição e garantia da definitiva superação da sociedade militar e guerreira não impediu um olhar crítico e até mesmo indignado sobre a realidade das guerras coloniais. Tratou-se de um processo que culminou no movimento socialista e, sobretudo, no comunista, que uniram na mesma luta a bandeira da paz, o ideal da paz perpétua e o movimento anticolonialista.

No entanto, agora a realidade é bem outra. Com o olhar voltado para o passado, direta ou indiretamente, o teorema de Wilson acaba absolvendo os comportamentos mais repugnantes das democracias, ou melhor, das supostas democracias. É provável que a república norte-americana surgida com a Guerra de Independência contra a Grã-Bretanha fosse mais democrática que as sociedades formadas pelos diversos povos ameríndios da época; está fora de discussão o fato de que a primeira submeteu as outras a guerras coloniais sob a bandeira da dizimação e extermínio dos vencidos (e ao mesmo tempo escravizando os negros). Apesar disso, o país que se proclama como "a mais antiga democracia do mundo" ainda se apresenta como defensor supremo da paz.

Há um outro exemplo. A França da monarquia de julho, na qual se destacou a personalidade intelectual e política de Tocqueville, era possivelmente mais democrática que a Argélia, mas não há dúvidas de que foi a primeira a iniciar uma guerra contra a segunda, e, inclusive, uma guerra genocida. Esse é um capítulo de história do colonialismo que encontrou seu mais importante intérprete justamente em Tocqueville, que não hesitou em lançar uma sinistra palavra de ordem: "É preciso destruir tudo o que se assemelhe a uma agregação permanente de populações ou, em outras palavras, a uma cidade. Creio que seja da mais alta importância impedir que subsista ou surja qualquer cidade nas regiões controladas por Abd el-Káder [o líder da resistência argelina]" (in Losurdo, 2005, cap. VII, §6). Mas, segundo o teorema de Wilson, seria um absurdo indicar como responsável por uma guerra genocida alguém que tem um lugar reservado no panteão do Ocidente liberal-democrata que, de acordo com esse teorema, deveria por isso mesmo ser o templo da "paz definitiva".

Até mesmo a persistente ocupação e a incessante colonização do território palestino (imposta com o recurso aberto ou velado a uma esmagadora superioridade militar e, portanto, com um ato de guerra) e as verdadeiras guerras contra o Líbano ou Gaza, quando não se justificam, são julgadas com indulgência ou minimizadas: como se pode condenar Israel como belicista e militarista se se trata da "única democracia do Oriente Médio"? Assim funciona um teorema que transfigura o colonialismo e as suas guerras com o olhar voltado tanto para o passado quanto para o presente.

Ocorreu uma inversão de posições com relação a Kant. Este, ao analisar o sistema político de um determinado país, não separava a metrópole das colônias e a política interna da externa: as guerras desencadeadas pelo monarca britânico eram a prova de que ele era um "monarca absoluto". Em outras palavras: com base no teorema de Wilson, como atualmente se interpreta, dizer que um país é democrático significa legitimar as suas guerras como uma contribuição à causa da "paz definitiva"; contrariamente, para o grande filósofo, o recurso a guerras coloniais e imperiais constituía a demonstração de que um país, a despeito de suas autoproclamações e das aparências constitucionais, não era realmente democrático (cf. "No banco dos réus: o Antigo Regime ou capitalismo e colonialismo?"). Também Hamilton rechaçava a separação entre política interna e externa, pois para ele a segurança geopolítica e a ausência de ameaças externas eram condição essencial para que um país pudesse desenvolver as instituições liberais e o governo da lei.

Atualmente, quem se encontra em uma situação precária são obviamente os países que já há muito tempo abandonaram a dominação colonial e que ainda lutam com o neocolonialismo. Precisam criar e desenvolver uma nova ordem, assumindo assim uma tarefa que já é difícil por si só, em um contexto geoeconômico e geopolítico cheio de insídias e perigos, dado que as potências de cujo domínio se liberam aqueles países procuram continuar a controlá-los no plano econômico e, além disso, arrogam-se o direito de recorrer à força militar contra eles, mesmo sem a autorização do Conselho de Segurança da ONU. Em outras palavras, partindo do raciocínio de Hamilton, devemos concluir que, de fato, o que dificulta o desenvolvimento da democracia é justamente a ação daqueles que dizem promovê-la.

Um ciclo foi encerrado: de início, mesmo sem colocar em discussão o colonialismo, o neocolonialismo e o racismo, e, aliás, tomando como modelo a Doutrina Monroe, o teorema de Wilson se, por um lado, justificava a intervenção dos Estados Unidos na Primeira Guerra Mundial, por outro, expressava, bem ou mal, o sentimento generalizado de irritação e indignação diante da carnificina que não parava de se alastrar. Hoje, ao contrário, tal teorema se apresenta como uma verdadeira ideologia da guerra. Em última análise, o lugar-comum, hoje muito difundido, que atribui milagrosas virtudes pacificadoras à expansão da "democracia" é preocupante. Defrontamo-nos com a motivação ideológica que inspirou uma guerra mundial que constituiu "a primeira calamidade do século XX, a calamidade da qual emanaram todas as outras" (cf. "Salvemini a favor da guerra que 'mate a guerra'"). O fato de, apesar de todos os desmentidos da história, essa experimentada ideologia da guerra continuar gozando de grande crédito não promete nada de bom.

CAPÍTULO 11
Uma nova grande guerra em nome da democracia?

O "xerife internacional" e as novas formas de guerra

Apesar do triunfo obtido pelo partido de Wilson no fim da Guerra Fria e da subsequente ascensão da nova ordem mundial, as contínuas guerras desencadeadas pelo "xerife internacional" acabaram com muitas ilusões. Distanciando-se claramente da posição assumida por Hardt e rompendo (sem se dar conta) com a visão expressa em *Império*, Negri (2006, p.48) define como "injusta e infame" a "guerra" desencadeada contra a Iugoslávia. A "paz perpétua e universal" ainda deve ser esperada! Habermas também parece ter se distanciado das ilusões nutridas em 1999: os bombardeios contra a Iugoslávia não prenunciaram a "ordem cosmopolita"! Ao contrário, continuam a acontecer as guerras desencadeadas pelo aspirante a "xerife internacional" e por seus aliados. Elas são mais frequentes do que se imagina à primeira vista, dado que, às vezes, assumem novas formas não muito evidentes.

A fim de esclarecer esse ponto, parto de dois artigos que apareceram há algum tempo em dois respeitadas órgãos de imprensa norte-americanos. Em junho de 1996, um artigo do diretor do Center for

Economic and Social Rights, publicado no *International Herald Tribune*, colocou em evidência as terríveis consequências da "punição coletiva" aplicada por meio do embargo ao povo iraquiano: "mais de 500 mil crianças" haviam "morrido de fome e doenças". Muitas outras pessoas estavam muito perto de ter a mesma sorte: no conjunto, o que se atingiu de forma devastadora foram "os direitos humanos de 21 milhões de iraquianos" (Normand, 1996).

Uma avaliação de caráter mais geral foi feita alguns anos mais tarde por uma revista próxima ao Departamento de Estado, ou seja, pela *Foreign Affairs*: após a queda do "socialismo real", em um mundo unificado sob a hegemonia norte-americana, o embargo constituiu a arma de destruição em massa por excelência; oficialmente imposto para evitar o acesso de Saddam às armas de destruição em massa, o embargo "provocou no Iraque mais mortes que a soma de todas as chamadas armas de destruição em massa ao longo da história" (Mueller; Mueller, 1999, p.51). Tratou-se de um embargo que prolongou a primeira Guerra do Golfo (a de 1991) e desembocou na segunda Guerra do Golfo (com a invasão do Iraque, em 2003, realizada pelos Estados Unidos e pela Grã-Bretanha). Pois bem, sete anos antes de sua conclusão, o embargo se tornou tremendamente devastador: é como se o país árabe tivesse sofrido ao mesmo tempo o bombardeio atômico de Hiroshima e Nagasaki, os ataques de gás mostarda feito pelo exército de Guilherme II e depois durante as guerras coloniais, primeiro por Churchill contra o Iraque e depois por Mussolini contra a Etiópia. Não restam dúvidas: pelo menos nas suas formas mais graves, o embargo é de fato uma guerra.

A essa guerra econômica, que impôs uma "punição coletiva" ao inimigo, sem distinguir entre combatentes e população civil, atingindo, aliás, sobretudo esta última, pode-se recorrer também por ocasião de demonstrações de força entre grandes potências (por exemplo, durante a Primeira Guerra Mundial, a ela recorreu a Grã--Bretanha contra a Alemanha; e, às vésperas de Pearl Harbor, a ela recorreram os Estados Unidos contra o Japão). No entanto, atualmente, o embargo é o instrumento privilegiado utilizado por uma grande potência colonial ou imperial, que controla de forma mais ou menos ampla a economia mundial ou uma importante região do mundo, para garantir a obediência ou a submissão de um país em condições coloniais ou semicoloniais ou que procura se livrar definitivamente de tais condições.

Sem retroceder muito no tempo, convém logo notar que, após o fim da Segunda Guerra Mundial, o desenvolvimento da revolução anticolonialista mundial foi acompanhado pela guerra econômica desencadeada pelo Ocidente e por seu país-guia contra países e povos culpados ou suspeitos de querer trilhar um caminho excessivamente independente. Logo após sua fundação, em outono de 1949, a República Popular da China, que procurou deixar para trás o "século das humilhações" coloniais iniciados com as guerras do ópio, encontra-se em uma situação de extrema dificuldade: após quase duas décadas de guerra (internacional e civil), a economia e a infraestrutura tinham sido destruídas. De Taiwan, onde tinha se refugiado, o Kuomintang, ou o Partido Nacional chinês, valendo-se também da ajuda dos Estados Unidos, continuou a bombardear a parte continental do país. E assim, uma guerra propriamente militar se entrelaça com a econômica. Como se depreende das admissões ou declarações dos seus dirigentes, a administração Truman tinha um programa claro: fazer que a China "sofresse a praga" de "um teor de vida geral em torno ou abaixo do nível mínimo de sobrevivência"; provocar "atraso econômico", "atraso cultural" e "desordens populares"; fazer "toda a estrutura social pagar um custo pesado e prolongado"; e criar, em última análise, "um estado de caos". Esse é um conceito que foi repetido de forma obsessiva: é preciso levar um país com "necessidades desesperadoras" para uma "situação econômica catastrófica", "para o desastre" e para o "colapso" (Zhang, 2001, p.20-2, 25, 27). Sucedem-se os presidentes na Casa Branca, mas o embargo permanece implacável. No início dos anos 1960, um colaborador da administração Kennedy, isto é, Walt W. Rostow, fez notar, satisfeito e orgulhoso, que, graças a essa política, o desenvolvimento econômico da China teve um retardo de "algumas décadas" (ibidem, p.250, 244).

O embargo mais longo foi sofrido pelo país que com a revolução tinha se livrado da Doutrina Monroe, Cuba; também nesse caso, a agressão econômica se entrelaçou facilmente com aquele militar propriamente dito, como demonstra a invasão da Baía dos Porcos, em 1961, que foi um terrível fracasso, mas que foi imediatamente acompanhada pelo estrangulamento econômico. Por vezes, não houve nem mesmo a necessidade de anunciar de forma explícita o embargo. É o que ocorreu com a ordem dada por Henry Kissinger à Central Intelligence Agency (CIA) após a vitória eleitoral conseguida por Salvador Allende e a sua ascensão à Presidência do Chile: "Façam a economia berrar" de dor (apud Žižek, 2012, p.85). Qualquer que tenha sido a forma de realizar essa ordem, o ataque devastador à economia, ao teor de vida, à saúde, à subsistência da própria população civil é sinônimo de guerra, e de guerra que geralmente atinge países e povos que procuram livrar-se do jugo da dominação colonial ou semicolonial.

Além de militar e econômica – e sobretudo a realizada por uma grande potência colonialista ou imperialista –, a guerra pode assumir uma terceira configuração. Para esclarecer esta última, pode-se pensar na forma como Hitler conseguiu, à sua época, desmembrar e destruir a Tchecoslováquia. As diretrizes por ele aprovadas, em 20 de maio de 1938, eram claras: é necessário, por um lado, instigar as "minorias nacionais" e os movimentos independentistas e separatistas de qualquer gênero, e, por outro, "intimidar os tchecos por meio de ameaças e minar sua força de resistência" (Shirer, 1974, p.561). E atualmente? Não se trata certamente de fazer comparações precipitadas e inadequadas, porém não há dúvidas de que o tipo de guerra que acabou de ser descrita não é exclusiva do Terceiro Reich.

Antes de ser tragada pela catástrofe que continua a se alastrar enquanto escrevo, a Síria era considerada um oásis de paz e, sobretudo, de tolerância religiosa para os refugiados iraquianos que ali chegavam fugindo de seu país, abalroados pelas lutas e pelos massacres de caráter religioso e sectário consolidados pela invasão norte-americana (Losurdo, 2014, cap. 1, §6). O que aconteceu depois disso? Foi iniciada uma guerra civil causada apenas por questões endógenas? Na realidade, já antes da segunda Guerra do Golfo, os neoconservadores já tinham incitado uma luta contra a Síria, que a seus olhos cometia o erro de ser hostil a Israel e de apoiar a resistência palestina (Lobe; Oliveri, 2003, p.37-9). Desse projeto de antiga data se lembram imediatamente os analistas mais atentos que se ocuparam do recente desenrolar da situação: há tempos que a Síria foi inserida pelos neoconservadores na lista dos países "considerados como obstáculo à 'normalização'" do Oriente Médio; "na visão dos neoconservadores, se os Estados Unidos conseguissem provocar uma mudança de regime em Bagdá, Damasco e Teerã, a região, já submetida à hegemonia conjunta dos Estados Unidos e de Israel, seria finalmente 'pacificada'" (Romano, 2015, p.74). Contudo, um ano antes da chegada da "Primavera Árabe" à Síria – admite ou deixa escapar o *New York Times* – "os Estados Unidos tinham conseguido penetrar na *web* e no sistema telefônico" do país (Friedman, 2014). Para fazer o quê? Começava-se a construir a chamada "oposição laica e moderada", cujo líder – como reconheceu o importante jornal – já não estava na Síria havia "várias décadas". Quem entrou em ação não foram apenas os opositores vindos do Ocidente e por ele encorajados, financiados e armados. O regime de Bashar al-Assad – sirvo-me sempre das informações da imprensa norte-americana – foi "atingido por ciberataques muito sofisticados" (Sanger; Schmitt, 2015). Mas tudo isso não bastava. E não bastavam nem mesmo as ameaças de recurso à força militar provenientes de Washington: o armamento da oposição mais ou menos "moderada" tornou-se explícito e maciço. Na realidade, quem recebeu apoio não foram apenas os "moderados". Como revela o *The Wall Street Journal*, também os "combatentes" dos grupos islâmicos mais radicais e ferozes, que se introduziram depois no Estado Islâmico do Iraque e da Síria (Islamic State in Iraq and Syria – Isis), foram "regularmente" medicados "nos hospitais de Israel", que por sua vez bombardeava as instalações militares da Síria (Trofimov, 2013).

As chancelarias e os meios de comunicação ocidentais continuam a falar de "guerra civil", mas será que pode ser definida como "civil" uma guerra que foi programada a milhares de quilômetros de distância, quase uma década antes do seu início e que (como foi reconhecido pela imprensa séria ocidental) contou com a participação de dezenas de milhares de combatentes estrangeiros, chegados à Síria graças à "fronteira porosa" da Turquia (*International New York Times*, 2015) e, mais em geral, graças à cumplicidade de países vizinhos, aliados do Ocidente e empenhados em fornecer a tais combatente armas e dinheiro? Na realidade, apesar das novas formas assumidas, não é difícil identificá-la como uma guerra de agressão, cujo caráter neocolonial foi confirmado ao menos pelo fato de que o ataque à soberania nacional do pequeno país tinha sido proclamado e colocado em prática de forma soberana, sem autorização do Conselho de Segurança da ONU, simplesmente considerando a lei do mais forte.

A nova forma de guerra teve a aprovação explícita e complacente de um ilustre cientista político norte-americano especialista em conflitos, que, no verão de 2013, descreveu sem meias palavras o comportamento dos rebeldes na Síria:

> Salafitas fanáticos ao estilo Talibã que agridem e matam até mesmo devotos sunitas por não quererem imitar costumes que lhes são estranhos; sunitas extremistas que se envolvem com o assassinato de inocentes alauítas e cristãos apenas por causa da sua religião [...]. Se os rebeldes vencem, só cabe aos sírios não sunitas a exclusão social e até um verdadeiro massacre. (Luttwak, 2013)

Será que esse tipo de análise tão crua era um apelo para evitar o perigo que denunciava? Nada disso:

> A essa altura, a manutenção prolongada do impasse é o único resultado que não seria danoso para os interesses norte-americanos [...]. Há apenas uma saída favorável aos Estados Unidos: um empate indefinido. Ao jogar o exército de Assad e de seus aliados (Irã e Hezbollah) em uma guerra contra os combatentes extremistas alinhados com a Al Qaeda, quatro inimigos de Washington estariam envolvidos em uma guerra entre si e, assim, não poderiam atacar os norte-americanos e os aliados da América. (ibidem)

Estamos aqui diante de um odioso cinismo, mas clamorosamente desmentido pelos fatos. Todos conhecemos o horror dos sangrentos atentados de 13 de novembro de 2015 e de 22 de março de 2016 em Paris e depois em Bruxelas. Fica claro, no entanto, que a nova forma assumida pela guerra parece ter conseguido destruir a Síria e envolver sua população em um imenso banho de sangue. E fica claro também que, ao recorrer a essa nova forma de guerra, o suposto "xerife internacional" se comporta na verdade como um fora da lei, embora se trate de um fora da lei que, às vezes, acaba fazendo o papel de aprendiz de feiticeiro.

Os perigos de guerra em grande escala e o teorema de Wilson

Durante cerca de um quarto de século, a nova ordem mundial, que reavivou a promessa wilsoniana de "paz definitiva" e cuja garantia devia ser o "xerife internacional" segundo os neoconservadores, foi acompanhada de "pequenas" guerras ocorridas na sua forma tradicional ou nova. Mas agora surge uma mudança. O anúncio feito por Hillary Clinton (e pela administração Obama), em outubro de 2011, do "pivô" contra a China (o deslocamento do gigantesco aparato militar norte-americano para a Ásia e para o Pacífico) e o golpe de Estado na Ucrânia em fevereiro de 2014, seguido pela ameaça de expansão, real e potencial, da Otan em direção à Rússia, recolocaram no centro do debate político e cultural os perigos de uma guerra de grandes proporções e até mesmo mundial.

Em tais circunstâncias, não é de se estranhar que o teorema de Wilson tenha voltado a assumir uma posição ameaçadora, de forma semelhante ao que ocorreu durante a Primeira Guerra Mundial: mais uma vez alguns países são novamente acusados pelos Estados Unidos de inimigos da democracia e, portanto, da paz. Agora, mais que nunca, fica evidente que o teorema em questão é a ideologia da guerra, que não possui qualquer credibilidade nos planos histórico e filosófico, mas que é temível no plano da mobilização político-militar.

Entre o fim dos anos 1980 e inícios da década de 1990, o Japão protagoniza um impressionante milagre econômico, inclinando-se a desafiar – como parecia – não apenas a hegemonia econômica, mas também política e até mesmo político-militar dos Estados Unidos. Na ocasião, o Japão foi rotulado pela mídia norte-americana e americanófila como um país coletivista e autoritário, inclusive totalitário (Losurdo, 2014, cap. 7, §3). Hoje, ao contrário, apesar de ter repudiado a Constituição pacifista e de ter se recusado obstinadamente a fazer uma autocrítica realista de seu horrível passado, o Japão é considerado um defensor da democracia na Ásia. Durante algum tempo, após ter sofrido a guerra cibernética desencadeada por Washington (e Tel Aviv), o Irã parecia ter se envolvido em uma guerra global. Foi um momento em que o regime de Teerã tinha sido considerado como o mais despótico que se pudesse imaginar; no entanto, o país que estava sendo agredido, em nenhum caso, podia ser considerado menos democrático que o Irã dominado pela feroz autocracia do xá que subira ao poder após o destruição do governo democrático de Mossadegh, graças ao golpe de Estado orquestrado pela CIA e pelos serviços secretos britânicos em 1953.

Considerações análogas podem ser feitas em relação a dois países que, atualmente, constituem o principal alvo de campanha promovida por Washington. Dificilmente a China atual pode ser considerada menos democrática que a China que, a partir de 1971, após a viagem de Nixon a Pequim, tinha aceitado aliar-se aos Estados Unidos contra a União Soviética. E não há motivos para considerar Vladimir Putin menos democrático que Boris Ieltsin, que, em setembro de 1993, com um claro desrespeito pela Constituição russa recém-aprovada, dissolveu o Parlamento e, em seguida, o bombardeou e o esmagou com o uso maciço de tropas especiais e tanques de guerra. Não há dúvidas de que, apesar do sistemático bombardeio midiático realizado contra ele, o atual presidente Putin goza de um apoio popular muito maior que Ieltsin, que em 1996 conseguiu manter-se na Presidência, apesar do baixo índice de aceitação nas pesquisas, apenas com a ajuda fraudulenta do Ocidente (Chiesa, 2009). Nesse último caso, não falta nem mesmo um elemento grotesco: quem se arvorou como defensor da democracia foi o Ocidente, que, após ter encenado um golpe de Estado em Kiev, deu apoio a um governo que – como reconhece o *New York Times* – causou a fuga de centenas de milhares de ucranianos (sobretudo para a Rússia), valendo-se abertamente da colaboração de grupos declaradamente neonazistas (que ostentavam saudações, símbolos e decorações inspirados no Terceiro Reich) (Golinkin, 2014). Segundo um ilustre teórico norte-americano da escola do realismo político, mais exatamente do "realismo ofensivo" (a respeito das relações internacionais), a "democracia" nada tem a ver com o atual aumento das tensões entre os Estados Unidos, a China e a Rússia (Mearsheimer, 2014, p.4). Aliás, vários analistas são da opinião de que uma China mais democrática se mostraria mais impaciente com a lentidão com que os atuais dirigentes se propõem a resolver o problema de Taiwan e finalizar o processo de unificação nacional (Friedberg, 2011, p.249-250).

O teorema de Wilson e a "armadilha de Tucídides"

Na tentativa de explicar as crescentes tensões, um outro ilustre analista norte-americano (Graham T. Allison) evoca o que define como a "armadilha de Tucídides", referindo-se à dialética descrita pelo grande historiador grego: a ascensão de Atenas, potência emergente da época, suscitou a preocupação e o ciúme de Esparta, que até aquele momento detinha a hegemonia, resultando numa disputa entre as duas rivais sinalizada pela guerra do Peloponeso, que se prolongou durante trinta anos. Essa mesma dialética teria se repetido no início do século XX, por ocasião da Primeira Guerra Mundial, provocada pela luta pela hegemonia entre a Alemanha (assumindo o lugar de Atenas) e a Grã-Bretanha (assumindo o lugar de Esparta). Hoje a mesma armadilha estaria sendo usada na relação da China (a potência emergente e desafiadora) com os Estados Unidos (a potência relativamente em declínio e, de certa forma, desafiada). Na ideologia que predomina atualmente no Ocidente, a "armadilha de Tucídides" se aproxima facilmente do teorema de Wilson: pode-se considerar a

China um país agressor não apenas por ter um regime político "antidemocrático", mas também por conta de uma determinada dialética objetiva e pelo fato de ser uma potência emergente e desafiadora.

Mesmo que considerássemos que houve, na Grécia do século V a.C., uma situação que justificasse a "armadilha de Tucídides", essa ideia pouco ajudaria a compreender os conflitos dos séculos XX e XXI, que envolvem, praticamente, todo o planeta e que incluem uma multiplicidade de protagonistas e antagonistas: às vésperas da Primeira Guerra Mundial, a Alemanha não era a única potência emergente; havia também os Estados Unidos e o Japão, e talvez até a Rússia (que estava num crescente e rápido processo de industrialização). Nem os historiadores atuais concordam em atribuir exclusivamente ao Segundo Reich a responsabilidade pelo início da carnificina, como se não tivessem tido qualquer papel a França (desejosa de recuperar a Alsácia e a Lorena e esperando uma revanche), a Rússia (que foi a primeira a decretar a mobilização geral) e a própria Grã-Bretanha (que já antes tinha recorrido à mobilização de sua marinha militar e que, durante a crise do verão de 1914, manteve até o último momento uma estudada ambiguidade) (Newton, 2014). De qualquer forma, é preciso chamar a atenção para um problema de caráter geral: quem acendeu o pavio foi a potência emergente (desejosa de tornar a divisão do mundo mais dependente das novas relações econômicas e militares) ou a potência em declínio (interessada em enfrentar o problema antes que fosse tarde demais)?

Atualmente, pode-se relacionar a "armadilha de Tucídides" ao incipiente (e potencial) antagonismo sino-americano, mas não àquele russo-americano: muito dificilmente pode ser considerado emergente um país que ainda carrega o peso da derrota sofrida na Guerra Fria, passou por uma longa crise demográfica ainda não totalmente superada e que possui uma fraca estrutura econômica e uma posição geopolítica cada vez mais precária por causa da constante expansão da Otan. Muito mais emergente é a Alemanha, que, com a reunificação (não por acaso contestada inicialmente, ou vista com suspeita pelos próprios aliados ocidentais ou pelo menos por alguns deles), viu crescer consideravelmente o seu peso econômico e a sua influência política. Se quisermos nos deter sobre a Ásia, é preciso considerar que, hoje, uma potência indubitavelmente emergente é a Índia e, como tal, pode também ser considerado o Japão, ainda mais depois de ter se desvencilhado dos limites constitucionais que o impediam de intervir militarmente no exterior. Todavia, entre o final dos anos 1980 e início da década de 1990 foi justamente a este país que se quis aplicar o modelo da "armadilha de Tucídides".

Às vezes, em vez do par conceitual potência emergente/potência hegemônica ou declinante, recorre-se ao par potências revisionistas/ potências interessadas na manutenção do *status quo* internacional ou dedicadas a ela. Os dois esquemas estão bastante sobrepostos. Tanto o primeiro quanto o segundo podem ser facilmente atrelados ao teorema de Wilson: a Rússia e a China, que já foram rotuladas de antidemocráticas, agora são acusadas de revisionistas e agressivas.

Convém notar imediatamente que nem mesmo o segundo esquema pode ajudar realmente na compreensão de um determinado conflito. Analisemos a situação surgida na Europa centro-oriental após a crise ucraniana a partir de um livro lúcido e equilibrado. Ele parece partir da uma premissa: "A Rússia pode ser considerada uma potência revisionista de médio porte" (Di Rienzo, 2015, p.10). Porém, o desenvolvimento do raciocínio termina colocando em discussão a premissa inicial. Para começar, é preciso levar em conta que talvez existam outras potências revisionistas: "A Polônia de Donald Tusk, atraída pela ambição de retomar a antiga supremacia sobre a Lituânia, Bielorrússia, parte da Ucrânia e da Letônia". A lista das potências revisionistas não termina aqui: "Com o forte apoio à 'revolução ucraniana', a Alemanha de Angela Merkel colocou a última peça necessária à construção de uma grande área de penetração econômica e política que vai do Oder ao Báltico e ao Danúbio, da foz do Don ao Mar Negro". E talvez a lista poderia aumentar posteriormente, incluindo a França, empenhada em conservar ou colocar às claras "o que resta de sua empoeirada grandeza" (e que teve um destacado papel na guerra contra a Líbia de Gadafi). É importante não perder de vista os objetivos almejados pelos Estados Unidos, que promoveram "o golpe de Estado" da praça Maidan em Kiev e que procuraram "anular o secular estado de grande potência" da Rússia. Aliás, o fato de a Ucrânia ter se integrado à Otan indica a presença de "uma aliança potencialmente contrária a Moscou que teria feito uma incursão no território russo mais profunda do que a realizada pelos exércitos do Terceiro Reich durante a "Grande Guerra Patriótica" (ibidem, p.7, 19-20, 9). Como o próprio Kissinger (in Di Rienzo, 2015, p.19, 30) reconheceu, a Rússia corria o risco de se deparar na Europa com uma fronteira "que, no passado, tinha sido a mais grave ameaça à sobrevivência da nação russa".

Com tais citações quero evidenciar não as contradições de um autor ou de um livro, mas sim as aporias de uma abordagem que quer definir responsabilidades pelo início de uma guerra ou de um conflito, apontando uma ou mais potências "revisionistas". A tentativa mais evidente de "revisionismo" ocorreu quando o Ocidente e o seu país-guia quiseram substituir o Conselho de Segurança pela Otan ou até mesmo pelo "xerife internacional" como responsáveis pela ordem legal e pela paz no mundo. Esse revisionismo extremo, que encontrou sua forma mais acabada na revolução neoconservadora, encontra dificuldades crescentes, mas ainda não foi vencido. Se deixarmos de lado esse caso de revisionismo que me parece incontestável, a lista das potências revisionistas poderá variar segundo o ponto de partida escolhido. Após a dissolução do "campo socialista" e da União Soviética, Moscou, que tinha levado a sério a afirmação de Washington de que os Estados Unidos queriam combater o comunismo e não a Rússia, foi submetida a um revisionismo sem limites que via avançar cada vez mais as fronteiras e as bases militares da Otan até penetrar na Ucrânia. Não há dúvidas de que, há muito tempo, Putin tenta reagir contra tudo isso, mas não há certeza de que o país que ele governa possa ser definido como uma potência revisionista.

Se passarmos da Europa para a Ásia, chegaremos à conclusão semelhante. A China gostaria de concluir o processo de unificação nacional (que tinha sido interrompido pela intervenção de Washington na guerra civil), fazendo que a soberania *de jure* sobre Taiwan se transformasse gradualmente em uma soberania *de facto*; os Estados

Unidos fazem de tudo para obstaculizar tal processo com a clara aspiração de transformar a independência *de facto* Taiwan em uma independência também *de jure*, criando um exemplo para outras regiões rebeldes da China, e também concluir o projeto iniciado já em 1945 de separar do grande país asiático uma ilha de grande valor estratégico. E também nesse caso: qual é a potência revisionista?

A guerra como "continuação da política por outros meios"

Para nos orientarmos no labirinto das contradições e tensões cotidianas, que correm o risco de provocar uma nova guerra de grandes proporções, somos obrigados a recorrer a uma chave de leitura diversa daquelas que acabamos de analisar. Atualmente, o teorema de Wilson ameaça voltar novamente à tona, mesmo que se critique sua intepretação da Primeira Guerra Mundial. Já tinha sido desmentido pelos fatos, quando a Alemanha de Guilherme II teve a pretensão de representar a causa da democracia (e da paz) durante a guerra contra a Rússia autocrática (e expansionista) dos czares. O teorema de Wilson atraiu os comentários irônicos de Kissinger e dos defensores do "realismo". Certamente não avançaremos na compreensão dos conflitos atuais se, em vez de contrapormos estados autoritários e democráticos, contrapormos países emergentes e revisionistas. Mesmo que essa nova distinção fosse clara, poucos acreditariam que pudesse explicar a natureza e o horror do Terceiro Reich, limitando-nos a defini-lo como uma potência emergente e revisionista. Se quisermos entender melhor um determinado conflito, não poderemos deixar de entender o que está por trás dele, os interesses e os objetivos de cada uma das partes envolvidas na luta e a maneira como cada uma delas procura defendê-los e alcançá-los.

Vem à mente a celebérrima definição já vista (no "Prefácio"), segundo a qual a guerra é "a continuidade da política por outros meios". A fórmula de Clausewitz não deve ser interpretada, como geralmente acontece, como uma mera banalização da guerra, como se fosse um fato comum da vida política, em relação ao qual não deveria haver qualquer objeção. Na realidade, a máxima que acabamos de citar é um juízo de fato, e não de valor. Contrariamente, quando Clausewitz (1967, p.524) emite um juízo de valor, deixa-o claro e rende homenagem à "mais bela das guerras, aquela que é realizada por um povo em defesa da liberdade e da independência de sua terra", com uma crítica indireta a outros tipos de guerra. Tanto as guerras de conquista e submissão quanto as de defesa e independência nacional são "continuação da política por outros meios", mas constituem duas políticas diferentes e contrárias que não podem ser colocadas no mesmo plano.

Assim, não tem sentido a fórmula de Clausewitz que banaliza a guerra. Lenin (1955-1970, v.21, p.196, 278) sente a necessidade de referir-se a ela em um momento em que é necessário condenar a carnificina da Primeira Guerra Mundial, e de condená-la seriamente, considerando-a não como resultado de um acontecimento casual (o atentado de Sarajevo), mas de uma política conscientemente assumida, sem qualquer improvisação. A catástrofe de 1914-1918 não surge como um raio num céu sereno. Foi precedida por uma dura e prolongada disputa, durante a qual a linha de demarcação entre amigos e inimigos mudou constantemente, por uma luta cujo objetivo não é mais difundir a democracia e a liberdade no mundo, mas sim a conquista e manutenção das colônias (com a consequente negação da democracia e da liberdade para os povos submetidos).

Vimos (cf. "Heine, a Bolsa e os 'desejos imperialistas'") que, durante algum tempo, a crise internacional de 1840 quase levou a uma guerra entre a França e a Grã-Bretanha, o que teria feito Heine chamar a atenção pela primeira vez sobre o papel das "aspirações imperialistas". Oito anos mais tarde, essa crise provavelmente influenciou a análise de Marx sobre o perigo de uma "guerra industrial de extermínio entre as nações", que poderia ser provocada pelo sistema capitalista. Para não nos distanciarmos muito do início do primeiro conflito mundial, concentremo-nos nos anos imediatamente anteriores e nas disputas mais densas. Entre 1895 e 1896, a delimitação das fronteiras entre Venezuela e Guiana britânica e a Doutrina Monroe quase levaram a uma guerra entre os Estados

Unidos e a Grã-Bretanha. Em 1898: em Fashoda, o império colonial britânico parece estar a ponto de entrar em choque com aquele francês. Naquele mesmo ano, após a vitória sobre a Espanha, os Estados Unidos instituíram o seu protetorado em Cuba e reforçaram o seu controle sobre a América Latina; na Ásia são anexados Havaí, Guam, Filipinas, onde é reprimido selvagemente o movimento de independência; de qualquer forma, o império norte-americano entra em rota de colisão tanto com o império japonês como com aquele alemão. Poucos anos depois, por ocasião das duas crises do Marrocos (1905 e 1911, respectivamente), foi a vez de a Alemanha e França quase entrarem em guerra. Entretanto, 1911 é também o ano em que a Itália, com uma verdadeira guerra, adquire uma ampla fatia do Império Otomano, que começou a ser desmembrado por várias potências imperialistas e rivais. A guerra iniciada no verão de 1914 foi a continuação dessa política de longa data.

Além de recusar a leitura anedótica dos conflitos e, sobretudo, dos grandes conflitos, o critério enunciado por Clausewitz teve outros dois méritos. Por um lado, acabou com as interpretações toscamente idealistas ou ideológicas da guerra. Atualmente, são poucos os que estão dispostos a afirmar que as guerras coloniais foram desencadeadas a fim de promover a difusão da religião e da civilização. Tem mais credibilidade a visão que conecta tais guerras com a política de conquista e de controle de mercado e de matérias-primas e com posições geopolíticas estratégicas.

Enfim, o critério enunciado por Clausewitz teve o mérito de rechaçar e contestar a leitura mais ou menos naturalista de conflitos, indicando que eles devem ser tratados no âmbito político e histórico. Não tem sentido falar de guerra entre "raças": a Primeira Guerra Mundial defrontou-se com massacres de brancos contra brancos, e viu que a participação dos negros ocorreu apenas porque foram obrigados por suas respectivas potências a servir de bucha de canhão. Essas mesmas considerações também valem para os povos de cor. Um dos capítulos mais sangrentos da história da guerra foi aquele que teve como protagonistas dois países considerados pelos Ocidente durante muito tempo como membros da "raça amarela":

refiro-me à agressão desencadeada em larga escala pelo Japão imperial e imperialista contra a China, em 1937, e que foi concluída apenas oito anos mais tarde, após uma longa série de infâmias.

O discurso racista está hoje totalmente desacreditado. No entanto, ele reaparece, de forma mais dissimulada, nas interpretações dos conflitos atuais e nas guerras que se delineiam no horizonte como choques entre religiões, civilizações, valores e almas contrário. Vale a pena levar em consideração uma definição que foi formulada pelo principal teórico do Terceiro Reich: a "alma" é a "raça vista de dentro", assim como a raça é o "lado exterior da alma" (Rosenberg, 1937, p.2). Se a explicação de uma guerra continuar a vinculá-la a entidades (religiões, civilizações, almas, valores) que, apesar de não serem eternas, caracterizam-se pela longa duração e por uma grande estabilidade no tempo, não conseguirá superar a derivação naturalista que faz parte do discurso racista. A atenção deve se voltar não para uma natureza mítica ou para uma entidade que pode ser facilmente considerada como natural, mas sim para a política, que por definição é sempre historicamente determinada. Justamente por isso, não há nem mesmo inimigos eternos: a mudança histórica é contínua, e isso naturalmente exerce a sua influência sobre a política interna e externa de um país, modificando o significado da sua posição internacional. Se quisermos interpretar o mundo anglo-saxão em relação à categoria de raça, civilização ou valores, é preciso levar em consideração que tal mundo, a partir da revolta que culminou na fundação dos Estados Unidos, passou por um longo período de antagonismos e de verdadeiras guerras. Chegaremos a uma conclusão semelhante se, em vez do mundo anglo-saxão, voltarmo-nos ao mundo e para os valores ocidentais.

O império, os vassalos e os bárbaros

Procuremos agora analisar os conflitos atuais à luz do critério definido por Clausewitz (e por Lenin). De qual "política" devemos partir? Já conhecemos os gritos de júbilo dos defensores da nova ordem mundial no final da Guerra Fria: o "terceiro-mundismo" tinha sofrido uma derrota; apesar da "descolonização" formal, o Ocidente continuou a gozar de uma posição mais do que nunca "dominante"; o poder mundial e "a administração da justiça internacional" estavam firmemente "nas mãos de um número relativamente restrito de poderosas nações do Ocidente". Também é do nosso conhecimento o alerta contra o abrandamento da "vigilância imperial" e contra o abandono precipitado da ideia de "jardim da infância" atribuída ao mundo colonial; também não ignoramos o apelo feito ao Ocidente para realizar e completar de forma soberana a *pax civilitatis*, sem hesitar em "fazer guerras pela paz", ou seja, "operações de polícia internacional" em todas as partes do mundo. Os mais destemidos ou os mais insolentes foram além: por que não reconhecer abertamente os méritos históricos e a benéfica atualidade do colonialismo e do imperialismo? (cf. "'Não devemos ter medo de fazer guerras pela paz'" e "'Revolução neoconservadora' ou contrarrevolução neocolonial?").

A esta altura surge uma pergunta: ainda existe uma questão colonial no mundo em que vivemos? Para entender o que acontece na Palestina, vamos ouvir um professor da Universidade Hebraica de Jerusalém, autor de um ensaio que se identifica como um triste testemunho e que foi publicado em uma prestigiosa revista norte-americana: a colonização e a anexação das terras expropriadas com a força militar dos palestinos ainda continuam. Aqueles que ousam protestar "são tratados duramente e, às vezes, são presos durante um longo tempo ou talvez mortos durante as manifestações". Tudo isso se situa no âmbito de "uma campanha maligna que procura tornar a vida dos palestinos cada vez mais difícil [...], na esperança de que eles partam". Trata-se de uma limpeza étnica, ainda que diluída no tempo. No conjunto, estamos diante de uma "etnocracia", isto é, em última análise, de um Estado racial (Shulman, 2012). Os relatos aqui apresentados remetem à história do colonialismo clássico: os nativos são oprimidos, sistematicamente expropriados, marginalizados, humilhados e, quando necessário, assassinados.

Ainda que o tipo de tragédia que envolve o povo palestino espelhe a posição assumida pelo Ocidente em seu conjunto, essa atitude constitui uma exceção e não a regra. A situação internacional criada após o fim da Guerra Fria fica clara na análise feita por um ilustre homem político e estrategista norte-americano. No plano militar, não há dúvidas: apenas os Estados Unidos possuem "um exército tecnologicamente inigualável, o único capaz de controlar todo o planeta" (Brzezinski, 1998, p.33, 35). Cabe ainda acrescentar: esse é o único país que aspira a ter a capacidade de infligir um primeiro ataque nuclear impune e assim poder exercer um terrível poder de chantagem sobre o resto do mundo (Romano, 2014, p.19). Como se tudo isso não bastasse, os Estados Unidos dispõem de uma imponente e capilar rede de bases militares terrestres e navais que os torna capazes de controlar e também atacar qualquer parte do mundo.

Esse autor norte-americano citado diz que é possível comparar o atual império norte-americano ao Império Romano, ainda que sua extensão – destaca ele com orgulho – tenha sido "muito menor". Por definição, um império não se baseia em relações de igualdade. Em uma análise mais atenta, os presumidos aliados de Washington são considerados Estados "vassalos e tributários", ou seja, "protetorados": isso vale para "a Europa ocidental" e para "aquela central", assim como para o Japão. Uma posição ainda mais submissa é ocupada pelas "colônias" (ou semicolônias) (Brzezinski, 1998, p.19-20, 40, 84).

Vejamos agora o que pode ocorrer em termos financeiros, sempre segundo o mesmo analista:

> A rede de agências técnicas, sobretudo financeiras, já pode também ser considerada parte integrante do sistema norte-americano. O Fundo Monetário Internacional (FMI) e o Banco Mundial, apesar de representarem interesses "globais", são na verdade fortemente influenciados pelos Estados Unidos. (ibidem, p.40-1)

Enfim, o país que dispõe dessa primazia política, militar e financeira não hesita em se apresentar como a "nação indispensável", a "nação eleita" por Deus, a nação "excepcional" por excelência:

essa é uma orgulhosa autoconsciência imperial que nenhum dos "vassalos e tributários" e nenhuma das "colônias" (ou semicolônias) ousam questionar. É também por isso que os Estados Unidos, como qualquer império que se respeite, tendem a estender a sua jurisdição muito além das fronteiras nacionais. Para dar um exemplo, os bancos europeus podem ser obrigados a pagar multas elevadíssimas por desrespeito às leis norte-americanas que impõem embargo a um ou outro país!

No passado e também hoje, do lado externo desse poderoso organismo internacional, hierarquicamente organizado, que é o império, há o movimento dos rebeldes, dos "bárbaros", que de alguma forma, mais cedo ou mais tarde, precisam ser dominados ou enfraquecidos. Do ponto de vista do atual império norte-americano, os "bárbaros" por excelência são a Rússia e a China, dois países que, por suas dimensões, sua história e sua cultura, não se deixam submeter à vassalagem e muito menos à servidão colonial ou semicolonial. Que o tratamento lhes deve ser dado? No fim dos anos 1990, a Rússia que tinha saído de uma derrota na Guerra Fria aparentava um "estado em decomposição", foi, posteriormente, humilhada pela "catástrofe geopolítica" da separação da Ucrânia e, além disso, ameaçada pelo irredentismo islâmico, "exemplificado pela guerra com a Chechênia". A situação foi mais perigosa ainda pelo fato de a secessão parecer ter sido claramente apoiada por um país-membro da Otan, isto é, pela Turquia, interessada em "restabelecer a sua antiga influência sobre a região", o que também reforçava o seu papel "na região do Mar Negro". O que agravou ainda mais a fragilidade geopolítica da Rússia foram "as manobras navais e desembarques conjuntos entre a Otan e a Ucrânia", e a progressiva "expansão da Otan". Essa situação acabou preocupando também "muitos democratas russos" (ibidem, p.221, 127, 129, 139). Isso ocorria porque começava a surgir "uma ameaça à sobrevivência da nação russa" (segundo as considerações de Kissinger já apresentadas).

A China, o anticolonialismo e o espectro do comunismo

Antes da fundação da República Popular da China, houve uma intervenção dos Estados Unidos para impedir que a maior revolução anticolonial da história chegasse à sua conclusão natural, isto é, à reconstituição da unidade nacional e territorial do grande país asiático, destruída a partir das guerras do ópio e da agressão colonialista. Os Estados Unidos utilizaram sua força militar e ameaçaram várias vezes com a possibilidade de uso de armas nucleares, para impor a separação *de facto* da República da China (Taiwan) da República Popular da China. Foram anos em que a superpotência aparentemente invencível foi envolvida num debate revelador: *"Who lost China?"*. Quem tinha sido responsável pela perda de um país com uma enorme importância estratégica e com um mercado potencialmente ilimitado? E de que forma se poderia contornar essa situação lamentavelmente criada? Durante mais de duas décadas, a República Popular da China foi excluída do Conselho de Segurança da ONU e pela própria ONU. Ao mesmo tempo, sofreu um embargo que pretendia condená-la à fome ou pelo menos ao subdesenvolvimento e ao atraso. Outras formas de guerra se somaram àquela econômica: a administração Eisenhower declarou seu "apoio aos ataques de Taiwan contra a China continental e contra 'o comércio por via marítima com a China comunista'"; ao mesmo tempo, a CIA garantiu "armas, treinamento e apoio logístico" aos "guerrilheiros" tibetanos (Friedberg, 2011, p.67) e alimentou todas as formas de oposição e "dissidência" em relação ao governo de Pequim.

É verdade que, na etapa final da Guerra Fria, a China acabou se tornando uma aliada dos Estados Unidos, que, no entanto, nem por isso renunciaram às suas ambições hegemônicas. Com as reformas de Deng Xiaoping, renasceram em Washington as esperanças de reconquista do país "perdido" há trinta anos:

> Alguns analistas predisseram, inclusive, que as zonas econômicas especiais se tornariam uma espécie de colônia norte-americana na Ásia

Oriental [...]. Os norte-americanos acreditavam que a China acabaria se tornado uma gigantesca sucursal econômica dos Estados Unidos. (Ferguson, 2008, p.585-6)

Com o fim da Guerra Fria, como reconheceu tranquilamente um analista que tinha sido conselheiro do vice-presidente Dick Cheney, as forças navais e aéreas da superpotência solitária violavam aberta e tranquilamente "o espaço aéreo e as águas territoriais da China sem medo de serem impedidas e interceptadas". O grande país asiático era impotente. Hoje, a situação mudou sensivelmente. No entanto, os Estados Unidos ainda são capazes de controlar as vias de comunicação marítima. Assim, "a China se encontra, agora, vulnerável aos efeitos de um bloqueio naval ou o será ainda mais à medida que sua economia crescer"; de fato "o seu destino poderia depender da indulgência (*forbearance*) norte-americana" (Friedberg, 2011, p.217, 228, 231). E é essa situação que os Estados Unidos se esforçam para perpetuar.

Assim, podem-se compreender os conflitos territoriais que existem no mar da China oriental e no mar da China meridional. No entanto, convém analisá-los em uma perspectiva histórica. Logo após a Primeira Guerra Mundial, na conferência de Versalhes, as potências ocidentais entregaram ao Japão os territórios chineses da península de Shandong que, até aquele momento, tinham sido ocupados pela Alemanha derrotada. Era uma ação típica da história do colonialismo, que ainda se manteve por mais de trinta anos. Com o tratado de São Francisco, de 1951, os Estados Unidos entregaram as ilhas Senkaku (em japonês) ou Diaoyu (em chinês) ao Japão, país vencido, mas que se tornou um importante aliado de Washington na Guerra Fria. À alegada conferência de paz não foram convidados nem o governo de Taiwan nem o de Pequim: a China continuava a ser considerada e tratada como uma colônia.

Passemos aos nossos dias. As intervenções das potências coloniais e as dificuldades e vicissitudes do processo de descolonização tornaram problemática e complicada a delimitação das fronteiras. Em 1921, quem exercia o poder sobre as ilhas Paracelso (Xisha em chinês) eram as autoridades da China meridional, ainda que elas – objeta de forma um tanto capciosa o historiador em cuja reconstrução me baseio – não tivessem sido reconhecidas pelas "grandes potências" até 1928. Logo após o fim da Segunda Guerra Mundial, o controle das ilhas Paracelso foi disputado entre a China de Chiang Kai-shek e a França, que exercia seu domínio sobre a Indochina e que conseguiu levar a melhor: até que ponto o Vietnã pode ser considerado legítimo herdeiro de territórios apropriados por uma potência colonialista? Por último, em 1958, a República Popular da China reivindicou sua soberania sobre Taiwan, as ilhas Paracelso e as ilhas Spratly (Nansha em chinês), em uma declaração solene divulgada pouco depois pelo órgão do Partido Comunista vietnamita e pela carta enviada aos dirigentes chineses pelo primeiro-ministro vietnamita Pham Van Dong (que naquele momento se apresentava principalmente como uma forma de resistir à agressão norte-americana): tratava-se de um reconhecimento da reivindicação feita pelo governo de Pequim? (Hayton, 2014, p.63-4, 97-8).

Uma coisa é certa: a campanha que responsabiliza pelo conflito apenas a presumida agressividade da República Popular da China não tem qualquer fundamento. Esta simplesmente retomou as reivindicações que tinham sido feitas pela China de Chiang Kai-shek (aliada subalterna dos Estados Unidos) e que continuam sendo feitas também pelos dirigentes de Taiwan. Mas é preciso inserir o problema das ilhas disputadas em um contexto mais amplo. Passemos a palavra a um estudioso norte-americano ilustre e pouco inclinado a fazer concessões ao país que desafia a hegemonia de Washington: em relação às fronteiras terrestre, a China resolveu a maior parte das suas disputas "em boa medida pelo fato de ter decidido a fazer concessões à outra parte" (Mearsheimer, 2014, p.375). E foram concessões significativas – observa, por sua vez, um estudioso britânico – e até importantes, pois a República Popular da China renunciou a "mais de 3,4 milhões de quilômetros quadrados de território que faziam parte do império manchu" (Tai, 2015, p.158). E em relação às disputas marítimas? Por que um país com uma civilização milenar e com um reconhecido pragmatismo iria se mostrar agressivo justamente em seu flanco mais frágil (nos planos militar e geopolítico)? Na realidade,

> [...] os países limítrofes da China sabem que o tempo não trabalha em seu favor, dado que a balança do poder está se inclinando numa direção contrária a seus interesses e aos dos Estados Unidos. Por isso lhes convém estimular as disputas territoriais agora que a China se encontra relativamente enfraquecida, em vez de esperar que ela se torne uma superpotência [...]. São os vizinhos da China, e não Pequim, que deram início às tensões dos últimos anos. (Mearsheimer, 2014, p.382)

E esses países deram início às tensões estimulados por uma superpotência que, como reconhecerem os teóricos da revolução neoconservadora, tem interesse em aproveitar a janela temporal, ainda aberta durante algum tempo, para consolidar e perpetuar a sua hegemonia. Portanto, é necessário que Washington continue controlando de forma soberana as vias de comunicação marítima e, no caso da Ásia, o mar da China oriental e o mar da China meridional. Após o desenvolvimento da revolução anticolonialista mundial, criou-se uma situação sobre a qual vale a pena refletir: "Apesar de a maioria das colônias ocidentais ter sido desmantelada após a Segunda Guerra Mundial, numerosas ilhas continuam sendo colônias ou controladas pelos países ricos". Com base na convenção aprovada pela ONU em 1983, a cada uma dessas ilhas corresponde uma zona econômica exclusiva de 200 milhas marítimas. Dessa forma, as grandes potências ocidentais, as (ex-)potências colonialistas, passam a dispor de uma superfície marítima de milhões e milhões de quilômetros quadrados, situada a grande distância de seus territórios (Tai, 2015, p.158-9). A vantagem econômica se soma à geopolítica, pois também se reconhece a estas a soberania sobre o espaço aéreo e sobre as águas territoriais em seu entorno até doze milhas marítimas. No plano militar, a situação atual pode ser assim sintetizada: "O mar da China meridional é uma área usada pelos submarinos norte-americanos de ataque que podem chegar sem obstáculos às água da ilha de Hainan", onde se situa a mais importante base de submarinos chineses, aqueles que, eventualmente, poderiam atingir o continente americano; no entanto, estes ainda possuem uma tecnologia pouco avançada e são pouco silenciosos, podendo ser facilmente descobertos e eliminados pela frota dos Estados Unidos (Lee, 2015), que assim conseguiriam aproximar-se mais ainda do objetivo, há muito aguardado, de poder realizar o primeiro ataque nuclear sem revide imediato.

É com essa estratégia claramente ofensiva que Washington se propõe, por assim dizer, a "terrestrizar" a China. Daí sua política voltada para o bloqueio da reunificação de Taiwan com a pátria-mãe e, possivelmente, para transformar a ilha em um porta-aviões antichinês, gigante e inafundável; daí a tentativa de impedir que Pequim exerça um controle estável sobre as ilhas cuja soberania a China reivindicava bem antes de os comunistas chegarem ao poder, e com uma reivindicação que não tinha suscitado nenhuma objeção de Washington sobre as ilhas que, como reconheceu um livro publicado um pouco antes do *pivot* por uma instituição norte-americana de certa forma oficial (Strategic Studies Institute, US Army War College), antes das guerras do ópio estavam "sob a jurisdição das províncias costeiras meridionais da China" (Lai, 2011, p.127). O objetivo dos Estados Unidos é confinar o grande país asiático na sua superfície terrestre e circundá-lo com o maior número possível de bases aéreas e navais e com um gigantesco dispositivo militar, destinado a crescer em consequência do *pivot*. Se esse plano fosse levado a cabo, a China estaria à mercê dos Estados Unidos, que poderiam em qualquer momento chantageá-la com a ameaça de um bloqueio naval ou de um bloqueio das vias de comunicação marítimas, através das quais passam as matérias-primas e o comércio exterior que são absolutamente essenciais para a economia do grande país asiático. Sem falar da chantagem do primeiro ataque nuclear sem revide! Com isso estaria realizado o sonho do conselheiro do ex-vice-presidente Dick Cheney (um "falcão" e um defensor do neoconservadorismo), o sonho segundo o qual a China passaria a depender eternamente da duvidosa "benevolência" dos Estados Unidos.

Reduzir a uma condição de substancial vassalagem o país que protagonizou a maior revolução anticolonial da história seria o triunfo do império! Também nesse caso é muito clara a linguagem dos neoconservadores, que fazem o seguinte alerta contra a China: esse país em forte ascensão é o porta-voz daqueles que criticam o "'neointervencionismo' norte-americano, a 'nova política das canhoneiras' e o 'neocolonialismo econômico'" e questiona a "vigilância imperial" a ser exercida pelos Estados Unidos (cf. "'Revolução neoconservadora' ou contrarrevolução neocolonial?"). Com termos semelhantes se exprime um autor que, de 2006 a 2008, ocupou uma posição de destaque na Secretaria de Estado: "A China é o país em vias de desenvolvimento mais influente na história mundial", e sua política é inspirada por um "nacionalismo pós-colonial" (Christensen, 2015, p.115, 290). Somos levados novamente à questão colonial ou neocolonial.

Para os Estados Unidos e para o Ocidente, perfila-se um cenário alarmante pelo fato de que quem promove o movimento anticolonialista, por meio de seus dirigentes políticos e da ideologia, continua vinculado ao movimento que inspirou a revolução anticolonialista mundial. A China é caracterizada por uma "volátil mistura de marxismo-leninismo e por um nacionalismo pós-colonial" (ibidem, p.290). Defrontamo-nos aqui com uma nova acusação: o "marxismo-leninismo". Sim – continua um outro analista norte-americano –, é preciso não se deixar enganar pelas aparências: a incorporação da China ao capitalismo é um mito difundido pelos dirigentes do Partido Comunista para enganar o Ocidente e para ter mais facilidade de acesso à tecnologia de que necessita; a realidade é que as empresas estatais "produzem ainda hoje 40% do PIB chinês" (Pillsbury, 2015, p.159-60). Assim se expressa um autor que, como esclarece o texto da segunda capa de seu livro, "prestou serviço nas administrações presidenciais de Richard Nixon a Barack Obama" e que não quer ficar para trás na denúncia da denominada ameaça chinesa. No entanto, ele reconhece que, em 2011, "enquanto nos Estados Unidos o gasto militar chegava a cerca de 5% do PIB, na China esse montante era de apenas 2,5%". Além disso:

A estratégia chinesa consistiu em renunciar ao desenvolvimento de uma força e de um poder de projeção global, mantendo um arsenal curiosamente pequeno de ogivas nucleares [...]. Numerosos analistas ocidentais ficaram atônitos diante do fato de a China não ter reunido forças militares mais poderosas para defender-se e para defender suas vias de comunicação marítimas. (ibidem, p.41)

No entanto, o autor norte-americano convida a ver justamente nessa aparente moderação a prova da grande periculosidade de um país com uma civilização milenar, que quer evitar um choque militar prematuro. Mesmo continuando a manter um "curiosamente pequeno" arsenal nuclear e militar, o que reforça a possibilidade dos riscos que corre, a China constitui sempre uma ameaça. A esta altura fica clara a política atrelada à possibilidade de uma futura guerra: se, no momento em que a revolução neoconservadoras se encontrava no seu auge, o "xerife internacional" precisava apenas de modestas operações de polícia internacional contra países incapazes de opor qualquer resistência e que se encontravam praticamente desarmados, agora precisa levar em conta e preparar guerras de dimensões bem mais amplas contra países que, por suas dimensões e seu potencial econômico, constituem um obstáculo para a superpotência até agora solitária. Fica clara a ligação entre a reabilitação do colonialismo e do imperialismo presentes no Ocidente nos anos precedentes e as guerras de grande porte cujo perigo se sente cada vez mais nos nossos dias.

Uma "guerra irregular" já em andamento?

De que forma o império pode levar à razão "bárbaros" como a Rússia e a China? Talvez – observam analistas militares e importantes políticos – mais que buscar o enfrentamento militar direto, convém desestabilizá-los internamente, usando um método já comprovado em relação a um conjunto de países pequenos e médios. Na *Newsweek* de 30 de janeiro de 2015, pode-se ler um artigo com um título revelador: "Rússia, é tempo de mudar de regime". O autor,

Alexander J. Motl, explica que essa operação não deveria ser difícil. Dada a debilidade sobretudo econômica e a fragilidade étnica e social do país euroasiático, "num certo momento, uma ação relativamente modesta – um tumulto, um assassinato, a morte de alguém – poderia facilmente provocar uma revolta, um golpe de Estado ou até mesmo uma guerra civil" (Motl, 2015). E assim o problema seria resolvido.

Também em relação à China as opiniões são claras: "Deixando de lado as sutilezas diplomáticas, a estratégia norte-americana tem por principal objetivo acelerar uma revolução mesmo que pacífica" (Friedberg, 2011, p.184). Obviamente, a crise do regime a ser derrubado deve ser preparada e estimulada de qualquer forma. Já no início deste século, um importante historiador norte-americano concluía seu livro dedicado à "política das grandes potências" convidando o seu país a utilizar um instrumento que tivera êxito na Guerra Fria e que poderia ser retomado para fazer frente à prodigiosa e inesperada ascensão do grande país asiático:

> Os Estados Unidos têm grande interesse em desacelerar o crescimento econômico da China nos próximos anos [...]. Ainda há tempo para os Estados Unidos mudarem o curso dos acontecimentos e fazerem todo o possível para desacelerar a ascensão da China. Os imperativos estruturais do sistema internacional, que são poderosos, obrigarão possivelmente os Estados Unidos a abandonar a sua política de compromisso construtivo. De fato, já há indícios de que a nova administração Bush deu os primeiros passos nessa direção. (Mearsheimer, 2001, p.402)

Deve-se utilizar apenas o instrumento econômico ou podem, novamente, ser úteis as "numerosas operações clandestinas" desencadeadas por Washington "nos anos 1950 e 1960" (ibidem, p.387)? Esse último ponto é tratado com detalhes em um recente livro cuja importância fica clara pelo círculo do qual se origina: publicado por uma editora claramente ligada ao *establishment* político-militar (Naval Institute Press), em sua contracapa se encontram fortes recomendações e elogios por parte desse *establishment*, por exemplo do "ministro da Marinha Militar de 1981 a 1987" e do "coordenador-chefe da campanha aérea da Guerra do Golfo de 1991". Pois bem, quais são os projetos e as sugestões que podem ser lidos nesse texto? "A fragilidade política interna da China é um fator de risco para os seus governantes e poderia constituir um elemento de vulnerabilidade que poderia ser aproveitado pelos adversários" (Haddick, 2014, p.86). A partir da constatação do "forte controle que os dirigentes Partido Comunista querem manter sobre seu exército, sobre o governo e sobre a sociedade chinesa como um todo", sugere-se uma série de "ameaças" e "ataques" pouco explicados, mas de vários tipos. Primeiramente, a atenção deve se concentrar nos "métodos de guerras irregulares, não convencionais, ligados à informação, que incluem a possibilidade de provocar instabilidade, por exemplo no Tibete ou em Xinjiang". O analista militar norte-americano dá uma grande ênfase a essa questão: "Ações encobertas e a guerra não convencional com o objetivo de criar desordens para o Partido Comunista Chinês (PCC) no Tibet e em Xinjiang" podem constituir um ótimo ponto de partida. Entretanto, o alvo não deveria ser apenas as regiões habitadas por minorias nacionais. São necessárias "operações midiáticas e no âmbito da informação (e da desinformação) mais agressivas contra a China"; é preciso saber utilizar plenamente "as operações psicológicas e de informação [e de desinformação], as artes ocultas da guerra irregular e ofensiva, a guerra não convencional". A provocação de desordens e instabilidade na sociedade civil, inclusive com a incitação de uma nacionalidade contra a outra, entrelaça-se com o esforço para desarmar o aparato estatal de segurança: "Os ataques contra a liderança das forças de segurança interna poderiam ser devastadores" (*compelling*); seria muito importante influenciar ou cooptar "elementos indóceis do exército e do aparato burocrático". A ação de desestabilização daria um salto de qualidade se se conseguisse romper com a unidade do grupo dirigente: "Ataques contra o patrimônio (*assets*) pessoal dos dirigentes de mais alto nível do PCC poderiam provocar discórdias internas na liderança chinesa" (ibidem, p.137, 148, 151).

Até aqui, deparamo-nos com uma guerra psicológica e econômica. No entanto, ao fazer intervir "atores não estatais" na "guerra irregular", sem que se perca de vista a guerra psicológica, emerge uma nova dimensão:

> Seria importante também o uso de navios civis, por exemplo de barcos de pesca equipados com radiotransmissores e com telefones por satélite, com o objetivo de reunir informações sobre as atividades marítimas militares e não militares da China. Os comandantes chineses se encontrariam numa situação política delicada se quisessem impedir a coleta de dados a partir de navios civis. E por causa da proteção desfrutada como não combatentes, tais navios podiam chegar a lugares vetados a embarcações de caráter militar ou paramilitar. (ibidem, p.144-5)

Poder-se-ia ainda lançar mão de outras medidas de "guerra irregular", como a "sabotagem das instalações petrolíferas chinesas no mar da China meridional" ou "a sabotagem dos cabos submarinos conectados com a China"; poder-se-ia também pensar na "colocação clandestina de minas marinhas que atingissem navios chineses de caráter militar ou paramilitar" (ibidem, p.148). Contudo, procurando sempre não se apresentar abertamente como agressores, mas sem abrir mão do objetivo, criar com todos os meios o caos no país que ameaça converter-se num perigoso concorrente e colocá-lo fora de combate graças à "guerra irregular" repetidamente invocada.

Presságios do século XXI?

A "guerra irregular" poderia não bastar. Os dirigentes norte-americanos sabem muito bem disso, eles que aspiram a assegurar a possibilidade de realizar um ataque nuclear, mas ao mesmo tempo prevendo e neutralizando a represália do país atingido. É essa aspiração que explica a denúncia do presidente Bush [filho], em 13 junho 2001, do tratado firmado trinta anos antes. Este tinha sido "o acordo talvez mais importante da Guerra Fria" (Romano, 2015, p.14), aquele que tinha levado os Estados Unidos e a União Soviética a limitar fortemente a construção de bases antimísseis, renunciando assim a perseguir o objetivo da invulnerabilidade nuclear e, portanto, da dominação planetária que ela deveria garantir.

Durante algum tempo, Washington acreditou que tal objetivo pudesse ser facilmente atingido. Em 2006, um artigo publicado na *Foreign Affairs* (uma revista próxima ao Departamento de Estado) anunciou: "Possivelmente, em breve, será viável aos Estados Unidos destruir os arsenais nucleares de longo alcance da Rússia ou da China com um primeiro golpe" e sem precisar temer represálias. Já não se acreditava no arsenal nuclear russo, que passava por um rápido processo de deterioração, e se dava um crédito menor ainda àquele chinês: "A probabilidade que Pequim tem de adquirir na próxima década uma força de dissuasão nuclear duradoura é mínima [...]. Hoje os Estados Unidos possuem uma capacidade de realizar um ataque nuclear contra a China sem sofrer represálias e serão capazes de freá-la por mais de uma década" (Lieber; Press, 2006, p.43, 49-50). Talvez atualmente essa expectativa de segurança já esteja declinando.

Explica-se, assim, o aspecto mais inquietante da corrida armamentista em andamento: se os Estados Unidos querem conseguir a invulnerabilidade nuclear, os países potencialmente ameaçados por eles se veem impelidos a preveni-la ou a torná-la bem mais difícil e problemática. É por isso que os estrategistas e analistas políticos e militares retomaram (mais energicamente) a análise do possível andamento de uma guerra nuclear. No *National Interest* de 7 maio de 2015, pode-se ler um artigo particularmente interessante. O autor, Tom Nichols, não é uma personalidade insignificante, é "professor do National Security Affairs at the Naval War College". E o título é tanto eloquente quando alarmante: "How America and Russia could start a nuclear war" [como a América e a Rússia poderiam provocar uma guerra nuclear"]. Este é um tema várias vezes reiterado pelo ilustre docente: a guerra nuclear "não é impossível"; em vez de impedi-la, os Estados Unidos deveriam estar preparados para enfrentá-la nos planos militar e político.

Este é o cenário imaginário: a Rússia – que já com Ieltsin, em 1999, durante a campanha de bombardeios da Otan contra a Iugoslávia, proferiu terríveis ameaças, e que com Putin não se conforma absolutamente com a derrota sofrida na Guerra Fria – acaba provocando uma guerra não mais convencional, mas nuclear, e que se sabe só ter crescido inclusive nesse nível. O resultado é uma catástrofe sem precedentes: nos Estados Unidos, as vítimas não inumeráveis; a sorte dos sobreviventes é talvez ainda pior, dado que, para aliviar seu sofrimento, é necessário facilitar sua morte mediante a eutanásia; o caos é total, e a única coisa que pode garantir a ordem pública acaba sendo a "lei marcial". Ora, vejamos o que acontece no território do inimigo vencido, que sofreu ataques não só dos Estados Unidos, mas também da Europa e, em particular, da França e da Grã-Bretanha, que inclusive são potências nucleares:

> Na Rússia, a situação é ainda pior [que nos Estados Unidos]. A total desintegração do império russo, iniciada em 1905 e interrompida pela aberração soviética, foi finalmente consumada. Será iniciada uma segunda guerra civil russa, e a Eurásia, durante décadas ou mais tempo ainda, será apenas um amálgama de Estados étnicos devastados e governados por homens fortes. Alguns resquícios do Estado russo ainda poderiam reemergir das cinzas, mas possivelmente serão sufocados definitivamente por uma Europa que não está disposta a perdoar uma tão grande devastação.

No título do artigo aqui citado, faz-se referência apenas a uma possível guerra nuclear entre Estados Unidos e Rússia, mas o autor deixa claro que não se contenta com meias medidas. O seu discurso continua imaginando uma réplica na Ásia do cenário que acabamos de apresentar. Nesse caso, não é Moscou, mas Pequim que provoca a guerra, primeiramente na sua forma convencional e depois em sua forma nuclear, com consequências ainda mais terríveis. O resultado, no entanto, não muda: "Os Estados Unidos acabarão sobrevivendo. *A República Popular da China, de forma semelhante à federação russa, deixará de existir como entidade política*" (Nichols, 2015).

Os cenários aqui apresentados são presságios do século XXI? Uma circunstância precisa ser analisada. No início do século XX, *A grande ilusão* de Angell apareceu juntamente com dois textos literários de London e Wells que previam o horror do século apenas iniciado. Nos nossos dias, no período entre os séculos XX e XXI, tanto Habermas quanto Hardt e Negri proclamavam o surgimento de um mundo que começa a ganhar um tom de "ordem cosmopolita" ou que estava preocupado em realizar ou que já tenha realizado a "paz perpétua e universal". Quinze anos mais tarde, encontramos referência à possibilidade de uma ou duas guerras nucleares totais em uma prestigiosa revista norte-americana feita não por um literato, mas por um estrategista e analista. Estamos diante de um texto revelador, que involuntariamente ilumina o projeto, ou melhor, o sonho, acalentado pelos seguidores mais fanáticos da religião da "absoluta superioridade" dos Estados Unidos, pelos círculos dispostos a eliminar com todos os meios as resistências que se opõem à dominação planetária do "xerife internacional". Para estes, não se trata de rechaçar a "agressão" atribuída à Rússia e à China, e não se trata nem mesmo de desarmar tais países ou neutralizá-los. Não, é preferível aniquilá-los como Estados, como "entidades políticas". Pelo menos em relação à Rússia, o autor deixar de perceber que a sua "desintegração" resultou de um processo positivo iniciado em 1905, mas que, infelizmente, foi interrompido pelo poder soviético e que agora chega "finalmente" (*finally*) à sua conclusão. O docente norte-americano aqui citado parece expressar um desapontamento e uma desilusão diante da derrota sofrida pela Alemanha nazista em Stalingrado.

Uma coisa é certa: a destruição da Rússia como "entidade política" foi um projeto defendido pelo Terceiro Reich, e é inquietante que na Ucrânia a Otan se sirva ou tenha se servido também da manobra política de grupos neonazistas. De outro modo, destruir a China como "entidade política" era o plano do imperialismo japonês, que emulava na Ásia o imperialismo hitleriano. Daí a necessidade de indagar as razões que levaram os Estados Unidos a fortalecer o seu eixo com um Japão que renega uma Constituição pacifista e que se revela cada vez mais relutante em reconhecer os crimes cometidos pelo Império do Sol Nascente na tentativa de submeter e escravizar o povo chinês e outros povos asiáticos.

Mesmo que o citado artigo não deva ser interpretado como expressão de uma tendência generalizada e inquestionável, sua publicação é sintomática. Já no passado, o estrategista norte-americano Brzezinski, mesmo sem defender a aniquilação de duas importantes "entidades políticas", não deixou de se referir ao "desmembramento" da China ou a um processo de secessão em cadeia na Rússia (Brzezinski, 1998, p.218, 121, 117). No entanto, segundo a doutrina proclamada por Bush [filho], os Estados Unidos se atribuíam o direito de inviabilizar rapidamente o surgimento de possíveis concorrentes da superpotência até então solitária. Vimos, aliás, um representante do neoconservadorismo colocar num mesmo plano "criminosos", "delinquentes" e "rivais potenciais" (cf. "'Não devemos ter medo de fazer guerras pela paz'"). É evidente que certos círculos militares e políticos da república norte-americana defendem a ideia de eliminar os países que põem em risco a ordem mundial garantida por um solitário "xerife internacional", e que alguns deles também estão dispostos a correr o risco de uma guerra nuclear. A mais recente versão do sonho da "paz definitiva" – aquela que, alimentada pela vitória conseguida pelos Estados Unidos e pelo Ocidente na Guerra Fria, prometia erradicar definitivamente o flagelo da guerra mediante a difusão em escala planetária (mesmo com recurso às armas) da democracia e do livre mercado – poderia se transformar ou corria o risco de se transformar no pesadelo de um holocausto nuclear.

CAPÍTULO 12

Como lutar hoje por um mundo sem guerras

Em busca da mítica "casa da paz"

A desilusão que historicamente se seguiu a todos os projetos de realização da paz perpétua pode estimular a fuga do mundo histórico em busca de uma sabedoria originária e de uma religião, encarnadas por um determinado povo, baseadas na recusa da violência como tal e que são capazes, graças à progressiva conversão de indivíduos e massas, de construir um mundo de paz. O movimento mais conhecido nessa direção é o que envolveu milhões de homens e mulheres que seguiram Gandhi na Índia e aceitaram sua orientação religiosa e política: a alternativa à prepotência e à dominação colonial e à cultura da violência característica do Ocidente como um todo foi procurada, no Oriente, na antiga sabedoria indiana, e sobretudo no jainismo, com sua fé no *ahimsa*, e na não violência envolvendo todos os seres sensíveis.

O movimento aqui referido se situa no âmbito de um mito que não se sustenta historicamente. Não é tão importante o fato de que, durante a Primeira Guerra Mundial, foi exatamente o defensor da não violência que se envolveu no recrutamento de 500 mil homens para o Exército britânico e que se vangloriou de ser o "recrutador-chefe", invocando e comemorando a disponibilidade do povo indiano em "oferecer todos os seus filhos idôneos como sacrifício para o império". E também não é tão importante o fato de que a independência da Índia tenha sido resultado não tanto da ações do movimento não violento, mas sim dos gigantescos conflitos que, por um lado enfraqueceram e condenaram à impotência o império britânico, e que, por outro, deram um impulso irresistível à revolução anticolonial levada a cabo em nível mundial, inicialmente com a reviravolta de outubro de 1917 e depois com a derrota do projeto do imperialismo alemão e japonês de retomar e radicalizar a tradição colonial.

É mais significativo aquilo que foi revelado pela análise da Índia dos dias atuais. Ela atrai a nossa atenção e a nossa simpatia graças à sua luta para sair do subdesenvolvimento e para eliminar a miséria de grande parte de sua população (que ainda é muito forte). No entanto, estamos diante de um país que, longe de encarnar o ideal da não violência, é um dos mais violentos da Terra: são muito conhecidos os choques armados entre os diversos grupos religiosos e étnicos, com frequentes *pogroms*, incluídos também os massacres dos muçulmanos (e às vezes também dos cristãos). Há alguns anos, o *International Herald Tribune* traçou um panorama eloquente e desencorajador: "Pancadarias, incêndios e morte com motivações políticas" são frequentes. A violência assume um patamar estarrecedor "até mesmo para os padrões sanguinários" dessas regiões: "Esqueçam o que vocês ouviram sobre Gandhi e a não violência na Índia. Esta é, hoje, uma nação de milícias" armada (Giridharadas, 2008). O governo reage às insurreições dos camponeses e dos movimentos separatistas fazendo uso, além da polícia normal, de grupos paramilitares que não retrocedem diante do "saque e incêndio das aldeias" suspeitas de conivência com a revolta. Tudo isso é seguido pela ascensão de uma ideologia que proclama a "supremacia hindu" e "ariana", criando terreno para o ódio racial (Lakshmi, 2002). Além disso, a violência contra as mulheres é terrível, sobretudo em relação às castas inferiores; sente-se dolorosamente a falta de uma autêntica revolução de baixo, na presença de uma violência inserida nas relações sociais que caracterizam uma sociedade de castas.

Também em relação à política internacional, a lição de Gandhi, ou a ele atribuída, não parece ter deixado traços relevantes. A Índia é uma potência nuclear que – observavam alguns analistas desde o início do século – nutre-se de "grandes ambições" e aplica "uma política de potência cínica"; por exemplo, "fez várias intervenções no Sri Lanka de 1987 a 1990" e desenvolveu uma importante armada que exibe sua força inclusive "no estreito de Malaca" (Jacobsen; Khan, 2002). Na Ásia meridional, o país que alcançou a independência em 1947, parece ter herdado as ambições e a postura do império britânico. Também a esse respeito se percebe a ausência de uma autêntica revolução de baixo. O mínimo que se pode dizer é que, apesar de Gandhi e da *ahimsa*, a Índia de hoje não se distingue das outras grandes potências.

A busca de uma religião, de uma sabedoria originária e de uma etnia que encarnem o valor da paz é enganosa e mítica. Foi o próprio Gandhi que, por causa da Primeira Guerra Mundial e para justificar ser intervencionista, fez a seguinte observação a respeito dos seguidores do jainismo: eles observam escrupulosamente a dieta vegetariana e evitam e condenam a violência contra qualquer ser vivo, "mas compartilham com os europeus a pouca consideração pela vida do inimigo"; sim, "estes aplaudem a destruição do inimigo como os demais habitantes da Terra". No conjunto, "os hindus não são menos propensos ao combate que os muçulmanos". A "casa da paz" jainista ou hindu não tem maior credibilidade que a "casa da paz" islâmica ou cristã (e deve-se destacar que o Islã se apresenta como a "casa da paz").

Às vezes, a mítica "casa da paz" não se identifica com uma determinada religião, cultura ou etnia, mas sim com o sexo ou o gênero feminino: a mulher é considerada a encarnação da rejeição à cultura da morte por causa de seu papel na reprodução da vida. No entanto, historicamente, tal papel assumiu com frequência um significado oposto àquele que hoje lhe é atribuído. Em Esparta, era a mãe que exortava seu filho a saber enfrentar a morte na batalha: "Retorne com este escudo ou sobre ele", isto é, vitorioso e com as armas em punho ou morto como guerreiro valente e honrado. Historicamente, também aconteceu que, em situações de desespero, foram justamente as mães que infligiram a morte aos recém-nascidos que elas queriam poupar de um futuro horrível ou intolerável: assim se comportaram as índias ante as infâmias dos conquistadores ou as escravas negras, ou, antes ainda, na Idade Média, as mulheres judias envolvidas nas perseguições dos cruzados cristãos, decididos a convertê-las juntamente com seus filhos a qualquer custo. A mesma que tinha dado à luz uma vida foi quem lhe deu um fim. É verdade que tradicionalmente as mulheres desempenharam um papel mais indireto nos conflitos armados, mas isso ocorria mais em virtude de uma cultura da guerra do que da paz: no plano da estratégia militar, a mulher desempenhou uma função essencial não como guerreira, mas como genitora de guerreiros; durante um longo período histórico, a reprodução da vida foi considerada ao mesmo tempo como a reprodução e o desenvolvimento da máquina da guerra.

Independentemente dessa função estratégica, também no plano tático, mesmo não empunhando as armas diretamente, as mulheres participavam intensamente da guerra. No tempo de Maomé, as mulheres fiéis à causa do Profeta talvez não combatessem, mas não permaneciam alheias à condução das operações bélicas, pois se dedicavam à mutilação dos cadáveres dos inimigos e à elaboração de colares sanguinolentos com narizes e orelhas. Elas também encorajavam os combatentes com suas incitações e seus cânticos: "Se avançarem, nós os abraçaremos / estenderemos almofadas; / se retrocederem, nós os abandonaremos / e de uma forma pouco amorosa". Mesmo com uma forma menos flexível, existe no Ocidente uma semelhante divisão do trabalho, pelo menos nos períodos mais trágicos e mais sangrentos da sua história. Quando lemos que as mulheres da Grã-Bretanha, já antes de 1914, "envergonhavam seus namorados, maridos e filhos que não se alistavam voluntariamente", vêm-nos à mente as Graças e as Musas que encorajavam e incentivavam os guerreiros de Maomé. O papel da mulher no âmbito dessa divisão do trabalho, sob a bandeira da mobilização total e da exaltação belicista, não passou despercebido ao alemão Kurt Tucholsky, que, em 1927, no intervalo entre as duas guerras mundiais, fez uma dura acusação: "Junto com os pastores evangélicos se fez presente na guerra outra espécie humana, que nunca se cansou de chupar sangue: refiro-me a uma determinado tipo de camada, a um determinado tipo de mulher alemã". Quando o massacre assumia formas cada vez mais terríveis, ela sacrificava "filhos e maridos" e se lamentava de "não possuir outros deles para sacrificar".[1]

De qualquer forma, a tradicional divisão do trabalho entre homem e mulher desaparece também no plano militar, como demonstra a presença crescente das mulheres nas Forças Armadas e, às vezes, até mesmo nos corpos de elite. Em relação à visão de mundo, é provável que a distância que separa soldados de gêneros diferentes seja menor que aquela que os separa daqueles que exercem, por exemplo, uma profissão liberal. Em conclusão, mesmo em sua nova roupagem feminina e feminista, a "casa da paz" continua sendo um espaço mítico.

O Ocidente como casa da limitação da guerra?

Mesmo não sendo a "casa da paz", será que a Europa é ou, pelo menos, foi durante muito tempo a casa da limitação da guerra? Essa é, em última análise, a tese de Carl Schmitt, que, em defesa dessa afirmação, remete à Europa autêntica, aquela que vem antes da Revolução Francesa e depois da paz de Westfália e, portanto, à Europa que se caracterizava por uma ordem fundada no respeito rigoroso do princípio da soberania estatal, na rejeição das guerras de religião e na condenação da interferência de um Estado nos assuntos internos de um outro, em nome de uma religião ou de uma ideologia. Tudo isso deixaria de existir a partir da revolução de 1789. Com o ideal da paz perpétua, acabaria a criminalização do inimigo, rotulado como responsável por uma guerra e por um derramamento de

---

[1] Sobre tudo isso, cf. Losurdo (2007, cap. 1, §10; 2010, cap. 11, §3-4, 6-7; 2013, cap. XII, §5).

sangue injustos e injustificáveis, e que, por isso, deveria ser submetido a um processo; e assim, sempre segundo Schmitt, a tradicional guerra-duelo, com as suas regras e as suas grandes limitações, teria dado lugar à guerra-cruzada, que se considera investida por uma missão universal não mais obrigada a respeitar as fronteiras estatais e nacionais e que, além de atacar o exército inimigo, tende a combater a ordem constitucional e política do país inimigo, e o país inimigo como um todo. Em última análise, com a Revolução Francesa (e mais ainda com a Revolução de Outubro), a utopia da paz perpétua teria se transformado na distopia de uma guerra sem limites; a utopia da paz perpétua acabaria superando a casa da limitação da guerra.

O pouco que pode ser dito desse balanço histórico-teórico é que é totalmente unilateral. No início da guerra entre a França revolucionária e as potências do Antigo Regime, defendendo estas últimas, o duque de Brunswick anunciou em tom de ameaça que os franceses surpreendidos com armas em punho seriam considerados rebeldes pelo legítimo rei e, portanto, tratados como criminosos comuns e passados pelas armas, após capturados. A mesma sorte teriam, imediatamente, "todos os membros da Assembleia, do departamento, do distrito, dos municípios, os juízes de paz, as guardas nacionais" etc. Em caso de comportamento desrespeitoso para com o rei, era a França como um todo que deveria esperar por uma "uma vingança sem precedentes que seria recordada eternamente", e Paris, em particular, que sofreria "uma execução militar e uma ruína total". Promovida pelo Antigo Regime, iniciava-se assim, de acordo com o grande historiador francês Jules Michelet, "uma guerra estranha, nova, totalmente contrária ao direito das nações civis", uma guerra que não distinguia mais entre combatentes e população civil, uma guerra que, no entanto, recebia o apoio de Edmund Burke, que convidou o duque de Brunswick a não parar no meio do caminho, a colocar em prática as suas terríveis ameaças, sem reduzi-las ao "discurso grandiloquente".

O grande antagonista da Revolução Francesa defendia uma dura punição coletiva (e a deliberada violação do direito internacional) em nome da "guerra de religião" (*a religious war*) explicitamente invocada contra os responsáveis pela destruição do Antigo Regime. Contra os inimigos do regime legítimo e consagrado pelo costume e pela religião foi lançada uma espécie de cruzada: não por acaso, Burke foi o destinatário de uma carta do papa que abençoava o seu nobre empenho em defesa da *causa humanitatis*. Tratava-se – reconhecia e apregoava Burke – de uma guerra "sob muitos aspectos totalmente diversa" das guerras tradicionais, dos tradicionais conflitos entre duas nações; dessa vez, os exércitos enviados pelas cortes do Antigo Regime eram chamados não apenas a enfrentar e vencer os exércitos da França (revolucionária), mas também a extirpar o jacobinismo "na sua origem", para, enfim, iniciar a "punição exemplar dos principais autores e idealizadores da ruína da França", isto é, dos principais responsáveis pela revolução, sem poupar nem mesmo os seus inspiradores. Como se vê, a criminalização do inimigo foi proclamada em alta voz. Era necessário defender "a causa da humanidade", era necessário salvar "o mundo civilizado da impiedade e do barbarismo", eliminando de uma vez por todas a terrível ameaça que pairava sobre a "felicidade de todo o mundo civilizado" (Losurdo, 2015, cap. V, §12; ibidem, cap. III, §4). A tese de Schmitt, que atribuía exclusivamente ao ideal revolucionário da paz a retomada das guerras de religião e da guerra-cruzada na Europa, era totalmente infundada.

Um comentário objetivo e irônico de tal tese é o fato de que, em nossos dias, um dos mais respeitados expoentes do neoconservadorismo norte-americano, Robert Kagan, quando se arroga o direito de exportar as instituições liberais e democráticas e o livre-comércio para todo o mundo, mesmo que seja necessário recorrer às armas, e sem deixar-se enredar pela ordem westfaliana e pelo direito internacional, espelha-se em Burke, defensor do direito/dever de intervenção das potências europeias na França devastada e desfigurada pelos "horrores" da revolução iniciada em 1789 (cf. "O 'internacionalismo liberal' como o 'novo internacionalismo'").

A guerra sem limites das colônias à metrópole

Ao realizar o seu balanço histórico-teórico, Schmitt (1981, p.41) evoca o "grande e corajoso pensador do Antigo Regime", que é Joseph de Maistre. Não é de estranhar tal homenagem, feita a um autor que foi o primeiro a acusar a Revolução Francesa de ter se tornado bárbara e implacável, a cavalheiresca "guerra europeia", na qual só havia "combate entre soldados, mas nunca entre as nações que estavam em guerra". Acabamos de ver que, na verdade, a guerra-duelo foi substituída pela cruzada contra o país responsável de ter derrubado o Antigo Regime. Agora convém dar uma olhada na outra face da defesa da guerra-duelo na Europa: com o olhar voltado para o mundo colonial, o autor elogiado por Schmitt celebra "o entusiasmo pela carnificina" e parece até mesmo justificar o extermínio dos índios, esses "homens degradados" que "os europeus", justamente, recusam-se em reconhecer como "seus semelhantes". Ele deplora o fim das guerras cavalheirescas apenas no que ser refere àquela parte do globo sobre a qual resplandece, de forma especial, "o espírito divino"; para o resto está claro que, no âmbito da "carnificina permanente" que faz parte da economia do "grande todo", existem "certas nações" contra as quais se volta o "anjo exterminador" para banhá-las de sangue (Maistre, 1984, v.4, p.83; v.5, p.18-28).

Ao condenar o desaparecimento do *jus publicum europaeum* e do princípio da delimitação da guerra, Schmitt faz uma explícita abstração da sorte reservada pelo Ocidente aos povos coloniais. No entanto, como demonstra a análise histórica, tal exclusão acabou gerando consequências catastróficas também para os povos da Europa, do Ocidente, do "mundo civilizado" como tal. O fato é que a fronteira entre povos civilizados e povos bárbaros, civis e bárbaros, é muito tênue e pode desparecer completamente por ocasião de grandes crises históricas, as quais tendem a movimentar uma dupla dialética. Em primeiro lugar, a tênue fronteira entre civilização e barbárie pode manifestar-se dentro de um país. Na França, durante o confronto que surgiu após a destruição do Antigo Regime, os revolucionários eram comparados aos bárbaros e aos selvagens das colônias: será que ainda valia o *jus publicum europaeum* ou se podiam usar contra eles os métodos até então reservados ao governo dos povos estranhos à civilização? Entre a metade do século XIX e início do século seguinte, um periódico calafrio percorria o Ocidente liberal, pois havia o risco de se utilizarem na Europa os métodos desapiedados a que se recorria para submeter os bárbaros das colônias.

Apesar de expressar o seu convicto apoio à implacável energia com que a França conduzia a conquista da Algéria, em um texto de 1841, Tocqueville (1951-1983, v.3.1, p.236) confessou a sua "secreta preocupação": o que teria acontecido se os "costumes" e os "modos de pensar e de agir" adquiridos nas colônias fossem incorporados à pátria-mãe? "Deus nos livre de ver a França ser dirigida por um dos oficiais do Exército da África". De fato, poucos anos depois, Cavaignac, o general que não hesitou em recorrer a práticas genocidas para eliminar a resistência dos árabes, tornou-se o protagonista da sangrenta repressão e das execuções sumárias que se abateram sobre os bárbaros da metrópole, ou seja, sobre os operários parisienses que se rebelaram, em junho de 1848, para reivindicar o direito ao trabalho e à vida. Apesar de Tocqueville tê-lo apoiado sem reservas, em que pesem suas advertências anteriores, vemos que sua "preocupação secreta" não carecia de fundamento.

E bem fundamentada foi também a admoestação feita mais de meio século depois, dessa vez, por um socialista liberal, crítico do colonialismo: mais cedo ou mais tarde, o "homem branco" acabaria investindo também contra "outros homens brancos", lançando mão de brutais ou desumanas "práticas de guerra" até agora utilizadas contra os "nativos", contra os povos coloniais (Hobhouse, 1909, p.179-80, nota).

Foi uma advertência que se revelou profética durante o século XX. A tradição colonial ganhou força no totalitarismo fascista e nazista. É o que ocorre com clareza no caso da Espanha. O historiador mais importante da guerra civil que ensanguentou o país, entre 1936 e 1939, assim explica as infâmias que corromperam os militares rebeldes:

Os líderes da rebelião, os generais Mola, Franco e Queipo de Llano, tinham a respeito do proletariado espanhol a mesma visão que tinham dos marroquinos: tratava-se de uma raça inferior que devia ser dominada mediante uma violência firme e descomprometida. Portanto, eles aplicaram na Espanha o terror exemplar nos moldes do que ocorrera na África do Norte quando recorreram à Legião Estrangeira espanhola e aos mercenários marroquinos (os *Regulares*) do exército colonial.

A aprovação da macabra violência de seus homens se encontra refletida no diário de guerra de Franco, de 1922, que descreve com satisfação a destruição das aldeias marroquinas e a decapitação de seus defensores. Ele encontra prazer ao narrar como o seu trombeteiro adolescente cortava a orelha de um prisioneiro. O próprio Franco liderou doze legionários em uma expedição da qual voltaram trazendo as cabeças ensanguentadas de doze membros da tribo (*harkas*). A decapitação e mutilação dos prisioneiros era uma prática corrente. Quando, em 1926, o general Miguel Primo de Rivera visitou o Marrocos, um batalhão inteiro da Legião aguardava a inspeção com cabeças cravadas pelas suas baionetas. Durante a Guerra Civil, o mesmo tipo de terror que caracterizou o Exército africano também se fez presente no continente espanhol como instrumento de um plano friamente urdido e que buscava lançar as bases para o futuro regime autoritário. (Preston, 2012, p.XII-XIII)

Naqueles anos trágicos, "a violência da história colonial espanhola dos anos anteriores acabou voltando-se contra a metrópole". Só assim se consegue compreender o comportamento dos oficiais franquistas: "O rigor e os horrores das guerras tribais marroquinas, entre 1909 e 1925, tinham-nos embrutecido" (ibidem, p.9).

Em segundo lugar, a instabilidade das fronteiras entre civilização e barbárie pode ocorrer em termos internacionais. É a dialética que explica a tragédia e os horrores do século XX. Após o choque provocado pela Revolução de Outubro e, em particular, por seu apelo à insurreição dos "escravos das colônias", Oswald Spengler, expressando uma opinião amplamente difundida não apenas na Alemanha, mas também em todo o Ocidente, declarou que a Rússia havia tirado a máscara "branca" para se tornar "novamente uma grande potência asiática", "mongólica", parte integrante de "toda a população de cor da Terra" que odeia a "humanidade branca" (Spengler, 1933, p.150). Também para Hitler, os povos da União Soviética (e da Europa oriental em geral) faziam parte do mundo colonial e assim eram tratados. Uma consideração semelhante se aplicava, com maior razão, aos judeus, que, além de provirem do Oriente Médio, estavam presentes no grupo dirigente dos bolcheviques e assumiam com eles a pecha de "raça inferior".

O problema da limitação da guerra não se resolve olhando com nostalgia para o *jus publicum europaeum*, baseado em uma distinção (entre civis e bárbaros) que sempre foi problemática, que geralmente sinalizava desastres e que já não fazia sentido em um mundo irreversivelmente globalizado. O primeiro grande mérito do ideal universalista de paz perpétua consiste justamente em ter questionado essa distinção.

A guerra, da "natureza" à história

Mesmo que não se considere correto o balanço feito por Schmitt (e Maistre), para quem a utopia da paz perpétua se converteu na distopia da destruição do *jus publicum europaeum* e do recurso à guerra total, um problema ainda permanece: devemos nos despedir definitivamente do ideal da paz perpétua por ser uma utopia enganosa e desastrosa? Ironizando o fim desse ideal, o grande autor reacionário francês celebrou a guerra como uma espécie de rito sagrado, de cujo fascínio o homem não conseguia se livrar:

> Não ouve a terra que grita e invoca o sangue? [...] não notou que no campo da morte o homem nunca desobedece? Poderá massacrar Nerva ou Henrique IV, mas o mais abominável dos tiranos, o mais insolente esquartejador de carne humana nunca ouvirá isto: nós não queremos mais servi-lo. Uma revolta no campo de batalha, um acordo para se abraçar renegando o tirano, é um fenômeno de que não temos memória. (Maistre, 1984, v.5, p.24-5)

No âmbito da ideologia do Antigo Regime, a guerra e a miséria de massa eram consideradas calamidades ou acontecimentos naturais, consagrados de certa forma pela Providência. Atualmente, poucos ousariam recorrer à natureza ou à vontade divina para explicar a continuidade do flagelo da pobreza em qualquer parte do globo: por um lado, a Revolução Industrial promoveu um prodigioso desenvolvimento das forças produtivas, e, por outro, as incessantes revoluções políticas trouxeram à baila o problema da produção e distribuição da riqueza social. A tese da miséria endêmica como fato natural já não se sustenta dada a experiência histórica de massa. Para indicar apenas um exemplo: pensemos nos diferentes acontecimentos históricos que levaram um país com uma civilização milenar como a China a cair, primeiramente, na mais profunda miséria e depois se reerguer miraculosamente. A centralidade da ação política e o caráter histórico da miséria de massa são evidentes.

Em relação à guerra, será que devemos compartilhar a opinião de Maistre? Na realidade, quando apresentou o seu balanço histórico, segundo o qual nunca ocorreu e nunca ocorreria uma "revolta no campo de batalha", ele se apoiava na história que o tinha precedido: no século XX, a revolta do exército de um país contra o seu próprio governo, contra a guerra e os promotores da guerra tinha sido algo frequente, a começar pela Revolução de Outubro, decidida a acabar com o massacre da Primeira Guerra Mundial. Entretanto, o que provocou revolta e revoluções não foram apenas as guerras em larga escala: a "Revolução dos Cravos", que, em abril de 1974, derrubou a ditadura fascista em Portugal, não pode ser explicada sem a crescente intolerância por parte do Exército à bárbara guerra que eles foram obrigados a combater nas colônias.

As revoluções industrial e tecnológica tornaram possíveis e facilitaram carnificinas e devastações sem precedentes, até mesmo nucleares, que produziram profundas mudanças no discurso sobre a guerra. Não obstante suas características específicas, para a guerra podemos repetir a mesma argumentação feita sobre a miséria de massa: tanto as revoluções industrial e tecnológica quanto as revoluções políticas acabaram de uma vez por todas com a visão que ligava esses dois flagelos a uma calamidade natural contra a qual a ação política e a história nada podiam fazer.

A apresentação do ideal da paz perpétua como projeto político (e não como um simples sonho) e como projeto político que se propõe a abraçar a humanidade como um todo constitui uma revolução na história do pensamento e na história como tal: em vez de ser vinculada a um fenômeno ou a uma catástrofe natural, a guerra passa a ser analisada a partir das relações de poder vigentes no âmbito de um país ou em nível internacional. Dessa forma, por mais ingênuas, enfáticas ou messiânicas que sejam as formas que assume, o ideal da paz perpétua tem o mérito, também no plano científico, de contribuir para desnaturalizar e historicizar o fenômeno da guerra.

Como prevenir a guerra: poder imperial ou limitação do poder?

Evidentemente, as diversas versões do ideal da paz perpétua não podem ser colocadas num mesmo plano. Durante a minha exposição, já fiz uma clara bipartição, assumindo aquelas que, de forma explícita ou implícita, rechaçam ou questionam o enfoque universalista, como fazem, de forma particularmente estridente e também repugnante, os teóricos da "paz perpétua" que defendem que a erradicação da guerra só é possível com a aniquilação dos povos ou das "raças" previamente tachados de "guerreiros".

Agora podemos passar para a segunda bipartição: algumas interpretações defendem que se podem superar ou conter a anarquia nas relações internacionais e o constante perigo de guerra aí envolvido limitando o poder dos Estados de forma mais ou menos igual. Ao contrário, outras interpretações, de forma explícita ou de fato, defendem a concentração do poder em um único Estado ou grupo de Estados, que teriam uma função de polícia internacional ou de órgão executivo do governo mundial. Nessa segunda categoria, incluem-se os projetos, muito distintos entre si, que historicamente procuram impor a *pax* napoleônica, britânica, norte-americana ou o poder da

Santa Aliança sobre a "nação cristã". A essa segunda categoria pertence também a tese, hoje recorrente, de que o Ocidente e, sobretudo, o seu país-guia teriam o direito, aliás, o direito/dever, de impor com a força, mesmo sem a autorização do Conselho de Segurança da ONU, a difusão da democracia (ou seja, o respeito aos direitos do homem) no mundo, com o objetivo também de eliminar as raízes da guerra e garantir o triunfo definitivo da paz.

Defrontamo-nos, a esse respeito, com uma paradoxal inversão de posições. Enquanto o movimento iniciado por Marx e Engels costumava acalentar o sonho do desaparecimento do poder como tal, com a consequência desastrosa de ter prestado pouca atenção ao problema da sua limitação, a tradição liberal teve o mérito de chamar a atenção justamente sobre esse aspecto. É universalmente conhecido o grande lema de Lord Acton: "O poder tende a corromper, o poder absoluto corrompe de forma absoluta". Portanto, em vez de buscar governantes excelentes, valeria mais a pena introduzir normas e mecanismos capazes de conter o poder, e assim torná-lo aceitável ou tolerável e o mais inócuo possível. Por sua vez, antecipando de certa forma a visão de Lord Acton, mas aplicando-a às relações internacionais, Adam Smith (1977, p.618, livro IV, cap. VII) observou que, no período da descoberta/conquista da América, "a superioridade de forças dos europeus era tão grande que os levou a cometer impunemente todo tipo de injustiça naqueles países longínquos". O poder absoluto também (e com destaque) corrompe de forma absoluta. Uma colossal desproporção de forças e um irresistível poder militar do Ocidente permitiram e caracterizaram aquela que poderia ser definida como a "era colombiana", o ciclo histórico que viu o Ocidente protagonizar ininterruptas guerras de submissão, escravização e aniquilação dos povos coloniais.

Passemos aos nossos dias. Arrogando-se o direito de desencadear uma guerra mesmo sem a autorização do Conselho de Segurança da ONU, o Ocidente, de fato, reivindica, em nível internacional, um poder que não está submetido a nenhum controle. Assim, ao considerarem e até proclamarem a superação do princípio do respeito da soberania estatal, mas reservando exclusivamente a si próprias o direito de declarar o fim da soberania deste ou daquele Estado, as grandes potências do Ocidente e, sobretudo, o seu país-guia atribuem-se uma soberania dilatada que vai muito além do próprio território nacional, ou seja, uma soberania imperial.

No plano mais propriamente militar, conhecemos a aspiração dos Estados Unidos de conseguir o monopólio das armas nucleares, isto é, poder utilizá-las sem temer represálias. A partir do lema de Lord Acton, chega-se rapidamente a uma conclusão: independentemente da personalidade do presidente que governa a Casa Branca, por mais democráticas que sejam as suas ideias e atitudes, o poder absoluto de vida e de morte de que viria a dispor em nível planetário se perverteria de "forma absoluta", como nunca ocorreu. Uma situação angustiante do ponto de vista de Acton. No entanto, o Ocidente liberal e os seus pensadores mais prestigiosos têm uma outra preocupação: mostram-se inquietos e alarmados com o fato de o poder absoluto reivindicado por Washington ser questionado pela resistência inesperada que o império encontrou e encontra em diversas regiões do mundo, por causa das dificuldades econômicas que impedem a manutenção e o desenvolvimento de um aparato militar tão mastodôntico e a ascensão dos países emergentes, sobretudo a China.

O poder absoluto, praticamente sem oposição no Ocidente, teve, na verdade, consequências catastróficas. O que fica muito evidente no Oriente Médio. Após centenas de milhares de mortos, milhões de feridos e milhões de refugiados, destruições materiais de grandíssimas proporções e a criação do inferno prisional de Abu Ghraib, a realidade se escancara diante de todos: a estrutura estatal e a integridade territorial de países inteiros (Iraque, Líbia, Síria) foram destruídas; alastram-se as guerras de religião; a condição da mulher piorou drasticamente (um exemplo é a reintrodução da poligamia na Líbia); inicialmente apoiados pelo Ocidente ou por países (Arábia Saudita) aliados, proliferam ferozes grupos fundamentalistas. A utopia da "paz definitiva", imposta com a difusão da "democracia" graças ao poder absoluto exercido pelo Ocidente, ignorando ou distorcendo as resoluções e orientações do Conselho de Segurança, converteu-se no seu contrário, criando uma distopia.

Será que a democracia permitiu dar um passo à frente, mesmo que fosse modesto? No fim da guerra contra a Iugoslávia (desencadeada, como se disse, sem a aprovação do Conselho de Segurança da ONU), o prestigioso *International Herald Tribune* publicou um artigo que expressou a euforia e o delírio de onipotência bem divulgados nos Estados Unidos e na União Europeia: "O que de bom surge em Kosovo é o que o mundo deveria agora saber; a Otan pode e quer fazer todo o possível para defender seus interesses vitais" (Fitchett, 2000, p.4). Com isso, o influente jornal norte-americano celebrava o triunfo não da democracia, mas de único país, ou seja, do despotismo no plano internacional. E era um triunfo que não prometia nada de bom e que anunciava novas guerras decididas soberanamente e novas catástrofes. E esse descarado despotismo não fazia nem mesmo referência aos "valores", mas teorizava explicitamente a absoluta primazia dos "interesses" ocidentais e norte-americanos, sem qualquer consideração pelo direito internacional e pelas razões "humanitárias". A utopia se converte novamente em distopia.

O fato é que a causa da paz não se separa da causa da democratização das relações internacionais. Essa visão, no final da Segunda Guerra Mundial, parecia ter a concordância de toda a comunidade internacional: o que foi o Terceiro Reich senão a tentativa de retomar e radicalizar a tradição colonial, de prolongar e reeditar a "era colombiana", sob a bandeira da esmagadora "superioridade de forças" do Ocidente, de que Hitler se apresentava como defensor, em relação aos povos coloniais, entre os quais se inseriam os "indígenas" da Europa oriental? Apesar de se tratar de um contexto geográfico muito diverso, o Império do Sol Nascente e o império de Mussolini agiram da mesma forma. Foi assim que, no final da Segunda Guerra Mundial, a insistência de Gandhi sobre o princípio da "igualdade entre todas as raças e nações" como fundamento de uma "paz real" (in Tendulkar, 1990, v.7, p.2) teve uma aprovação geral.

No entanto, a luta em torno de tal princípio ainda não terminou. Voltemos ao Lord Acton. A ele se deve, sim, o lema merecidamente célebre que alerta contra as prevaricações do poder. Porém, vale a pena notar que, por ocasião da guerra civil nos Estados Unidos, ele viu com grande simpatia e, até mesmo, com admiração a causa do Sul secessionista e escravocrata. Isso significa que ele aplicava o princípio da limitação do poder apenas no âmbito da comunidade branca e civil, mas não se escandalizava como o poder absoluto exercido pelos senhores brancos sobre seus escravos negros (Losurdo, 2005, cap. V, §9). É essa tradição que permite ao Ocidente liberal não se sentir em contradição consigo mesmo e, aliás, de se apresentar tranquilo mesmo passando por cima da ONU, ao assumir a pretensão de intervir soberanamente com os seus exércitos e a sua máquina da guerra em todas as partes do mundo.

Quem nos protegerá da "responsabilidade de proteger"?

É evidente que atualmente não haveria qualquer possibilidade de êxito empunhar a bandeira da desigualdade das raças e da hierarquia racial. Há uma outra forma bem diversa de proceder. Os teóricos da "revolução neoconservadora" (ou, mais exatamente, da segunda contrarrevolução colonial) sabem muito bem disso e é por isso que dizem: em caso de conflito entre norma jurídica e norma moral, é esta última que deve sempre prevalecer. É certo que o direito internacional e o estatuto da ONU defendem que todo país tem o mesmo direito de defesa de sua soberania estatal; quando ocorre uma grave e ampla violação dos direitos humanos, não se pode fugir da "responsabilidade de proteger", e, portanto, é necessária a "intervenção humanitária". Os que se aferram à burocracia legalista se fazem de surdos ante as razões da moral e da humanidade.

Apesar de sua grandiloquência demagógica (que procura calar a razão com apelos aos sentimentos e às emoções) e de estar respaldado por um gigantesco aparato midiático, esse tipo de argumentação, em voga na ideologia dominante, não consegue dar uma resposta persuasiva a uma indagação elementar e inevitável: *Quis judicabit*?[2] É ao Ocidente e aos Estados Unidos, e apenas a estes, à

---

2 Quem pode julgar? (N.T.)

Otan, e apenas a ela, que cabe julgar quando é necessário respeitar as resoluções do Conselho de Segurança e quando, ao contrário, é lícito e, inclusive, adequado deixá-las de lado, descumpri-las ou violá-las. Nesse caso, é evidente que o princípio da igualdade entre as nações que tinha entrado pela porta acaba sendo violentamente expulso pela janela. Assim, os nobres sentimentos morais alardeados se tornam apenas um disfarce da defesa de um inescrupuloso desejo de poder e dominação.

Retomando a história, pode-se confirmar a insustentabilidade lógica e moral do direito de intervenção humanitária (reservado ao Ocidente). No início do século XX, quem reivindicou esse direito foi um patriarca do neoliberalismo. Em nome do livre-comércio, ele estava disposto a justificar a intervenção das grandes potências coloniais em qualquer parte do mundo e, de fato, com o olhar voltado para o passado, definiu como legítima e até meritória a guerra que viu a Grã-Bretanha impor à China o livre-comércio do ópio:

> O fato de que, sob o ponto de vista dos liberais, não seja lícito pôr obstáculos nem mesmo ao comércio de venenos, dado que cada um é chamado, por livre opção, a abster-se dos prazeres nocivos ao seu organismo, tudo isso não é assim tão infame e vulgar como pretendem os autores socialistas e anglófobos. (Mises, 1922, p.220-1, nota)

Esse era o mesmo argumento utilizado, a seu tempo, por John Stuart Mill. Porém, com um agravante. O texto que acabamos de citar é de 1922: três anos antes, triunfara o proibicionismo justamente nos Estados Unidos, país admirado pelo patriarca do neoliberalismo, o qual, no entanto, era cauteloso quanto a autorizar a China (ou uma grande potência europeia) a invadir o país que se opunha ao livre-comércio de bebidas alcoólicas! Mas é inútil querer encontrar em Mises um esforço para superar o etnocentrismo mediante a formulação de regras gerais; seria inútil esperar dele a consciência crítica que tinha levado Leibniz a levantar a hipótese do envio de missionários chineses à Europa. O texto de 1922, que celebrava a guerra do ópio, não tinha dúvidas sobre o fato de que o

Ocidente liberal tivesse pleno direito de "varrer os governos que, recorrendo a proibições e restrições comerciais, procuravam excluir os seus súditos das vantagens da participação no comércio mundial, piorando, assim, o abastecimento de todos os homens". O patriarca do neoliberalismo foi, ao mesmo tempo, um profeta da intervenção humanitária, mas deixando claro que apenas o Ocidente tinha o direito de enviar missionários, e missionários armados, para qualquer parte do mundo. Defendia-se, ainda que, quando o Ocidente e, particularmente, a Grã-Bretanha iniciaram a guerra do ópio, tinham apenas se orientado por sua gloriosa "vocação [...] de conduzir os povos atrasados à civilização" (ibidem, p.220-1).

Sem saber, um dos teóricos mais notórios da atual "revolução neoconservadora", isto é, Kagan, segue os passos do profeta da intervenção humanitária. Na verdade, ele se aproxima de Burke e do apelo que este fez às potências do Ocidente cristão para evitar os erros de que a França revolucionária foi acusada. Esse é um posicionamento assumido em uma carta de 18 agosto de 1792. A revolta popular que ocorrera oito dias antes em Paris, em 1792, abria caminho para a eliminação da dinastia borbônica e para a aprovação do sufrágio universal (masculino) e da democracia. Estava nascendo (mas ainda não tinha nascido) o regime que, por um lado, iria recorrer ao terror para rechaçar a invasão estrangeira e que, por outro, decretaria a abolição da escravidão nas colônias francesas. Segundo Kagan, Burke teve o grande mérito de ter chamado a comunidade internacional da época para intervir contra os "horrores da Revolução Francesa". Por sua vez, os jacobinos franceses também não teriam direito de invocar a intervenção internacional contra a Grã-Bretanha, que detinha muitos escravos, que promovia o tráfico dos negros e que, com Burke, dirigia a campanha contra os "direitos do homem" proclamados em Paris? E, sobretudo, não seria lícita ou recomendável a intervenção contra os Estados Unidos, que eram acusados por amplos setores da opinião pública de fomentar a escravidão, "a mais vil que tinha aparecido sobre a Terra", e de manchar-se com as "mais bárbaras crueldades de que se tem notícia", e que além disso tinham como presidentes proprietários de escravos (cf. "Da 'paz definitiva' de

Wilson ao menosprezo da 'paz perpétua' de Kant" e "A gênese da 'paz perpétua'")?

Ainda hoje se pode perguntar: quem nos protegerá daqueles que, de forma unilateral e soberana, assumiram a "responsabilidade pela proteção"? E quem ensinara o respeito aos direitos humanos e às razões da humanidade aos protagonistas das guerras humanitárias? Um ano após a segunda Guerra do Golfo, justificada em nome também da luta contra a brutalidade e a crueldade, um jornal conservador francês calculava que, após trinta anos do fim das hostilidades no Vietnã, existiam "quatro milhões" de vítimas com o corpo devastado pelo "terrível agente laranja" (com referência à cor da dioxina jogada sem economia pelos aviões norte-americanos sobre um povo inteiro) (Hauter, 2004). Não deveria haver mais dúvidas: a pretensão de um país ou grupo de países de serem intérpretes privilegiados ou exclusivos de valores universais que eles estariam autorizados a proteger mesmo com a utilização unilateral e soberana das armas serve apenas para sancionar a lei do mais forte no campo internacional, eternizando a guerra e tornando ainda mais difícil a concretização da causa da paz.

Com quais transformações se deve promover a paz?

Uma vez esclarecida a centralidade do problema da democratização das relações internacionais e uma vez rechaçada a ideia que atribui a um poder imperial a realização da paz perpétua, pode-se proceder a uma outra bipartição (a terceira e última por mim propostas) dos projetos de paz perpétua. Há uma corrente que defende que, para eliminar as raízes da guerra, bastaria fazer que a sociedade civil tivesse condições se expressar livremente, sem ser cerceada pelo peso do poder político e tanto mais pelo peso de um poder político despótico. No entanto, essa visão não resiste à histórica. Como sabemos, Hegel já chamava a atenção, numa polêmica com Kant, sobre as "excitações" bélicas que podiam inflamar até mesmo um organismo representativo eleito de baixo, como a Câmara dos Comuns britânica. Esta esteve implicada nos 25 anos de guerras ocorridas após a eclosão da Revolução Francesa. Contudo, mais que depender de uma ou outra personalidade, convém rever a experiência histórica das guerras desencadeadas pelas democracias, inclusive entre elas. Convém refletir, sobretudo, sobre a história do colonialismo: esta é, em grande parte, a história da iniciativa assumida pela sociedade civil (branca e ocidental), em geral contestando e ignorando os limites impostos pelo poder estatal, para expropriar, deportar ou escravizar os povos coloniais, promovendo o desencadeamento por parte do Estado de verdadeiras guerras ou recorrendo ela mesma a guerras não declaradas, mas nem por isso menos sangrentas.

A transfiguração mitológica da sociedade civil como sinônimo de paz está presente também na visão que, a partir de Constant (ou, já antes, com Washington ou Melon), identificava na promoção da atividade econômica e produtiva e no desenvolvimento do comércio e do mercado a garantia do desparecimento do militarismo e do estímulo ao enriquecimento mediante conquistas militares e a guerra. Segundo essa visão, quando a sociedade civil for capaz de seguir livremente as suas inclinações, dedicar-se-á somente ao trabalho pacífico para produzir e comercializar os bens necessários ao seu sustento e ao seu bem-estar. No entanto, deveria estar claro para todos o nexo que, no início do capitalismo, se estabelece entre a construção do mercado mundial e a escravização e o extermínio de povos inteiros; sobretudo após a experiência do século XX, bem sabemos que a luta pelo escoamento da produção industrial e pelo controle do mercado mundial desemboca facilmente na "guerra industrial de aniquilação entre as nações" prevista pelo *Manifesto do Partido Comunista*.

Em sua análise da sociedade e do mundo, Marx teve o mérito de prestar atenção nas relações de poder (e de dominação e de opressão) vigentes no âmbito da política, mas também da sociedade civil. É uma análise válida também para a compreensão do fenômeno da guerra: quem a provoca pode bem ser (e frequentemente o é) uma sociedade civil que "livremente", sem ser cooptada pelo poder político, esforça-se para expandir com a força das armas os territórios sob seu domínio ou o número de seus escravos, ou seja, a área colonial ou semicolonial e sua esfera de influência.

Quem deu certo apoio ao critério metodológico aqui exposto, que acaba com o mito de uma sociedade civil voltada para a paz, foi nada menos que o presidente norte-americano Dwight D. Eisenhower. Em seu discurso de despedida à nação, de 17 de janeiro de 1961, alertou contra o perigo que à paz fazia correr o "conjunto militar-industrial": para as indústrias envolvidas na alimentação de um gigantesco aparato militar, o consumo acelerado e massivo de armas e material bélico, isto é, a guerra, podia promover a expansão econômica e o enriquecimento. E a ordem democrática não foi por si mesma uma garantia de paz: foi justamente por ocasião da eleição do Congresso e do presidente que o "complexo militar-industrial" fez sentir o seu peso. É bem conhecida a grande influência exercida pelo *lobby* das armas (a serem vendidas no mercado interno) nos órgãos representativos norte-americanos; presume-se que não seja menor a influência do *lobby* dedicado à venda de armas no mercado internacional (comércio ainda mais lucrativo). O primeiro consegue calar os apelos que, em meio ao crescente número de morte por armas de fogo, invocam a introdução de certa limitação no mercado nacional de armas; presume-se que o segundo, parte integrante do complexo militar-industrial, não seja menos eficaz na hora de bloquear as iniciativas daqueles que gostariam de conter a corrida armamentista promovida em nome da segurança nacional (ou da defesa dos direitos humanos no mundo), e que gostariam de limitar a venda de armas no mercado internacional e o recurso à guerra.

Não parece haver dúvidas sobre o papel essencial desempenhado pelo complexo militar-industrial norte-americano no estímulo ao retorno da Guerra Fria na Europa oriental, na instigação de um dos mais perigos focos de tensão dos nossos dias, aquele que devido ao constante avanço da Otan vê surgir na Ucrânia um embate entre o Ocidente e a Rússia. Segundo o ex-embaixador italiano em Moscou, esse avanço foi uma boa notícia para "as indústrias norte-americanas de armamentos". E tudo isso causa pouco espanto:

> Se a organização militar do Pacto Atlântico tivesse sido ampliada e incluído os ex-satélites da URSS, qual seria o número de aviões, tanques de guerra, canhões e outros materiais militares necessário para os novos membros se inserissem adequadamente no sistema atlântico? [...] A perspectiva de novas encomendas agradava também aos deputados e senadores que tinham indústrias militares em suas circunscrições. E não podiam desagradar ao presidente, enfim, os votos com que os *lobbies* nacionais o teriam recompensado por ter dado ouvidos aos seus desejos. (Romano, 2015, p.106-7)

Na realidade, se olharmos com mais atenção, não se trata apenas do complexo militar-industrial em sentido estrito. O peso que a sociedade civil pode ter no início da guerra fica evidente em vários níveis. Atualmente, são as agências privadas de relações públicas que, durante uma crise internacional, lançam campanhas preconceituosas de demonização do inimigo, contribuindo para legitimar e também promover o recurso às armas; e lançam tais campanhas não em homenagem a uma ideologia ou a um programa político, mas sobretudo para satisfazer um interesse privado. Assim ocorreu por ocasião da primeira Guerra do Golfo. Às vésperas do seu início, em janeiro de 1991, uma agência de *public relations* norte-americana foi generosa ou fabulosamente recompensada por difundir detalhes atrozes sobre soldados iraquianos que cortavam as orelhas de kuwaitianos que resistiam. Depois veio um golpe de cena: os invasores, a mando de Saddam Hussein, tinham invadido um hospital e removeram 312 recém-nascidos de suas incubadoras e os fizeram morrer sobre o gélido piso do hospital da capital do Kuwait. Apregoadas repetidamente pelo presidente George H. W. Bush, reiteradas pelo Congresso, avalizadas pela imprensa mais influente e até mesmo pela Anistia Internacional, essas "notícias", totalmente inventadas, mas circunscritas de detalhes (aterradores), tornavam legítima e obrigatória a expedição punitiva contra o "novo Hitler". Em relação à campanha de bombardeios de 1999 contra a Iugoslávia, basta citar apenas um testemunho, aquele do diretor de uma agência norte-americana (Ruder & Finn Global Public Affairs), orgulhosa por ter desempenhado da melhor forma a tarefa que lhe tinha sido encomendada, "por 17 milhões de dólares ao ano", pelos inimigos de Milosevic: "Tivemos a nosso favor a opinião pública dos sérvios e dos nazistas [...]. Nós somos profissionais. Tínhamos um trabalho a fazer e o fizemos. Não fomos pagos para dar lição de moral" (in Losurdo, 2014, cap. 3, §3, 5). É evidente que, em ambas as guerras aqui consideradas, o interesse privado, buscado sem escrúpulos e com todo o cinismo possível, coincidia perfeitamente com os planos e a vontade do poder político. O fato é que bloco político-social, inclinado a ver na paz duradoura mais que uma promessa, é bem mais amplo do pensava Eisenhower, ou seja, tornou-se o mais amplo de seu tempo.

Ainda mais que, atualmente, a condução das verdadeiras operações bélicas e a preparação e o desenvolvimento das atividades de logística conexas também podem ser confiados a empresas privadas. No Iraque, palco, em 2003, da segunda Guerra do Golfo, operavam em conjunto dezenas de milhares de "contratados". Estes eram geralmente encarregados de desenvolver as tarefas mais controversas e mais sujas. Em compensação, eram pagos com generosidade, com salários que chegavam a mil dólares por dia (Losurdo, 2007, cap. 1, §13). O setor daqueles que estavam potencialmente interessados foi se ampliando com o tempo. Aliás, quando a guerra é conduzida por uma superpotência solitária ou quase solitária contra países e povos incapazes de opor uma resistência adequada, tal setor tende a envolver o conjunto da economia nacional, pois esta se beneficia de uma pequena guerra que no plano interno funciona como uma medida de keynesianismo militar e que, no plano internacional, permite a conquista de novos mercados e novas posições geopolíticas e geoeconômicas.

É certo também que as "pequenas guerras" podem desembocar em guerras de amplas proporções: isso vale tanto para o presente como para o passado. Um fato, portanto, que merece reflexão. Atualmente, um autor, que foi ministro da Economia na administração Clinton e que, em seguida, continuou a desenvolver também importantes funções políticas, deve ter reconhecido que "fora da guerra" não se vê como a economia mundial (ou ocidental) possa sair fora da crise e retomar impulso; é verdade que as previsões de um longo período de estagnação, feitas nos anos 1930, foram rapidamente desmentidas pelo *boom* econômico dos anos seguintes, mas se tratou de um *"boom* econômico" que ocorreu "durante e após a Segunda Guerra Mundial" (Summers, 2014, p.36).

Fica claro o nexo entre capitalismo-imperialismo, por um lado, e guerra atual, por outro. De alguma forma, isso nos remete a Lenin. Este, em sua análise, leva em consideração não apenas as dimensões econômicas, mas também as ideológicas. Para ele, uma das características essenciais do imperialismo é a pretensão por parte das grandes potências de se apresentarem como "nações-modelo", atribuindo a si próprias "o privilégio *exclusivo* de formação do Estado", negando isso aos bárbaros das colônias ou semicolônias (Lenin, 1955-1970, v.10, p.417). E novamente se confirma o nexo entre a guerra e o capitalismo-imperialismo. Vimos a euforia que tomou conta do Ocidente com o triunfo conseguido na Guerra Fria: com o comunismo havia sido debelado também o "terceiro-mundismo"; mais do que nunca, os Estados Unidos e os seus aliados podiam alardear o seu "excepcionalismo" e intervir militarmente em todas as partes do mundo, reservando a si próprios "o privilégio exclusivo" da soberania e o poder de polícia internacional (o poder que as potências colonialistas ou neocolonialistas sempre pretenderam exercer, de forma exclusiva). É verdade, continuava a existir a ONU, mais eis de que forma, passados vinte anos, um influente jornal italiano *(La Reppublica)* relatava como se faziam os debates e as votações no Conselho de Segurança: "A China se opôs às sanções contra a Líbia, e as três potências ocidentais ameaçaram fazer retaliações comerciais" devastadoras (Caretto, 1992); dessa forma, os possíveis dissidentes podiam ser obrigados a obedecer. Mas hoje, graças também ao prodigioso desenvolvimento econômico e tecnológico do grande país asiático (e, em menor medida, de outros países emergentes), tudo começa a mudar. Nos países e nos círculos que pretendiam ser os detentores do "excepcionalismo", a euforia dá lugar à preocupação e até mesmo à angústia: no plano econômico, remete-se à crise de 2008; no plano político, os crescentes perigos de guerra estão ligados à recusa dos Estados Unidos e de seus mais aliados mais próximos a se resignarem à perda do "excepcionalismo", ao retrocesso do colonialismo e do neocolonialismo e à democratização das relações internacionais que, apesar de tudo, começa timidamente a despontar.

O Estado, a guerra e as utopias do século XX

A causa da paz está estreitamente ligada à luta contra o capitalismo-imperialismo. Basta ter consciência disso para dar atualidade e concretização ao ideal da paz perpétua? Rechaçar os balanços feitos por Maistre ou Schmitt e retomar a aspiração a um mundo livre do flagelo da guerra não significa renunciar a reavaliar esse ideal a fim de libertá-lo do caráter messiânico que por vezes assume, como se fosse possível o surgimento de algo parecido ao fim da história, com o desaparecimento de todas as formas de rivalidade ou divergências entre as nações e os Estados, e inclusive das nações e dos Estados em si mesmos. Trata-se de uma regra geral: as grandes ideias e os grandes projetos só adquirem maturidade quando passam por um penoso processo de aprendizagem. Nesse caso, como ele pode se articular?

Convém, antes de tudo, notar que, historicamente, a utopia da paz perpétua esteve com frequência vinculada àquela da extinção do Estado. Vejamos o que diz uma das grandes personalidades surgidas com a Revolução Francesa: com a realização da república universal "não haverá mais guerras a serem declaradas, paz a ser celebrada, alianças a serem estipuladas, empréstimos a serem negociados" (Cloots, 1979, p.394). Tudo se tornará mais simples: "Sem a fragmentação (*morcellement*) do gênero humano, não haverá mais necessidade dessa máquina complicada, frágil e ruinosa que se chama governo" (ibidem, p.443). Uma vez eliminadas as barreiras artificiais que dividem o gênero humano e que possibilitam ou estimulam os antagonismos nacionais, o aparato governamental e estatal se torna totalmente supérfluo. É uma temática que, na sua rica e articulada formulação teórica, remete a Fichte, sobretudo aos seus escritos posteriores à Revolução Francesa e que são os que mais recebem sua influência. Aquele que apresentamos como filósofo por excelência da paz perpétua declara noutra direção: "O Estado, como todas as instituições humanas que são simples meios, tende a desaparecer. O objetivo de todo governo é tornar supérfluo o governo" (FVB, p.306). Para alcançar a "felicidade futura", a humanidade cria novas e mais avançadas instituições políticas, as quais não podem prescindir do momento da coação característica de toda organização jurídico-estatal. Entretanto, elas representam um avanço na realização de uma sociedade plenamente conciliada. Nesse sentido, o Estado se apresenta como uma vela que vai se apagando aos poucos, porém é apenas com a sua luz que se tornam possíveis tanto o progresso quanto a sua gradual extinção (FBB, p.103). Em Cloots e Fichte, o ideal da paz perpétua e o ideal da extinção do Estado se fundem na utopia de uma condição caracterizada nos planos interno e internacional (desde que ainda se admita uma distinção entre ambos) pelo desaparecimento de toda forma de violência e contradição, de qualquer motivo que justifique o aparato coercitivo nos planos interno e internacional.

É uma imagem que reaparece em Marx e Engels, mas de forma menos ingenuamente utópica. Eles chegam a falar da extinção do Estado como tal, com o desparecimento do "poder político propriamente dito" e com o surgimento da "administração das coisas" e da "direção dos processos produtivos" no lugar do "governo sobre as pessoas"; outras vezes teorizam uma extinção do "Estado com seu atual sentido político", com uma implícita consciência de que, mesmo com um "sentido político" diverso daquele "atual", alguma forma de organização jurídica e estatal continuará a existir mesmo após os mais radicais movimentos revolucionários. Marx e Engels insistem em destacar que, além de organizar o domínio de classe, o Estado tem a tarefa de assegurar uma "garantia recíproca", ou seja, um "seguro recíproco" entre os membros da classe dominante. E não se compreende por que, após o desaparecimento das classes e da luta de classe, deveria se tornar supérflua a "garantia" – ou o "seguro" – a ser oferecida a cada um dos membros de uma comunidade unificada. Engels é quem, talvez, discuta mais a fundo a polêmica contra os anarquistas e os "antiautoritários", fazendo uma crítica mordaz ao seu antiestatismo de princípio, dirigido contra o "conceito abstrato de Estado", ou seja, "O Estado abstrato, o Estado como tal, o Estado que não existe em nenhum lugar" ou que pode encontrar espaço "nas nuvens" (in Losurdo, 1997a, cap. V, §1, 2). No entanto, essa polêmica não acaba defendendo a teoria da extinção do Estado como tal? Fica evidente que, mesmo entre oscilações e contradições, foi iniciado o processo de aprendizagem que estimula uma crítica da espera messiânica de uma sociedade sem contradições e conflitos que não tem necessidade de qualquer regime jurídico.

Com as reflexões de Engels e Lenin, um análogo processo de aprendizagem começa a surgir também sobre a questão nacional (cf. "Tradição comunista e crítica ao 'napoleonismo'"). Pelo menos durante algum tempo após a destruição do sistema capitalista e imperialista mundial, as contradições entre as diversas nações e os diversos Estados nacionais continuam a existir e se presume que continuem a existir. No entanto, esses sinais de realismo político foram em grande parte sufocados pela catástrofe da Primeira Guerra Mundial. A carnificina desencadeada por Estados com uma consolidada tradição liberal, que, em nome da defesa da nação, são responsáveis pelo sacrifício em massa de seus cidadãos do sexo masculino, obrigados a matar e ser mortos sem hesitação, estimula a retomada de uma utopia enfática e abstrata que sonha com uma humanidade libertada definitivamente das tragédias infligidas pelo Estado e pelo poder como tal, das identidades nacionais e das fronteiras estatais e nacionais.

O ideal da paz perpétua na escola do realismo político

O processo de aprendizagem interrompido ou obstruído pela Primeira Guerra Mundial foi penosamente retomado nos anos e nas décadas posteriores, e é a ele que devemos nos remeter para depurar o ideal da paz perpétua de toda abstração e ingenuidade.

Não basta aprender com a tradição de pensamento que cultivou esse ideal. Apesar de ter desempenhando um relevante papel na Revolução Francesa e ainda mais na Revolução de Outubro, o ideal da paz perpétua está totalmente ausente nas duas revoluções inglesas (do século XVII) e na revolução dos Estados Unidos (do século XVIII): a homenagem, não muito convicta, prestada por Washington ao tema bíblico da transformação das espadas em arados, quando a Guerra de Independência já tinha sido concluída, não tem qualquer papel político real.

No conjunto, o ideal da paz perpétua está muito ausente na tradição liberal. A "resignação" à guerra pode ser considerada um limite, pode ser interpretada como sinônimo de rendição à ordem existente e à *Realpolitik*, mas é preciso não perder de vista o outro lado da moeda, isto é, a lição de realismo político implícita em tal "resignação": não se pode ignorar a contribuição dada por autores como Hamilton e Tocqueville ao esclarecimento do problema aqui em discussão. Em outras palavras, a reflexão do ideal da paz perpétua passa pelo confronto com a tradição liberal. Mas isso não basta. Mais importante ainda é refletir sobre o tumultuado processo de maturação que perpassa necessariamente uma ideia grande que tende à sua realização; é necessário analisar as dolorosas experiências históricas (o desencanto, a desilusão, a indignação ante o descumprimento das promessas feitas pelas revoluções de 1789 e de 1917) por que passou, e em certo sentido não poderia deixar de passar, o ideal da paz perpétua. Temos, assim, duas fontes que nos permitem entender o processo de aprendizagem sobre a reavaliação de tal ideal. Neste livro, fizemos referência a ambas. Procuremos agora delinear algumas conclusões, respondendo a alguns dos problemas mais importantes surgidos durante minha reconstrução.

Devemos interpretar a vitória da causa da paz como a unificação de toda a humanidade em um organismo que leva em consideração apenas indivíduos sem fazer qualquer outra distinção e articulação? Obviamente, nada nos impede de pensar que em um futuro muito remoto possam desaparecer as identidades nacionais e as fronteiras estatais, de tal forma que toda a humanidade se tornaria orgânica e irrevogavelmente unificada. No entanto, é necessário fazer um balanço histórico: já vimos que Fichte afirmava que "a missão da nossa espécie é aquela de se unir num único corpo" e chegou a acreditar que tal missão se tornaria realidade já na sua época, há mais de dois séculos. Também vimos um contemporâneo do grande filósofo, isto é, o revolucionário franco-alemão Cloots, saudar com entusiasmo a alvorada da "república universal", da universal "República dos Indivíduos Unidos", do "Estado dos Indivíduos Unidos" envolvendo todo o planeta, que, segundo ele, já era possível entrever. Semelhantes visões e ilusões se difundiram, após 1917, estimuladas pela revolução iniciada contra a Primeira Guerra Mundial. Não se trata apenas de perceber o caráter não dialético de uma universalidade que conhece apenas indivíduos e que exclui qualquer outra articulação. É preciso especialmente estar alerta contra uma dialética perversa que, graças a um internacionalismo ou universalismo exaltado, perde de vista as identidades e peculiaridades nacionais e sua persistente objetividade social, converte-se facilmente em um chauvinismo também exaltado, interpreta como realização da "república universal", ou seja, do "corpo único" da humanidade, os atos de força, agressão e prepotência cometidos pela potência ou superpotência mais poderosa e ameaçadora. É preciso refletir especialmente sobre o que acontece nos nossos dias: para legitimar as contínuas guerras neocoloniais, os ideólogos neoconservadores, ou subordinados ao neoconservadorismo, falam de um suposto Estado mundial que estaria se formando.

Durante um longo, longuíssimo período histórico, que é o futuro que podemos prever com realismo – e é para tal futuro que devem se voltar a política e a ética da responsabilidade –, a humanidade continuará a ser caracterizada pela continuidade dos diferentes Estados e nações (com culturas diversas e com interesses diversos e inclusive divergentes). Isso não significa que o atual panorama internacional não passará por alterações. É possível que surjam novas nações; entretanto, podemos imaginar uma integração entre países mais ou menos homogêneos, que resultem de um longo e penoso processo (e que pode também fracassar). É com essa perspectiva que nasceu e se desenvolveu a União Europeia, mas, embora ela tenha se convertido em um Estado federal e, em outras partes do mundo (por exemplo na América Latina), tivessem tido sucesso processos semelhantes, nem por isso desapareceria o problema da relação entre diferentes Estados e nações (com diferentes culturas e interesses, inclusive divergentes). Trata-se de um problema que não foi eliminado historicamente do processo de unificação nacional em países como a Itália e a Alemanha, o que não ocorreria mesmo com o surgimento de Estado com maiores dimensões.

Então, como assegurar uma paz estável entre diferentes Estados e nações? A esperança alentada particularmente por Kant e Fichte, segundo a qual a difusão generalizada da ordem surgida com a destruição do Antigo Regime feudal e absolutista eliminaria de uma vez por todas as raízes da guerra, não é compartilhada por autores como Hamilton e Tocqueville. Já conhecemos o balanço histórico que eles elaboraram: não existe nenhuma harmonia preestabelecida entre os Estados que assumiram um regime liberal ou democrático. Também entre eles continua existindo uma luta não apenas de interesses, mas também de paixões. Não desapareceram a "cobiça" e os "desejos de aquisições injustas", de que fala Hamilton, e nem mesmo o "espírito de conquista e até mesmo de rapina", que aos olhos de Tocqueville caracteriza os Estados Unidos da metade do século XIX. Sem deixar de lado as paixões, são os "impulsos de raiva, ressentimento, ciúme" evidenciados pelo autor norte-americano, ou seja, os "motivos de ambição, rivalidade, ciúme, todas as más lembranças" e, sobretudo, o excessivo "orgulho nacional" e o "patriotismo irascível" que, segundo o liberal francês, longe de desaparecerem após o surgimento das "instituições livres", podem ter sido ainda mais "reavivados".

Será que essas considerações e alertas se referem apenas às revoluções burguesas? Façamos um balanço do que ocorreu com as revoluções de orientação socialista. Retomemos mais uma vez a análise que Lenin fez, em 1916, a partir da advertência de Engels contra a tentação que poderia acometer o "proletariado vitorioso" de impor a "felicidade" a um outro povo. Segundo o revolucionário russo, "os interesses egoístas, a tentativa de se aproveitar dos outros" podem sobreviver durante algum tempo em um proletariado que foi responsável por uma revolução socialista e provocar a dura e legítima reação do país ou do povo a quem se tenta impor a felicidade ou a submissão; no entanto, mais cedo ou mais tarde, a "política " (também a internacional) acabará se adaptando à "economia", às novas relações econômico-sociais que surgem após o desaparecimento de um sistema, o capitalista, caracterizado pela busca de maior lucro e pela exploração.

Façamos agora um salto de quarenta anos. Com a atenção voltada primeiramente para o conflito entre a Iugoslávia e Albânia, e depois entre a Iugoslávia e a União Soviética (entre países do "campo socialista"), o Partido Comunista Chinês (e Mao Tse-tung) alerta contra um "fenômeno que não se restringe apenas a um país", contra "a tendência ao chauvinismo de grande nação" que, longe de desparecer imediatamente junto com o regime burguês ou semifeudal derrotado, pode até mesmo ser realimentado pelo "sentimento de superioridade" suscitado pela vitória da revolução; para "superar" tal tendência, "são necessários constantes esforços" (*Renmin Ribao*, 1971, p.37). Se Lenin chama a atenção para os "interesses egoístas", Mao convida a não perder de vista e a controlar rigidamente as paixões, as paixões nacionais, o "chauvinismo de grande nação". Os "interesses egoístas" constituem uma versão amenizada dos "desejos de aquisições injustas", ou seja, do "espírito de conquista e até mesmo de rapina", apontados por Hamilton e Tocqueville, respectivamente; no entanto, segundo Lenin, quando falta a base econômica, estão destinados a desaparecer num tempo não muito longo. Mais duradouro e mais persistente parece ser o "chauvinismo de grande nação" que, para o líder revolucionário chinês, podia se manifestar também em um pequeno país como a Iugoslávia (ainda que em relação a um país menor ainda, como a Albânia), e que lembra o excessivo "orgulho nacional" e o "patriotismo irascível" diagnosticados por Tocqueville a propósito dos Estados Unidos e dos países democrático-burgueses.

Inclusive os balanços históricos traçados por grandes protagonistas de revoluções de orientação socialista indicam que, mesmo após a superação do sistema capitalista-imperialista (que também é necessário quando se quer levar a sério a luta contra a guerra), o caminho que leva à realização de uma paz duradoura e generalizada continua a ser (pelo menos durante algum tempo) incerto e problemático. O fato é que – nas palavras hegelianas de *Princípios de filosofia do direito* (§322) – o Estado é uma "individualidade": na relação que um indivíduo, como "exclusivo ser para si", mantém com os outros indivíduos, está implícita a possibilidade (não a necessidade) do desacordo e do conflito. A radical transformação político-social pode facilitar a compreensão entre os indivíduos e a solução do problema, sem que este seja necessariamente eliminado: isso vale para os indivíduos empíricos (daí a esvaziamento do ideal da extinção do Estado) e também para as relações internacionais, para esses indivíduos que continuam sendo os Estados e as nações (daí o caráter ilusório e contraproducente de um "internacionalismo" ou "universalismo" que não respeite as peculiaridades estatais e nacionais).

Pode-se supor que a superação do capitalismo-imperialismo elimine a polarização econômico-social entre os diversos países e acabe com as pretensões de "excepcionalismo", reduzindo, assim, os motivos de divergência de interesses e paixões, e limitando o espaço de conflito. Em tais circunstâncias, a ONU poderia desenvolver com inédita eficácia o seu papel de mediação e promoção da compreensão entre as diversas "individualidades" estatais e nacionais. Porém, estas continuariam existindo quem sabe por quanto tempo, e com elas continuaria a existir, mesmo com uma força menor, a possibilidade do conflito. Se a luta para a paz pode e deve dar resultados para o presente e para um futuro não muito remoto, o objetivo da eliminação definitiva da guerra é uma perspectiva de longa, longuíssima duração.

CONCLUSÃO
"Paz perpétua" e a tumultuada marcha da universalidade

A história do ideal da paz perpétua, se, por um lado, está longe de descrever uma marcha triunfal ou pelo menos infalivelmente progressiva desse ideal, por outro, não representa uma sucessão de fracassos. Trata-se da história de uma luta de séculos e que ainda está muito longe de sua conclusão; uma história que pode ser considerada unitária porque o campo ideal de batalha em que ocorre revela uma forte continuidade. Porém, possui uma característica que vale a pena destacar. As forças opostas, que se chocam nesse campo de batalha, empunham ou parecem empunhar a mesma bandeira: o ideal de "paz perpétua", de "paz universal", de "paz definitiva", de uma paz que, de forma estável e duradoura, elimine o flagelo da guerra e da anarquia das relações internacionais. O mesmo se pode dizer sobre a história de outros ideais, como, aquele do "socialismo" ou da "democracia": vemos forças opostas empunhando, real ou aparentemente, a mesma bandeira. Em todos esses casos, a consonância, que uma visão superficial interpreta como sinônimo de continuidade ideológica e política, apresenta-se mais como expressão de antagonismo numa análise mais atenta. Isso se aplica especialmente ao ideal da paz perpétua.

Parte-se, frequentemente, do pressuposto de que há uma clara contradição de fundo: por um lado, há aqueles que acreditam em tal ideal ou rendem homenagem a ele e, por outro, os que não escondem seu ceticismo. Na verdade, as coisas se apresentam de forma bem diversa e bem mais complexa; a precisão histórica e filosófica nos impõe a necessidade de fazer balanços diferenciados sobre a forma assumida pelo ideal e pela palavra de ordem da paz perpétua, de acordo com o tempo e as circunstâncias em que eles se situam. Eis um exemplo evidente disso: não tem sentido colocar no mesmo plano projetos que, apesar de não terem atingido seus objetivos, fizeram avançar a causa da igualdade dos povos e de seu direito de viver com segurança e em paz, e projetos de cunho colonialista, imperialista e até mesmo racista, que marcaram como momento essencial da almejada erradicação do flagelo da guerra o fim (isto é, a exterminação) das "raças guerreiras" (na verdade, dos povos coloniais, relutantes em sofrer passivos a submissão a eles imposta).

Então, que distinção deve ser considerada? Neste livro, após termos observado que a aspiração a uma condição de paz permanente que envolva toda a humanidade pressupõe, como é obvio, o surgimento da ideia da universalidade (de um modo geral em torno da Revolução Francesa), foram analisados cinco projetos de paz perpétua: aqueles que, de uma forma ou de outra, e em diferentes medidas, inspiraram grandes massas de homens e mulheres e constituíram uma força política real durante cinco capítulos centrais da história contemporânea. Nos movimentos inspirados primeiramente pela Revolução Francesa e depois (em escala e intensidade mais amplas) pela Revolução de Outubro, o ideal da paz perpétua e o *páthos* universalista estão estreitamente ligados entre si: à luz dessa proximidade, torna-se intolerável uma ordem fundada sobre a escravidão colonial, declarada ou implícita, e, portanto, sobre a guerra de fato operada em detrimento dos povos escravizados e submetidos. Não é por acaso que as duas revoluções aqui citadas questionaram a dominação colonial presente não apenas fora dos países em que elas ocorreram, mas também dentro desses mesmos países, incidindo concretamente na configuração territorial do império francês e

CONCLUSÃO

daquele russo, reduzindo de forma sensível, pelo menos inicialmente, a sua extensão e modificando de forma mais ou menos profunda as relações entre as diversas nacionalidades presentes no seu interior.

Bem diferentes são os outros três projetos, cada um com suas características peculiares, mas todos unidos pelo desejo de reduzir e, às vezes, até negar a universalidade. Em Novalis, que se tornou o autor de referência da Santa Aliança, a evocação da "paz perpétua" é o apelo dirigido à "humanidade europeia" para conseguir a "conciliação e ressurreição" que lhe permita exercer a hegemonia sobre os "outros continentes". Não obstante a forma suave com que se expressa o literato e poeta, a "paz perpétua" que ele invoca está em função da dominação e, em última análise, da guerra necessária para conquistá-la. A redução, ou seja, a negação da universalidade, manifesta-se também no projeto que vincula a realização da paz perpétua à plena maturidade da sociedade fundada no desenvolvimento comercial e industrial (e no expansionismo colonial).

Mesmo com algumas exceções significativas, mas que não fazem uma análise mais profunda do problema, a guerra é condenada e considerada com o olhar voltado quase exclusivamente para as relações internas do mundo "civilizado"; a negação da universalidade fica muito evidente e assume acentos até mesmo repugnantes naqueles autores que identificam o avanço da civilização universal e da paz universal com um expansionismo colonial que não se exime de práticas genocidas ou do genocídio propriamente dito. Obviamente, o filósofo John Stuart Mill não compartilha essa visão; mas é preocupante o fato de que também ele considere como promotor e defensor da "paz universal" o império britânico, envolvido no expansionismo e nas guerras coloniais e que tem uma estrutura de hierarquia racial que despreza e oprime os *niggers* e os dominados. Enfim, o mais recente capítulo da história do ideal da paz perpétua se inicia com a intervenção de Wilson na Primeira Guerra Mundial em nome da "paz definitiva", que se realizará graças à difusão planetária da democracia e à eliminação dos regimes despóticos, considerados como fonte e causa de guerra. No entanto, quem promove um programa aparentemente tão promissor é um presidente que, tanto na política interna quanto na internacional, não reconhece o princípio da igualdade entre os povos e entre as "raças", e que se inspira na realização da "paz definitiva" na Doutrina Monroe, isto é, em modelo claramente neocolonialista. A negação da universalidade fica ainda mais clara na "revolução neoconservadora", que, retomando o tema wilsoniano da luta contra o despotismo como uma luta contra os regimes responsáveis pela violência, pela desordem internacional e pela guerra, atribui ao "xerife internacional" norte-americano o papel de defensor da liberdade, da democracia para garantir a ordem "em um mundo de selvagens".

Os cinco projetos analisados não são apenas diferentes, mas também polêmicos entre si. Em 1799, Novalis tenta dar um significado distinto e até oposto à palavra de ordem da paz perpétua, surgida com Revolução Francesa e até aquele momento utilizada para promover a revolução antifeudal e anticolonial. Também a visão que atribui a erradicação da guerra ao desenvolvimento da sociedade comercial e industrial é, durante uma parte da sua história, uma resposta polêmica à Revolução Francesa (como acontece claramente com Constant), e durante outra parte dessa história uma oposição às ideias de Marx, Lenin e à Revolução de Outubro (como fica claro nas posições de autores como Schumpeter e Mises). A "paz definitiva" e os catorze pontos de Wilson constituem uma resposta aos bolcheviques. Por fim, a *pax* napoleônica, a *pax* britânica e a *pax* americana, que têm por trás de si a "paz perpétua" da Revolução Francesa, a "era do comércio" e da paz teorizada, entre outros, por Constant e a "paz definitiva" de Wilson, respectivamente, são expressão do triunfo militar (de breve duração) conseguido primeiramente pela França do início do século XIX, depois pela Grã-Bretanha durante a "paz dos cem anos" e, enfim, pelos Estados Unidos no fim da Guerra Fria.

Após esses diversos projetos, surge, por um lado, a luta em favor da universalidade ou contra ela, e, por outro, o processo de construção da universalidade, também caracterizado por contradições e lutas difíceis e até mesmo mortais. Durante a sua existência breve e de final trágico, Cloots, mesmo sendo um defensor sincero e

CONCLUSÃO

apaixonado da universalidade, acabou legitimando o expansionismo da França pós-termidoriana. Apesar de não ser capaz de absorver e respeitar o particular, o universalismo se transformou facilmente em empirismo absoluto, correndo o risco de conferir o carisma da universalidade também a um particular muito controverso e pouco aceitável. É o grande ensinamento de Hegel assumido por Lenin. E, no entanto, apesar de ter aprendido essa crítica, o próprio universalismo da Revolução de Outubro caiu em contradições imprevistas e cada vez mais profundas que provocaram, primeiramente, a divisão do partido bolchevique e, logo depois, a divisão do "campo socialista" e a derrota do socialismo na Europa oriental.

O fio condutor da história aqui reconstruída é, em última análise, a progressiva afirmação da universalidade, durante um processo histórico bem pouco linear, mas que, ao contrário, foi marcado por conflitos e lutas de todo tipo e por avanços e retrocessos. É o fio condutor indicado por Hegel (1919-1920, p.919-20), que via na Revolução Francesa a realização mais completa, até aquele momento, do "princípio da universalidade dos princípios". Tratava-se de uma clara superação do "crasso nominalismo", que fazia perder de vista a centralidade da "determinação do universal " (idem, 1969-1979, v.19, p.573, 577) e tornava impossível a construção do conceito universal de homem. Também em Marx, o avanço histórico é marcado pela progressiva defesa da universalidade. É nesse sentido que deve ser interpretada a afirmação de que "a história universal" intervém apenas em certo momento do processo histórico. Entre outras coisas, ela pressupõe o desenvolvimento mundial do comércio e das comunicações (MEW, v.3, p.60); portanto, é um "resultado", "não existia desde sempre" (Marx, 1968, v.1, p.38). Com mais razão no que ser refere ao desenvolvimento da consciência, apenas após um longo e complexo processo histórico, o homem começa a sentir-se como "ente genérico" (*Gattungswesen*), como membro do gênero humano universal (MEW, v.1, p.360).

É certo que, atualmente, difundiu-se uma cultura que rotula o universalismo como instrumento de legitimação de qualquer forma de prepotência e violência, e em particular da dominação e do expansionismo colonial. Porém, já me referi a essa objeção quando chamei a atenção para o fato de que o universalismo não deve ser apenas proclamado, mas aprendido, e acrescentei que se trata de um processo de aprendizagem que não é nem fácil nem indolor. Conhecemos a dialética (analisada por Hegel a partir primeiramente do balanço histórico da Revolução Francesa) segundo a qual o universalismo pode transformar-se em empirismo absoluto, que sub-repticiamente legitima e transfigura também o empirismo mais imediato, mais controverso e mais inaceitável, incluso o colonialismo de ontem e de hoje. No entanto, o universalismo, de alguma forma, está implícito no discurso e na comunicação intersubjetiva como tal, que para desenvolver-se não pode prescindir de conceitos gerais, aos quais, inevitavelmente, deve também fazer referência quando se trata de motivar um comportamento prático. Por sua vez, o empirismo absoluto está sempre à espreita, quer se professe o universalismo ou o relativismo. Sim, é possível prestar uma contínua homenagem ao pensamento crítico, à dúvida, ao antidogmatismo, ao problematicismo, ao relativismo, mas tudo isso pode se tornar ostentação e autocelebração: a partir daqui, uma cultura e uma determinada civilização (a ocidental) não encontra dificuldades para reivindicar sua superioridade em relação a todas as outras. E eis que novamente emerge o empirismo absoluto: a homenagem ao pensamento crítico, à dúvida, ao antidogmatismo, ao problematicismo, ao relativismo desembocando na consagração de uma determinada empiria, cultura e civilização. E o empirismo absoluto, que transfigura o Ocidente como guardião do pensamento crítico e antidogmático e até mesmo do relativismo, não é menos belicista e menos inimigo da causa da paz que o empirismo absoluto que consagra o Ocidente como depositário de valores universais inegáveis e indiscutíveis.

O fato de que quem alertou contra a armadilha do empirismo absoluto foi um teórico do universalismo como Hegel é a confirmação de que o universalismo tem condições de estimular a reflexão autocrítica. A esse respeito, no plano histórico, o exemplo talvez mais significativo é aquele de Fichte. Nos seus anos de juventude, um

CONCLUSÃO

páthos universalístico insuficientemente refletido o leva a teorizar (em nome da paz perpétua) a exportação da revolução e a interpretar o expansionismo da França pós-termidoriana como uma contribuição à causa da paz perpétua: é o momento em que o universalismo proclamado se transforma em empirismo absoluto. Porém, depois, é justamente a fidelidade ao universalismo que leva Fichte a questionar radicalmente a postura anterior e a libertar-se da armadilha do empirismo absoluto em que havia caído: foi o momento em que o filósofo compreendeu que a defesa da independência nacional e a consequente condenação da opressão semicolonial (e imperial) são partes integrantes da defesa do autêntico universalismo.

Não foi por acaso que o colonialismo escreveu os seus capítulos mais horríveis empunhando a bandeira não do universalismo, mas do "crasso nominalismo" antropológico, contestando de forma explícita o conceito universal de homem. Confrontemos as duas palavras de ordem que se opuseram durante a guerra de extermínio com a qual o exército napoleônico tentou restabelecer a submissão colonial e a escravidão negra em São Domingos, no Haiti. Napoleão: "Sou pelos brancos, porque sou branco; não há outra razão e esta é a melhor". No lado oposto, Toussaint Louverture, o líder da revolução dos escravos negros, invocou "a adoção absoluta do princípio segundo o qual nenhum homem vermelho [isto é, mulato], negro ou branco pode ser propriedade de seu semelhante"; mesmo com modestas condições, os homens não podiam ser "confundidos com os animais", como ocorria no âmbito do sistema escravocrata. Ao *páthos* universalístico ainda mais acentuado que ressoa na Revolução de Outubro e em seu apelo para que os escravos das colônias quebrassem suas cadeias, corresponde a teorização do *Under man / Untermensch*, do "sub-humano": é uma categoria que após ter sido formulada pelo autor norte-americano Lothrop Stoddard, sobretudo contra os negros, inspira a campanha hitleriana em defesa da colonização da Europa oriental e da escravização dos eslavos e inspira também o extermínio dos judeus, rotulados com os bolcheviques como ideólogos e instigadores da lamentável revolta das "raças inferiores" (Losurdo, 2013, cap. XI, §5).

Ainda atualmente, o universalismo está longe de se impor e se consolidar. O que dá um novo impulso às guerras neocoloniais é um "excepcionalismo" que, apesar de empunhar a bandeira dos "valores universais", é por definição o inverso do universalismo; trata-se da reivindicação de um tratamento privilegiado para o Ocidente e, sobretudo, para o seu país-guia, que se arrogam o direito exclusivo de desencadear guerras mesmo sem a autorização do Conselho de Segurança da ONU. Por causa dessa ideologia e prática, que garantem a um pequeno número de Estados assumir uma soberania tão ampla que lhes permita declarar nula a soberania do resto do mundo, e, especialmente, de certos Estados visados, acaba-se criando uma relação de clara desigualdade entre as nações, distanciando-se novamente do universalismo. O "excepcionalismo" antiuniversalista pretende adquirir até mesmo um fundamento teológico quando transfigura a "nação indispensável" e única em uma nação "eleita por Deus". Uma luta séria contra a guerra deve impedir com firmeza a tentativa de anular as conquistas alcançadas em séculos de história para garantir o princípio de igualdade entre os povos.

Sobre a longa e tumultuada marcha da universalidade, convém reler uma carta de Engels de 11 de abril de 1893 (MEW, v.39, p.63):

> A natureza precisou de milhões de anos para produzir seres vivos conscientes, e estes precisam de milhares de anos para agir de forma consciente, com uma consciência não apenas de suas ações como indivíduos, mas também de suas ações como grupo, agindo juntos e atingindo juntos uma meta definida em comum. Agora, quase atingimos esse ponto.

É claro o elemento ilusório que permeia a história do processo de uma consciente unificação da humanidade: "Quase atingimos esse ponto"! Na realidade, alguns anos mais tarde seria iniciada a Primeira Guerra Mundial (prevista com muita lucidez pelo próprio Engels). Convém fazer uma observação crítica, principalmente sobre um outro aspecto da visão por ele apresentada. Com base na lição de Hegel, pode-se dizer que, na carta que acabamos de citar, a unidade do gênero humano é pensada por Engels de forma muito

CONCLUSÃO

compacta, sem considerar adequadamente o fato de que se trata de uma unidade que não exclui a diferença e a contradição. Permanece a visão de que a história se caracteriza pela progressiva construção da universalidade e da unidade do gênero humano. E é nesse contexto que podemos inserir a gênese, o desenvolvimento histórico, as aventuras e as desventuras, assim como as perspectivas do ideal da paz perpétua.

Referências

Em todas as citações, o uso do itálico foi livremente mantido, suprimido ou modificado de acordo com a necessidade de dar destaques ao texto. Utilizaram-se livremente traduções italianas das seguintes obras:

KANT, I. *Scritti politici e filosofia della storia*. Trad. Gioele Solari; Giovanni Vidari. Ed. póstuma organizada por Norberto Bobbio, Luigi Firpo e Vittorio Mathieu [1956]. Turim: UTET, 1965.
FICHTE, J. G. *La missione dell'uomo*. Ed. Remo Cantoni. Bari: Laterza, 1970.
FICHTE, J. G. *Sulla rivoluzione francese*. Ed. Vittorio Enzo Alfieri. Roma; Bari: Laterza, 1974.
FICHTE, J. G. *Lo Stato di tutto il Popolo*. Ed. Nicolao Merker. Roma: Editori Riuniti, 1978.
HAMILTON, A.; MADISON, J.; JAY, J. *Il Federalista*. Ed. Mario D'Addio; Guglielmo Negri. Bolonha: Il Mulino, 1980. [Ed. original: *The Federalist*, 1787-1788]

Obras citadas com abreviatura

FICHTE, J. G. *Werke*. Ed. Immanuel Hermann Fichte. 11 vols. Berlin: De Gruyter, 1971:

FAB – *Anwendung der Beredsamkeit für den gegenwärtigen Krieg* (1806), v.7, p.505-8;

FBB – *Beitrag zur Berichtigung der Urtheile des Publicums über die französische Revolution* (1793), v.6, p.37-288;

FBM – *Die Bestimmung des Menschen* (1800), v.2, p.165-319;

FBN – *In Beziehung auf den Namenlosen* (1806), v.7, p.511-6;

FEF – *Zum ewigen Frieden. Ein philosophischer Entwurf von Immanuel Kant* (1796), v.8, p.417-36;

FEP – *Aus dem Entwürfe zu einer politischen Schrift im Frühlinge 1813* (1813), v.7, p.546-73;

FEZ – *Episode über unser Zeitalter, aus einem republikanischen Schriftsteller* (1806-07), v.7, p.519-19;

FGH – *Der geschlossne Handelsstaat* (1800), v.3, p.386-513;

FGN – *Grundlage des Naturrechts* (1796), v.3, p.1-385;

FGS – *Grosse Schreibe- und Pressfreiheit in Machiavellis Zeitalter* (1806), v.7, p.413-28;

FGZ – *Grundzüge des gegenwärtigen Zeitalters* (1806), v.7, p.3-256;

FMS – Über Machiavelli *als Schrifsteller* (1807), in v.11, p.401-8;

FRD – *Die Republik der Deutschen, zu Anfang des zwei und zwanzigsten Jahrhunderts unter ihrem fünften Reichsvogte* (1806-1807), v.7, p.530-45;

FRN – *Reden an die deutsche Nation* (1808), v.7, p.259-499;

FVB – *Einige Vorlesungen über die Bestimmung des Gelehrten* (1794), v.6, p.289-346;

FZD – *Zurückforderung der Denkfteiheit von den Fürsten Europas die sie bisher unterdrückten. Eine Rede* (1793), v.6, p.2-35.

KGS – KANT, I. *Gesammelte Schriften*. Ed. Königlichen Preußischen Akademie der Wissenschaften. Berlin: Reimer, 1900.

MEW – MARX, K.; ENGELS, F. *Werke*. Berlin: Dietz, 1955-1989. [Trad. italiano: *Opere complete*. Roma: Editori Riuniti, 1972-1990, depois Napoli: La Città del Sole).

Referências bibliográficas

ABEGG, J. F. *Reisetagebuch von 1798*. Org. Walter Abegg; Jolanda Abegg; Zwi Batscha. Frankfurt a. M.: Insel Verlag, 1976.

AGOSTI, A. (ed.). *La Terza Internazionale. Storia documentaria*. 3 vols. Roma: Editori Riuniti, 1974-1979.

REFERÊNCIAS

ALBERONI, F. Ma il Terzo mondo parla con le armi. *Corriere della Sera*, 6 ago. 1990.

ANGELL, N. *The Great Illusion*: A Study of the Relation of Military Power in Nations to Their Economie and Social Advantage. New York: Cosimo Classics, 2007 [1909].

AQUARONE, A. *Le origini dell'imperialismo americano*. Da McKinley a Taft (1897-1913). Bologna: Il Mulino, 1973.

ARNDT, E. M. Briefe an den Grafen Kurt Philipp Schwerin. In: *Gerettete Arndt--Schriften*. Ed. Albrecht Dühr; Erich Gülzow. Arolsen: Weizacker, 1953a.

_____. Spanien und Portugal. In: *Gerettete Arndt-Schriften*. Ed. Albrecht Dühr; Erich Gülzow. Arolsen: Arolsen: Weizacker, 1953b.

_____. Der Rhein Deutschlands Strom aber nicht Deutschlands Grenze (1813). In: PROSS, H. (ed.). *Dokumente zur deutschen Politik 1806-1870*. Frankfurt: Fischer, 1963. p.103-4.

_____. *Briefe*. Ed. Albrecht Dühr. Darmstadt: Wissenschaftliche Buchgesellschaft, 1972.

_____. *Die deutsche Wehrmannschaft*. Leipzig: Insel, s.d.

BAIRATI, P. (ed.). *I profeti dell'impero americano*. Dal periodo coloniale a i nostri giorni. Torino: Einaudi, 1975.

BAKER, N. *Human Smoke*: The Beginnings of World Warm, the End of Civilization. London/New York: Simon & Schuster, 2008.

BARNAVE, A. P. J. M. *Introduction à la revolution française*. Ed. Fernand Rude. Paris: Colin 1960 [1792].

BARNY, R. *L'éclatement révolutionnaire du rousseauisme*. Besannen: Annales Littéraires de l'Université, 1988.

BASTID, M.; BERGÈRE, M.-C.; CHESNEAUX, J. *La Cina*. Torino: Einaudi, 1974. [Ed. original: *Histoire de la Cine*. Paris: Hatier, 1971]

BAUER, O. *Zwischen zwei Weltkriegen?* Die Krise der Weltwirtschaft, der Demokratie und des Sozialismus. Bratislava: Eugen Prager, 1936.

BEARD, C. A. *Interpretazione economica della Costituzione degli Stati Uniti d'America*. Milano: Feltrinelli, 1959. [Ed. original: *An Economie Interpretation of the Constitution of the United States*. New York: Macmillan, 1913]

BEVERIDGE, A. J. *The Meaning of the Times, and Others Speeches*. Freeport (NY): Books for Libraries Press, 1968 [1908].

BLOCH, E. Fichtes Reden an die deutsche Nation (1943). In: *Politische Messungen, Pestzeit, Vormärz*. Frankfurt: Suhrkamp, 1970.

_____. *Soggetto oggetto*. Commento a Hegel. Trad. Remo Bodei. Bologna: Il Mulino, 1975. [Ed. original: *Subjekt-Objekt*. Erläuterungen zu Hegel. Berlin: Aufbau, 1949]

BOBBIO, N. Ci sono tutti i presupposti perché sia una guerra giusta, ma dev'essere utile ed efficace. Entrevista de Riccardo Chiaberge. *Corriere della Sera*, 17 jan. 1991.

BOFFA, G. *Dall'URSS alla Russia*. Storia di una crisi non finita 1964-1994. Roma/Bari: Laterza, 1995.

BONN, M. J. *Die Krisis der europäischen Demokratie*. München: Meyer & Jessen, 1925.

BOOT, M. Il destino dell'America è sorvegliare il mondo. In: LOBE, J.; OLIVERI, A. (ed.). *I nuovi rivoluzionari*. Il pensiero dei neoconservatori americani. Milano: Feltrinelli, 2003. p.64-6.

BÖRNE, L. Über die geometrische Gestalt des Staatsgebiets (1808). In: *Sämtliche Schriften*. Ed. Inge Rippman; Peter Rippman. v.1. Dreieich: Melzer, 1977. p.116-22.

BRZEZINSKI, Z. K. *La grande scacchiera*. Trad. Mario Baccianini. Milano: Longanesi, 1988. [Ed. original: *The Grand Chessboard*. New York: Basic Books, 1997]

BUCHEZ, P. J. B.; ROUX, P.-C. *Histoire rarlementaire de la* Révolution Française. Vários volumes. Paris: Paulin, 1834.

BURKE, E. Remarks on the Policy of the Allies with Respect to France. In: *The Works*: A New Edition. v.7. London: Rivington, 1826 [1793].

CAMPE, J. H. *Briefe aus Paris zur Zeit der Revolution geschrieben*. Ed. Hans-WolfJäger. Hildesheim: Olms, 1977.

CARETTO, E. L'ONU vuol punire la Libia. *La Repubblica*, 29-30 mar. 1992.

CARR, E. H. *La rivoluzione bolscevica*. Trad. Franco Lucentini; Sergio Caprioglio; Paolo Basevi. Torino: Einaudi, 1964. [Ed. original: *A History of Soviet Russia*: The Bolshevik Revolution 1917-1923. London: Macmillan, 1950]

CATHERWOOD, C. *Churchills Folly*: How Winston Churchill Created Modern Iraq. New York: Carrol & Graf, 2004.

CÉSAIRE, A. *Toussaint Louverture*. La révolution française et le problème colonial. Paris: Présence Africaine, 1961.

CHIESA, G. Chirac e Kohl aiutarono Eltsin con fondi Neri. *La Stampa*, 1 out. 2009, p.1, 16.

CHRISTENSEN, T. *The China Challenge*. New York/London: Norton, 2015.

CLARK, C. *The Sleepwalkers*: How Europe Went to War in 1914. London: Penguin, 2013.

CLAUSEWITZ, K. An den Herrn Verfasser des Aufsatzes über den Machiavelli. In: FICHTE, J. G. *Briefwechsel*. Ed. Hans Schulz. v.2. Hildesheim: Olms, 1967. p.520-6.

REFERÊNCIAS

CLAUSEWITZ, K. *Della guerra*. Milano: Mondadori, 1978. [Ed. original: *Vom Kriege*. Berlin: Dümmler, 1832-1834]

CLOOTS, A. *Écrits révolutionnaires*. 1790-1794. Ed. Michèle Duval. Paris: Champ Libre, 1979.

COBBAN, A. *Dictatorship*: Its History and Theory. New York: Haskell, 1971 [1939].

COKER, C. *The Improbable War*: China, The United States and the Logic of Great Power Conflict. Oxford: University Press, 2015.

COMMAGER, H. S. (ed.). *Documents of American History*. 7. ed. New York: Appleton/Century/Crofts, 1963.

COMTE, A. *Corso di filosofia positiva*. Trad. Franco Ferrarotti. 2 vols. Torino: UTET, 1979. [Ed. original: *Cours de philosophie positive*. Paris: Rouen, 1830-1842]

CONSTANT, B. *Dello spirito di conquista e dell'usurpazione nei loro rapporti con la civiltà europea*. Trad. Augusto Donaudy. Milano: Rizzoli, 1961. [Ed. original: *De l'esprit de conquéte et de l'usurpation dans leurs rapporti avec la civilisation européenne*. London: Murray, 1814]

_____. *Diari*. Trad. Paolo Serini. Torino: Einaudi, 1969. [Ed. original: *Journaux intimes*. Paris: Gallimard, 1952]

_____. De la liberté des anciens comparée à celle des modernes (1819). In: *De la liberté chez les modernes*. Ecrits politiques. Ed. Marcel Gauchet. Paris: Hachette, 1980. p.493-515.

COTTA, F. Von der Staatsverfassung in Frankreich (1791). In: TRÄGER, C. (ed.). *Mainz zwischen Rot und Schwarz.* Die Mainzer Revolution 1792-1793. In: *Schriften, Reden und Briefen*. Berlin: Rütten und Loehning, 1963.

DAVIS, D. B. *Il problema della schiavitù nella cultura occidentale*. Trad. Maria Vaccarino. Torino: SEI, 1971. [Ed. original: *The Problem of Slavery in Western Culture*. Ithaca (NY): Cornell University Press, 1966]

DELANOË, N.; ROSTKOWSKI, J. *Les Indiens dans l'histoire américaine*. Nancy: Presses Universitaires, 1991.

DENG, X. *Selected Works*. 3 vols. Beijing: Foreign Languages Press, 1992-1995.

DER I. KONGRESS DER KOMMUNISTISCHEN Internationale. Protokoll der Verhandlungen in Moskau vom 2. bis zum 19. März 1919. Bibliothek der Kommunistischen Internationale, v. VII. Hamburg: Verlag der Kommunistischen Internationale-Carl Hoym, 1921.

DILTHEY, W. *Das Erlebnis und die Dichtung*. 10. ed. Leipzig/Berlin: Teubner, 1929.

DI RIENZO, E. *Il conflitto russo-ucraino.* Geopolitica del nuovo dis(ordine) mondiale. Rubbettino: Soveria Mannelli, 2015.

DOCKÈS, P. Condorcet et l'esclavage des nègres. In: SERVET, J.-M. (ed.). *Idées économiques sous la Revolution 1789-1794.* Lyon: Presses Universitaires, 1989. p.85-123.

DONNELLY, T. La riforma della difesa nel mondo unipolare. In: LOBE, J.; OLIVERI, A. (ed.). *I nuovi rivoluzionari.* Il pensiero dei neoconservatori americani. Milano: Feltrinelli, 2003. p.71-96.

DRECHSLER, K.; DROBISCH, K.; SCHUMANN, W. *Deutschland im zweiten Weltkrieg.* v.2: *Vom Überfall auf die Sowjetunion bis zur sowjetischen Gegenoffensive bei Stalingrad.* Köln: Pahl-Rugenstein, 1975.

ERASMO DE ROTTERDAM. *Querela pacis.* Texto latino e trad. Carlo Carena. Torino: Einaudi, 1990 [1517].

FERGUSON, N. *The Cash Nexus*: Money and Power in the Modern World. 1700-2000. London: Penguin, 2001.

_____. *Empire*: How Britain Made the Modern World. London: Penguin, 2004.

_____. *Ventesimo secolo, l'età della violenza.* Trad. Donatella Laddomada. Milano: Mondadori, 2008. [Ed. original: *The War of the World*: History's Age of Hatred. London: Alien Lane, 2006]

FICHTE, I. H. *Johann Gottlieb Fichte's Leben und Literarischer Briefwechsel.* 2 vols. Leipzig: Brockhaus, 1862.

FICHTE, J. G. *Briefwechsel.* Ed. Hans Schulz. 2 vols. Hildesheim: Olms, 1967. [1. ed.: Leipzig: H. Haessel, 1930]

_____. *Rechtslehre.* Ed. Richard Schottky. Hamburgo: Meiner, 1980 [1812].

FILONI, M. *Il filosofo della domenica.* La vita e il pensiero di Alexandre Kojève. Torino: Bollati Boringhieri, 2008.

FITCHETT, J. Clark Recalls "Lessons" of Kosovo. *International Herald Tribune*, 3 maio 2000, p.1, 4.

FLORES D'ARCAIS, P. Politica di pace, non l'assolutismo di certi pacifisti. *L'Unità*, 22 jan. 1991, p.13.

FRIEDBERG, A. L. *A Contest for Supremacy*: China, America, and the Struggle for Mastery in Asia. New York/London: Norton, 2011.

FRIEDMAN, T. L. Will the Ends, Will the Means. *International New York Times*, 21 ago. 2014, p.7.

FUCHS, E. (ed.). *Fichte im Gespräch.* v.2: *1798-1800.* Stuttgart/Bad Cannstatt: Frommann/Holzboog, 1980.

FUKUYAMA, F. The End of History? *The National Interest*, Summer, 1989, p.3-18.

REFERÊNCIAS

FURET, F.; RICHET, D. *La rivoluzione francese*. Trad. Silvia Brilli Cattarmi; Carla Parane. 2 vols. Roma/Bari: Laterza, 1980. [Ed. original: *La Révolution française*. 2 vols. Paris: Hachette, 1965-1966]

GEGGUS, D. British Opinion and the Emergence of Haiti, 1791-1805. In: WALVIN, J. (ed.). *Slavery and British Society*: 1776-1846. London: Macmillan, 1982. p.123-49.

GENTZ, F. von. Über den Ursprung und Charakter des Krieges gegen die französische Revolution (1801). In: *Ausgewählte Schriften*. Ed. Wilderich Weick. v.2. Stuttgart/Leipzig: Rieger, 1836-1838.

_____. Überden ewigen Frieden (1800). In: VON RAUMER, K. (org.). *Ewiger Friede*. Friedensrufe und Friedenspläne seit der Renaissance. Freiburg/München: Alber, 1953. p.461-97.

GILAS, M. *Conversazioni con Stalin*. Trad. Elena Spagnol Vaccari. Milano: Feltrinelli, 1978. [Ed. original: *Conversations with Stalin*. New York: Harcourt, Brace & World, 1962]

GIRIDHARADAS, A. Forget Gandhi, Violence Is Now the Chosen Path. *International Herald Tribune*, 24 out. 2008, p.2.

GODECHOT, J. *La grande nazione*. L'espansione rivoluzionaria della Francia nel mondo. 1789-1799. Trad. Franco Gaeta. Bari: Laterza, 1961. [Ed. original: *La Grande Nation*. L'Expansion de la France révolutionnaire dans le monde 1788-1799. Paris: Aubier, 1956]

GOLINKIN, L. Driving Ukrainians into Putins arms. *International New York Times*, 10 dez. 2014, p.10.

GÖRRES, J. *Gesammelte Schriften*. 2 vols. Ed. Wilhelm Schellberg. Köln: Gilde, 1928.

_____. Der allgemeine Frieden, ein Ideal (1798). In: BATSCHA, Z.; SAAGE, R. (ed.). *Friedensutopien*. Kant, Fichte, Schlegel, Görres. Frankfurt: Suhrkamp, 1979. p.111-76.

GOSSET, T. F. *Race:* The History of an Idea in America (1963). New York: Schocken Books, 1965.

GRAMSCI, A. *Quaderni del carcere*. Ed. crítica Valentino Germana. 4 vols. Torino: Einaudi, 1975.

_____. *L'Ordine Nuovo 1919-1920*. Ed. Valentino Germana; Antonio A. Santucci. Torino: Einaudi, 1987.

GREWE, W. G. *Epochen der Völkerrechtsgeschichte*. Baden-Baden: Nomos, 1988.

GRIMAL, H. De l'Empire britannique au Commonwealth. Paris: Colin, 1999 [1971].

GROTIUS, H. *De jure belli ac pacis libri tres*. Ed. James Brown Scott. Washington: Carnegie Institution, 1913. [Reprodução da edição de 1646]

HABERMAS, J. Imparare dalle catastrofi? Ripensando il secolo breve (1998). In: *La costellazione postnazionale*. Mercato globale, nazioni e democrazia. Ed. Leonardo Ceppa. Milano: Feltrinelli, 1999a. p.5-28.

_____. Bestialität und Humanität. Ein Krieg an der Grenze zwischen Recht und Moral. *Die Zeit*, 29 abr. 1999b, p.1, 6-7.

HADDICK, R. *Fire on the Water*: China, America, and the Future of the Pacific. Annapolis: Naval Institute Press, 2014.

HAMILTON, A. *Writings*. Ed. Joanne B. Freeman. New York: The Library of America, 2001.

HARDT, M. La nuda vita sotto l'Impero. *Il manifesto*, 15 maio 1999, p.8-9.

HARDT, M.; NEGRI, A. *Impero*. Il nuovo ordine della globalizzazione. Trad. Alessandro Pandolfi. Milano: Rizzoli, 2002. [Ed. original: *Empire*. Cambridge/London: Harvard University Press/MA, 2000]

HAUTER, F. La Campagne contre l'"agent orange" des Américains. *Le Figaro*, 6 out. 2004, p.4.

HAYM, R. Friedrich von Gentz. In: ERSCH, J. S.; GRUBER, J. G. (eds.). *Allgem eine Encyclopädie der Wissenschaften und Künste*. Seção I, v.5. Leipzig: Gleditsch, 1854.

HAYTON, B. *The South China Sea*: The Struggle for Power in Asia. New Haven/London: Yale University Press/CT, 2014.

HECKSCHER, A. *Woodrow Wilson: a Biography*. New York/Toronto: Scribner's Sons, 1991.

HEGEL, G. W. F. *Vorlesungen über die Philosophie der Weltgeschichte*. Ed. Georg Lasson. 4 vols. Leipzig: Meiner, 1919-1920.

_____. *Jenaer Realphilosophie*. Ed. Johannes Hoffmeister. Hamburg: Meiner, 1969.

_____. *Werke in zwanzig Bänden*. Ed. Eva Moldenhauer; Karl Markus Michel. 20 vols. Frankfurt: Suhrkamp, 1969-1979.

_____. *Briefe von und an Hegel*. Ed. Johannes Hoffmeister; Friedhelm Nicolin. 4 vols. 3. ed. Hamburg: Meiner, 1969-1981.

_____. *Vorlesungen über Rechtsphilosophie 1818-1831*. Ed. Karl-Heinz Ilting. 4 vols. Stuttgart/Bad Cannstatt: Frommann/Holzboog, 1973-1974.

_____. *Die Philosophie des Rechts*. Die Mitschriften Wannenmann (Heidelberg 1817-1918) und Homeyer (Berlin 1818-1819). Ed. Karl-Heinz Ilting. Stuttgart: Klett-Cotta, 1983a.

_____. *Philosophie des Rechts*. Die Vorlesung von 1819-20 in einer Nachschrift. Ed. Dieter Henrich. Frankfurt: Suhrkamp, 1983b.

HEINE, H. *Sämtliche Schriften*. Ed. Klaus Briegleb. 6 vols. München: Hanser, 1969-1978.

HERDER, J. G. Briefe zur Beförderung der Humanität. Fünfte Sammlung (1795). In: *Sämtliche Werke*. Ed. Bernhard Suphan. v.17. Hildesheim/New York: Olms, 1967a. p.261-338.

_____. Briefe zur Beförderung der Humanität. Zehnte Sam m lung (1797). In: *Sämtliche Werke*. Ed. Bernhard Suphan. v.18. Hildesheim/New York: Olms, 1967b. p.217-302.

HERZEN, A. *Dall'altra sponda*. Trad. Pia Pera. Milano: Adelphi, 1993 [1850-1855].

_____. *Breve storia dei russi*. Lo sviluppo delle idee rivoluzionarie in Russia. Trad. Ida Giordano. Milano: Corbaccio, 1994. [Ed. original: *Du développement des idées révolutionnaires en Russie*. Paris: Franck, 1851]

HILL, C. *La formazione della potenza inglese*. Dal 1930 al 1780. Trad. Vittorio Ghinelli. Torino: Einaudi, 1977. [Ed. original: *Reformation to Industrial Revolution:* 1330-1780. London: Weidenfeld & Nicolson, 1967]

HOBHOUSE, L. T. *Democracy and Reaction*. 2. ed. London: Fisher Unwin, 1909.

HOFSTADTER, R. *The American Political Tradition and the Men Who Made It*. New York: Knopf, 1967.

HÖLDERLIN, F. *Sämtliche Werke und Briefe*. Ed. Günther Mieth. 2 vols. München: Hanser, 1978.

INTERNATIONAL NEW YORK TIMES. Turkeys Drift from NATO. 16 mar. 2015.

JACOBSEN, K.; KHAN, S. H. Le smisurate ambizioni dell'India. *Le Monde diplomatique-il manifesto*, jul. 2002, p.22.

JAURÈS, J. *Textes choisis*. v.1. Paris: Éditions Sociales, 1959.

JEFFERSON, T. *Writings*. Ed. Merrill D. Peterson. New York: The Library of America, 1984.

JONAS, L; DILTHEY, W. (eds.). *Aus Schleiermachers Leben in Briefen*. 4 vols. Berlin: Reimer, 1850-1863.

JULIEN, C. *L'Impero americano*. Trad. Furio Belfiore *et al*. Milano: Il Saggiatore, Milano, 1969. [Ed. original: *L'Empire américain*. Paris: Grasset, 1968]

JÜNGER, E. In den Kreidegräben der Champagne (1910). In: *Sämtliche Werke*. v.1. Stuttgart: Klett-Cotta, 1978. p.11-21.

KAGAN, R. *Paradiso e potere*. America ed Europa nel nuovo ordine mondiale. Trad. Carla Lazzeri. Milano: Mondadori, 2003. [Ed. original: *Of Paradise and Power*: America and Europe in the New World Order. New York: Knopf, 2003]

KAGAN, R. *Il diritto di fare la guerra*. Il potere americano e la crisi di legittimità. Trad. Sergio Giuliese. Milano: Mondadori, 2004. [Ed. original: *American Power and the Crisis of Legitimacy*. New York: Knopf, 2004]

KAGAN, R.; KRISTOL, W. Il pericolo odierno. In: LOBE, J.; OLIVERI, A. (ed.). *I nuovi rivoluzionari*. Il pensiero dei neoconservatori americani. Milano: Feltrinelli, 2003. p.43-63.

KAUTSKY, K. Der imperialistische Krieg, 2. Die Notwendigkeit des Imperialismus. *Die neue Zeit*, fev. 1917, p.475-87.

_____. *Die Wurzeln der Politik Wilsons*. Berlin: Neues Vaterland, 1919.

_____. Sozialismus und Kolonialpolitik (1907). In: MONTELEONE, R. (ed.). *La questione coloniale*. Antologia degli scritti sul colonialismo e sull'imperialismo. Milano: Feltrinelli, 1977.

KEYNES, J. M. *The Economic Consequences of the Peace*. London: Penguin, 1988 [1920].

KISSINGER, H. *Diplomacy*. New York: Simon & Schuster, 1994.

_____. *On China*. New York: Penguin, 2011.

KLEßMANN, E. (ed.). *Deutschland unter Napoleon in Augenzeugenberichten*. München: DTV, 1976.

KLUCKHOHN, P. (ed.). *Deutsche Vergangenheit und deutscher Staat*. Leipzig: Reclam, 1935.

KRASTINS, V. Latvia's Past and Present. *International Herald Tribune*, 7 abr. 2000, p.7.

LABBÉ, F. *Anacharsis Cloots le prussien francophile*. Un philosophe au service de la Revolution française et universelle. Paris: L'Harmattan, 1999.

LAI, D. *The United States and China in Power Transition*. Carlisle: Strategie Studies Institute, 2011.

LAKSHMI, R. Hindu Rewriting of History Texts Splits India. *International Herald Tribune*, 15 out. 2002, p.12.

LASSALLE, F. *Gesammelte Reden und Schriften*. 12 vols. Ed. Eduard Bernstein. Berlin: Cassirer, 1919.

LEE, P. Goodbye Honest Broker, Hello Anti-Submarine Warrior in the South China Sea. *Asia Times*, 2 ago. 2015. Disponível em: <http://atimes.com/2015/08/goodbye-honest-broker-hello-anti-submarine-warrior-in--the-south-china-sea/>. Acesso em: 15 jan. 2016.

LENIN, V. I. *Opere complete*. 45 vols. Roma: Editori Riuniti, 1955-1970.

LÉON, X. *Fichte et son temps*. 3 vols. Paris: Colin, 1922-1927.

LIEBER, K. A.; PRESS, D. G. The Rise of US Nuclear Primacy. *Foreign Affairs*, mar.-abr., p.42-54, 2006.

REFERÊNCIAS

LIEBKNECHT, K. Thesen (1910). In: LENIN, V. I.; LIEBKNECHT, K. *Militarismus-Antimilitarismus*. Frankfurt: Marxistische Blätter, 1981.

LOBE, J.; OLIVERI, A. (ed.). Introduzione. In: *I nuovi rivoluzionari*. Il pensiero dei neoconservatori americani. Milano: Feltrinelli, 2003.

LOGAN, R. W. *The Betrayal of the Negro*: From Rutherford B. Hayes to Woodrow Wilson. New York: Da Capo Press, 1977.

LOSURDO, D. *La comunità, la morte, l'Occidente*. Heidegger e l'"ideologia della guerra". Torino: Bollati Boringhieri, 1991.

_____. *Democrazia o bonapartismo*. Trionfo e decadenza del suffragio universale. Torino: Bollati Boringhieri, 1993.

_____. *Hegel e la Germania*. Filosofia e questione nazionale tra rivoluzione e reazione. Milano: Guerini-Istituto italiano per gli Studi filosofici, 1997a.

_____. *Antonio Gramsci dal liberalismo al "comunismo critico"*. Roma: Gamberetti, 1997b.

_____. *Nietzsche, il ribelle aristocratico*. Biografia intellettuale e bilancio critico. Torino: Bollati Boringhieri, 2002.

_____. *Controstoria del liberalismo*. Roma/Bari: Laterza, 2005.

_____. *Il linguaggio dell'Impero*. Lessico dell'ideologia americana. Roma/Bari: Laterza, 2007.

_____. *Stalin*. Storia e critica di una leggenda nera. Roma: Carocci, 2008.

_____. *La non-violenza*. Una storia fuori dal mito. Roma/Bari: Laterza, 2010.

_____. *La lotta di classe*. Una storia politica e filosofica. Roma/Bari: Laterza, 2013.

_____. *La sinistra assente*. Crisi, società dello spettacolo, guerra. Roma: Carocci, 2014.

_____. *Il revisionismo storico*. Problemi e miti. Ed. ampliada. Roma/Bari: Laterza, 2015.

LUKÁCS, G. *La distruzione della ragione*. Trad. Eraldo Arnaud. Torino: Einaudi, 1974. [Ed. original: *Die Zerstörung der Vernunft*. Berlin: Aufbau, 1954]

_____. *Il giovane Hegel e i problemi della società capitalística*. Trad. Renato Solmi. Torino: Einaudi, 1975. [Ed. original: *Der junge Hegel und die Probleme der kapitalistischen Gesellschaft*. Berlin: Aufbau, 1948]

_____. La tragedia di Heinrich von Kleist. In: *Realisti tedeschi del XIX secolo*. 2. ed. Trad. Fausto Codino. Milano: Feltrinelli, 1979. p.21-52.

LUTTWAK, E. N. Keep Syria in a Stalemate. *International Herald Tribune*, 24-25 ago. 2013, p.6.

LUXEMBURGO, R. Die Krise der Sozialdemokratie (1916). In: *Politische Schriften*. Ed. Ossip K. Flechtheim. v.2. Frankfurt: Europäische Verlagsanstalt, 1968. p.19-157.

MAISTRE, J. de. *Les soìrées de Saint-Pétersbourg* (1821, postume). In: *Oeuvres completes*. 14 vols. Hildesheim/Zürich/New York: Olms, 1984.

MAO, Z. *Opere scelte*. 3 vols. Beijig: Edizioni in lingue estere, 1969-1975.

MARRAMAO, G. Caro Pds le alleanze si rispettano. Entrevista de Monica Ricci Sargentini. *L'Unità*, 25 jan. 1991, p.10.

MARX, K. *Lineamenti fondamentali della critica dell'economia politica*. Trad. Enzo Grillo. 2 vols. Firenze: La Nuova Italia, 1968. [Ed. original: *Grundrisse der Kritik der politischen Ökonomie, Rohentwurf, 1857-1858*. Moscou: Verlag für fremdsprachige Literatur, 1939]

MEARSHEIMER J. J. *The Tragedy of Great Power Politics*. New York/London: Norton, 2001.

_____. *The Tragedy of Great Power Politics*. Ed. atualizada. New York/London: Norton, 2014.

MEHRING, F. *Gesammelte Schriften*. Ed. Thomas Höhle; Hans Koch Josef Schleifstein. 15 vols. Berlin: Dietz, 1960-1966.

MELON, J. F. *Essai politique sur le commerce*. 21. ed. ampliada). s.l.: s.n., 1736.

MILL, J. S. *Considerazioni sul Governo rappresentativo*. Trad. Pietro Crespi. Milano: Bompiani, 1946. [Ed. original: *Considerations on Representative Government*. London: Parker, Son, and Bourn, 1861]

MILLIS, W. *The Martial Spirit*. Chicago: Elephant, 1989 [1931].

MISES, L. *Die Gemeinwirtschaft*. Untersuchungen überden Sozialismus. Jena: Fischer, 1922.

MISRA, A. *War of Civilisations*: India 1857 AD. v.2. New Delhi: Rupa, 2008.

MONTELEONE, R. (ed.). *La questione coloniale*. Antologia degli scritti sul colonialismo e sull'imperialismo. Milano: Feltrinelli, 1977.

MORISON, S. E. (ed.). *Sources and Documents Illustrating the American Revolution and the Formation of the Federal Constitution 1764-1788*. 2. ed. Oxford: Clarendon Press, 1953 [1923].

MORRIS, J. *Pax Britannica (1968-78)*. 3 vols. London: The Folio Society, 1992.

MOTL, A. J. Russia: It's Time for Regime Change. *Newsweek*, 30 jan. 2015.

MOUNT, F. *The Tears of the Rajas*: Mutiny, Money and Marriage in India 1805-1905. London: Simon & Schuster, 2015.

MUELLER, J.; MUELLER, K. Sanctions of Mass Destruction. *Foreign Affairs*, maio/jun. 1999, p.43-53.

MÜLLER J. *Briefwechsel mit Johann Gottfried Herder und Caroline von Herder geg. Flachsland*. 1782-1808. Ed. K. E. Hoffmann. Schaffhausen: Meier, 1952.

MUSSOLINI, B. *Opera Omnia*. 44 vols. Ed. Edoardo Susmel; Duilio Susmel. Firenze: La Fenice, 1951-1980.

NEGRI, A. *Goodbye Mr Socialism*. Ed. Raf Valvola Scelsi. Milano: Feltrinelli, 2006.

NEWTON, D. *The Darkest Days*: The Truth Behind Britains Rush to War, 1914. London/New York: Verso, 2014.

NICHOLS, T. How America and Russia Could Start a Nuclear War. *The National Interest*, 7 maio 2015. Disponível em: <http://nationalinterest.org/feature/how-america-russia-could-start-nuclear-war-n.816>. Acesso em:16 jan. 2016.

NOER, T. J. *Briton, Boer, and Yankee:* The United States and South Africa, 1870-1914. Kent: The Kent State University Press, 1978.

NORMAND, R. Deal Won't End Iraqi Suffering. *International Herald Tribune*, 7 jun. 1996.

NOVALIS. Die Christenheit oder Europa (1799). In: *Werke, Tagebücher und Briefe*. v.2. Ed. Hans-Joachim Mähl; Richard Samuel. München: Hanser, 1978a. p.731-50.

_____. Vermischte Bemerkungen/Blüthenstaub (1797-98). In: *Werke, Tagebücher und Briefe*. v.2. Ed. Hans-Joachim Mähl; Richard Samuel. München: Hanser, 1978b. p.225-85.

PAINE, T. Common Sense (1776). In: *Collected Writings*. Ed. Eric Foner. New York: The Library of America, 1995a.

_____. Rights of Man (1791). In: *Collected Writings*. Ed. Eric Foner. New York: The Library o f America, 1995b. p.431-661.

PANACCIONE, A. *Socialisti europei*. Tra guerre, fascismi e altre catastrofi (1912-1946). Milano: Franco Angeli, 2000.

PENN, W. Ein Essay zum gegenwärtigen und zukünftigen Frieden von Europa durch Schaffung eines europäischen Reichstags, Parlament oder Staatenhauses. In: RAUMER, K. von (ed.). *Ewiger Friede*. Friedensrufe und Friedenspläne seit der Renaissance. Freiburg/München: Alber, 1953 [1693]. p.321-41.

PERLE, R. (Nazioni) Unite in caduta libera. In: LOBE, J.; OLIVERI, A. (ed.). *I nuovi rivoluzionari*. Il pensiero dei neoconservatori americani. Milano: Feltrinelli, 2003. p.101-3.

PHILONENKO, A. *L'Oeuvre de Kant*. 2. ed. 2 vols. Paris: Vrin, 1975-1981.

PICK, D. *La guerra nella cultura contemporânea*. Trad. Giovanni Ferrara degli Uberti. Roma/Bari: Laterza, 1994. [Ed. original: *War Machine*: The Rationalisation of Slaughter in the Modern Age. New Haven/London: Yale University Press/CT, 1993]

PILLSBURY, M. *The Hundred-Year Marathon*: Chinas Secret Strategy to Replace America as the Global Superpower. New York: Holt, 2015.

POPPER, R. *Congetture e confutazioni*. Trad. Giuliano Pancaldi. Bologna: Il Mulino, 1972. [Ed. original: *Conjectures and Refutations*. London: Roudedge, 1963]

_____. *La lezione di questo secolo*. Entrevista de Giancarlo Bosetti. Veneza: Marsilio, 1992a.

_____. Kriege führen für den Frieden. Entrevista com Olafvon Ihlau. *Der Spiegel*, 13 mar. 1992b, p.202-11.

_____. Io, il Papa e Gorbaciov. Entrevista de Barbara Spinelli. *La Stampa*, 9 abr. 1992c, p.17.

PRESTON, P. *The Spanish Holocaust*: Inquisition and Extermination in the Twentieth Century Spain. London: Harper Press, 2011.

PROCACCI, G. *Premi Nobel per la pace e guerre mondiali*. Milano: Feltrinelli, 1989.

RAYNAL, G. T. *Histoire philosophique et politique des Deux Indes*. Ed. Yves Benot. Paris: Maspero, 1981.

RENMIN RIBAO [Diário do Povo]. Ancora a proposito dell'esperienza storica della dittatura del proletariato. In: *Sulla questione di Stalin*. Milano: Edizioni Oriente, 1971.

RIBBE, C. *Le crime de Napoléon*. Paris: Privé, 2005.

RIEDEL, A. Aufruf an alle Deutschen zu einem antiaristokratischen Gleichheitsbund (1791). In: BATSCHA, Z; GARBER, J. (eds.). *Von der ständischen zur bürgerlichen Gesellschaft, politisch-soziale Theorien im Deutschland der zweiten Hälfte des 18 Jahrhunderts*. Frankfurt: Suhrkamp, 1981. p.394-401.

RITTER, G. *I militari e la politica nella Germania moderna*. v.1: *Da Federico il Grande alla prima guerra mondiale*. Trad. Giuseppina Panzieri Saij. Torino: Einaudi, 1967. [Ed. original: *Staatskunst und Kriegshandwerk*. Das Problem des "Militarismus" in Deutschland. München: Oldenbourg, 1954]

_____. *Stein*. Eine politische Biographie. Stuttgart: DVA, 1981.

ROBESPIERRE, M. *Oeuvres*. 10 vols. Paris: PUF, 1950-1967.

ROMANO, S. *Il declino dell'impero americano*. Milano: Longanesi, 2014.

_____. *In lode della Guerra fredda*. Una controstoria. Milano: Longanesi, 2015.

ROMEO, R.; TALAMO, G. (eds.). *Documenti storici*. 3 vols. Torino: Loescher, 1974.

ROOSEVELT, T. *The Strenuous Life*: Essays and Addresses. New York: The Century, 1901.

_____. *The Letters*. Ed. Elting E. Morison; John M. Blum; John J. Buckley. 2 vols. Cambridge: Harvard University Press, 1951.

ROSENBERG, A. *Der Mythus des 20. Jahrhunderts*. München: Hoheneichen, 1937.

ROSENKRANZ, K. *Vita di Hegel*. Trad. Remo Bodei. Firenze: Vallecchi, 1966. [Ed. original: *Hegels Leben*. Berlin: Duncker & Humblot, 1844]

ROUSSEAU, J.-J. *Oeuvres completes*. Ed. Bernard Gagnebin; Marcel Raymond. 5 vols. Paris: Gallimard, 1959-1969.

RUGE, A. *Der Patriotismus*. Ed. Peter Wende. Frankfurt: Insel, 1968 [1844].

SAINT-PIERRE, A. de. *Projet pour rendre la paix perpétuelle en Europe* (1713-1717). Ed. Simone-Goyard Fabre. Paris: Fayard., 1986.

SAITTA, A. *Dalla res publica christiana agli Stati Uniti d'Europa*. Roma: Edizioni di Storia e Letteratura, 1948.

_____. *Costituenti e costituzioni della Francia moderna*. Torino: Einaudi, 1952.

SALA-MOLINS, L. *Le Code Noir ou le calvaire de Canaan*. 2. ed. Paris: PUF, 1988.

SALVEMINI, G. *Opere*. 9 vols. Milano: Feltrinelli, 1964-1978.

_____. *Carteggio*. 1914-1920. Ed. Enzo Tagliacozzo. Roma-Bari: Laterza, 1984.

SANDOZ, E. (ed.). *Political Sermons of the American Founding Era, 1730-1803*. Indianapolis: Liberty Fund, 1991.

SANGER, D. E.; SCHMITT, E. Hackers Use Old Lure to Help Syrian Government. *International New York Times*, 3 fev. 2015, p.1, 6.

SAUTMAN, B.; HAIRONG, Y. Liu Xiaobo Deserves an Ig Nobel Peace Prize. *South China Morning Post*, 12 out. 2010.

SCHEEL, H. *Süddeutsche Jakobiner*. 2. ed. Vaduz: Topos, 1980 [1961].

SCHELLING, F. W. J. *Sämmtliche Werke*. Stuttgart-Augsburg: Cotta, 1856-1861.

SCHILLER, F. *Lettere sull'educazione estetica dell'uomo*. Trad. Antonio Sbisà. Firenze: La Nuova Italia, 1970. [Ed. original: Über die ästhetische Erziehung des Menschen. Tubinga: Cotta, 1795]

SCHLEGEL, F. Versuch über den Begriff des Republikanismus veranlasst durch die Kantische Schrift zum ewigen Frieden (1796). In: BAXA, Jacob (ed.). *Gesellschaß und Staat im Spiegel deutscher Romantik*. Jema: Fischer, 1924.

SCHLEIERMACHER, F. D. E. *Werke*. Auswahl in vier Bänden. 4 vols. Ed. Otto Braun; Johannes Bauer. Aaalen: Scientia, 1967.

SCHLESINGER, Jr., A. M. *A thousand Days*: John F. Kennedy in the White House. New York: Fawcett Crest, 1967.

SCHLESINGER Sr., A. M. *Storia degli Stati Uniti*. Nascita dell'America moderna (1865-1951). 4. ed. Trad. Gina Martini. Milano: Garzanti, 1967. [Ed. original: *The Rise of Modern America*. 1865-1951. New York: Macmillan, 1951]

SCHMID, A. P. *Churchills privater Krieg.* Intervention und Konterrevolution im russischen Bürgerkrieg, November 1918-März 1920. Zurique: Adantis, 1974.

SCHMITT, C. *Teoria del partigiano.* Trad. Antonio De Martinis. Milano: Il Saggiatore, 1981. [Ed. original: *Theorie des Partisanen.* Berlin: Duncker & Humblot, 1963]

SCHULZ, H. (ed.). *Fichte in vertraulichen Briefen seiner Zeitgenossen.* Leipzig: Haessel, 1923.

SCHUMPETER, J. A. *Capitalismo, socialismo e democrazia.* Trad. Emilio Zuffi. Milano: Comunità, 1964. [Ed. original: *Kapitalismus, Sozialismus und Demokratie.* Berna: Francke, 1946]

_____. *Sociologia dell'imperialismo.* Trad. Giulio Fantozzi, Roma-Bari: Laterza, 1974. [Ed. original: *Zur Soziologie der Imperialismen.* Tubinga: Mohr, 1919]

SHIRER, W. L. *Storia del Terzo Reich,* Trad. Gustavo Glaesser. 3. ed. v.2. Torino: Einaudi, 1974. [Ed. original: *The Rise and Fall of the Third Reich.* New York: Simon & Schuster, 1960]

SHULMAN, D. Israel in Peril. *The New York Review of Books,* 7 jun. 2012.

SKIDELSKY, R. *John Maynard Keynes.* v.1. *Speranze tradite 1883-1920.* Trad. Federico Varese. Torino: Bollati Boringhieri, 1989. [Ed. original: *John Maynard Keynes.* v.1. *Hopes Betrayed 1883-1920.* London: Macmillan, 1983]

SMITH, A. *Indagine sulla natura e le cause della ricchezza delle nazioni.* Trad. Franco Bartoli; Cristiano Camporesi; Sergio Caruso. 2 vols. Milano: Mondadori, 1977. [Ed. original: *An Inquiry into the Nature and the Causes of the Wealth of Nations.* Dublin: Whitestone, 1776]

_____. *Lectures on Jurisprudence* (1761-1763, 1766). Indianápolis: Liberty Fund, 1982.

SMITH, J. M. (ed.). *The Republic of Letters*: The Correspondence between Thomas Jefferson and James Madison 1776-1826. 3 vols. New York/London: Norton, 1995.

SOBOUL, A. *La rivoluzione francese.* Trad. Carlo Pischedda. Ed. ampliada. Bari: Laterza, 1966. [Ed. original: *Précis d'Histoire de la Révolution française.* Paris: Sociales, 1964]

SPENCER, H. *Social Statics.* New York: Appleton, 1873.

_____. *Facts and Comments.* New York: Appleton & Company, 1902.

_____. *Principi di sociologia.* Trad. Franco Ferrarotti. 2 vols. Torino: UTET, 1967. [Ed. original: *The Principles of Sociology.* London: Williams & Norgate, 1876-98]

_____. The Proper Sphere of Government (1843). In: *The Man versus the State.* Indianápolis: Liberty Fund, 1981.

SPENCER, H. *Collected Writings*. v.2: *The Life and Letters of Herbert Spencer*. Ed. David Duncan. London: Routledge/Thoemmes Press, 1966 [1908].

SPENGLER, O. *Jahre der Entscheidung*. München: C. H. Beck, 1933.

SPIES, H.-B. (ed.). *Die Erhebunggegen Napoleon 1806-1814/1815*. Darmstadt: Wissenschaftliche Buchgesellschaft, 1981.

STALIN, I. V. *Problemi della pace*. Pref. Pietro Secchia. Roma: Edizioni di Cultura Sociale, 1953.

_____. *Werke*. 16 vols. Hamburgo: Roter Morgen, 1971-1976.

STEIN, H. F. Karl. Aufsätze und Bemerkungen über mancherlei Gegenstände. In: *Ausgewählte Schriften*. Ed Klaus Thiede. Jena: Fischer, 1929 [1809].

SUMMERS, L. H. Reflections on the "New Secular Stagnation Hypothesis". In: TEULINGS, C.; BADLWIN, R. (eds.). *Secular Stagnation*: Facts, Causes and Cures. London: CEPR Press, 2014. p.17-38.

SUN, Y.-S. *The Three Principles of the People*. Trad. Frank W. Price. Vancouver: Soul Care Publishing, 2011 [1914].

TAI, M. *US-China Relations in the Twenty-First Century*. Abingdon/New York: Routledge, 2015.

TAYLOR, A. J. P. *Storia dell'Inghilterra contemporânea*. Trad Lucia Biocca Marghieri. 2 vols. Roma-Bari: Laterza, 1975. [Ed. original: *English History 1914-1945*. Oxford: Clarendon, 1965]

TENDULKAR, D. G. *Mahatma*: Life of Mohandas Karamchand Gandhi. 8 vols. New Delhi: Publications Division, 1990.

THOMAS, H. *Armed Truce*: The Beginnings of the Cold War 1949-46. London: Sceptre, 1988.

TILLY, C. *Le rivoluzioni europee 1492-1992*. Trad. Giovanni Mainardi;. Roma/Bari: Laterza, 1993. [Ed. original: *European Revolutions, 1492-1992*. Oxford/Cambridge: Blackwell, 1993]

TOCQUEVILLE, A. de. *Oeuvres complétes*. Ed. Jacob Peter Mayer. 18 vols. Paris: Gallimard, 1951-1983.

TOGLIATTI, P. *Opere*. 6 vols. Ed. Ernesto Ragionieri. Roma: Editori Riuniti, 1973-1984.

TOLSTOI, L. *Guerra e pace*. Trad. Enrichetta Carafa d'Andria. Torino: Einaudi, 1974 [1868-1869].

TOYNBEE, A. *A Study of History* (1934-1954). 12 vols. Oxford: Oxford University Press, 1951-1954.

TREVELYAN, G. M. *La rivoluzione inglese del 1688-1689*. Trad. Cesare Pavese. Milano: Il Saggiatore, 1976. [Ed. original *The English Revolution, 1688-1689*. London: Butterworth, 1938]

TROFIMOV, Y. Syria War Pulls the US and Israel Apart. *The Wall Street Journal*, 13-15 mar. 2015, p.10.

TROTSKI, L. D. *La rivoluzione tradita*. Trad. Livio Maitan. Roma: Samonà e Savelli, 1968. [Ed. original: *La Revolution trahie*. Paris: Grasset, 1936-1937]

_____. *Schriften*. Sowjetgesellschaft und stalinistische Diktatur. Ed. Helmut Dahmer et al. v.2. Hamburgo: Rasch und Röhring, 1988.

_____. *Schriften*. Linke Opposition und vierte Internationale. Ed Helmut Dahmer et al. 3 vols. Hamburgo: Rasch und Röhring, 1997-2001.

VOLTAIRE. Micromégas. In: *Zadig, Micromégas et autres contes*. Ed. Pierre Grimal. Paris: Colin, 1961 [1752].

WASHINGTON, G. *Collection*. Ed. William B. Allen. Indianápolis: Liberty Fund, 1988.

WEBER, M. *Gesammelte politische Schriften*. Ed. Johannes Winckelmann. 3. ed. Tubinga: Mohr, 1971.

_____. *Zur Politik im Weltkrieg*. Schriften und Reden 1914-1918. Ed. Wolfgang J. Mommsen; Gandolf Hübinger. Tubinga: Mohr, 1988.

WEDEKIND, G. C. Über die Regierungsverfassungen. Eine Volksrede in der Gesellschaft der Freunde der Freiheit und der Gleicheit, gehalten zu Mainz am 5 November im ersten Jahre der Republik, Mainz 1792. In: TRÄGER, C. (Org.). *Mainz zwischen Rot und Schwarz*. Die Mainzer Revolution 1792-1793 in Schriften, Reden und Briefe. Berlin: Rütten und Loening, 1963. p.190-204.

WEINBERG, A. K. *Manifest Destiny*: A Study of Nationalist Expansionism in American History. Chicago: Quadrangle Books, 1963.

WESTON, R. F. *Racism in US Imperialism*: The Influence of Racial Assumption on American Foreign Policy, 1893-1946. Columbia: University of South Carolina Press, 1972.

WIELAND, C. M. Über Krieg und Frieden. In: *Werke*. Ed. Heinrich Düntzer. v.34. Berlin: Hempel, 1879.

WILKINSON, W. J. *Tory Democracy*. New York: Octagon Books, 1980 [1915].

WILLIAMS, B. *Cecil Rhodes*. London: Constable and Company, 1921.

WILSON, W. *War and Peace*: Presidential Messages, Addresses, and Public Papers (1917-1924). Ed. Ray S. Baker; William E. Dood. New York/London: Harper & Brothers, 1927.

ZHANG, S. G. *Economic Cold War*: Americas Embargo against China and the Sino-Soviet Alliance, 1949-1963. Stanford: Stanford University Press, 2001.

ŽIŽEK, S. *Benvenuti in tempi interessanti*. Trad. Carlo Salzani. Firenze: Ponte alle Grazie, 2012. [Ed. original: *Welcome to Interesting Times!* London: Verso, 2011]

Índice onomástico

Abd, el-Kàder, 329
Abegg, Johann Friedrich, 48
Acton, John (Lord), 378-80
Adams, John, 22
Agosti, Aldo, 228, 237
Alberoni, Francesco, 10, 306
Alexandre, o Grande, 245, 324
Allende, Salvador, 334
Allison, Graham Tillett, 339
Angell, Norman, 262
Aquarone, Alberto, 318
Arendt, Hannah, 234, 281
Arndt, Ernst Moritz, 99, 126, 130-1, 142-4, 169, 277
Arrighi, Giovanni, 299
Assad, Bashar al-, 335-6

Bairati, Piero, 23, 186
Baker, Nicholson, 268,
Barnave, Antoine-Pierre-Joseph--Marie, 178-9, 181,
Barny, Roger, 28
Barras, Paul, 89
Bastid, Marianne, 194
Bauer, Otto, 229
Beard, Charles Austin, 24
Beccaria, Cesare, 25
Bergère, Marie-Claire, 194
Bernadotte, Jean-Baptiste-Jules, 135
Bethmann-Hollweg, Theobald von, 221
Beveridge, Albert Jeremiah, 187-8
Bevin, Ernest, 257
Bismarck-Schönhausen, Ottone príncipe de, 265
Blair, Tony, 288
Bloch, Ernst, 252
Bobbio, Norberto, 273, 276
Boffa, Giuseppe, 256
Bonn, Moritz Julius, 324
Boot, Max, 285
Börne, Ludwig, 124

Briand, Aristide, 285-6
Brissot de Warville, Jacques-Pierre, 70
Brougham, Henry, 108
Brunswick, Karl Wilhelm Ferdinand, duque de, 38, 370
Brzezinski, Zbigniew Kazimierz, 255, 276, 348, 363
Buchez, Philippe-Joseph-Benjamin, 17, 179
Buonarroti, Filippo G., 80
Burke, Edmund, 38, 155, 290, 370-1, 383
Bush, George Herbert Walker Sr., 272, 275, 283-5, 287, 302, 387
Bush, George Walker Jr., 296, 357, 359, 363
Buzan, Barry Gordon, 299

Campe, Joachim Heinrich, 36,
Caretto, Ennio, 389
Carlos I, rei da Inglaterra, 29
Carr, Edward Hallett, 227, 233, 235-41, 249
Castro, Fidel, 255
Catherwood, Christopher, 269
Cavaignac, Louis Eugène, 373
Césaire, Aimé, 24
Chaumette, Pierre Gaspard, 70
Cheney, Dick, 351, 354
Chesneaux, Jean, 194
Chiang, Kai-shek, 352
Chiesa, Giulietto, 338
Christensen, Thomas, 355
Churchill, Winston, 201, 268-9, 272, 313, 332
Clark, Christopher, 221, 225
Clarkson, Thomas, 28
Clausewitz, Karl von, 13, 132, 141, 154, 343-6

Clemenceau, Georges, 320
Clinton, Hillary, 337
Cloots, Anacharsis, 17-8, 21, 26, 28, 34, 37, 44, 59, 69-75, 78, 81, 89, 151, 238-9, 241-4, 279, 291-2, 390-1, 394, 402
Cobban, Alfred, 320
Cobden, Richard, 307
Coker, Christopher, 195, 319
Commager, Henry Steele, 196
Comte, Auguste, 183-4, 188-90, 193, 205, 217, 308, 328
Constant, Benjamin, 70, 122, 159, 178-9, 181-2, 217-8, 277, 385, 402
Cotta, Friedrich, 36
Croce, Benedetto, 174

Davis, David Brion, 19
Delanoë, Nelcya, 177
Deng, Xiaoping, 256, 350
Diderot, Denis, 27
Dilthey, Wilhelm, 142, 158, 169
Di Rienzo, Eugenio, 341-2
Disraeli, Benjamin, 310
Dockès, Pierre, 28
Donnelly, Thomas, 287, 299
Drechsler, Karl, 249
Du Pont de Nemours, Pierre-Samuel, 28

Ebert, Friedrich, 240
Eisenhower, Dwight David, 350, 386, 388
Engels, Friedrich, 134, 137, 149, 179, 213-4, 217-9, 223, 246, 250, 253, 256, 258, 293, 378, 391-2, 395, 406
Enrico Nerva, rei da França, 375

Erasmo da Rotterdam, 18-9
Erhard, Johann Benjamin, 59

Filipe II, rei da Espanha, 21
Frederico II, o Grande, rei da Prússia, 31, 98, 110, 131, 143,
Frederico Guilherme II, rei da Prússia, 38, 71
Frederico Guilherme III, rei da Prússia, 135
Fernando VII, rei da Espanha, 158
Ferguson, Niall, 201, 276, 351
Fichte, Immanuel Hermann von, 138
Fichte, Johann Gottlieb, 33, 37, 51, 53-7, 59-70, 72-4, 81-94, 97, 100-2, 104-24, 126-32, 134-41, 145-52, 154-6, 159, 161, 163, 166, 179, 218, 239, 241-3, 246, 250, 252-3, 279, 292-3, 328, 391, 394-5, 404-5
Filoni, Marco, 245
Fiske, John, 186, 188
Fitchett, Joseph, 380
Flores d'Arcais, Paolo, 274
Foch, Ferdinand, 269, 321
Franco, Francisco, 374
Franklin, Benjamin, 302
Fredrickson, George Marsh, 303
Frey, H. N., 194
Friedberg, Aaron Louis, 339, 350-1, 357
Friedman, Thomas Lauren, 335
Fuchs, Erich, 70, 124
Fukuyama, Francis, 9-10, 273
Furet, François, 38, 49, 70, 80, 89, 125

Gadafi, Muammar, 341
Gandhi, Mohandas Karamchand, 365-7, 380

Geggus, David, 108
Gentz, Friedrich von, 39, 51, 123
George, Lloyd, 320
George III, rei de Hannover, da Grã--Bretanha e da Irlanda, 315
Ghraib, Abu, 379
Gilas, Milovan, 257
Giridharadas, Anand, 366
Gleim, Johann Wilhelm Ludwig, 98
Gneisenau, August Neidhardt von, 132-4, 139
Godechot, Jacques, 28
Goethe, Johann Wolfgang von, 98, 126
Golinkin, Lev, 339
Gorbachev, Mikhail Serguéievich, 256
Görres, Joseph, 46, 68-9, 87, 90, 170
Gosset, Thomas F., 264, 317
Gramsci, Antonio, 174, 226-7, 244, 249-50
Grant, Ulysses Simpson, 188
Grewe, Wilhelm Georg, 20
Grimal, Henri, 308
Grotius, Hugo, 23
Guilherme II, imperador da Alemanha e rei da Prússia, 12, 38, 71, 135, 194, 241, 242, 248, 270, 273, 312, 319, 327, 332, 343
Gutenberg, Johann, 18

Habermas, Jürgen, 276-8, 331, 362
Habsburgo, dinastia, 12, 221, 237
Haddick, Robert, 358
Hairong, Yan, 306
Hamilton, Alexander, 23, 268, 303, 308, 315-6, 324-7, 329-30, 393, 395-6
Hardt, Michael, 278, 280-1, 331, 362

Hauter, François, 384
Haym, Rudolf, 123
Hayton, Bill, 352
Heckscher, August, 265
Hegel, Georg Wilhelm Friedrich, 9, 54, 124, 137, 159-64, 166-8, 171-4, 250, 252, 304, 384, 403-4, 406
Heine, Heinrich, 211-3, 344
Herder, Caroline von, 100
Herder, Johann Gottfried, 33-4, 37, 50, 131, 141, 161
Herzen, Aleksandr Ivanovic, 131, 251
Hill, Christopher, 23
Hindenburg, Paul von, 223
Hitler, Adolf, 152-3, 225, 245, 249, 273, 282, 300, 319, 321, 334, 375, 380, 387
Hobbes, Thomas, 301
Hobhouse, Leonard Trelawney, 311, 373
Hofstadter, Richard, 263
Hohenzollern, dinastia, 34, 221, 237, 248
Hölderlin, Friedrich, 98, 161
House, Edward, 264
Howard, Roy, 241
Hugo, Victor, 198
Hussein, Saddam, 10, 272-3, 275, 284, 302, 387

Ieltsin, Boris, 256, 338, 360

Jacobi, Friedrich Heinrich, 69
Jacobsen, Kurt, 367
Jaurès, Jean, 219
Jefferson, Thomas, 23, 316-7
Jerônimo Bonaparte, rei de Westfália, 293-4
Jonas, Ludwig, 142, 169

Julien, Claude, 263
Jünger, Ernst, 312

Kagan, Robert, 286, 288, 291, 294-8, 301, 303, 371, 383
Kant, Immanuel, 15, 28-34, 36-7, 39-51, 53-4, 59-60, 62, 65-6, 79-80, 87-8, 95, 99-100, 105, 108, 119, 127, 139, 141, 156, 159-60, 163-6, 171, 175, 181, 218, 234-5, 253, 272-3, 275-6, 278, 283-4, 287, 300-1, 304, 328-9, 384, 395
Karachan, Lev Mikhailovich, 233-4
Kautsky, Karl, 220, 246, 266-8, 270
Kellogg, Frank, 285-6
Kennedy, John Fitzgerald, 257, 333
Keynes, John Maynard, 264, 268, 321
Khan, Sayeed Hasan, 367
Khrushchev, Nikita Sergeyevich, 257
King, Martin Luther, 296
Kipling, Rudyard, 317
Kissinger, Henry, 223, 262, 264, 269, 312, 334, 342-3, 349
Kleist, Heinrich von, 130, 144, 152-3
Kleßmann, Eckart, 98, 100, 126, 294
Klopstock, Friedrich Gottlieb, 32, 50, 141
Kluckhohn, Paul, 100
Kojève, Alexandre, 245, 250
Körner, Christian Gottfried, 70
Krastins, Valdis, 255
Kristol, William, 286, 291, 296
Kutuzov, Michail Illarionovich, 249

Labbé, François, 72, 81, 239
La Fayette, Marie-Joseph-Paul-Yves-Roch-Gilbert Motier, marquês de, 73, 75, 176, 243, 317
Lai, David, 354

ÍNDICE ONOMÁSTICO

Lakshmi, Rama, 366
Lassalle, Ferdinand, 214
Leclerc, Charles, 151
Lee, Peter, 354
Leibniz, Gottfried Wilhelm von, 382
Lenin (Vladimir I. Ulyanov), 127, 154, 194, 211, 225-8, 234-5, 237, 241, 243, 246-9, 253, 255-6, 258, 261, 264-5, 267, 270, 272, 274-5, 277, 279, 310, 344, 346, 389, 392, 395-6, 402-3
Léon, Xavier, 94, 127
Leopoldo II, imperador da Áustria, 38
Lieber, Keir Alexander, 360
Liebknecht, Karl, 221-2
Linguet, Simon Nicolas Henri, 27
Lobe, Jim, 335
Locke, John, 178
Lodge, Henry Cabot, 317
Logan, Rayford Whittingham, 264
London, Jack, 206-9, 362
Losurdo, Domenico, 27, 55, 126, 131, 162, 174, 177, 194, 198-9, 205, 217, 226, 232, 240, 244, 262, 281, 299, 303, 308, 310, 313, 324, 329, 334, 338, 369, 371, 381, 388, 392, 405
Luís XIV, rei da França, 27, 181
Luís XVI, rei da França, 37, 40, 76
Luís Felipe, rei dos franceses, 212
Lukács, György, 122, 128, 152, 252-3
Luttwak, Eduard Nicolae, 336
Luxemburgo, Rosa, 223

MacArthur, Douglas, 319
Maquiavel, Niccolò, 109, 114-5, 119-21, 126, 140-1, 146, 161-2
Madison, James, 23
Maistre, Joseph de, 372, 375-6, 390

Mandeville, Bernard de, 121
Mao, Tse-tung, 154, 229, 396
Maomé, 368
Marat, Jean-Paul, 24, 231
Marramao, Giacomo, 274
Marx, Karl, 21, 137, 199, 213-8, 223, 234, 250-1, 253, 267, 317, 344, 378, 385, 391, 402-3
Mearsheimer, John J., 319, 339, 352-3, 357
Mehring, Franz, 98, 251
Melon, Jean François, 176-7, 385
Merkel, Angela, 341
Metternich, Klemens von, 38, 51, 296
Michelet, Jules, 370
Mill, John Stuart, 198-200, 262-3, 382, 401
Millis, Walter, 318
Milosevic, Slobodan, 388
Mirabeau, Honoré Gabriel Riqueti, conde de, 16, 156
Mises, Ludwig von, 266, 382, 402
Misra, Amaresh, 199
Mola, Vidal, 374
Moneta, Ernesto Teodoro, 197
Monteleone, Renato, 221
Montesquieu, Charles-Louis de Secondat, barão de La Brède e de, 21
Morison, Samuel Eliot, 316
Morris, James, 201
Mossadegh, Mohammed, 338
Motl, Alexander J., 357
Mount, Ferdinand, 199
Mueller, John, 332
Mueller, Karl, 332
Müller von Nittersdorf, Adam Heinrich, 93
Müller, Johannes von, 50, 100
Mussolini, Benito, 322-3, 332, 380

Napoleão I Bonaparte, imperador dos franceses, 235, 251
Napoleão II Bonaparte, imperador dos franceses,
Negri, Antonio, 278, 280-1, 331, 362
Nerva, imperador romano, 375
Newton, Douglas, 340
Nichols, Tom, 360-1
Nixon, Richard Milhous, 338, 355
Noer, Thomas J., 319
Normand, Roger, 332
Novalis (Friedrich Leopold von Hardenberg), 155-9, 401-2

Obama, Barack Hussein, 337, 355
Oliveri, Adele, 335
Olney, Richard, 318
Orlando, Vittorio Emanuele, 310

Paine, Thomas, 29, 315
Palm, Johann Philipp, 126-7
Panaccione, Andrea, 270
Paulo III (Alessandro Farnese), papa, 25
Penn, William, 19
Perle, Richard, 295
Pham, Van Dong, 352
Philonenko, Alexis, 37
Pick, Daniel, 307
Pillsbury, Michael, 355
Pitt William, o Jovem, 46, 90, 92, 181
Platão, 19
Poincaré, Raymond, 221
Popper, Karl Raimund, 272-3, 275, 284-5, 299, 301, 313-5
Press, Daryl Grayson, 360
Preston, Paul, 374
Primo de Rivera, Miguel, 374
Procacci, Giuliano, 197

Putin, Vladimir, 338, 342, 360

Queipo de Llano y Sierra, Gonzalo, 374

Radek, Karl Berngardovich, 227, 239
Raynal, Guillaume Thomas François, 27
Reagan, Ronald, 280
Rebmann, Andreas Georg Friedrich, 80-1
Rhodes, Cecil John, 198, 201, 262, 287, 300, 319
Ribbe, Claude, 108
Richet, Denis, 38, 49, 70, 80, 89, 125
Riedel, Alfred, 33
Riego, Rafael, 158, 169
Ritter, Gerhard, 111, 133
Robespierre, Maximilien de, 28, 49, 70, 73-6, 80, 242-4, 251
Romano, Sergio, 335, 348, 359, 387
Romeo, Rosario, 158
Roosevelt, Franklin Delano, 320
Roosevelt, Theodore, 22, 195-7, 204, 262-3, 266, 280, 296, 313, 317-8
Rosenberg, Alfred, 346
Rosenkranz, Karl, 160
Rostkowski, Joële, 177
Rostow, Walt Withman, 333
Rousseau, Jean-Jacques, 16, 19, 20, 26-8, 30, 50, 59, 80, 93, 177, 181, 229, 265, 309, 328
Roux, Pierre-Célestin, 17, 179
Ruge, Arnold, 213
Ruskin, John, 200

Saint-Pierre, Charles-Irénée Castel, abade de, 17, 19-20, 25-6, 30, 37-40, 59, 60, 108-9, 158, 173, 222

Saitta, Armando, 17, 20, 38, 77, 81
Sala-Molins, Louis, 27
Salvemini, Gaetano, 221-6, 274, 312, 314, 321, 330
Sandoz, Ellis, 315
Sanger, David E., 335
Sautman, Barry, 306
Scheel, Heinrich, 81
Scheidemann, Philipp, 240
Schelling, Friedrich Wilhelm Joseph, 98
Schiller, Charlotte von, 127
Schiller, Johann Christoph Friedrich, 70, 84, 92, 124, 126
Schlegel, August Wilhelm, 126
Schlegel, Friedrich, 59, 141
Schleiermacher, Friedrich Daniel Ernst, 99, 142, 158-9, 169
Schlesinger, Arthur Meier Jr., 257
Schlesinger, Arthur Meier Sr., 324
Schmid, Alex Peter, 313
Schmitt, Carl, 153-4, 249, 369, 370-2, 375, 390
Schmitt, Eric, 335
Schoelcher, Victor, 303
Schulz, Hans, 138
Schumpeter, Joseph Alois, 265-6, 320, 402
Sedgwick, Theodore, 325
Serrati, Giacinto Menotti, 240
Shirer, William Lawrence, 334
Shulman, David, 347
Sieyès, Emmanuel Joseph, 177
Skidelsky, Robert, 264
Smith, Adam, 309, 378
Smith, James Morton, 23
Soboul, Albert, 40, 91, 125

Spencer, Herbert, 184-6, 188, 190-1, 193, 199-200, 203, 205, 211, 217, 308, 328
Spengler, Oswald, 374-5
Spies, Hans-Bernd, 99, 135
Staël-Holstein, Anne-Louise-Germaine de, baronesa de, conhecida como Madame de, 316
Staël, 316
Stalin (Iosif V. Djugashvili), 241-4, 249-50, 255, 257, 270-1, 292
Steffens, Heinrich, 169
Stein, Heinrich Friedrich Karl von, 99, 111
Stern, Fritz, 225
Stoddard, Lothrop, 405
Summers, Laurence Henry, 389
Sun, Yat-sen, 130

Taft, William Howard, 263
Tai, Michael, 352
Talamo, Giuseppe, 158
Taylor, Alan John Percivale, 224, 226
Tendulkar, Dinanath Gopal, 380
Tennyson, Alfred, 187
Thiers, Louis-Adolphe, 212
Thomas, Hugh, 257
Tilly, Charles, 307
Tocqueville, Charles-Alexis-Henri Clerel de, 199, 212, 303, 307-8, 324-6, 328-9, 373, 393, 395-6
Togliatti, Palmiro, 271
Tolstoi, Leon Nikolaevich, 153-4, 196, 249
Toussaint Louverture, François--Dominique, 405
Toynbee, Arnold, 269
Trevelyan, George Macaulay, 22
Trofimov, Yaroslav, 335

Trotski, Lev (Lev D. Bronstein), 235-6, 238, 240-4, 249-50, 291-2
Truman, Harry Spencer, 333
Tuchacevski, Michail Nikolayevich, 240
Tucholsky, Kurt, 369
Tusk, Donald, 341

Varo, Publio Quintilio, 152
Vercors (Jean Bruller), 153
Vitry, Aubert de, 28
Vollmar, Georg Heinrich, 221
Voltaire (François-Marie Arouet), 15, 50

Walker, William, 325
Washington, George, 22, 24, 175-8, 182, 186, 195-6, 262, 266, 272, 287, 303, 309, 385, 393
Weber, Max, 115, 223, 268, 314
Wedekind, Georg Christian Gotlieb, 33
Weinberg, Albert Katz, 263
Wells, Herbert George, 206-9, 362
Wesley, John, 303
Weston, Rubin Francis, 264
Wieland, Christoph Martin, 40
Wilberforce, William, 28
Wilkinson, William John, 310
Williams, Basil, 201
Wilson, Woodrow, 12, 211, 213, 261-75, 281, 300-1, 303, 305-6, 308, 311-2, 319-20, 322, 324, 327-31, 337, 339, 341, 343, 384, 401-2
Wright, Orville, 206
Wright, Wilbur, 206

Xiaobo, Liu, 306

Zhang, Shu Guang, 333
Zinov'ev, Grigorij Evseevic, 237
Žižek, Slavoj, 334

SOBRE O LIVRO

FORMATO
14 x 21 cm

MANCHA
23,7 x 41,6 paicas

TIPOLOGIA
Horley Old Styel 11/14

PAPEL
Off-white 80 g/m² (miolo)
Cartão Supremo 250 g/m² (capa)

1ª EDIÇÃO
Editora Unesp 2018

EQUIPE DE REALIZAÇÃO

COORDENAÇÃO EDITORIAL
Marcos Keith Takahashi

EDIÇÃO DE TEXTO
Tarcila Lucena
Carlos Villarruel

PROJETO GRÁFICO E CAPA
Grão Editorial

FOTO DE CAPA
The Wall under repair, de Leonard Freed
Berlim Ocidental, 1961
Acervo Magnum Photos

EDITORAÇÃO ELETRÔNICA
Sergio Gzeschnik

Impresso por :

gráfica e editora
Tel.:11 2769-9056